新世纪工程管理专业系列教材

建设法规概论

（第2版）

主　编　郑润梅
副主编　李俊恒

中国建材工业出版社

图书在版编目（CIP）数据

建设法规概论／郑润梅主编．—2版．—北京：
中国建材工业出版社，2010.7（2019.5重印）
（新世纪工程管理专业系列教材）
ISBN 978-7-80227-801-1

Ⅰ.①建… Ⅱ.①郑… Ⅲ.①建筑法—概论—中国
Ⅳ.①D992.297

中国版本图书馆CIP数据核字（2010）第111766号

内 容 简 介

本书以《中华人民共和国城市规划法》、《中华人民共和国建筑法》、《中华人民共和国城市房地产管理法》、《中华人民共和国土地管理法》、《中华人民共和国招标投标法》、《中华人民共和国合同法》、《中华人民共和国标准法》等法律为主线，并结合有关的行政法规、部门规章、司法解释等规范性法律文件，主要阐述了城市规划法律制度、建筑法律制度、招标投标法律制度、建设工程合同法律制度、房地产法律制度以及土地管理法律制度等相关内容。

在教材编写时注重了一般法律知识的阐述和对相关法律规定的介绍、解释，语言通俗易懂，有利于提高学生的学习兴趣，减少学习时的困难。本书适合作为土木工程专业和工程管理专业及相近专业建设法规课程的教材，也可供从事工程建设和工程管理的专业人员和管理人员学习、参考。

建设法规概论（第2版）
主　编　郑润梅
副主编　李俊恒

出版发行：中国建材工业出版社
地　　址：北京市海淀区三里河路1号
邮　　编：100044
经　　销：全国各地新华书店
印　　刷：北京鑫正大印刷有限公司
开　　本：787mm×1092mm　1/16
印　　张：24
字　　数：594千字
版　　次：2010年7月第2版
印　　次：2019年5月第9次
书　　号：ISBN 978-7-80227-801-1
定　　价：**58.00元**

本社网址：www.jccbs.com.cn
本书如出现印装质量问题，由我社发行部负责调换　联系电话：（010）88386906

新世纪工程管理专业系列教材
编 委 会

编委会主任： 林增杰　中国人民大学
副 主 任： 张跃庆　首都经贸大学；刘书瀚　天津商学院
秘 书 长： 白丽华　天津商学院；马学春　中国建材工业出版社
编　　委： （以汉语拼音为序）
　　　　　　白丽华　天津商学院
　　　　　　丁　芸　首都经贸大学
　　　　　　傅晓灵　武汉化工学院
　　　　　　谷俊青　天津财经学院
　　　　　　姜薪萍　江西财经大学
　　　　　　宁素莹　中南财经政法大学
　　　　　　乔志敏　中央财经大学
　　　　　　陶满德　江西师范大学
　　　　　　武献华　东北财经大学
　　　　　　姚玲珍　上海财经大学
　　　　　　郑润梅　山西财经大学

总 序

为促进我国高等院校工程管理专业下设的房地产经营管理、投资与造价管理、物业管理等方向的教学质量的提高，全国部分财经类高校工程管理专业的负责人经过充分酝酿，决定在本专业各院校的专家和学者的共同努力下，发挥各院校的优势，突出各院校的专业特色，通力合作出版一套《新世纪工程管理专业系列教材》。

专业教材的建设是一个重要的问题，没有高质量的教材，就难以培养素质和能力方面都符合市场经济发展要求的专业人才。尤其面对 21 世纪不断发展的科学与技术，快速变化的国际国内市场等新形势，对工程管理专业人才的知识结构和能力素质都提出了更新、更高的要求，在发展变化中求生存，在学习创新中求发展是所有高校专业建设首先要考虑的问题。因此，尽快编写出符合时代要求，符合教育教学规律，与工程管理专业培养目标相吻合的高水平教材就成为当务之急。

《新世纪工程管理专业系列教材》以管理、财经类院校工程管理专业为主，在完全符合教育部专业指导委员会对本专业人才培养目标所设定的"管理、经济、工程技术和法律"四个知识平台基本要求的前提下，突出财经类、管理类院校对工程项目在经营管理、价值评估、可行性研究、项目营销策划、资产的保值增值等方面的专业特色，撰写以管理和经济为主线条的系列教材，以满足人才培养的需要。

经过所有参编院校的认真讨论，一致同意本系列教材编写的基本原则是：

1. 所编写的教材必须符合建设部高等工程管理学科专业指导委员会对本专业人才培养目标的具体要求；

2. 财经类院校对工程管理专业人才的培养应该偏重在培养经营管理能力方面，在教材编写中，要考虑培养学生对市场经济基本知识的良好运用能力，要体现培养懂工程技术的经营管理人才，以培养房地产开发商和经营商人才为主，为工程建设企业培养经营型人才；

3. 新编写的教材要有一定的超前性：要体现出 21 世纪对人才的要求，考虑到我国加入 WTO 后对工程管理人才的知识结构和能力的要求，所涉及的内容要争取和国际惯例相衔接，面向世界，面向未来；

4. 突出案例教学：力争在教材中体现实用性，在课程内容允许的情况下，以培养学生的实际工作能力为出发点，选取恰当案例作为课程内容的补充和延伸；

5. 在部分教材中争取用国外成熟的原版教材作为参考资料，扩充学习者的知识面；

6. 在新编教材中，考虑运用现代化教学手段，有条件的教材要同步编写电子课件以利于多媒体教学，或同步编写习题集以利于学习者课下练习和自学；

7. 时间和进度要服从质量，保证教材的先进性和适用性。

我们相信，在所有参编院校的共同努力下，本系列教材必定能满足新世纪快速发展和不断创新的工程管理专业的教学需要。

新世纪工程管理专业
系列教材编委会
2002 年 4 月

第2版前言

随着我国建筑业、房地产业、市政公用事业等建设领域中市场机制的建立,涉及建设行业的法律法规不断的建立和完善,对建设活动的法律规范也显得日趋突出和重要。建设法律规范制度的建立和健全,已成为我国社会主义法制建设的重要内容。对建设法律规范有关理论和制度的研究和学习,不仅仅是国家对建设领域的依法组织、管理和协调的必需,也是现代社会人社会生活的必需。为此,工程管理现代教育,要培养"适应社会主义现代需要,德、智、体、美全面发展,具有土木工程技术与工程管理相关的管理、经济和法律等基本知识,获得工程师基本训练,具有一定的实践能力、创新能力的高级工程管理人才",作为工程管理本科毕业生,在掌握工程管理理论知识和实践技能的同时,应全面了解和掌握与工程项目建设相关的法律法规。据此,2004年编写出版了《建设法规概论》。

《建设法规概论》作为新世纪工程管理专业系列教材之一,编写的根本目的在于,通过该课程的教学使学生掌握建设法律、法规基本知识,培养学生的工程建设法律意识,使学生具备运用所学建设法律、法规基本知识解决工程建设中相关法律问题的基本能力。为此,该教材在编写内容的组织上,不仅注重法学基础理论的学习和掌握,并以1998年国家教育部《普通高等学校本科专业目录》颁布的工程管理专业为基础,整合了原专业目录中的建筑管理工程、国际工程管理、房地产经营与管理(部分)等专业,具有较强的综合性和专业覆盖面,以实际状况为前提,以我国现行的工程管理相关法律、法规为依据,进行撰写,力求使学生了解法律、法规内容,注重对这些条文的理解和应用。

教材发行以来,对满足工程管理现代教育,培养"适应社会主义现代化需要,德、智、体、美全面发展,具有一定的实践能力、创新能力的高级工程管理人才",发挥了本教材应有的作用。但随着市场经济的不断深入,建设领域活动范围和内容的不断深化,我国建设法律制度也在修改和完善。其次,在使用过程中,也发现第一版编写过程中存在不同程度上的内容组织、结构安排、理论阐述的不合理、不准确和不完善之处。为此,根据我国现行的相关建设法律制度,结合建设领域的实际,我们对《建设法规概论》教材内容和结构进行了修改和调整。在此基础上,为强化学生对理论的理解和掌握,结合每一章教学内容精选了案例实训和课堂实训。

本书共十一章,由郑润梅任主编,李俊恒任副主编,各章编写分工如下:郑润梅负责第1章和第2章的编写工作;李俊恒负责第4章和第11章的编写工作;田霞负责第3章和第5章的编写工作;姜玉砚负责第6章、第8章和第9章的编写工作,王秀燕负责第7章的编写工作;马凯负责第10章的编写工作。全书由郑润梅、李俊恒负责审定。

本书在编写过程中,主观上力求做到应用法律要新、内容要全、理论性和实用性要强。

但客观上由于编者水平和经验有限,加上时间仓促,书中难免存在不足和错漏之处,欢迎专家、读者批评指正,并为本书提出宝贵的意见和建议。

另外,本书在编写过程中参考了近几年出版的相关书籍中的优秀内容,编者在此对相关作者一并致以谢意。

编者
2010 年 5 月

前 言

我国实行市场经济以来，建筑业、房地产业、市政公用事业等建设领域中的市场机制也在不断地完善和规范，对建设活动的法律规范也显得日趋突出和重要，从而，涉及建设领域的法律法规得到了不断的建立和完善。目前，建设法律规范制度的建立和健全，已成为我国社会主义法制建设的重要内容。为此，对建设法律规范有关理论和制度的研究和学习，不仅是国家对建设领域的依法组织、管理和协调的必需，也是现代社会人们生活工作的必需。

工程管理现代教育，要培养"适应社会主义现代需要，德、智、体、美全面发展，具有土木工程技术与工程管理相关的管理、经济和法律等基本知识，获得工程师基本训练，具有一定的实践能力、创新能力的高级工程管理人才"，作为工程管理本科毕业生，在掌握工程管理理论、知识和实践技能的同时，应全面了解和掌握与工程项目建设相关的法律、法规。

《建设法规概论》作为新世纪工程管理专业系列教材之一，编写的根本目的在于，通过该课程的教学使学生掌握建设法律、法规基本知识，培养学生的工程建设法律意识，使学生具备运用所学建设法律、法规基本知识解决工程建设中相关法律问题的基本能力。为此，该教材在编写内容的组织上，注重学生对法学基础理论的学习和掌握，使学生通过《建设法规概论》课程的学习，在了解、掌握我国建设领域相关法律、法规内容的基础上，更注重对这些条文的理解和应用。

本书共分10章，以《中华人民共和国城市规划法》、《中华人民共和国建筑法》、《中华人民共和国城市房地产管理法》、《中华人民共和国土地管理法》、《中华人民共和国招标投标法》、《中华人民共和国合同法》等法律为主线，结合现行有关建设领域的行政法规、部门规章、司法解释等规范性法律文件，主要阐述了城市规划法律制度、建筑法律制度、招标投标法律制度、建设工程合同法律制度、房地产法律制度、土地管理法律制度以及物业管理制度等。

本书由郑润梅任主编，李俊恒任副主编，各章编写分工如下：郑润梅负责第1章、第2章、第5章、第6章的编写工作；李俊恒负责第7章、第8章的编写工作；程永平负责第3章、第9章的编写工作，王秀燕负责第4章的编写工作，郭淑芬负责第10章的编写工作。全书由郑润梅、李俊恒负责统稿。

本书在编写过程中，主观上力求做到应用法律要新，内容要全，理论性和实用性要强。但客观上由于编者水平和经验有限，加上时间仓促，书中难免存在不足和错漏之处，欢迎专家、读者批评指正，并为本书提出宝贵的意见和建议。

另外，本书在编写过程中参考了近几年出版的相关书籍中的优秀内容，编者在此对相关作者一并致以谢意。

编　者
2003年9月

目 录

第1章 法学基础 ... 1

1.1 法的基本概念 ... 1
1.1.1 法的概念和特征 ... 1
1.1.2 法的起源 ... 3
1.1.3 法的本质和现象 ... 5
1.1.4 法的功能和作用 ... 6
1.1.5 法的类型 ... 8
1.1.6 法的渊源 ... 10

1.2 法律规范 ... 11
1.2.1 法律规范的概述 ... 11
1.2.2 法律规范的构成 ... 13
1.2.3 法律规范的分类 ... 15
1.2.4 法律规范的实施 ... 16
1.2.5 法律规范的效力 ... 18

1.3 法律关系 ... 20
1.3.1 法律关系的概述 ... 20
1.3.2 法律关系的构成 ... 22
1.3.3 法律关系的运行 ... 24

第2章 建设法规导论 ... 28

2.1 建设法规概述 ... 28
2.1.1 建设法规的概念和特征 ... 28
2.1.2 建设法规的作用 ... 30
2.1.3 建设法规的基本原则 ... 31

2.2 建设法规的制定 ... 32
2.2.1 建设法规的立法权限和程序 ... 32
2.2.2 建设法规的体系 ... 34

2.3 建设行政执法 ... 36
2.3.1 建设行政监督检查 ... 36
2.3.2 建设行政处罚 ... 38

第3章 城乡规划法律制度 ... 43

3.1 城乡规划法概述 ... 43

3.1.1　基本概念 ………………………………………………………………… 43
　　3.1.2　城乡规划法 ………………………………………………………………… 43
　　3.1.3　城乡规划法的适用范围 …………………………………………………… 44
　　3.1.4　城乡规划法的原则 ………………………………………………………… 44
3.2　城乡规划的制定 …………………………………………………………………… 46
　　3.2.1　城乡规划的编制 …………………………………………………………… 46
　　3.2.2　城乡规划的审批 …………………………………………………………… 49
3.3　新区开发与旧区改建 ……………………………………………………………… 50
　　3.3.1　城市新区开发 ……………………………………………………………… 50
　　3.3.2　旧区改建 …………………………………………………………………… 52
3.4　城乡规划的实施 …………………………………………………………………… 53
　　3.4.1　城乡规划公布制度 ………………………………………………………… 53
　　3.4.2　城乡规划管理 ……………………………………………………………… 54
　　3.4.3　选址意见书制度 …………………………………………………………… 54
　　3.4.4　建设用地规划许可证制度 ………………………………………………… 56
　　3.4.5　建设工程规划许可证制度 ………………………………………………… 57
　　3.4.6　城乡规划法对土地出让的限制 …………………………………………… 59
　　3.4.7　规划设计单位资格管理制度 ……………………………………………… 60
3.5　违反城乡规划的法律责任 ………………………………………………………… 62
　　3.5.1　城乡规划的法律责任概述 ………………………………………………… 62
　　3.5.2　建设单位的法律责任 ……………………………………………………… 62
　　3.5.3　城乡规划行政主管部门工作人员的法律责任 …………………………… 64

第4章　土地管理法律制度 ……………………………………………………………… 67

4.1　土地管理法律制度概述 …………………………………………………………… 67
　　4.1.1　土地的概念与分类 ………………………………………………………… 67
　　4.1.2　土地管理法规 ……………………………………………………………… 68
　　4.1.3　土地管理法律制度 ………………………………………………………… 69
4.2　土地产权法律制度 ………………………………………………………………… 71
　　4.2.1　土地产权的概念 …………………………………………………………… 71
　　4.2.2　我国土地管理法中土地权利的类型 ……………………………………… 71
　　4.2.3　土地权利的保护 …………………………………………………………… 75
4.3　土地利用和保护 …………………………………………………………………… 78
　　4.3.1　土地利用总体规划 ………………………………………………………… 78
　　4.3.2　耕地保护 …………………………………………………………………… 82
4.4　建设用地 …………………………………………………………………………… 85
　　4.4.1　国有建设用地 ……………………………………………………………… 85
　　4.4.2　农村集体建设用地 ………………………………………………………… 88

4.5 土地违法的法律责任 …………………………………………………… 89
  4.5.1 土地违法法律责任概念 ………………………………………… 89
  4.5.2 各种土地违法行为的法律责任 ………………………………… 90

第5章 建筑法律制度 …………………………………………………… 96

5.1 建筑法律制度概述 ……………………………………………………… 96
  5.1.1 建筑与建筑法 …………………………………………………… 96
  5.1.2 建筑法的适用范围和调整对象 ………………………………… 97
  5.1.3 建筑立法目的、立法原则与立法体系 ………………………… 98
5.2 建筑法的基本制度 ……………………………………………………… 101
  5.2.1 建筑工程项目建设程序的概念 ………………………………… 101
  5.2.2 工程建设项目的程序 …………………………………………… 102
  5.2.3 建设项目的选址、用地和规划手续 …………………………… 105
5.3 建筑行政许可制度 ……………………………………………………… 107
  5.3.1 建筑工程许可制度 ……………………………………………… 107
  5.3.2 建筑工程监理法律制度 ………………………………………… 117
  5.3.3 建筑工程质量管理制度 ………………………………………… 122
5.4 建筑法律责任 …………………………………………………………… 129
  5.4.1 建筑法律责任的概念 …………………………………………… 129
  5.4.2 建筑法律责任的类型 …………………………………………… 129
  5.4.3 建筑违法行为和法律后果 ……………………………………… 130

第6章 工程建设执业资格法律制度 ………………………………… 136

6.1 工程建设执业资格法律制度概述 ……………………………………… 136
  6.1.1 建立从业资格制度的意义 ……………………………………… 136
  6.1.2 建立工程建设执业资格制度的意义 …………………………… 136
6.2 工程建设从业单位资质管理制度 ……………………………………… 137
  6.2.1 建筑业企业的资质管理制度 …………………………………… 137
  6.2.2 工程勘察设计单位的资质管理制度 …………………………… 139
  6.2.3 工程监理企业 …………………………………………………… 142
6.3 工程建设专业技术人员执业资格管理制度 …………………………… 143
  6.3.1 注册结构工程师 ………………………………………………… 143
  6.3.2 注册监理工程师制度 …………………………………………… 145
  6.3.3 注册造价工程师 ………………………………………………… 147
  6.3.4 注册建筑师制度 ………………………………………………… 148
  6.3.5 注册建造师制度 ………………………………………………… 150
6.4 违反工程建设执业资格法律制度的法律责任 ………………………… 152
  6.4.1 工程建设从业单位的法律制度 ………………………………… 152
  6.4.2 工程建设从业人员的法律制度 ………………………………… 152

第7章 招标投标法律制度 ································· 157

7.1 概述 ································· 157
7.1.1 招标投标法的概念 ································· 157
7.1.2 招标投标的基本概念及特点 ································· 158
7.1.3 招标投标的适用范围和标准 ································· 159
7.1.4 招标投标的基本原则 ································· 160

7.2 招标 ································· 161
7.2.1 招标应具备的条件 ································· 161
7.2.2 招标方式 ································· 163
7.2.3 招标程序 ································· 165

7.3 投标 ································· 170
7.3.1 投标的基本知识 ································· 170
7.3.2 投标的程序 ································· 172

7.4 开标、评标和定标 ································· 175
7.4.1 开标 ································· 175
7.4.2 评标 ································· 176
7.4.3 定标和授标 ································· 181

7.5 招标投标的法律责任 ································· 183
7.5.1 招标人违法行为应承担的法律责任 ································· 183
7.5.2 投标人和中标人违法行为应承担的法律责任 ································· 185
7.5.3 招标人与投标人或中标人共同违法行为应承担的法律责任 ································· 187
7.5.4 招标代理机构违法行为应承担的法律责任 ································· 188
7.5.5 评标委员会违法行为应承担的法律责任 ································· 188
7.5.6 其他情况 ································· 188

第8章 建筑勘察设计法律制度 ································· 191

8.1 建筑工程勘察设计法律制度概述 ································· 191
8.1.1 工程勘察设计法律制度的概念 ································· 191
8.1.2 工程建设勘察设计的要求 ································· 191
8.1.3 建设工程勘察设计法律制度的立法概况 ································· 192
8.1.4 建设工程勘察设计法律规范的效力范围 ································· 192

8.2 建筑工程的勘察制度 ································· 193
8.2.1 勘察设计文件审批的法律依据 ································· 193
8.2.2 勘察设计资格分级标准 ································· 193
8.2.3 业务范围 ································· 194
8.2.4 建设工程勘察设计的发包与承包 ································· 194
8.2.5 申请与审批 ································· 194

8.3 建筑工程的设计制度 ··· 195
   8.3.1 设计文件的编制与审批法律制度 ·· 195
   8.3.2 施工图设计文件审查制度 ·· 197
8.4 违反建设工程勘察设计的法律责任 ··· 199
   8.4.1 建设工程勘察设计监督管理 ··· 199
   8.4.2 法律责任 ·· 199
8.5 工程建设标准设计法律制度 ·· 201
   8.5.1 工程建设标准设计的分类 ·· 201
   8.5.2 工程建设标准设计的作用 ·· 202
   8.5.3 工程建设标准设计的程序及管理 ··· 203

第9章 建设工程合同法律制度 ·· 207

9.1 合同法概述 ··· 207
   9.1.1 合同的概念 ··· 207
   9.1.2 我国的合同立法 ··· 207
   9.1.3 合同的订立 ··· 208
   9.1.4 合同的效力 ··· 209
   9.1.5 合同的履行 ··· 211
   9.1.6 合同的变更、转让和终止 ·· 212
   9.1.7 违约责任 ·· 213
9.2 建设工程合同的主要内容 ··· 214
   9.2.1 建设工程合同的概念 ·· 214
   9.2.2 建设工程勘察设计合同 ··· 215
   9.2.3 建设工程施工合同 ··· 217
   9.2.4 委托合同 ·· 219
   9.2.5 承揽合同 ·· 222
9.3 建设工程施工合同的索赔 ··· 224
   9.3.1 施工合同索赔 ·· 224
   9.3.2 建设工程施工合同纠纷的司法解释 ·· 226
9.4 建设工程合同示范文本 ·· 229
   9.4.1 建设工程勘察设计合同示范文本 ··· 229
   9.4.2 建设工程施工合同示范文本 ··· 241
   9.4.3 建设工程委托监理合同示范文本 ··· 262
   9.4.4 FIDIC 土木工程施工合同条款 ·· 268

第10章 工程建设标准法律制度 ··· 275

10.1 工程建设标准概论 ··· 275
   10.1.1 基本概念 ·· 275

10.1.2　工程建设标准特征 ·· 278
　　10.1.3　工程建设标准分类 ·· 279
　　10.1.4　工程建设标准体系 ·· 280
　　10.1.5　工程建设标准化的意义 ·· 281
10.2　工程建设标准演变历程 ·· 282
　　10.2.1　古代工程建设标准 ·· 282
　　10.2.2　近代工程建设标准 ·· 283
　　10.2.3　新中国成立后至改革开放前工程建设标准 ··· 283
　　10.2.4　改革开放以来的工程建设标准 ··· 284
10.3　工程建设标准的编制、修订与管理 ··· 285
　　10.3.1　工程建设标准的编制 ··· 285
　　10.3.2　工程建设标准的复审与修订 ·· 289
　　10.3.3　工程建设标准管理 ·· 290
10.4　工程建设标准的不足与完善 ··· 291
　　10.4.1　我国工程建设标准存在的不足 ··· 291
　　10.4.2　工程建设标准的完善措施 ··· 293

第11章　城市房地产管理法律制度 ·· 299

11.1　房地产管理法律制度概述 ·· 299
　　11.1.1　房地产的概念 ··· 299
　　11.1.2　房地产法的概念 ·· 299
　　11.1.3　房地产法规体系 ·· 300
　　11.1.4　房地产管理法律制度 ··· 300
11.2　房地产开发管理法律制度 ·· 301
　　11.2.1　房地产开发的概念与原则 ··· 301
　　11.2.2　房地产开发企业 ·· 302
　　11.2.3　房地产开发用地 ·· 305
　　11.2.4　城市房屋拆迁 ··· 309
　　11.2.5　房地产开发建设 ·· 311
11.3　房地产交易管理法律制度 ·· 313
　　11.3.1　房地产交易一般规定 ··· 313
　　11.3.2　房地产转让 ·· 314
　　11.3.3　房地产抵押 ·· 319
　　11.3.4　房屋租赁 ··· 320
　　11.3.5　房地产中介服务 ·· 322
11.4　房屋权属管理制度 ·· 324
　　11.4.1　建筑物区分所有权 ·· 324
　　11.4.2　房屋登记制度 ··· 326

11.5 物业管理法律制度……………………………………………………………… 329
　　11.5.1 物业与物业管理………………………………………………………… 329
　　11.5.2 业主自治管理…………………………………………………………… 330
　　11.5.3 前期物业管理与物业管理服务………………………………………… 336
11.6 房地产违法行为的法律责任…………………………………………………… 339
　　11.6.1 行政责任………………………………………………………………… 339
　　11.6.2 民事责任………………………………………………………………… 342
　　11.6.3 刑事责任………………………………………………………………… 342

参考文献……………………………………………………………………………… 364

第1章 法学基础

【学习提要】 本章主要阐述下列内容：
  1. 法的概念和特征、法的起源、法的本质和现象、法的功能和作用、法的类型及法的渊源。
  2. 法律规范的概述、法律规范的构成、法律规范的分类、法律规范的实施和法律规范的效力。
  3. 法律关系的概述和法律关系的运行。
【关键词】 法　法律规范　法律关系　法律适用

1.1 法的基本概念

1.1.1 法的概念和特征

1.1.1.1 法的概念

法是社会生产的必然产物，也是国家机器职能发展需要的产物。通俗地理解，法是社会生活中判断人们行为是与非的一种界限，是人们行为安全与否的标志，它规定了人们行为的自由度。但是，法又不同于一般的标志或界限。一般意义上的标志，只是表明特征的一种记号、界限，也只是不同事物的一种分界；而法是上层建筑，它的产生和形成离不开经济基础。因此，从根本上讲，经济的需要是其产生的基本根源。但是法作为上层建筑的一部分，它的产生和形成也必然受到其他上层建筑部分（特别是国家）的巨大影响。所以说，法是由一定物质生活条件所决定的，由国家制定或认可并由国家强制力保证实施的具有普遍效力的行为规范体系，其目的在于确认、保护和发展有利于统治阶级的社会关系和社会秩序。

在我们的认识概念中，法和法律又有什么根本区别呢？在汉语中，"法"和"律"二字最初是分开使用，含义不同，法——"法者，平之如水"，代表公平；律——"律者，所以范天下之不一而归于一，故曰均布也"，意指"律"是一致遵循的格式或准则。从秦汉时起，"法""律"合用。在一般所指中，可以理解为同义，但二者有本质上的区别。一般说，法的范围较大，往往指整个制度或一个学科研究体系。法律则较具体，一般指具体的法则。即在特定的范围和时期，当统治阶级主观意志和客观利益达到有机统一时的产物。决定该产物产生的主观意志是形式，客观利益是内容，缺少其中一个，法律也就不存在了。

1.1.1.2 法的特征

法的特征是法的本质的外在表现，是区别与其他事物和现象的标志所在。了解法的特征是为了更好地把握法的性能、作用和规律，以便在法律应用中能实现得心应手。

由于法反映的是由物质生活条件决定的统治阶级的意志，由国家制定和认可，并由国家强制力保障其实施，所以，它具有以下特征：

1. 法是统治阶级意志的体现

马克思、恩格斯在《共产党宣言》(第二章) 中谈到资本主义法时指出"你们的观点本身是资产阶级的生产关系和所有制关系的产物，正像你们的法不过是被奉为法律的你们这个阶级的意志一样，而这种意志的内容是由你们这个阶级的物质生活条件来决定的。"① 在特定的历史时期，马克思和恩格斯在此虽然直接讲的是资本主义法的本质特性，但该特性同样适用于所有阶级社会的法。

在一定的经济关系和政治关系的阶级社会中，处于不同地位的社会各阶级，都有自己的阶级意志，即维护自己阶级利益的愿望和要求，但并不是每个阶级的意志都能表现为法律。法律只能是取得胜利，掌握国家政权的阶级的意志的表现。且法律所表现的统治阶级的意志，是指集中反映整个统治阶级利益的共同愿望和要求，而不是统治阶级中少数成员的任何一种愿望和要求。为此，当统治阶级的某个成员违反了法律的规定时，也会受到代表本阶级整体意志的法律的制裁。这种制裁，也是保障统治阶级意志的统一性，维护统治阶级整体利益的必需。

2. 法是由国家制定和认可的

法是上层建筑，是社会发展到一定程度的产物。法不是从来就有的，也不是永恒存在的，而是人类社会发展到一定历史阶段才出现的社会现象。法产生的主要标志是特殊公共权力系统即国家的产生。所以，法是由国家制定和认可的、对全体社会成员具有普遍约束力社会规范。

制定——是指国家立法机关按照法定程序创制规范性文件的活动；认可——是国家对既存的行为规则予以承认并赋予法律效力的过程（一般有三种情况：第一，赋予社会上早已存在的某些一般社会规则，如习惯、经验、道德、宗教、习俗、礼仪，使之具有法律效力；第二，通过加入国际组织、承认或签订国际条约等方式，认可国际法规范；第三，特定国家机关对具体案件的裁决做出概括产生规则和原则，并赋予这种规则和原则以法律效力）。

法律出自国家，以国家的名义创制，具有国家性。尽管它是统治阶级意志的体现，但它不能只是以统治阶级的名义实现。法律代表的是"一种表面上驾于社会之上的力量"，② 法律需要在全国范围内实施，适用的范围以国家主权为界域，这就要求法律必须以国家的名义制定和认可。所以，法律从本质上说是统治阶级意志的反映，从形式上则体现了国家的意志。事实上，在阶级社会中，统治阶级的意志也只有通过国家才可以表现和实现。

3. 法是由国家强制力保障实施的

法律的实施由国家强制力保证的，如果没有国家强制力作后盾，那么法律在许多方面就变得毫无意义，违反法律的行为得不到惩罚，法律所体现的统治阶级的意志也就得不到贯彻和保障。国家强制力是指国家的军队、警察、法庭、监狱等有组织的国家暴力，这些机关的执法活动使法律实施得到直接保障。国家强制力使法律获得了对全社会的普遍约束力，这种约束力不仅对敌对阶级存在，而且在本阶级内部也存在。并非法律的每一个实施过程都必须借助于国家强制力，但是法律如果失去了国家强制力，就无异于一纸空文。尽管许多社会规范也有强制力，但是其他社会规范的强制力不具有国家性。所以说，国家强制力是法律与其

---

① 《马克思恩格斯全集》第 4 卷，第 485 页．
② 《马克思恩格斯选集》第 4 卷，第 166 页．

他社会规范的重要区别。

4. 法是由一定的物质生活条件决定的

马克思主义认为,"法律……的发展是以经济发展为基础的"①,而"经济进一步发展的影响和强制力又经常摧毁"原有的法律体系,"并使它陷入新的矛盾"②。虽然法是统治阶级意志的反映,是上层建筑的重要组成部分,但统治阶级的意志不可能随心所欲,必须由其所依赖的物质生活条件所决定。统治阶级的物质生活条件,主要指的是生产关系。一定社会占统治地位的生产关系,特别是所有制关系,决定着该社会统治阶级的根本利益和意志。任何一个统治阶级都不能离开其物质生活条件而随心所欲地制定法律,否则,即使制定出了法律,也必然由于违背了客观经济条件而在实际生活中无法实施。

1.1.2 法的起源

法和国家一样不是自古就有的,它是人类社会经济、政治发展到一定历史阶段的产物,是随私有制和阶级的出现而产生,并随生产力的发展、社会政治制度的变化和经济关系的复杂而不断充实和完善的。英国哲学家 T. 霍布斯认为,在自然状态中,人对人像狼一样,在那时每个人的私欲和其他人的私欲发生冲突,由此而产生"一切人反对一切人的战争"。为了解决冲突,人们不得不以"理性"作指导,以契约的形式建立一种共同的权力,于是产生了实在法。英国哲学家 J. 洛克认为,人类在未形成国家以前,处于一种无政府的"完善无缺的自由状态"。但那时的缺点是,缺少一种权力来支持正确的判决和保证这种判决的执行。为了弥补自然状态的这种缺陷,于是人们互相协议,自愿把自己一部分自然权利交给专门的人去行使,这就是"立法和行政权力的原始权利和这两者之所以产生的缘由"。

在原始公社制度下,没有法,也没有权利和义务的划分,但存在公认的行为规则,这种公认的行为规则,就是在长期生产和生活过程中形成的反映氏族全体成员共同意志的习惯。随着原始公社的解体和奴隶社会的形成,在经济上、政治上占统治地位的奴隶主阶级的利益和意志,同奴隶阶级以及社会其他居民的利益和意志发生了对抗,奴隶主阶级为了维护其统治地位,需要一种特殊的行为规则,以此迫使被统治阶级服从自己的利益和意志,这种特殊的行为规则就是法。

法的形成经历了一个漫长的过程,开始是不成文的习惯法,后来才出现成文法。最初的成文法也大都是习惯的记载,稍后,立法活动逐步发展,才有比较完整的成文法典。恩格斯在《论住宅问题》中的论述:"在社会发展某个很早的阶段,产生了这样的一种需要:把每天重复着的生产、分配和交换产品的行为用一个共同规则概括起来,设法使个人服从生产和交换的一般条件。这个规则首先表现为习惯,后来便成了法律。"表面上"立法就显得好像是一个独立的因素,这个因素并不是从经济关系中,而是从自己的内在基础中,例如从'意志概念'中,获得存在的理由和继续发展的根据。人们往往忘记他们的法权起源于他们的经济生活条件,正如他们忘记了他们自己起源于动物界一样。"③

历史上最早出现的成文法典有:公元前 20 世纪西亚地区亚述王朝制定的《亚述法典》,

---

① 《马克思恩格斯选集》第 4 卷,第 506 页.
② 《马克思恩格斯选集》第 4 卷,第 484 页.
③ 《马克思恩格斯选集》第 2 卷,第 538~539 页.

公元前18世纪巴比伦颁布的《汉穆拉比法典》，公元前5世纪罗马的《十二表法》等。在我国，有公元前536年和公元前501年郑国先后公布的《刑书》和《竹书》，以及公元前407年李悝编撰的比较系统完整的《法经》等。

法不同于原始社会的习惯，它是国家按照统治阶级的意志制定，并凭借国家强制力保证实施的特殊行为规则，是实现阶级专政的工具。剥削阶级思想家在法的起源问题上，竭力抹杀其阶级性、经济根源，把法说成是自然的、生物学的、生理上的属性或民族精神的产物，其目的主要是以此来掩盖法的阶级本性。

1.1.2.1　原始习惯与法的产生

在原始社会，社会的组织形式是氏族，在氏族中确定人们行为界限的标准不是法，而是人们在长期劳动生活中形成的习惯，我们称之为原始习惯。原始习惯的内容是广泛的，它包括了原始社会共同劳动和平均分配的经济制度、氏族社会的组织制度、婚姻家庭关系的婚姻制度。由于这些习惯是在人们共同的生活劳动中产生的，反映了所有人的愿望，不需要被迫，人们就能自觉的遵守它。所以，原始习惯的根本特征是不需要强制力保障实施，因此原始习惯不是法，但在原始社会它起到了规范人们行为的作用。

当原始社会的生产力逐步提高后，出现了三次社会大分工：一是畜牧业从手工业中分离出来，出现了剩余劳动产品；二是手工业从农业中分离出来，出现了商品交换；三是商业成了独立的行业，出现了商品交换中的盘剥现象。随社会大分工和社会私有化的出现，阶级和国家也产生了。从而，就出现了统治阶级和被统治阶级的区分，统治阶级为实现自己的阶级利益为被统治阶级确定行为规则，无论从主观上还是客观上都成了阶级利益的需要。同时统治阶级又要确定统治阶级中各成员的行为规范，以协调阶级内部的关系，于是，作为行为规则的法产生了。

事实上，法的产生是个长期的过程。首先，它在向氏族习惯中渗透阶级内容的过程中，保留了氏族习惯中统治阶级需要的内容，摒弃了对统治阶级不利的成分；其次，统治阶级把原始社会不成文的原始习惯，以文字的形式固定下来，出现了成文法；最后，统治阶级把道德、宗教从法中分离出去，让人们通过信仰接受。而法的规则是用皮鞭、坐牢、杀头等国家暴力手段来强迫人们接受和遵守。所以说法律是伴随着国家、阶级的产生而产生的。

1.1.2.2　法与原始习惯的异同点

从事物实践的本意来讲，法与原始习惯的共同之处是二者都是人们活动和生活行为的行为规范，是人们共同遵守的行为规则。但从事物的本质来讲，法与原始习惯存在有本质的不同，二者的不同点主要表现在以下几方面：

1. 产生的条件不同。原始社会的习惯规范是原始人在长期的共同劳动、共同生活的过程中逐渐形成的；法律规范是由统治阶级运用国家制定或认可的。

2. 反映的意志不同。原始习惯反映的是原始社会所有人的意愿；而法反映的是阶级社会中剥削阶级的意志。原始社会的习惯规范不具有阶级性，它是氏族全体成员意志和利益的反映，是为整个氏族服务的；法律规范具有鲜明的阶级性，它是统治阶级意志的反映，是为维护其阶级的经济、政治统治服务的，是对被统治阶级实行专政的工具。

3. 强制力的不同。人们对原始习惯的自觉遵守，依靠的是家长权威、传统力量、道德观念以及社会舆论来维护，依靠氏族成员的自觉遵守；而法的自觉遵守，靠的是法所维护的社会利益与人们追求利益的一致性。法的被迫遵守依靠的则是暴力，是以军队、监狱、法庭等暴力机关作后盾，依靠国家的强制力保证其实施。

4. 维护关系的不同。原始习惯维护的是氏族内部的血亲关系，它平等地维护全体社会成员的利益；法维护的则是一个地域范围内的社会秩序，它维护的是统治阶级与被统治阶级之间不平等的阶级利益关系。

1.1.3 法的本质和现象

本质是事物的内在联系，是决定客观事物存在的根据；现象则是事物的外在表现和外部联系，是本质的表现形式，这是任何事物都具备的两个方面。而且事物的本质总要通过现象表现出来，一切现象的表现也总要反映事物的本质。所谓"透过现象看本质"，即客观准确地反映了两者之间的关系。为此，区分法的现象与法的本质是法学认识的前提。法的现象是指能够经验的、凭借直观的方式可以认识的法的外部联系的总和，是直观的感性对象——法本身；法的本质则是深藏于法的现象背后以至凭借直观的方式无法把握的法的内在联系，是人们对可感知的法的外部联系的真实本源的一种主观把握和理性抽象。法的现象和法的本质是对法学认识的统一对象的不同方面。在认识法的本质时，必须首先揭示法的现象。因为法的现象是具体的、可感官的。所以只有深入到法的现象领域，揭示法的现象之间的联系，才可能正确认识法的本质。

在阶级社会中，任何法律都是由其阶级属性决定的，它是由物质条件决定的统治阶级意志的反映，体现在国家对法的制定、认可以及强制力保障实施的全过程中。为此，法的具体现象反映了深藏其后的法的本质。

1. 法是阶级意志和国家意志的反映

其一，统治阶级意志的反映可以说是法的本质的基本属性。意志是具有一定的目的的意识。人的意志不能无端地产生，也不可能随意地接受别人的意志。统治者要让被统治者接受自己的意志，就必须把它明确表示出来，并强制被统治者接受。再者因为阶级内部也存在着各种矛盾和不统一，所以法反映的也不是统治阶级中每一个人的意志，它只能反映出统治阶级的整体愿望和共同利益。因而统治阶级中个别的侵犯整体利益的人，也要受到法律的制裁。事实上，统治阶级为了维护自身的整体利益，在与被统治阶级的矛盾不尖锐时，法也要反映一些被统治阶级的意志，但这种反映，必须以不侵犯统治阶级的利益为前提，这也是统治阶级为缓和阶级矛盾而常常采取的策略和手段。实践要求，统治阶级往往要通过法确立一些对整个社会有益的行为规则（如建筑法、经济法等）为维护统治阶级所需要的社会秩序服务。

其二，法意志性本质反映的第二方面——是国家的意志的表现。国家作为一种政治统治的工具，其本身没有思考、行为的能力。国家意志的形成，必须借助一定的组织机构（立法、行政、司法机关），这些机构形成了国家意志。

国家是暴力机器，是阶级统治的工具，这部机器的运转是由法庭、监狱、警察等暴力工具通过法律来完成的。因此国家和法律密不可分，没有国家法律也就没有了依托，没有法律国家也就失去了运行的程序。所以每一部法，尽管反映的是统治阶级的意志，但都必须通过这个阶级所掌握政权的国家来实现。其次，一个国家中存在着多种阶级和阶层，由于法律仅仅代表了统治阶级的根本利益，必然带来被统治阶级的抵制、抗争，以及阶级内部各阶层之间为了各自的利益而形成的纷争。这样，统治阶级必须将反映自己意志的法上升为国家意志，通过国家的制定和认可，以法律的形式表现出来，统治阶级的意志通过国家的制定和认可上升为国家意志，使其在全社会具有普遍的约束力。同时，以国家强制力，即暴力作后盾，使法在一定范围、一定时期、一定的人群中得到一致遵循，从而达到维护统治阶级利益的目的。

2. 法的内容是由物质生活条件决定的

马克思在《政治经济学批判》中论述："'物质生活的生产方式制约着整个社会生活、政治生活和精神生活的过程'，在历史上出现的一切社会关系和国家关系，一切宗教制度和法律制度，一切理论观点，只有理解了每一个与之相应的时代的物质生活条件，并且从这些物质条件中被引申出来的时候，才能理解。'不是人们的意识决定人们的存在，相反，是人的社会存在决定人们的意识'。"马克思该论述说明了法的基本属性：法是由社会物质生活条件决定的、上升为国家意志的统治阶级的意志。

在阶级社会中，法的本质属性反映的是统治阶级的意志，但这绝不是说法是以这种意志为基础的，更不意味着这种意志创造了社会经济关系。相反的是，无论是法还是法所体现的统治阶级的意志都不可能是随心所欲的，而是要受到经济基础的制约，必须由其所依赖的物质生活条件所决定。

道理很简单，在封建社会人们对房屋土地的需求仅仅是为了满足自身居住和生存对食物的需要，既不需要土地的开发，也不懂得从土地上摄取巨额利润，因此，封建社会的经济基础也不可能产生系统的建设法律法规。即使产生了，如果脱离了产生法所处的现实社会的经济条件，在现实社会中也难以实施，只能是一纸空文，毫无用处。但是必须看到，尽管法的内容是由物质生活条件决定的，但并不等于说物质生活条件能自发地产生法，它还是要立法者通过科学的、全面的、系统的、客观的对自身物质生活条件的认识来完成法律的制定。这就带来了立法这一主观意识形态如何正确地认识社会这个客观事物的问题，当法律的内容符合客观实际和客观需要时，法律就会对社会物质进步具有推动作用，当法律的内容与社会实际和需要相悖时，则必然对社会的发展起相反作用。

1.1.4 法的功能和作用

1.1.4.1 法的功能和法的作用的含义

1. 法的作用

法的作用，指法存在的价值和法对社会发生影响的体现，即调整社会关系和维护社会秩序所产生的影响。从总体上看，法的最根本的作用是能够反映出掌握政权的统治阶级的根本利益和愿望，并要求全社会普遍遵循，所以，法是阶级社会中统治阶级用以调整人们之间关系、确立和维护有利于统治阶级的社会关系和社会秩序的工具。

从阶级统治的角度分析，人们之间的关系，按其性质基本上可分为两大类：一类是统治阶级内部的各种关系；一类是统治阶级和被统治阶级之间的各种关系。中间阶层，其地位或者接近于统治阶级，在某种程度上参与统治阶级的统治；或者接近于被统治阶级，处于被统治地位。

法的作用就在于按照统治阶级的意志调整上述关系，这种调整具体表现为规范作用和社会作用两个方面。

法的社会作用与法的规范作用相比是一个较为复杂的问题。因法的规范作用是从法作为一种社会规范这个特征出发分析的,这种特征是比较容易认识的客观现象。而法的社会作用则是从法的本质和法的目的的角度出发分析的,核心是法维护有利于一定社会关系和社会秩序应起到的社会效果和社会作用。这种对法的本质和目的的认识,则需要以大量的现象研究为认识的基础。

总而言之,法的规范作用和社会作用,两者相辅相成,但却不是并列的,它们之间是手段和目的的关系,法通过调整人们行为这种规范作用(手段)来实现维护阶级统治的社会作用(目的)。

2. 法的功能

法的功能是指法作为一种特殊的社会规范本身所固有的性能或功用。这些功能是基于法的属性、内部诸要素及其结构所决定的某些潜在的能力。只要是法,无论其性质如何,也无论其是否发生了实际作用,法的功能都是存在的,它是法的固有属性。法主要有以下几种功能:

(1) 指引功能

法通过对权利义务的规定,为一般人的行为提供一个模式,告示人们该怎样做和不该怎样做,引导人们在社会活动中正确作出行为选择,抑制自己作出违反法律的行为和积极作出符合法律的行为。法的指引功能主要是通过法律规范对人们权利和义务的规定来实现的。

指引作用又分为确定的指引作用和不选择的指引作用。

确定的指引是指人们必须根据法律规范的指引而行为。法律的目的是防止人们作出违反法律指引的行为,所以,法律一般明确规定了人们应该这样行为(如《合同法》规定:合同签订当事人双方应该依法履行合同),或不应该这样行为(如履行合同时禁止欺诈行为),并且一般还规定了如违反这种规定就应承担一定的法律后果(如一旦违反合同法的规定,合同的有效性不但得不到国家的承认,还有可能被撤销或予以制裁等)。

选择的指引是指人们对法律所指引的行为有选择的余地,即法律允许人们自行决定是否这样行为(即授权性规范)。选择指引的法律规范的目的,一般是鼓励人们从事法律所指示的行为,如《宪法》规定年满十八岁的公民有选举权,且对依法实施的行为,将带来肯定性的法律后果,即承认其有效、合法并加以保护。

(2) 预测功能

法一经产生就是客观存在且具有约束力,它要求全社会一致遵守,所以它起到尺度和准绳的作用。这种功能,反映在对人们行为的指导上。为此,法的预测功能,是指根据法律的规定,人们可以预先估计到他们相互间将会怎样行为以及行为的后果,从而对自己的行为作出合理的安排。预测功能作用的对象是人们相互的行为,包括国家机关的行为。

法律作为行为准则是可以预先估计到人们将如何行为,预测作用的对象是人们相互的行为,这种行为也包括国家机关的行为。如一个打算从事房地产开发投资的行为人,首先应考虑如何依法取得从事房地产开发的资格,以及取得资格后的行为该如何作为和不作为;其次应考虑主管部门对自己从事房地产开发的行为会或者应该做出如何的反映,以此来指导房地产开发活动,以实现行为本身的合法和违法防范。

(3) 评价功能

法作为一种特殊的社会规范,是人们行为的准则,因而具有作为判断、衡量人们行为是否合法的标准与尺度的功能。法律作为评价人们行为的准则,评价功能作用的对象是他人的行为。对于行为者的行为，可依法判断他的对与错。但对人们的行为的判断，把法律作为唯一的判断标准往往是不够的。因为法只是或主要是作为判断是否合法、是否违法或有无法律效力的准则。除此以外，人们的很多行为并不由法律来调整，而由党纪、政纪、道德等来规范（如对一个离婚案件，从法律上一般仅判断是否准予离婚，但对引发离婚原因的评判则可能需要根据道德规范加以评价。另外，如赡养案件的判定，确定赡养与否，法律上一般仅仅判断是否有亲缘关系，至于拒绝赡养的原因，则需要道德规范加以评价）。

（4）教育功能

法的教育功能是指法的实施对人们的认识和行为产生的影响。其作用的对象是一般人的行为。法的教育功能主要在两个方面起作用：一方面，通过对违法行为的制裁，既可以教育违法者本人，同时又对那些企图违法的人起到威慑和警示作用，使其引以为戒；另一方面，通过对合法行为及其法律后果的确认和保护，对人们的行为起着示范与鼓励的作用。

任何一部法律都具有不同的威慑作用，但仅靠威慑作用的法是不稳定且不可能持久存在的，只有能够对绝大多数的社会成员真正起到教育作用的法律才是稳定的、持久的。但是一部法律能否真正发挥教育功能，起到教育作用或者这种教育作用的程度有多大，则要取决于法律规定本身能否真正体现大多数社会成员的利益。

（5）强制功能

法具有国家意志性和国家强制性的特征，因而自然地具有强制功能。法的强制功能作用的对象是违法者的行为。任何社会的法都由国家强制力保障实施，对违法者以国家的名义加以制裁，但是，不同类型的法，其强制功能的对象、范围和方式是不一样的。

1.1.4.2　法的功能和法的作用的区别

法的功能和法的作用是既有区别又紧密联系的两个概念。认识二者的区别和联系，有利于我们自觉地创制和运用法，最大限度地发挥法的社会效应。法的功能属于可能性的范畴，法的作用属于现实性的范畴。法的功能和法的作用是相辅相成但却不是并列的，两者是手段和目的的关系。换言之，法的功能是法本身固有的，它不一定会转化为现实的作用，因为法的作用不仅取决于法的内部诸要素及其结构所决定的功用，而且取决于法作用于社会的条件，诸如政治的、经济的、文化传统，包括法律文化、道德以及相关的设施等。具体说来，法的功能和法的作用的区别主要有：其一，考察的根据不同；其二，作用的对象不同；其三，存在的性质不同；其四，作用的前提不同。

法的功能与法的作用不仅有区别，而且具有紧密的联系。法的功能是法具有生命力的内在依据。没有法的功能，法的作用就无从产生；法的作用是法的功能的社会效应。如果不产生实际作用，法的功能就只能是一种抽象的或"虚设"的东西，就只能是一种可能性，而不能变成现实性。因此，只有将静态和动态相结合，认识和实践相结合，才能把握法的功能和作用，从而在现实中达到立法者的目的。[①]

1.1.5　法的类型

法的类型，即从不同角度，按照不同的标准，将法律规范划分为若干不同的种类。分类虽是一项技术性工作，但在分类的同时也是对法的各种形态进行比较，从中探索法律发展和

---

① http://news.edu5a.com/fxbk/071005/377654329.shtml

运行中的一些带有规律性的问题，以便更全面、准确地理解法律的概念、法的规律，从而实现法的有效适用。

1.1.5.1　法的历史分类

法的历史类型是按照法所赖以存在的经济基础及所体现的国家意志的性质的不同而对法所做的分类。即以社会形态为标准，根据法的发展的历史线索，纵观历史的一切法，按照其建立的经济基础和社会所反映的阶级本质的不同进行的分类。划分法的历史类型的标准主要有两个：一是法所赖以存在的经济基础的性质；二是法所体现的国家意志的性质。凡是建立在同一性质的经济基础之上，反映同一类型社会统治集团的整体意志的法，即属于同一个历史类型。以此标准，在法的发展史上曾先后产生过四种历史类型的法，即奴隶制的法、封建制的法、资本主义的法和社会主义的法。法的历史类型的更替规律一般表现在两个方面：其一，一方面，社会基本矛盾的运动是法的历史类型更替的根本原因。社会基本矛盾，即生产关系和生产力之间、上层建筑和经济基础之间的矛盾，经济基础决定上层建筑，法是建立在一定经济基础之上的社会上层建筑的组成部分。另一方面，上层建筑又对经济基础有着积极的反作用。因此，法的发展规律是社会基本矛盾运动规律的体现，社会基本矛盾的运动规律是法的历史类型更替的根本原因。其二，法的历史类型更替一般都是通过社会革命来实现的。从法的历史类型发生更替的方式上看，新的历史类型的法取代旧的历史类型的法都是在社会革命的过程中实现的。[①] 为此，法的历史类型从形成上有以下规律：

1. 不同历史时期的法的不同类型是随社会经济基础的变化而变化的，这是不以人的意志为转移的客观规律；

2. 法的历史类型的更替，是一个量变到质变的过程，必须经过一定的阶级的社会革命，即一个阶级掌握政权建立自己的国家，从而确立自己的法律体系；

3. 法律随国家的产生而产生，随国家的消灭而消灭。

1.1.5.2　法的形式分类

按照法的形式上的外部特征对法所作的基本分类，是法的形式分类。一般分为：

1. 国际法与国内法

国际法与国内法是从法律制定的主体和适用的范围不同所作的分类。

国际法是由参与国际关系的国家通过协议制定或认可的，并适用于国家之间的法律。国际法由国际社会公认，其形式一般是国际条约和国际协议等，是调整国家和国家之间或不同国家的公民、组织之间相互关系的法律。

国内法则是指在一主权国家内，由特定国家法律创制机关创制的并在本国主权所及范围内适用的法律。即在本国范围内对本国公民、法人、组织之间社会关系具有法律效力的法律。

国内法的法律主体一般是个人或组织，国家仅在特定法律关系中（为国家财产所有人）成为主体，而国际法的国际法律关系主体主要是国家。

2. 成文法与不成文法

成文法与不成文法是按照法的创制方式和表达形式为标准对法进行的分类。成文法是指由国家特定机关制定和公布，并以成文形式出现的法律，因此又称制定法。

[①]　http://news.edu5a.com/fxbk/071005/923350021.shtml

不成文法是指由国家认可其法律效力，但又不具有成文形式的法，一般指习惯法。不成文法还包括同制定法相对应的判例法，即由法院通过判决所确定的判例和先例，这些判例和先例对其后的同类案件具有约束力，但它又不是以条文（成文）形式出现的法，因此也是不成文法的主要形式之一。

3. 实体法与程序法

实体法和程序法是按照法律规定内容的不同为标准对法的分类。实体法也称"主体法"是程序法的对称，它是指以规定和确认权利和义务或职责为主的法律，如民法、刑法、行政法、婚姻法、建筑法、房地产管理法等。

程序法亦称"审判法"、"诉讼法"，是为保证实体法所规定的权利义务关系得以实施或职权和职责得以履行的有关程序为主的法律。如民事诉讼法、刑事诉讼法、行政诉讼法、立法程序法等。

实体法和程序法的分类是就其主要方面的内容而言，它们之间也有一些交叉，实体法中也可能涉及一些程序规定，程序法中也可能有一些涉及权利、义务、职权、职责等内容的规定。

4. 根本法与普通法

根本法与普通法是根据法律的地位、效力、内容和制定主体、程序的不同为标准而对法的分类。

根本法即"宪法"，它规定了国家的根本制度，效力高于普通法律的法律，在一个国家中享有最高的法律地位和最高的法律效力。宪法的内容、制定主体、制定程序及修改程序都不同于普通法，而是有比较高的严格的程序要求。以卢梭、普芬道夫、尔夫等为代表的资产阶级学者，认为根本法是等同于人民与国家或政府之间订立的一种契约，并指出其特点是：效力高于普通法律；必须由人民或专门的制宪机关制定；内容必须用文字作出明白详尽的规定。18、19世纪资产阶级革命中，这个理论为各国所广泛采用，成为立法的依据。此后，宪法被普遍认为是一国的根本大法。

普通法指宪法以外的法律，其法律地位和法律效力低于宪法。它是拥有立法权的国家机关按一般立法程序制定和颁布的规范性法律文件。普通法通常是规定某种主要社会关系或主要社会关系某一方面的行为规则，其效力仅次于宪法性法律，相对宪法性法律而言，可称为"子法"，其内容不得与宪法相抵触。如《中华人民共和国民法》、《中华人民共和国刑法》、《中华人民共和国婚姻法》、《中华人民共和国建筑法》、《中华人民共和国合同法》等皆是普通法。

5. 一般法与特别法

一般法与特别法是按照法的适用范围的不同对法所作的分类。一般法是指针对一般人、一般事、一般时间，在全国普遍适用的法；特别法是指针对特定人、特定事或特定地区、特定时间内适用的法。如按法律生效的空间范围分，属于全国性的法律称一般法，只在某一地区的某一时段生效的法律称特别法；按法律对人的效力分，对所有人都有效的法律称一般法，只有对部分人有效的法称特别法；按法律生效的时期分，一般时期有效的法称一般法，特殊时期生效的法称特别法等。

1.1.6 法的渊源

法的渊源，是指法的创制以及那些具有法的效力作用和意义的法的外在表现形式。因此，法的渊源也叫法的形式，它侧重于从法的外在的形式意义上来把握法的各种表现形式，即法由何种国家机关创制和表现为何种法律文件形式（如宪法、法律、行政法规、地方性法规、规范性决议、命令，以及经国家认可的习惯、判例等）。

法必须通过一定的国家机关制定为具体形式的法律规范，才具有法律效力。不同的历史类型的法，以及同一类型的法的渊源有所不同。如古罗马奴隶制国家的法的渊源主要是法律和习惯，另外，最高法官的告示、法学家的著作也被视作法的渊源。在中国封建社会，封建的纲常礼教和习惯在法的渊源中占有重要的地位，而在刑法和行政管理方面则以成文法为主要渊源，这种成文法又表现为不同形式，如唐律有律、令、格、式之分。资本主义法，在欧洲大陆各国，以成文法为主要渊源；而在英、美各国，虽然宪法、法律是法的重要渊源，但判例和习惯仍占有重要地位。社会主义法的主要渊源是宪法和法律。

在我国，根据立法的权限和法律效力不同进行划分法的渊源，具体表现如下：

1.1.6.1 宪法

国家的根本大法，是由立宪委员会制定，由全国人民代表大会通过，在全国范围、对所有公民有效的法律，是制定法律的依据。

1.1.6.2 法律

国家最高的规范性文件。它是由国家最高的权力机关，即全国人民代表大会及常务委员会，依照特定的立法程序制定。它所规定的是属于国家制度、社会制度和社会关系中最根本的问题，它在所有的规范性文件中具有最高的法律效力。

1.1.6.3 行政法规

行政法规是由国务院及各部委根据宪法和法律，为解决某些行政问题而发布和实施的决议、决定、指示、命令、暂行规定、条例等规范性文件。

1.1.6.4 地方性法规

在我国，地方性法规是指省、自治区、直辖市人民代表大会及其常务委员会制定和发布的、实施于本地区的规范性文件。地方性法规不得同宪法、法律、行政法规相抵触。

1.1.6.5 地方行政法规

地方行政法规是指省、自治区、直辖市的行政机关根据国家法律和行政法规而制定的，在本直辖区内生效的规范性文件。

1.1.6.6 国际条约

国际条约是指我国与其他国家，为了调整关于政治、经济、文化、军事等方面的相互关系，确定彼此之间权利和义务的规范性文件。包括双边条约（两个国家之间签订的国际条约）和多边条约（多个国家之间签订的国际条约）。

1.2 法 律 规 范

1.2.1 法律规范的概述

1.2.1.1 规范的概念

规范——标准。一般指约定、俗成或明文规定的标准。是人们活动应该遵守的规则。一般包括：技术规范和社会规范两大类。

1. 技术规范

技术规范调整的是人与自然界的关系，它是调整人们在使用自然界的力量、生产工具、交通工具、劳动对象进行活动的行为规则。由于技术规范调整的是人与自然的关系，因此，技术规范的制定和确立，应以客观自然规律为基础，以规范人们的活动行为为目标。为此，也就要求技术规范必须建立在人们对自然规律的客观认识之上，应是人们对科学知识的总结和概括，这对人们按照自然规律改造自然，进行物质财富的生产，取得有益与社会的物质财富具有十分重要的意义。

技术规范在现实生活中，在于对行为人活动的有章可循，行为人违反技术规范的话，往往会带来一定的后果。如在建设活动过程中，违反建设技术规范的要求进行建筑，就有造成楼塌人伤的可能性；飞行员如违反技术规范驾驶飞机的话，也会有机毁人亡的可能性。这些后果产生的可能性即是违反客观自然规律所招致的，也可以说是自然对违规行为的制裁。因此，在技术不断进步并被各生产部门广泛采用且发挥重要作用的今天，对有关人员遵守一定技术规范便被确认为法律义务，违反者要负一定的法律责任。这种技术规范一旦在法律上加以确认，便不是纯粹的技术规范了，而成为由国家制定和认可的、由国家强制力保障实施的技术法规了。所以说，本质上技术规范不具有阶级性，但客观上为一定的阶级服务。

2. 社会规范

社会规范是调整人与人之间相互关系的行为规则，即调整人们各种社会关系活动中的行为规则。社会规范的范围比较广泛，既包括了调整人们思想、道德的规范、宗教的规范、礼节、礼仪的规范，也包括调整人与人的之间权利义务的法律规范。

1.2.1.2 法律规范的概念和特征

法律规范是指由国家制定和认可、并由国家强制力保证实施的人们行为的规则。通俗地讲，法律规范是规范人们行为的"规矩"，以及衡量人们行为的"尺度"。为此，法律规范具有以下特征：

1. 法律规范必须由国家制定和认可，并由国家强制力保证实施

法律规范必须由国家制定和认可，并由国家强制力保证实施，是法律规范不同于一般社会规范的最显著的特征。法律规范以外的社会规范，如道德的、社会习俗等，是以人们的道德标准或行为习惯为依据，它对人们行为的调整靠的是自律、社会监督和道德意识的约束，并不存在这种行为规则形式上的制定和认可，以及实施的强制力保障。所以，社会规范除法律规范以外的一般不需要国家的制定和认可，也不存在国家强制力保证其实施。

2. 法律规范是统治阶级意志的具体表现

法律规范是统治阶级从阶级统治的利益出发，依法来规定人们的行为，调整人与人之间的关系的一种强制性行为规则。法律规范的根本在于将人们的行为纳入统治阶级利益所允许的范围之内，从而实现统治阶级阶级统治的目的。所以说，法是抽象地、系统地反映了统治阶级的意志，是人们行为规范的集合或总和。而法律规范则是具体地、单一地反映了统治阶级的意志。我们所指的法律，往往是指法律规范而言的。

3. 法律规范的表现形式是法律文件

法律规范的存在必须借助于一定的媒体，否则它的存在就不可能具体化。只有把具体的法律规范用文字的形式客观地表现出来，法律规范才能够被人们所了解、遵守和使用。我们说，法律规范的表现形式是法律文件，但法律文件中的内容并不完全是法律规范。法律中，

有关原则概念、术语的法定解释等,均不属于规范,它是为人们正确地理解和应用法律规范而制定的,本身不是一种行为规则。

法律规范在逻辑上有假定、处理、制裁三个组成部分。但法律规范与法律条文不能等同。法律条文是法律规范的文字表述,一个条文不一定完全包括规范的三个逻辑因素,一个规范可以表述在几个条文中,甚至不同的文件中,几个规范也可能表现在一个文件中。法律规范反映在法律文件中一般是一组,即这些法律规范都从不同的侧面反映了某一类行为存在的方式,以及不同方式的法律处理,从而共同组成法律文件。例如,在我国土地利用与管理的法律规范问题,《中华人民共和国建筑法》法律文件就是由建筑许可、建筑工程发包与承包、建筑工程监理、建筑安全生产管理等一系列法律规范组成。另外,与《中华人民共和国建筑法》相关的法律中的相关法律规定,同样对从事建筑活动的行为有规范作用。

1.2.1.3 法律规范与其他规范的关系

1. 法律规范与其他规范的区别

法律规范与技术规范、社会规范的主要区别有几方面:第一,法律规范的体系是单一体系形式,必须以法律文件的方式表现。而其他规范则可以通过多种体系表现出来。第二,法律规范具有具体的规范性,它具体的告诉了人们行为的后果。而其他社会规范往往不具有具体的规范性,只是告诉人们一种原则性的规范。第三,法律规范具有国家强制性,它以暴力为后盾,要求全社会所有的人都必须接受,否则就受到法律制裁。而其他的社会规范无法强制人们接受,人们可以选择性的接受或不接受。

2. 法律规范与其他规范的联系

法律规范与其他规范最直接的联系就是,统治阶级可以把其他规范中对统治秩序和社会生活有利的东西,通过国家机关制定成法律规范,直接规定在法律文件中。这时,这些规范就具备了法律规范的一切属性了。所以,在许多时候,法律规范与其他规范的内容是重合的。

1.2.2 法律规范的构成

法律规范有严密的逻辑结构,这是它与习惯和道德规范相区别的重要特征之一。法律规范的逻辑结构,指的是一条完整的法律规范是由哪些要素或成分所组成,这些要素或成分是以何种逻辑联系结为一个整体的问题。法律规范的逻辑结构目前在理论界尚未取得一致的意见,较为一致的观点认为是由三部分构成:即假定、处理和制裁。

1.2.2.1 假定

假定,即指明法律适用的条件,是法律规则的必要成分之一。在具体法律文件中,是法律文书内容组成的规范条件和规范情况的那一部分。任何规则,无论是法律规则还是其他行为规则,都只能在一定的范围内被适用,只有当一定的情况具备时,该规则才能对人的行为产生约束力。这里所说的"一定范围"、"一定情况",就是由法律规范中的假定部分说明的。如《中华人民共和国房地产管理法》第七十条规定的:"房地产管理部门、土地管理部门工作人员玩忽职守、滥用职权,构成犯罪的,依法追究刑事责任;不构成犯罪的,给予行政处分。"这是否意味着任何人在任何条件下从事上述行为,都应无一例外被按照这一规定追究法律责任呢?显然不能这样来理解法律的规定。因为,如果行为人不是国家机关的公务人员,或该行为发生在我国境外,就不能不加区分地一律适用前述法律规定。至于该规定究竟在何种条件下适用，这需要考虑许多因素才能确定，而这些因素，均属法律规范的假定部分。

1.2.2.2 处理

处理，即行为规则本身，指明允许怎么做，应当或禁止怎么做。处理是法律规范中的核心部分，如果没有法律规范的处理部分，人们的作为或不作为就失去了判定"规矩"，对人们行为的合法与否也就失去了判定的"尺度"。

在法律文件中，关于处理的规定常常使用"可以、有权、有……的自由、不受……侵犯，或应当、必须、不得、禁止"等术语或表达方式。如《城市房地产管理法》第十二条规定的"土地使用权出让，可以采取拍卖、招标或者双方协议的方式。"第二十四条规定的"房地产开发必须严格执行城市规划，按照经济、社会效益、环境效益相统一的原则，实行全面规划、合理布局、综合开发、配套建设。"《城市房地产开发经营管理条例》第二十六条规定："房地产开发企业不得进行虚假广告宣传，商品房预售广告中应当载明商品房预售许可证明的文号。"以上规定，对从事该活动的行为人来讲，法律明确规定允许做什么就是授予了可以为一定行为的权利；法律明确规定禁止做什么就是设定不得为一定行为的义务；而法律要求必须做什么，就是设定必须为一定行为的义务。为此，有的学者也使用"权利和义务的规定"来称谓法律规范中"处理"的这一要素。

1.2.2.3 制裁

制裁，即指明违反法律的法律后果部分。它说明了违反法律规定国家将给予如何的处置。它是法律规范的强制措施，是法律规范得以实现的根本条件，也是国家强制力的具体体现。制裁部分是一般法律内容结构中的"法律责任"部分。

法律规范逻辑构成三部分中，假定部分是法律规范的前提，不具备假定中规定的条件的，法律规范即不能适用。处理部分是法律规范的核心，它是法律规范的尺度，是确定行为是否违法的标志。制裁部分是法律规范的保证，只有在它的存在下，才能保证法律规范调整人与人之间的关系的最终目标的实现。

结合以上理论，对照我国法律规范的实际，法律规范的逻辑构成在我国并不完全适用。其中最明显的例证是，有的法律规范并没有"假定"和"处理"部分的明确界定；有的并没有"制裁"部分，相反却有"鼓励""赞许"或"肯定"的规定。为此，在我国有些法律界的学者把法律规范在逻辑上分为两部分，即"行为模式"和"法律后果"

行为模式，是指规定人们在一定情况下行为的准则部分。因法律规范并不是针对特定的个人的行为规定的，只能规定一般的通则，它只能概括出某种行为的一般的、普遍的特征，所以，它对人们某种行为的规定只能是一种模式。法律规定了人们可以做什么、应当做什么或禁止做什么。这三种形式的规定，是法律规范"行为模式"的三种类型。具体的法律规范则必须具有这三种类型当中的某一种行为模式。

法律后果，是指法律规范中规定人们在做出符合或违反"行为模式"的行为时应得的法律上的后果部分。该部分在法律规定上包括两种类型：一类是肯定式的法律后果，指明人们在做出法律规定所允许或所要求的合法行为时，国家将承认其结果的有效性；另一类是否定式的法律后果，指明国家根据法律规定对人们行为的有效性加以否定，特别是对人们的违法行为加以否定和制裁。

1.2.3 法律规范的分类

法律规范的分类，根据不同的分类依据有几种不同的分类形式：

1.2.3.1 按效力强弱划分

按效力的强弱可分为：强制性规范和任意性规范。

1. 强制性规范

强制性规范是指规定的权利、义务具有绝对肯定形式，不允许法律关系的参加者相互协议或任何一方任意予以伸缩或变异的法律规范。强制性规范一般表现为"禁止性规范"和"命令性规范"，是规定人们必须作出或禁止作出一定行为的法律规范。

2. 任意性规范

任意性规范是强制性规范的对称，它是指在法定范围内允许法律关系的参加者与自己确定相互的权利、义务关系的法律规范。在我国，民法、经济法中的法律规范大多属于任意性规范。如我国经济合同法第九条"当事人双方依法就经济合同的主要条款经过协商一致，经济合同就成立"的规定，就属于任意性规范的法律规定。

1.2.3.2 按规范确定的程度划分

按规范确定的程度可分为：确定性规范、委任性规范和准用性规范。

1. 确定性规范

确定性规范是指明确而具体的规定某种行为的法律规范。其内容完全确定，不必援用其他法律规范来说明。如我国建筑法第二十六条规定的"承包建筑工程的单位应当持有依法取得的资质证书，并在其资质等级许可的范围内承揽工程。"该规定即为确定性规范。我国法律中的绝大多数法律规范，都属于确定性规范。

2. 委任性规范

委任性规范是指规定某种行为规则的内容，需由指定的某一专门机关加以确认的法律规范。其特点是不直接规定所要求或禁止的规则的内容，而是指出应由某一机关加以具体规定。如《中华人民共和国全国人民代表大会和地方各级人民代表大会选举法》第四十四条规定："省、自治区、直辖市的人民代表大会常务委员会根据本法可以制定选举实施细则，报全国人民代表大会常务委员会备案。"该规定即为委任性规范。

3. 准用性法律规范

准用性法律规范是指规定行为规则的某一部分需参照其他法规才能实施的法律规范。它所参照的法规是业已明文规定的现行法律规范。如我国《建筑质量管理条例》第八十一条规定的"军事建筑工程的管理，按照中央军事委员会的有关规定执行。"该规定即为委任性法律规范。

1.2.3.3 按规范规定的行为规则的性质划分

按规范规定的行为规则的性质可分为：禁止性规范、义务性规范和授权性规范。

1. 禁止性规范

禁止性规范是指规定禁止人们作出某种行为的法律规范。如果作出法律规范所禁止的行为，且具备违法行为要件，则构成违法行为，应当承担一定的法律责任。如我国宪法第三十七条第三款规定"禁止非法拘禁和以其他方法非法剥夺或者限制公民的人身自由，禁止非法搜查公民的身体。"又如我国刑法关于构成犯罪的种种行为的规定等，都属于禁止性规范。此种行为的抑制，也属于义务的范畴。它和要求积极作为的义务相反，要求不作为，只要不作出法律规范禁止的行为，此种法律规范便获得实现。

2. 义务性规范

义务性规范是指规定人们必须依法作出一定行为的法律规范。如不履行法定义务，应当承担一定的法律责任。如我国宪法关于公民义务的规定，婚姻法中关于夫妻之间、父母和子女之间的义务规定；又如我国刑事诉讼法第八十条规定"任何单位和个人，有义务按照人民检察院和公安机关的要求，交出可以证明被告人有罪或者无罪的物证、书证。"以上都属于义务性规范。

3. 授权性规范

授权性规范是指规定人们依法有权作出某种行为的法律规范。按其内容可分为两种：第一种，赋予公民某种权利，此种权利是否行使，一般由公民自行决定。如我国宪法关于公民权利以及其他法律关于公民享有政治、经济、文化等方面权利的规定，都属于这种规范。第二种，赋予国家机关、公职人员某种权利（职权）。对国家机关、公职人员来说，既是权利又是义务，只要被授权就意味着必须执行。如我国宪法关于全国人民代表大会职权的规定；关于全国人民代表大会常务委员会职权的规定；关于国务院职权的规定；以及人民法院、人民检察院等国家机关职权的规定等，都属于授权性规范。

1.2.4 法律规范的实施

1.2.4.1 法律规范实施的概念

法律规范的实施，是指国家机关、公职人员、社会团体和公民有意识地实现法律规范的活动，它表现为法律规范对一定的社会关系的调整过程。只有通过法律规范的实施才能达到立法所预期的目的，它使法律规范的要求在社会生活中得以实现，起到保护和巩固有利于统治阶级的社会关系和社会秩序的作用。

不同类型的法的实施具有不同的阶级本质和特征。剥削阶级的法的实施主要是确立、维护剥削阶级对被剥削的劳动者的剥削和压迫关系过程，总是伴随着强制措施。社会主义的法的实施主要是变革和废除剥削关系，确立、维护和发展新兴的社会主义关系的过程。主要表现为国家工作人员和全体公民对法律规范的自觉遵守和执行。

1.2.4.2 法律规范实施的形式

根据法律规范实施的主动程度不同，法律规范的实施分为两种形式：

第一种形式：国家机关、公职人员、企事业单位、社会团体和公民个人，自觉遵守法律规范，从而实现法律规范的要求。此种形式不一定都以法律关系为中介，法律规范可以直接起到调整社会关系的作用，如关于所有权保护的法律规范，只要得到普遍遵守，此项法律规范便得以实现，无须同特定的人形成具体的法律关系。

第二种形式：国家机关、公职人员和国家授权的单位把法律的一般规范应用于具体实践，统称为"法律规范的适用"。法律规范的适用是指国家机关、公职人员以及被授权的单位依照其职权范围，通过法定程序实施法律规范的一种活动。法律规范的适用与一般社会团体、公民个人自觉遵守法律，从而实现法律规范的方式有几点不同：①它是国家机关、公职人员或授权的单位（如工会组织被授权适用工会法）的专有活动，具有公务的性质；②它严格依照法定的职权范围，不能自由放弃或者拒绝行使其法定职权；③它按照法定程序把法律规范的一般规定应用于具体情况，导致一定的法律后果，并表现为一定的法律文件的活动方式来实现法律规范。如司法机关依照诉讼程序把法律规范应用于具体案件，作出判决，并以判决书的法律文件形式，宣告一定的法律关系的产生、改变或废止。社会主义的法律适用要求执法机关及其工作人员忠实于法律，忠实于真相，做到准确无误地适用法律规范，以有效地维护人民的利益，保障社会经济和建设的发展。

法律适用因适用的机关和特点不同，可分为司法适用和行政适用。

1. 司法适用

司法适用指拥有司法权的国家机关依照法定职权和诉讼程序实施法律规范的方式，是国家的司法行为。其主要特点是：

（1）它通常是在法律规范实现过程中遇到障碍或者出现违反法律规范的情况下才应用的适用；

（2）严格依照诉讼程序和司法制度适用法律规范，如民事案件依照民事诉讼程序，刑事案件依照刑事诉讼程序办理案件；

（3）它一般表现为直接凭借国家的强制力保证法律规范的实现，或者强制违法者履行法定义务，或者对违法者给以法律制裁；

（4）适用的结果表现为一定的法律文件，如调解书、裁定书、判决书等。

司法适用在保证法律规范的实施上具有重要的作用，一般要求做到正确、合法、及时。为此，司法适用中一律遵守以下原则：即人民法院和人民检察院依法独立行使审判权、检察权的原则；以事实为依据，法律为准绳，适用法律面前人人平等的办案原则等。

2. 行政适用

行政适用指国家机关及其公务人员依照职权范围和法定手续实施法律规范的一种方式。国家行政机关的这种行为不属于司法行为，是国家的行政行为。行政适用通常表现为：

（1）为了实现宪法、法律，依照法定职权采取行政措施，颁布行政法规、行政命令和决定。

（2）依照法定职权，执行法律规范要求的行为，如按照税收法收税、按照交通规则进行交通管理等。此种适用，只要法律规范有规定，就意味着必须执行，不以是否告诉（自诉或公诉）为适用的必要条件。

（3）对违反行政法规者给予行政处罚。行政适用受上级国家行政机关监督，执行上级国家行政机关指示，上级国家行政机关有权改变或撤销下级机关的决定。我国宪法规定，国务院有权"改变或者撤销地方各级国家行政机关的不适当的决定和命令"；"县级以上各级人民政府有权改变或撤销所属各工作部门的不适当的决定"。

1.2.4.3 法律规范的解释

法律规范的解释是指对法律规范的含义、用语所作的说明。法律解释伴随着成文法的出现而产生，且受到历史及当时政治经济条件的影响。在中国，东汉应劭、郑玄等曾为《汉律》作过章句解释，晋代张斐为《秦始律》作过解释，著有《律释》20卷，但均已失传。后来较完整并对后世有较大影响的解释，应是唐高宗永徽三年（公元652年）长孙无忌等奉诏为《永徽律》所撰写的《律疏》，史称《唐律疏议》。在西方，法律规范的解释可追溯到古罗马共和时代，在罗马进入帝国时代得到发展。如罗马帝国初期盖尤斯、乌尔比安等对法律所作的解答。后约在公元11、12世纪以意大利为发源地出现的注释法学派对后世影响较大。在现代，法律解释是法律适用不可缺少的重要环节，它为统一理解和准确适用法律所必需。

1. 以其作出解释的主体和效力不同，可分为有权解释（正式解释）和无权解释（非正式解释）。

（1）有权解释。有权解释也称正式解释，是指有权的国家机关和公职人员基于宪法和法律所赋予的职权，对法律规范所做的解释。这种解释具有法律效力。它包括立法机关对法律所做的立法解释；最高人民法院和最高人民检察院在审判和检察工作中对具体应用法律问题做的司法解释；国家行政机关对特定事务具体如何应用法律的行政解释。

（2）无权解释。无权解释也称非正式解释，是指不具有约束力的解释。它包括：公民法人、社会团体、对法律的理解的解释，即任意解释；专家学者在研究和著书以及教学过程中对法律规范的理解和解释，即学理性解释。

2. 法律规范的解释还可以其解释的方法，分为文法解释、逻辑解释、系统解释、历史解释。

3. 以其解释的尺度，可分为字面解释、扩充性解释、限制性解释等。

需要说明的是，任何法律解释都必须以法律规范的条文本身为依据，而绝不允许离开法律的规定任意发挥解释。

1.2.5 法律规范的效力

法律规范的效力，即法的保护力和约束力所及范围，是指法律规范适用于哪些地方，适用于什么人，在什么时间发生效力。任何一项法律都有一定的适用范围，即它只能在规定的效力范围内生效。超出此范围即不能适用。为此，法律规范的效力一般分为：时间效力、空间效力和对人的效力。

1.2.5.1 时间效力

法律规范的时间效力，是指法律规范在什么时间范围内具有保护力和约束力。一般法律生效以公布的时间或以公布的特定时间为限。从我国法律规范的实践看，法律生效时间通常有两种情况：

法律终止生效的时间也有几种不同的情况：有的法律本身就规定了停止生效日期，到期自行失效；有的法律随着新法的颁布而相应的失去效力；有的法律以特别法律文件宣布终止生效等。另外，法律的时间效力中还包括该项法律对它颁布以前的事实、关系是否有效，即是否有"溯及既往"的效力。在不同的国家，或同一国家的不同时期有着不同的做法，如我国1950年颁布的《中华人民共和国惩治反革命条例》是溯及既往的。1979年颁布的《中华人民共和国刑法》是不溯及既往的，但当新法律减轻或免除某一行为的罪责时，则适用新法律。

1. 法律规范开始生效的时间

法律制定、颁布以后，何时开始生效施行，如《中华人民共和国中外合资经营企业所得税法》明确规定："本法自公布之日起施行"。或法律公布之后，经过一段时间再生效，如《中华人民共和国城市规划法》于1989年12月26日由第七届全国人民代表大会常务委员会第十一次会议通过，但自1990年4月1日起施行。

在我国，法律规范开始生效的时间通常有四种情况：

（1）从法律公布之日起生效。
（2）法律公布后间隔一段时间才生效。
（3）比照相关法律以确定本法的生效时间。
（4）法律公布后经过试行，再由制定机关修改补充，正式公布施行。

2. 法律规范终止生效的时间

法律规范终止生效的情况，一般主要有以下几种：
（1）新法律代替了同类的原有法律，旧法律即失去效力。
（2）法律因完成了自己的历史任务，或因其赖以存在的特定条件消失而自然失效。
（3）相应的国家机关颁布专门的决定或者命令，宣布废除某项法律，从宣布之日起或者从决定、命令规定的生效日期起，该项法律即终止生效。
（4）法律制定时即规定了生效的期限，期限届满，该法律自然失效。

1.2.5.2 空间效力

法律规范的空间效力是指法律生效的地域范围，即法律规范在哪些地域范围内具有保护力和约束力。在我国，法的空间效力主要有两种情况。

（一）域内效力。域内效力，即法律规范在其制定机关所管辖的领域内的效力，域内效力包括：

1. 法律的效力及于制定机关管辖的全部领域。
2. 法律的效力只及于制定机关管辖的部分领域。

（二）域外效力。域外效力，即法律规范在其制定机关所管辖的领域外的效力。一般情况下，法律的效力只及于制定机关管辖的部分或者全部领域，但也有例外。[①]

一般国家权力机关制定的法律适用于全国，地方权力机关制定的地方性法规只适用于本地区。另外，有的法律规范对生效的地域范围作出特殊的规定，如我国的香港特别行政法和澳门特别行政法。

1.2.5.3 对人的效力

对人的效力是指法律对什么人发生效力的问题。在中国领域内：凡是有中国国籍的人，都是中国公民。中国公民在我国领域范围内一律适用中国的法律。

在中国领域外：从原则上说，我国公民在国外，仍受中国法律保护，同时也有遵守中国法律的义务。

在中国领域内：外国公民、无国籍人员以及他们举办的企业组织或社会团体，同样必须遵守我国的法律，如我国另有规定，则依该法律办理。

在中国领域外：外国人、无国籍人员在中国领域外对我国或者我国公民犯罪，按我国刑法规定的最低刑为3年以上有期徒刑的，可以适用我国刑法，但是按照犯罪地的法律不受处罚的除外。

有以下几种情况：

1. 以国籍为准，通常称其为"属人主义"

即法律规范专适用于本国人，不适用于外国人。本国人不论其在国内或国外，均适用本国法。

---

① http://www.gzu521.com/campus/article/qualification/200608/59410.htm

2. 以地域为准，通常称其为"属地主义"

不论本国人或外国人凡居住于本国领土内的一切人一律适用本国法。

3. 实行属人主义和属地主义相结合的原则

凡居住在一国领域内的一切人，一律适用居住国的法律。但有关公民义务，民法中婚姻、家庭、继承，特别是刑法有特殊规定的某些犯罪等，一般要适用本国的法律。另外，依国际惯例和条约，享有外交特权的外国人，仍适用其本国的法律。

总而言之，就法律本身来看，有的法律适用于全国公民，有的法律则适用于部分公民，对此，一般在法律上都有明文规定。

1.2.5.4 法律规范的溯及力

法律规范的溯及力，又称法律溯及既往的效力或者法的追溯力，是指某一规范性文件颁布后，对它生效以前发生而未经最后处理的案件是否适用。如果适用，就具有溯及力；如果不适用，就不具有溯及力。

目前，世界各国在法律溯及力问题上所采取的做法主要有以下几种：

从旧原则——新法律没有溯及力。

从新原则——新法律有追溯力。

从轻原则——比较新法律和旧法律，那个法律对行为人的处罚较轻，就按那个法律处理。

从新兼从轻原则——新法律原则上溯及既往，但旧法律对行为人处罚较轻时，则从旧法律。

从旧兼从轻原则——新法律原则上不溯及既往，但新法律对行为人的处罚较轻时，则从新法律。这一做法，较其他做法更加公正、科学，因而为绝大多数的国家所接受。

我国《刑法》也采取从旧兼从轻的做法，原则上不溯及既往。

1.3 法 律 关 系

1.3.1 法律关系的概述

1.3.1.1 法律关系的概念

法律关系与社会关系是两个既密切联系又有所区别的概念。

社会关系是指个人的亲戚朋友关系，是人们在共同劳动中彼此之间结成的关系。社会关系中最基本的是生产关系，即经济关系。政治关系和法律关系的性质都决定于生产关系。社会关系在人们的社会行为中形成，参加者实施某种行为时是自觉的、有意识的。尽管社会关系是人们共同参与的结果，却在整体上形成了一种任何人都不能左右的、不以人意志为转移的客观存在的关系。同样，社会关系也不依法而转移，没有法的调整社会关系也照样运行。原始社会没有法，社会关系一样发生；法制不完备的社会，社会关系也依然产生、发展和消灭；即便到共产主义社会，法消亡了，社会关系仍会存在下去。但是，由于社会关系是人类社会存在和发展的基础，是人类社会最基本的关系，所以自法律产生之日，统治阶级便将之作为法的调整的最基本方向和内容。统治阶级不会允许直接关系自己命运的社会关系，自发地运行下去。统治阶级基于阶级利益的需要，必然将其中的主要的和重要的关系，作为法的调整对象，赋予其法律形式，并运用国家机器的强制力保障其存在和运行。这就形成了法律关系。所以说社会关系是法律关系的基础，法律关系是社会关系的一种形式。社会关系虽然是法律关系产生的前提和存在的基础，但法律关系绝不是社会关系简单的翻版，更不是完全被动的和无所作为的。相反，经过法律加工后形成的法律关系，不仅与原始的社会关系大不相同，而且对之有着巨大的反作用。法律关系是社会关系必要的法律形式，可以凭借这种权利、义务的法律形式，对客观存在的社会关系促进或限制，使之按照统治阶级的意志要求的方向存在和发展。

法律关系是指法律规范在调整人们行为过程中形成的权利、义务关系，它是社会关系的一种形式。申言之，当社会关系被法律所调整时，便形成一种权利义务关系，即法律关系。所以说，法律关系是法律规范在现实生活中的实现，只有当人们按法律规范的规定结成具体的权利和义务关系时，才构成法律关系。如男女双方按婚姻法的规定结婚，就构成夫妻之间的权利和义务的法律关系；企业之间按照合同法规定的条件订立合同以后，就构成合同签定者之间的权利与义务的法律关系。由此可知，法律关系的成立需要两个条件：一是法律条文的存在；二是法律规范的实现。如果未按婚姻法的规定结为夫妻，即便有婚姻法的实施，也形不成夫妻之间以权利义务为中心的法律关系；如果没有婚姻法的实施，即便男女双方已组成家庭，这种夫妻式的家庭关系也只是一种社会关系。法律关系是一种意志关系，属于上层建筑范畴。法律关系的内容包括经济的、政治的、文化的、家庭婚姻的等各种社会关系，是现实社会关系的思想形式，所以说，不同的经济基础决定了不同类型的法律关系。社会主义法律关系建立在社会主义经济基础上，表现为人与人之间的平等互助的同志式的关系。

1.3.1.2 法律关系的特征

1. 法律关系是一种意志关系

法律关系是一种意志关系主要体现在法律关系形成的两个要件上，即客观存在的社会关系是一种意志关系和主观上制定的相应的法律也是一种意志关系。法律关系形成的两个要件对法律关系意志特性的决定性表现在两方面：

（1）任何法律关系都是根据法律的规定，用法律规范调整某种社会关系时形成的。法律规范是统治阶级的国家意志，所以就这一点来讲，法律关系必然体现和反映统治阶级的国家意志；

（2）每一个具体的法律关系的形成，通常总要通过他的参加者的意思表示，如只有法律规范的存在，而缺乏参加者实施的意思表示的话，法律关系就不可能形成。所以，具体的法律关系一般都表现了该法律关系主体的意志。

2. 法律关系是一种权利、义务关系

法律规范作为指导人们行为的准则，授予法律权利和设定法律义务是法律规范实现对社会关系调整的特有方式。某种社会关系之所以成为法律关系，就在于它具有法律所规定的当事人之间的权利和义务关系。如果当事人之间的权利和义务不具有法律性质，那么这种关系也只能是社会关系而不是法律关系了。

3. 法律关系是由国家强制力保障的社会关系

法律关系的参加者如果违背或破坏了法律规范所规定的权利和义务，就必然危害到有利于统治阶级的社会关系和社会秩序。为此，法律关系必然要由国家强制力作保证。对侵犯他人权利和不履行法定义务的行为要应用国家机器给予法律制裁，从而保障法律关系参加者的权利和义务按照法律规定加以实现和履行。

4. 法律关系的存在依相应的法律存在为前提

法律关系是由于客观上存在社会关系和主观上制定相应的法律这两个要件的结合而形成的。为此，社会关系之所以能成为法律关系，是因为有规定和调整这种社会关系的相应的法律存在，否则，就无法产生法律关系。

1.3.2 法律关系的构成

法律关系是由主体、客体和内容三要素构成的，任何法律关系都必须具备这三要素。作为法律规范的权利、义务关系必须首先有参加者，即法律关系的主体，参加者依据现有的法律、法规确定彼此享有的权利和承担义务。这种法定的权利和义务即法律关系的内容。参加者通过法律关系，根据设定的权利、义务所要获得的物或者所应作为的行为以及为法律保护的精神产品，即为法律关系的客体。法律关系三要素是构成法律关系最基本的要件，三者密切相连，缺一不可。

1.3.2.1 法律关系的主体

法律关系主体的概念。法律关系的主体是构成法律关系的第一要素，它是指参加法律关系，并在法律关系中依法享有权利和承担义务的人，即法律关系的当事人。在法律关系中，享有权利的一方为权利主体；承担义务的一方为义务主体。权利主体和义务主体是相对应的，有享有权利的一方就必然有承担义务的相对应的一方。而且，在同一法律关系中，权利主体和义务主体是可以互换的。

1. 法律关系主体应具备的能力

作为法律关系的主体，在法律关系中要享有一定权利和承担一定的义务，因此，必须具备一定的能力，才能成为法律关系的主体。这种能力即权利能力和行为能力。

（1）权利能力，通常指能够依法享有权利和承担义务的资格。权利能力是法律上认定权利主体的前提。权利能力一般分为：

自然人的权利能力，即一般权利能力，是指法律认可的自然人具有享受权利和承担义务的能力，始于出生，终于死亡。与权利主体不能分割，不得抛弃，非依法律不得剥夺。所以说，一般权利能力是全体公民不分性别、年龄、精神状况都具有的能力（如全体公民都享有的生存权、肖像权等）。

法人的权利能力，也称特殊权利能力，即法律赋予法人（或特定的人）具有享有权利和承担义务的资格。产生与法人（特殊的人）的依法成立，其内容分别决定于各个法人成立的目的和业务活动的范围（如公司法人对公司的经营权；中华人民共和国公民年满18岁的选举权等）。

（2）行为能力，通常指能够以自己的行为依法行使权利和承担义务，从而使法律关系发生、变更或消灭的资格。只有对自己的行为具有明确的认识能力，能够理智的作出一定的行为，并能预见到行为的后果时，才能认为具有行为能力。具有行为能力的人首先需要具有权利能力。法律对公民是否具有行为能力有三种不同的规定：

有行为能力是"无行为能力"的对称。指权利主体凭自己的意思表示就能产生民事法律效果的资格。各国法律一般规定已达法定年龄的自然人为有行为能力的人。我国法律规定，已满18岁的公民为有行为能力的人。对于已经正式参加劳动或独立生活而未满

18岁的人，从保障他们的合法权益出发，承认他们有依自己的意志处理自己合法收入的资格。

限制行为能力，指行为能力受限制的自然人只有不完全的行为能力的资格。亦即只有部分的行为能力。各国法律规定的限制行为能力的人，都指已满一定年龄而又未达法定成年年龄的人。我国司法实践中通常以满6周岁未满18周岁的人为限制行为能力的人。

无行为能力是"有行为能力"的对称，指自然人没有依自己的行为享有权利、承担义务的资格。各国法律规定在一定年龄以下的人（如法国规定为7周岁，保加利亚规定为14周岁）、精神病患者以及被依法宣告为禁治产的人（心神丧失或精神耗弱，不能处理自己事务，经法院宣告丧失行为能力的人）为无行为能力。这种人不问其有无表示意思的能力，自己既不能进行法律行为，也不能接受他方的意思表示。其法律行为由法定代理人代为进行。我国司法实践中，以不满6周岁的未成年人以及依法宣告为无行为能力的人的精神病患者为无行为能力的人。

限制行为能力人和无行为能力人与无权利能力的人不能参加任何法律关系是有区别的，限制行为能力人和无行为能力人只是不能成为某些法律关系的主体（如房地产买卖合同关系的缔约人），但可以成为无须作出判断的法律关系（如人身关系）或与其能力相适应的法律关系的主体。

与行为能力直接联系的是责任能力。责任能力即对自己的行为承担法律责任的能力，它与行为能力是一致的。完全行为能力的人即完全责任能力的人，限制行为能力的人即限制责任能力的人，而无行为能力的人即无责任能力的人。

2. 法律关系主体的类型

（1）国家。在此是指国家作为一个整体而成为法律关系的主体。这有几种情况：其一，是国家在国际事务法律关系中，国家是国家法律关系的主体，代表一个国家的全体民众签订国家条约，参与国际交往。其二，是在一个国家内部，国家代表全体人民行使公共权利是一切公共财产所有者的代表，所以是国家法律关系、经济法律关系、行政法律关系的主体。其三，在民事法律关系中，根据《国家赔偿法》的规定，国家还可以是民事法律关系的主体。

（2）公民。公民通常指具有一个国家的国籍，并根据该国的法律规定享有权利和承担义务的人。在我国公民是指年满18岁，且具有中华人民共和国国籍的人。我国法律规定了我国公民的基本权利和义务，他们在广泛的社会活动中享有充分的平等。所以，我国公民可以成为广泛的法律关系的主体。

（3）国家机关、事业单位。国家机关和事业单位负担着社会管理和组织活动的任务，依法成为一定法律关系的主体。其中，国家机关是在依法行使职权，完成工作过程中分别成为相应的法律关系的主体。事业单位是在管理本单位和社会活动中，成为相应法律关系的主体。

（4）企业。企业是指以生产、服务、销售商品等赢利为目的，进行自负盈亏、独立核算的生产经营单位。它在组织、供应商品和各种业务活动中，成为相应法律关系的主体。

集体经济组织。集体经济组织是集体生产资料的占有者、支配者，也是集体生产的组织者、管理者，在组织集体内部的管理和对外的联系中、协作以及与国家的关系上成为相应法律关系的主体。

（5）社会团体。社会团体是为一定的目的，按照一定的宗旨，自愿组织起来的群众团体和政治组织。并根据自身的政治、法律地位参加社会活动,依法形成相应法律关系的主体。

1.3.2.2 法律关系的客体

法律关系的客体,是指法律关系的权利和义务所共同指向的对象,它是法律关系主体权利行使和义务履行所指向的目标。如果没有法律关系客体作为法律关系权利、义务的对象和目标,法律关系主体的权利和义务就无法实现。

法律关系客体的类型应该包括:物、精神产品和行为。物——即物质财富,指可为人们控制并有经济价值的生产资料和消费资料。精神产品——非物质财富,靠人的思维和大脑劳作形成的产品,可带来精神财富。如著作、发明、设计等。它是特殊的权利客体。行为——指人在主观意识支配下所实施的具体活动,包括作为和不作为行为。作为指行为人主动地实施的某种行为。不作为指行为人消极地不实施某种行为。大多数情况下,法律关系主体的权利和义务都是通过一定的行为实现的。即便是物质财富和精神财富在作为法律关系客体存在时,往往也要伴随有行为的存在。

1.3.2.3 法律关系的内容

法律关系的内容,即法律关系主体享有的权利和承担的义务。不同的法律关系主体的权利义务不同,组成法律关系的内容也不同,法律关系的内容的不同,决定了法律关系的不同类型。所以说,法律关系的实质就是主体的权利和义务的关系以及权利和义务的确定、划分。

权利和义务是法律关系的最基本的要素,权利如无义务的对应也就无所谓权利,反之,义务也就无所谓义务。如没有权利和义务的存在,也不会有主体的地位和指向的客体。所以,法律关系的内容也可以说是与主体的权利和义务有关的一切活动。

1.3.3 法律关系的运行

法律关系构成是讲法律关系的静态构成的,法律关系的运行是讲法律关系的动态过程的。各种法律关系,除少数在一定时期内保持相对静态外,绝大多数都是一种动态关系。法律关系从产生开始,就存在着变更、消灭的必然和可能。所以说,法律关系的动态运行是由发生到可能变更、到消灭等各个环节、各个阶段组成的系统过程。

如上所说,法律关系运行过程一般有:法律关系的产生(设定)、法律关系的变更、法律关系的消灭。法律关系必须依法产生和设定,那些违背法律而设置的关系不可能是法律所保护的关系,相反,到可能是法律所限制或制裁的关系。因此,依法实施的行为是形成法律关系的最基本的行为。

法律关系的变更不一定发生在每一个法律关系中,不少法律关系都只有产生和消灭两个环节。法律关系中任何要素的变化都可能引发法律关系的变更。无论是何种形式或何种类型的法律关系的变更,都会引发对原来的法律关系的部分或全部的否定,所以,法律上对法律关系变更的条件和程序,一般都给予严格的规定,规定必须采用书面形式。

法律关系消灭的实质是法律关系的终结,它一般应是法律关系主体对权利、义务依法定或约定主动、正确履行的结果。但也可能是由于违法、违约或不可抗拒力,在于当事人意志相悖的情况下被动的消灭。

法律关系的运行过程必然是在一定的事实的基础上,由一定的原因引发的。它可能是主观的原因，也可能是客观的原因，但都表现为一种客观的存在。这种能够引起法律关系产生、变更或消灭的客观事实，称之为法律事实。当然，不是任何事实都可以成为法律事实的，只有那些被法律规范所认可的能够引起法律关系产生、变更和消灭的事实才是法律事实。由此可见，那些虽为客观事实，但不具有法律意义，不被法律规范所承认的，不是法律事实；另外，仅仅有法律规范本身也是不会形成法律关系的，只有在一定的法律事实的基础上，法律规范才能实现为具体的法律关系。

传统理论把法律事实分为两大类，即事件和行为。

1.3.3.1 事件

事件，指不依法律关系主体意志为转移，与其主观意志和行为无关的、可以引起法律关系发生、变更和消灭的客观现象。不可抗力、偶发事故等均属于此类。

1.3.3.2 行为

行为，指由一定的组织或个人由其主观意志支配所为的、那些可以引发法律关系产生、变更和消灭的活动和行为。行为与事件相反，它总是由于人们的主观意志和有意识的活动引起的。但这种行为必须是有行为能力的人实施的，无行为能力的人实施的行为不能引发法律关系。行为是法律事实的主要部分。

从法律规范的要求和调整来看，行为从性质上可以分为合法行为和违法行为。

合法行为指符合法律规定的行为。即实施了法律所要求的或允许做的行为，或者没有实施法律所禁止做的行为。

违法行为指违反法律规定的行为。也就是实施了法律所禁止的或不实施法律所要求的行为。

本章小结

本章重点介绍了法学基础理论的基本概念和基本知识，如法的概念、法律规范、法律关系以及与此相关的一些基本理论。通过该章的学习，应了解法的概念和特征、法的起源、法的本质与作用、法的类型；法律规范的概念和特征、法律规范与其他规范的联系、法律规范的构成、法律规范的分类、法律规范的实施、法律规范的效力；法律关系的概念和特征、法律关系的构成以及法律关系的运行。本章的重点是法律规范和法律关系部分。

本章的难点是法律关系运行有关理论与实践的应用。

学习本章的目的，是使学生通过法学基础理论的学习和掌握，为下一步对建设法规有关理论和法律法规知识的学习提供法学基础理论的支持。

【案例实训】

在许多错综复杂的法律纠纷案件中，对纠纷的调处，首先应确定纠纷者之间是否存在法律关系。这是正确认定案件和依法正确处理案件的基础。例如，在一宗土地出让案件中，某市土地管理局代表国家土地所有者，作为出让方——甲方，对该市范围内4万平方米的某块土地进行出让，受让方——乙方以100万元人民币的出让金获得该幅土地的使用权。在乙方向甲方支付的100万元人民币中，50万元是由乙方的账户转向甲方账户；另外50万元，乙方向自己的债务人丙方，追索债务款进行支付。债务人丙方在无钱偿还的情况下向与自己有业务关系的丁方借款50万元转至甲方账户。甲方收齐100万元出让金之后，与乙方签订了土地出让合同，确认土地使用权。之后，乙方的债务人丙方逃逸，使该连环关系中的丁方无处索还50万元。最后，丁方要求甲方退还由自己账户转入该方账户的50万元人民币。

该案件争议焦点，丁方作为债权人，在债务人丙方逃逸的情况下，要求有50万元账务往来的甲方归还50万元。甲方拒绝丁方的要求。诉求法院维护权益。

【法理分析】

在该错综复杂的案件关系中，对权利义务的法律保护，首先应准确地确定其中存在的法律关系。

首先，丙方与丁方之间作为债务人和债权人，存在的债权债务法律关系，但因债务人的逃遁使该关系暂时无法追索。其次，甲方与丁方之间，因为有50万元的账务往来，因此存在支付50万元的事实法律关系。再次，甲方与乙方之间，因土地使用权出让，存在土地使用权出让法律关系。从法律关系分析，丙方与乙方、丙方与丁方之间存在债权债务法律关系，由于丙方的逃逸，事实上已无法追究。所以该案件处理所依据的法律关系，只有甲方与乙之间的出让土地法律关系和甲方与丁方之间存在的账户转移资金的事实法律关系。为此，该案件中权利义务的法律保护，只有在明确各自间的法律关系之后，根据案件实际情况进行处理。根据案情，由于甲方无收取丁方款项的合法理由，因此，应依法要求甲方退还丁方50万元的转账资金。而后，以乙方未按合同约定按时支付土地出让金，依法收回乙方土地使用权。只有以土地出让法律关系中因合同的违约，收回土地使用权，才有可能使这起错综复杂的案件得以解决。

【复习思考】

1. 课堂实训

本章内容学习之后的讨论中，对法的特征和本质反映的"法是统治阶级意志的体现"学说，认识上存在的一定分歧。有观点认为：

（1）既然法是统治阶级意志的体现，那是不是说统治阶级想制定什么样的法律就制定什么样的法律，被统治阶级在法律的制定上是无能为力的。

（2）既然法是统治阶级意志的体现，那么统治阶级犯了法，应该不受到法律的制裁。

理论分析（1）：法是统治阶级意志的体现，并不是说统治阶级的所有意志都能上升为法，统治阶级中任何人都可以随心所欲地制定法，这个意志的内容归根到底是由统治阶级的物质生活条件所决定的。

例如，奴隶制法确认奴隶主对奴隶的人身占有，封建制法确认对农奴的半占有，资本主义法确认人身自由、契约自由等，都不是任何人的主观好恶所决定的，而是统治阶级赖以存在的物质生活条件的客观要求。统治阶级意志由统治阶级的根本利益和整体利益所决定，其形成和调节必然受到被统治阶级的制约。法律反映统治阶级的意志，并不意味着法律就完全不顾及被统治阶级的愿望和要求，法律也会在一定程度上照顾被统治阶级的利益，这往往是被统治阶级进行反抗斗争的结果。统治阶级出于缓和阶级矛盾的考虑，在不得已的情况下作出一定的让步。但这种让步只能是非根本利益上的让步，目的是为了保全统治阶级更大的、更为根本的利益。

理论分析（2）：法体现的是整个统治阶级的意志，但不是统治阶级每个成员的个人意志都能上升为法。因为，统治阶级的每个成员除有其共同利益外，还有各自的特殊利益，要使法就统治阶级每个成员的利益作出规定是不可能的，法反映的只能是统治阶级的共同的、根本的利益，所以法对统治阶级的每个成员来说也是必须遵守的，他们的违法行为也要受到法律的制裁，任何违法行为都是对统治阶级整体利益和根本利益的侵害。统治阶级内部成员作出违法犯罪行为，说明他企图把自己的个人利益和个人意志凌驾于整个阶级的共同利益和共同意志之上，如果对这种行为听之任之，最终必将从根本上危及统治阶级的共同利益。[①]

2. 思考题

（1）什么是法和法律？法是如何产生的？你对法的本质和作用是如何理解的？

（2）法律规范与其他规范有何异同点？法律规范在逻辑上由哪几部分构成？法律规范的实施和法律规范的效力的含义和内容有哪些？

（3）什么是法律关系？法律关系有哪几部分构成？如何理解法律关系的运行？

[①] 《剖析"法律是由国家制定或认可"》河北省冀州市文教局教研室　王育新 2009-11-10　人教网

第 2 章 建设法规导论

【学习提要】 本章主要阐述下列内容：
1. 建设法规的概念和特征、建设法规的作用以及建设法规的基本原则。
2. 建设法规的立法权限和程序、建设法规的体系。
3. 不同形式的建设行政执法的概念、内容以及程序。

【关键词】 建设法规 建设行政法规 建设民事法规 建设技术法规

2.1 建设法规概述

建设法规概述中的"建设"一词，由于它所涉及的领域不同，其内涵和外延大相径庭。按照《现代汉语词典》的释义，"建设"的基本含义是"（国家或集体）创立新事业或增加新设施"。① 以此释义理解，"建设"的内涵和外延是相当宽泛的，只要是创立或增加新设施的活动都可以称之为"建设"。作为《建设法规概论》所涉及的"建设"则仅仅限定在和"增加新设施"有关的工程建设而言。在此意义上，建设活动所涉及的范围应该是从建设工程项目的立项—勘察设计—施工—竣工验收—工程产品经营和管理的全过程。以此为定义的建设，在正处于经济高速发展时期的中国，工业化和城市化进程不断加快，人们对生活质量和生活品位的要求随之也不断提高。这种提高反映在实践中，则集中表现为以改善居住以及与此相配套的环境条件为目标的追求上，为此以提高生活质量和生活品位为目标的建设活动日益增加。为保证建设市场的有序和建设活动的安全，强化建设法律规范已成为我国社会主义法制建设的重要内容，从而对建设法律规范有关理论和制度的研究和学习，不仅仅成为国家对建设领域的依法组织、管理和协调的必需，也成为现代建筑企业以及社会人、社会活动和生活的必需。

2.1.1 建设法规的概念和特征

2.1.1.1 建设法规的概念

法规，即宪法、法律、法令和国家机关制定的一切规范性文件的总称。有时也特指国家机关制定的规范性文件（如国务院制定和颁布的行政法规；省、自治区、直辖市人民代表大会及其常务委员会制定和颁布的地方性法规）。

建设法规是指由国家权力机关或其授权的行政机关制定的、旨在调整国家及其有关机关、企事业单位、社会团体、公民之间在建设活动中或建设行政管理活动中发生的各种社会关系的法律规范的总称。为此，建设法规应是包括宪法的有关建设在内的、以规范建设活动为内容的所有法律、法规、命令以及地方性法规等的建设法律规范的总和。

---

① 《现代汉语词典》商务印书馆，北京：1989 年 8 月 第二版第 106 次印刷 第 557 页.

2.1.1.2 建设法规的特征

1. 建设法规调整对象的复杂性

建设法规的调整对象,即发生在各种建设活动中、由建设法律规范调整的以权利义务为中心的各种社会关系。这些以权利义务为内容的社会关系,作为建设法规的调整对象,其复杂性主要表现在几个方面:

(1) 建设法律规范以具有权利义务内容的法律关系为调整对象的话,调整的既有不平等主体间的建设行政法律关系,也有平等主体间的建设民事法律关系,以及介于两者之间的建设技术法律关系;

(2) 建设法律规范以从事建设活动的行为者为调整对象的话,该调整对象包括了国家、公民、法人以及社会经济组织等。

2. 建设法规内容组成的综合性

建设法规内容组成的综合性,是由建设领域建设活动内容的复杂性决定的。从建设的活动内容来看,它不仅仅指实现建设工程建筑实物的建设行为本身,还应对建设行为的管理、监督、检查以及实现工程项目建设前期的准备活动。从建设活动性质来看,既有建设行政行为、建设民事行为、建设技术行为,还有建设的违法犯罪行为。为此,建设领域建设活动行为的多样性,决定了的建设法律规范内容的综合性。即建设法规内容的组成,既包括了行政、民事、技术的建设法律规范,还包括了建设刑事法律规范。

3. 建设法规的稳定性

建设法律规范的稳定性,取决于建设法律规范的本质属性。从建设法律规范的本质上属性上看,它一方面体现着国家统治阶级的意志,一方面又保护建设经济关系参加者的最基本经济利益。这两方面,一是社会最高意志,一是社会最基本成员利益,两者是决定了一个国家社会经济能否稳定发展的前提和根本。为此,国家利益和基本群体的经济利益都要求建设法律规范必须具有稳定性。

2.1.1.3 建设法规的调整对象

一般将法律通过对行为的作用来调整社会关系。那么,作为法律的调整对象是社会关系还是人的行为? 通常我们认为法律调整社会关系,即调整社会利益资源在各社会主体间的分配。但是法律通过什么中介进而作用到社会关系呢? 法律不是通过对人的思想来调整社会关系,而是通过调整使人与人之间关系得以建立和存在的行为而实现的。为此,建设法规的调整对象,是指由建设法规规范的建设活动过程中所形成的以权利义务为中心的各种建设关系。也就是由建设法律规范的发生在建设活动中的各种社会关系。

1. 建设行政管理关系

建设活动是社会经济发展中的重大活动,是国家财产的重要组成部分。因此,国家必然要依法对建设活动实施行政管理,通过这种管理,以实现国家对公共财产和社会利益的监控和保护。所以,建设行政管理法律规范是建设法律规范不可缺少的重要组成部分,从而建设活动中的行政管理关系也成为建设法律规范调整对象的一种主要类型。

建设活动中的行政管理关系,主要发生在国家、国家建设行政主管部门同建设单位、设计单位、施工单位及其有关单位之间发生的相应的管理与被管理的关系。这种管理与被管理的建设行政法律关系,主要有两种类型:

一是规划、指导、协调与服务的行政管理关系。

二是检查、监督、控制与调节的行政管理关系。

这其中不但要明确各种建设行政管理部门内部各方面的责、权、利关系，而且还要科学地建立建设行政管理部门同各类建设活动主体之间的管理与被管理的管理关系。

2. 建设经济协作关系

建设经济协作关系的形成，是在各项建设活动过程中，随参加建设活动的经济主体为了自身的生产需要，或为了实现一定的经济利益或目的，寻求一定的合作伙伴进行建设活动而产生的。建设活动中的经济协作关系是建立在建设活动参加者主体之间的横向经济关系。在这种关系中，经济关系参加者的主体地位是平等的，他们之间建立的是一种平等自愿、互利互助的横向关系。由于建设经济协作关系以工程建设为中心，经济利益追求为目的，所以它的建立应以经济合同的设立为标志。

3. 建设民事关系

建设民事关系是指因从事建设活动而产生的国家、单位法人、公民等平等主体之间的，以权利义务为中心的民事法律关系。建设民事法律关系主要是平等主体之间的建设财产关系和人身关系。

建设财产关系，即发生在建设活动过程中具有经济内容的社会关系。它是建设活动中，人们对财产的占有、支配、交换和分配物质财富过程中发生的社会关系。建设财产关系是建设经济关系的一种，但它的判定不单以经济合同为前提，而以财产权利人的权利保护为核心。

建设人身关系，即与人身密切联系的以物质财产为内容的社会关系。主要有人格权关系和人身权关系。

所以，建设民事关系的保护，以法律关系参加者的财产损失和人身伤害为前提。如建设活动中发生的有关自然人的损害、侵权、赔偿民事关系；建设领域从业人员的人身和经济权利保护的民事关系；有关房地产的买卖、租赁、产权等民事关系等，建设活动中的民事关系既涉及国家社会的利益，又关系着个人的权益，因此必须按照民法和建设法规中的民事法律规范予以调整。

2.1.2 建设法规的作用

2.1.2.1 建设法规的规范作用

在建设过程中，人们所进行的各种建设行为必须遵循一定的准则，人们的这种行为只有在法律确定的准则范围内进行，才能得到法律的承认和保护，才能安全地实现行为人进行建设活动的预期目的。

建设法律规范对人们建设行为的规范作用有两种表现形式，即依法规定人们必须为一定的行为和依法规定禁止人们一定的行为。如果法律规定，在一定范围内行为人必须为一定的行为的话，行为人若不依法律规定作为的话，就违背了法律的要求形成不作为的违法行为。如《建筑法》第7条规定："建筑工程开工前，建设单位应当按照国家有关规定向工程所在地县级以上人民政府建设行政主管部门申请领取施工许可证。"该规定即为建设施工单位在施工前必须为一定行为的法律规范。法律规定禁止人们一定的行为，即行为人如违背法律规定的要求而作为的话,就构成了作为的违法行为。如《中华人民共和国招标投标法》第7条之规定"招投标文件不得要求或者表明生产供应者以及含有倾向或者排斥潜在投标人的其他内容。"该规定即为对从事招投标者的禁止性行为的法律规范。

2.1.2.2 建设法规保护合法建设行为的作用

建设法规的另一个重要作用在于对建设主体合法行为的依法确认和保护。如《城市燃气安全管理规定》第36条之规定:"对于维护燃气安全做出显著成绩的单位和个人,城市人民政府建设行政主管部门或城市燃气生产、储存、输配、经营单位应当予以表彰和鼓励。"该规定即为对合法行为的依法保护和确认的法律规范。

2.1.2.3 建设法规处罚违法建设行为的作用

建设法规要实现对建设行为的规范和指导作用,仅有对建设行为的规范和保护作用是不够的,还必须对违法建设行为给以应有的惩处才可实现。否则,建设法规的制度由于缺乏应有的强制性措施变为无实际意义的法律空泛。这种对违法行为的处罚性规范,一般都体现在违法行为人就违法行为所应承担的法律责任上。法律责任是任何一部法律结构组成中都具有的一个组成部分。

2.1.3 建设法规的基本原则

法律原则,即可以作为众多法律规则之基础和本源的综合性、稳定性的原理和准则。它决定了法律制度的基本性质、内容和价值倾向,是法律制度内部协调统一的重要保障。对于法律原则来讲,它的基本特点是不预先设定任何确定而具体的事实状态,也不规定具体的权利、义务和责任。因此与规则相比,原则在内容明确化程度上显然低于规则。但是,原则所覆盖的事实状态则广于规则。一条规则只能对一种类型的行为加以调整,而一条原则却调整某一个或数个行为领域,甚至涉及全部社会关系的协调和指引。作为一部法律来讲,内容上确定具体行为规范的条款是行为的规则,其中反映法律性质的法则规定则是法律的原则。如《合同法》第44条规定的"依法成立的合同,自成立时生效"是内容具有高度明确性的一条规则。而第6条之规定"当事人行使权利、履行义务应当遵守诚实信用的原则",尽管它的内容不向规则那样明确,但它能够起作用的行为领域远宽于第44条规定之规则。

建设法规的原则,即指建设法律规范所依据的法则或标准。具体有以下几方面:

2.1.3.1 建设活动遵循市场经济规律的原则

市场经济是一种对资源配置起基础作用的经济体制。可以说市场经济就是法制经济。作为法制经济的根本,是依法规范和指导市场经济的运作,以推动和保障市场经济的健康、顺利发展。因此,法制建设遵循市场经济运作规律是市场经济体制得以实施的必需。建设市场作为我国市场经济的组成部分,建设活动遵循市场经济规律的原则,反映在建设法规范中,就是在建立健全建设市场法律体系时,要科学地、合理地研究和分析市场经济以及建设活动的基本规律,以此为建设法规制定的基本原则,才能实现有效地规范建设市场,维护建设市场秩序,保护建设活动参加者的合法权益。唯有如此,才能使建设法规立法的初衷和目的得以实现。

2.1.3.2 建设活动责、权、利相统一的原则

责、权、利相统一的原则集中反映了现代市场经济对建设法规的基本要求，全面体现了党和国家的基本经济政策方针，也是建设法规经济法本质的体现。

责——即责任、义务。这里所说的责任不是指由于违法而必须承担的法律后果。而是指"积极意义上的责任"，即建设法律法规所规定的应予以尽责完成的义务。

权——即权利、权力。权利是一个一般的法律概念，与利益相关。权力则主要是一个纵向的关系概念，与政权相关。这里所说的"权"，则包括权利和权力。

利——即利益。建设活动所建立的建设法律关系，包含了大部分建设经济法律关系，这种经济关系都是在一定的物质利益实体之间形成的利益关系。建设法规在一定意义和角度上说，是通过协调建设活动参加者各方经济行为和经济利益关系，从而获取最大经济效益的法律规范。它的制度和规定在保证建设安全的前提下，都以获取经济效益为最基本的出发点。同时，各个局部的经济效益也需符合整体社会利益的要求。所以，责、权、利的原则，也是实现建设活动经济效益与社会效益相统一的基本原则。

2.1.3.3 建设活动确保工程质量和安全的原则

建设工程质量和安全是整个建设活动的核心，是关系到人民生命、财产安全的重大问题。

建设工程质量是指国家规定的和合同约定的对建设工程的适用、安全、经济、美观等各项指标的要求。建设活动确保建设工程质量就是确保建设工程符合有关安全、经济、美观等各项指标的要求。建设工程安全是指建设工程对人身的安全和财产的安全。确保建设工程的安全就是确保建设工程和建设活动不发生或引起人身伤亡和财产损失。

2.1.3.4 建设活动不得损害社会公共利益和他人合法权益的原则

社会公共利益是全体社会成员的整体利益，保护全体社会成员的整体利益是社会主义法律规范的基础和目的。建设法律规范作为我国社会主义法律规范的组成部分，依法规范建设活动不得损害社会公共利益和他人的合法权益是社会主义法律的本质决定的，也是维护社会主义建筑市场秩序所必需的。

2.2 建设法规的制定

2.2.1 建设法规的立法权限和程序

2.2.1.1 建设法规的立法权限

建设法规立法权限一般分为五个层次。

1. 法律

法律是指全国人民代表大会及其常务委员会审议发布的属于住房和城乡建设部主管范围的各项有关建设活动的法律规范性文件。

2. 建设行政法规

建设行政法规是指国务院依法制定并颁布的属于住房和城乡建设部主管业务范围的各项有关建设活动的法律规范性文件。

3. 建设部门规章

建设部门规章是指住房和城乡建设部根据国务院制定的职责范围，依法制定并颁布的各项有关建设活动的规范性文件，以及由住房和城乡建设部与国务院有关部门联合制定并颁布的建设活动的规范性文件。

4. 地方性建设法规

地方性建设法规是指由省、自治区、直辖市人民代表大会及其常务委员会根据宪法、法律、行政法规的基本原则制定并颁布的有关建设活动的规范性文件。包括省会（自治区首府）城市和经国务院批准的规模较大的市人民代表大会及其常务委员会制定的，报经省、自治区人民代表大会或常务委员会批准的各种有关建设活动的规范性文件。

5. 地方建设规章

地方建设规章是指省、自治区、直辖市以及省会（自治区首府）城市和经国务院批准的较大规模的城市的人民政府，根据法律和国务院的行政法规制定并颁布的有关建设活动的规范性文件。

2.2.1.2 建设法规的立法程序

建设法规的立法程序，是指具有立法权的国家机关在创制有关建设活动规范性法律文件时应遵守的法定步骤。

建设法规作为我国法制建设的组成部分，它的立法程序也遵循一般立法的基本步骤。一般包括四个阶段：法规案的提出—法规案的审议—法规案的处理—法规的公布。在遵循立法基本程序的前提下，根据建设立法的实际情况和具体要求，原建设部于1995年在修订原颁布的《建设部立法工作分工的规定》基础上，制定并颁布了《建设部立法工作程序规定》，对立法工作应遵循的程序作了详细具体的规定。

草拟建设方面的法律、行政法规的具体程序如下：

向国务院呈报起草法律的工作安排
↓
确定起草小组成员名单
↓
调研有关政策、法规、案例
↓
草拟规范性文件条文说明，送有关部门征求意见
↓
组织专家论证会并经修改后形成送审稿
↓
部常务会议讨论通过送审稿，呈报国务院
↓
国务院论证后形成法律、行政法规（草案）
↓
全国人大法工委（对草案）进行论证

形成建设方面部门规章的程序如下：

成立部门规章起草小组

↓

调研、收集有关政策、法规、案例

↓

草拟部门规章条文及说明，
形成送审稿

↓

起草部门司的负责人签署送审稿，送体改法规司

↓

经体改法规司修改形成草案后
送主管部长同意提交常委会审议

↓

常委会审议通过后由部长签署建设部令颁布

2.2.2 建设法规的体系

从法学理论上讲，法律体系应该包括两层含义，一是指它的实际状态，即实际的、客观存在着的法律体系；另一是指它的应该状态，即理想的应当具有的法律体系。在此，主要考察的是前者，即实际存在着的建设法规体系。

在我国现行社会制度和法律制度条件下，建设法规体系是以宪法为根本，建设法律为主干，建设部门规章和地方法规为基干构成的对建设活动法律规范的综合体。为此，建设法规体系由三部分组成。

2.2.2.1 建设行政法规

建设行政法规是国家管理机关从宏观及全局上对建设活动实施管理的法律规范。

1. 计划法

计划法主要是通过指令性计划制度和指导性计划制度的实行，从而实现国家对建设市场的调整，以指导建设市场的健康、有序发展。计划法对建设业的调整作用，事关到一个国家的建设和发展的前途和命运。从我国建国以来的几次建设项目规模膨胀的原因分析来看，很大程度上是没有很好地实施国家计划。盲目建设、重复建设，超过了国力所能承担的限度，不仅没收到很好的投资效果，还给国家财产造成了巨大的浪费。为此，国家加强了建设项目的计划管理，明确规定了没有国家批准的固定资产建设项目投资计划不得设计、不准施工。

2. 税法

税法不仅稳定国家与企业之间的分配关系，并可调节社会积累和消费关系，从而促进或限制一定的企业发展。贯彻国家税法也是建设法规的重要内容。

3. 城市规划法

城市规划法是调整人们在制定和实施城市规划及在城市规划区内进行建设过程中发生的

各种社会关系的法律规范的总称。它的立法目的在于，通过确定城市性质、规模和发展方向，合理利用城市土地、协调城市空间布局和各项建设的综合部署和具体安排，以实现一定时期内城市的经济和社会发展目标。

4. 建筑法

建筑法是调整建筑活动过程中所形成的各种建筑社会关系的法律规范的总称。建筑法的立法目的在于，通过对建筑市场主体的资质管理、经营管理、工程承包管理和建筑市场的管理，保证工程施工质量，维护建筑市场秩序，以实现建筑业的健康发展。

5. 建筑工程勘察设计法

建筑工程勘察设计法是调整建筑勘察设计中形成的各种建筑勘察设计社会关系的法律规范的总称。建筑勘察设计法通过对建筑工程勘察设计单位的资质管理、勘察设计管理、技术管理，以及设计文件的审批管理等，保证工程设计水平和质量，以适应社会经济发展的需要。

6. 城市房地产管理法

城市房地产管理法是调整房地产业和各项房地产经营活动及其社会关系的法律规范的总称。房地产管理法的立法目的在于，保障城市房地产所有人、经营人、使用人的合法权益，促进城市房地产业的发展与社会主义现代化建设和人民需求相适应。

除此之外，还有与建设相关的行政法律法规，对建设活动同样具有行政规范和约束力。

2.2.2.2 建设民事法规

建设民事法规是调整平等主体的公民之间、法人之间、公民与法人之间的建设关系的法律规范的总称。

1. 民法

民法通则规定的一般民事法律原则中的法人制度、自然人制度、民事法律行为制度、代理制度、时效制度等对建设活动都有法律约束力和规范性。民法通则的基本法律原则也是建设立法的基本原则和立法依据。

2. 建设合同法

建设合同法是调整建设活动合同约定过程所形成的各种权利义务关系的法律规范的总称。建设合同法规定了各类建设合同订立、变更、终止的条件、合同双方的权利与义务以及违约责任等。主要解决建设工程设计、建筑施工与安装、房地产开发、土地流转等过程中的债权债务的法律问题。

3. 建筑企业法

建筑企业法是调整建筑企业从事建设活动过程中所形成的各种法律关系的法律规范的总称。建筑企业法规定了各类建设企业的设立、变更、终止的权利与义务，它为建设业的现代化经济管理提供了充分方便和有力监督，增强了建设企业的活力，促进了建设产业的发展。

4. 住宅法

住宅法是调整物业管理过程中所形成的各种法律关系的法律规范的总称。住宅法通过对住宅产权、住宅建设融资、住宅买卖、住宅租赁、住宅管理、住宅维修等活动的规范，保障公民的住宅所有权以及各种住宅产权权利主体的合法权益，从而促进住宅建设的发展，不断改善和提高公民的住房条件及居住水平。

2.2.2.3 建设技术法规

建设技术法规是调整建设过程中有关建设勘察、设计、施工、安装、检测、验收等建设技术法律关系的法律规范的总称。它包括各种技术规程、规则、规范、条例、办法、定额及指标等规范性文件。

1. 设计规范

设计规范是指从事工程设计所依据的技术文件。一般分为：建筑设计规范、结构设计规范和防火设计规范。

2. 施工规范

施工规范是指施工操作程序及其技术要求的标准。一般分为：建筑施工规范和安装施工规范。

3. 验收规范

验收规范是指检验、接受竣工工程项目的规程、办法和标准等。

4. 建设定额

建设定额是指国家规定的消费在单位建筑产品上活劳动和物化劳动的数量标准，以及用货币表现的某些必要费用的额度。

2.3 建设行政执法

建设行政执法是指国家机关及其工作人员，依据法律规定对社会组织、公民参加建设活动的行为实施管理的步骤和方法。主要有建设行政监督检查和建设行政处罚两种形式。

2.3.1 建设行政监督检查

建设行政监督检查是指各级建设行政主管部门对其所属工作机构及其行政执法人员和其下级建设行政主管部门实施建设方面的法律、法规、规章和其他规范性文件的行政行为进行监督检查的活动。建设行政监督检查的对象主要是建设行政管理机关、执法机构及其工作人员，而不是行政管理人员。

2.3.1.1 建设行政监督检查的内容

建设行政监督检查的内容主要有：

1. 对规范性文件合法性的监督检查

对规范性文件合法性的监督检查，主要是审查并纠正下级行政机关及其工作人员在执法中所依据的规范性文件是否违反法律、法规、规章。

2. 对建设行政主管部门的具体行政行为的合法性与适当性的监督检查

对建设行政主管部门的具体行政行为的合法性与适当性的监督检查，主要是纠正下级行政机关及其工作人员在执法程序上或者适用法律上的违法或不当行为。

3. 对建设行政主体的合法性的监督检查

对建设行政主体的合法性的监督检查，是纠正无行政执法权的机关所进行的执法活动。监督和检查的内容主要是核实非行政机关执法是否依法通过授权或者委托取得执法权。

4. 对建设法律、法规、规章的实施情况的监督检查

对建设法律、法规、规章的实施情况的监督检查，主要是督促下级行政机关及其工作人员严格执行相应的法律、法规和规章，认真履行职责。

5. 对处理行政执法中出现的一些重大问题，特别是群众所关注的问题，实施监督检查。

6. 调查研究法律、法规和规章实施中的问题，并提出监督检查的处理意见。

7. 其他需要监督检查的事项。

2.3.1.2　建设行政监督检查的方式

1. 建设法律、法规、规范性文件的备案制度

建设法律、法规、规范性文件的备案制度，是指各级建设行政主管部门制定的规范性文件要及时向上一级行政主管部门申报备案。

2. 建设法律、法规、规章实施情况报告制度

建设法律、法规、规章实施情况报告制度，是指建设法律、法规、规章实施一年后，负责实施的建设行政主管部门应向上一级建设行政主管部门报告实施情况。报告的内容包括实施法律、法规、规章的配套措施、取得的成就、存在的问题以及改进的意见。

3. 建设法律、法规、规章实施情况检查制度

建设法律、法规、规章实施情况检查制度，是指建设行政主管部门应根据国家中心工作并结合地区实际情况，与每年初制定并下发当年执法检查计划。检查内容可以是单向法律、法规、规章的实施情况，也可以是对行政执法中的专门性问题进行专项检查或综合检查。

4. 重大行政处罚决定备案制度

重大行政处罚决定备案制度，是指县级以上建设行政主管部门做出的重大处罚决定或采取强制措施，应向上一级建设行政主管部门备案。

5. 重要行政案件督察制度

重要行政案件督察制度，是指县级以上建设行政主管部门应受理公民、法人和其他组织对重大案件或违法行为的申诉、控告和检举，视具体情况根据法律规定的权限和范围进行调查或处理。

2.3.1.3　建设行政监督检查的程序

建设行政执法的监督检查一般遵循以下程序进行：

1. 制定执法检查计划

制定执法检查计划一般由检查机关在每年的年底对下一年度的执法检查做出。执法检查计划包括：拟检查的法律、法规、规章的名称，执法检查的目的、内容、方式、时间安排、参加单位等。

2. 书面检查

书面检查要将检查的内容用提纲的形式例举出来，发送到被检查的单位，被检查的单位根据书面执法检查的要求，对本地的执法情况进行调查，形成书面文字材料上报。

3. 实地检查

实地检查，即由有关部门联合组成检查组，选择执法典型的地方进行检查，采取听汇报、召开座谈会、个别走访、抽样调查、实地考察等方式，进行实地检查。

4. 根据书面检查的情况和实地检查结果，执法机关应写出总结报告

总结报告应对法律、法规、规章在执行中的成绩和问题作出评价，对违法行为提出处理

意见,并对法律、法规、规章的进一步完善提出改进意见。

5. 问题的处理

问题处理的办法主要有:对规范性文件与法律、法规、规章抵触或者违背的,应视情况通知改正、责令废止或提请有关机关予以撤销;对不具备行政执法主体资格或授权、委托不当的,责令停止行政执法或由授权、委托的机关处理;对行政执法无合法依据或执法不当的,应予以变更、撤销或责令重新作出行政处理;对不履行或拖延履行法定职责和不执行或拖延执行法律、法规、规章以及规范性文件规定的,督促其履行或限期执行。

2.3.2 建设行政处罚

建设行政处罚是指建设行政主管部门或授权、委托的其他行政主体依法对违反建设法律规范规定,但尚未构成犯罪的行政管理相对人违法行为的法律制裁。建设行政处罚是建设行政管理机关实施的具体行政行为。建设行政处罚的执行主体,必须是依法确定的有权的建设行政管理机关;建设行政处罚的依据必须是建设法律、法规和规章所明确规定的;建设行政处罚的程序必须是合乎法定要求的。

根据建设行政处罚的不同阶段,建设行政处罚的程序不同。

2.3.2.1 建设行政处罚决定的程序

建设行政处罚决定的下达,根据具体违法情况的不同,采取处罚程序的要求也不相同,一般有三种方式:简易程序、一般程序和听证程序。

简易程序——行政处罚的简易程序是指国家行政机关或法律授权的组织对符合法定条件的行政处罚事项,当场进行处罚的一种建设行政处罚方式。一般适用于违法事实清楚确凿、证据确实充分、有明确的法律依据、违法及处罚程度较轻的案件。具体程序如下:

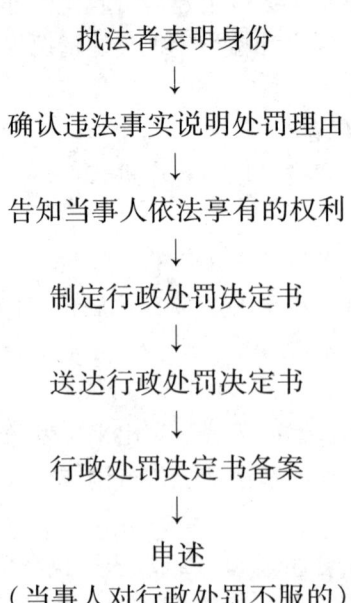

一般程序——行政处罚的一般程序是指除法律特别规定应当适用简易程序和听证程序以外的行政处罚通常所适用的程序。具体如下:

立案
↓
调查
↓
处理决定
↓
处理决定送达
↓
申述
（当事人对行政处罚不服的）

听证程序——听证程序是指行政机关为了查明案件事实、公证合理地实施行政处罚,在行政处罚决定的过程中,以公开的、由各方利害关系人参加的调查审理形式作出行政处罚决定的一种依法行政方式。根据《行政处罚法》第42条"行政机关作出责令停产停业、吊销许可证和执照、较大数额罚款等行政处罚决定之前,应当告知当事人有要求举行听证的权利;当事人要求听证的,行政机关应当组织听证"的规定,适用听证的程序必须具备两个条件:第一,只有责令停产停业、吊销许可证和执照、较大数额罚款等的行政案件;第二,当事人有听证要求。听证的程序如下:

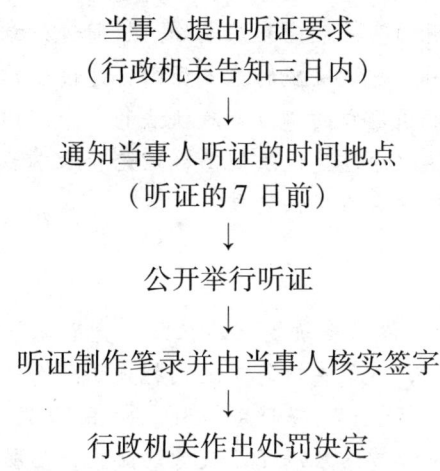

当事人提出听证要求
（行政机关告知三日内）
↓
通知当事人听证的时间地点
（听证的7日前）
↓
公开举行听证
↓
听证制作笔录并由当事人核实签字
↓
行政机关作出处罚决定

2.3.2.2 建设行政处罚的执行程序

建设行政处罚的执行程序是指建设行政主管部门及有关国家机关为确保行政处罚的实施所采取的方法和步骤。建设行政机关的行政处罚是代表国家,为维护社会公共利益依法作出的。因此,为体现国家的权威性和法律的严肃性,必须依法执行。建设行政处罚执行的一般程序如下:

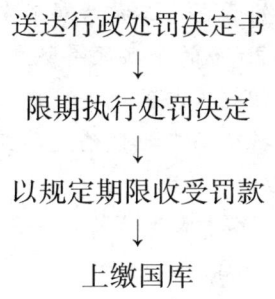

送达行政处罚决定书
↓
限期执行处罚决定
↓
以规定期限收受罚款
↓
上缴国库

如果被执行人不主动执行行政处罚，行政处罚进入强制执行程序。

强制执行是享有行政强制执行权的国家机关以强制手段迫使拒绝履行行政处罚所确定的义务的当事人履行义务的方式。根据《行政处罚法》第51条规定，行政处罚强制执行主要适用于到期不交纳罚款的不执行情况。强制执行的程序如下：

向人民法院提出执行申请

↓

人民法院审查强制执行的条件

↓

人民法院受理执行申请

↓

人民法院下达执行时间

↓

强制执行

本章小结

本章全面介绍了建设法规的基础理论和基本知识。通过该章的学习，应了解建设法规的概念和特征、建设法规的作用、建设法规的基本原则、建设法律规范的立法权限和程序、建设法律规范的法律体系以及不同形式的建设行政执法的概念、内容以及程序。

学习本章的目的，是使学生通过建设法规基础理论和基本原理的学习和掌握，为进一步学习和掌握建设相关法律法规的学习提供支持。

【案例实训】

2003年9月16日，肖某与没有建筑资质的农民工黄某签订承揽建筑合同，由黄某为其建造一私人住宅。为方便施工，黄某在建筑工地内挖建了一个约60厘米深，面积达20多平方米的石灰池，石灰池周围无任何标志及防护设施。同年10月13日下午，工地对面居民李某5岁的女儿到工地玩耍，不慎掉落装满了石灰膏的池内，后被人发现救起送医院治疗。经诊断，受害人双目受到烧伤，共用去医药费6400多元。事发后，经有关部门调解未果，受害人遂向法院提起诉讼，要求肖某、黄某共同赔偿其医药费、护理费等经济损失8726元。

原告诉称，造成受害人损害的主要原因是被告肖某将建房工程交由没有建筑从业资质的工匠黄某承揽，且黄某在挖建石灰池时没有在石灰池周围设置防护栏所致，这是肖某与黄某的过错，因此，二人应共同承担过错责任。二被告对石灰池周围没有设置防护栏、受害人因掉落石灰池致伤并造成经济损失8726元的事实无异议。但被告肖某认为，他已将房屋发包给黄某承建，因工程施工造成的任何损害与他无关，请求法院驳回原告要求本人承担责任的诉讼请求。被告黄某认为，受害人掉落石灰池致伤是其监护人监护不力而造成的，与他人无关，请法院驳回原告的诉讼请求。

【判决】 法院审理认为，当事人各方对肖某将建房工程发包给没有建筑资质的黄某、石灰池周围没有设置防护栏、原告因掉落石灰池致伤并造成经济损失8726元的事实无异议，法院依法予以确认。致使原告遭受此损失的主要原因是被告黄某在施工过程中疏忽大意，没有按规定在石灰池周围设置明显标志及防范设施所致，这与黄某没有相应的建筑从业资质、不懂施工安全规定有关，因此被告黄某应承担主要赔偿责任；被告肖某将建房工程交由被告黄某承建所签订的建筑合同，其性质是承揽合同。被告肖某是定作人，被告黄某是承揽人。根据《最高人民法院关于审理人身损害赔偿案件适用法律若干问题的解释》第十条的规定，承揽人在完成工作过程中对第三人造成损害或者造成自身损害的，定作人原则上不承担赔偿责任。但是，由于承揽人黄某没有取得相应的建筑从业资格，且被告肖某是房屋的受益人，其在选任承揽人上有一定过错，应承担次要民事赔偿责任；原告是一个只有5岁的完全无民事行为能力人的幼童，其监护人应时刻注意履行监护职责，防止安全事故发生，但却因疏于管理，监护不力造成原告遭受此伤害，对此损失，其监护人也应承担相应的责任。为此，判决被告黄某赔偿原告经济损失的60%，即5235.6元；被告肖某赔偿原告经济损失的20%，即1745.2元；驳回原告的其他诉讼请求。各方当事人对法院的判决没有提起上诉。

【法理分析】

本案争议的焦点集中在村镇建房是否一定要由有建筑从业资格的工匠来承建？这也是本案被告肖某是否应承担责任的关键。对此问题，各地法院处理不一，有的认为村镇建房大多是低层建筑，不具有高度的危险性，不必一定要由有资质的人才可承包，现实中村镇建房真正由有资质的建筑工匠承建的比例也不多，因此应根据国情区别对待。

建筑是一个高风险的行业，"质量第一，安全第一"是建筑业的本质要求，承建单位和从业人员的素质如何将直接影响到施工的安全和工程的质量。因此，要求所有承包建筑工程的单位和个人必须具备相应的资质是十分必要的。《中华人民共和国建筑法》对此也有明确规定。该法第二条首先开宗明义地规定了"在中华人民共和国境内从事建筑活动，实施对建筑活动的监督管理，应当遵守本法"，并对"建筑活动"作了以下定义："本法所称建筑活动，是指各类房屋建筑及其附属设施的建造和与其配套的线路、管道、设备的安装活动。"这就说明，凡是在中华人民共和国境内进行各类房屋建筑（当然也包括村镇建房）及其附属设施的建造和与其配套的线路、管道、设备的安装活动的，必须遵守建筑法。建筑法同时规定，承包建筑工程的单位和从事建筑活动的建筑施工企业以及从事建筑活动的专业技术人员，必须取得相应的执业资格证书，并只能在执业资格证书许可的范围内从事建筑活动。对发包单位将工程发包给不具有相应资质条件的承包单位和未取得资质证书承揽工程的，该法第六十五条也作出了相应的罚则，即"发包单位将工程发包给不具有相应资质条件的承包单位的，或者违反本法规定将建筑工程肢解发包的，责令改正，处以罚款。未取得资质证书承揽工程的，予以取缔，并处罚款；有违法所得的，予以没收。"因此，本案被告肖某将建房工程发包给没有相应从业资质的被告黄某承建是违反建筑法有关强制性规定，法院判决其承担原告的经济损失是有法律依据的。

【复习思考】

1. 课堂实训"私下约定房屋间距能否对抗建设部门规划"

早年，前后三家邻居间对所建房屋的高度和间距进行了约定，十多年后，前邻建房时却遭到了后邻的阻拦，理由就是有关部门的批复与原先的约定不一致。法院会支持哪一方呢？

1995年,家住海安县某镇的李某在依法向有关部门领取了建设审批手续,准备建房时,与前邻刘某、后邻严某之间为三家房屋高度及间距问题发生了纠纷。同年1月,三方达成调解意见,对三家所建房屋的间距和高度进行了约定。到此,三家的纠纷暂告一段落。然而事隔十多年,当刘某家建房时,刘家与李家再生风波。

2005年1月,刘某向有关部门申请建房,同月21日,当地镇政府向刘某颁发了村镇工程建设许可证,准许刘某建房。所建房屋东至自家住房面墙1.18米,西至自家水杉中心2米,南至陈某田7.35米,北至孙某楼房龙墙12米,檐高6.4米。同年2月20日,有关部门到现场为刘某放线时,遭到李某及儿媳韩某的阻拦,致刘某未能建房。矛盾的焦点就在于相邻之间的高度和间距:李家的人发现,刘家放的线和自家房屋的高度、间距与原先所订的协议不相符。

2006年2月27日,刘某将李某和韩某告上法院。

刘某诉称:我向有关部门申请建房,获得批准。2005年2月20日有关部门派员放线时,遭到李某、韩某阻拦。请求判令排除李某和韩某的妨碍,使我顺利建房。

对此,被告李某、韩某在答辩中认为:刘某的建房审批手续不齐全,刘某的村镇工程建设许可证没有经过相关部门的审批,村镇工程建设许可证不合法。而且1995年两人与刘某之间关于建房的高度和间距已签订了协议,刘某应按协议建房。请求驳回刘某的诉讼请求。

审理中,李某和韩某认为镇政府向刘某颁发的村镇工程建设许可证不合法,法院告知其可提起行政诉讼,但二人在规定的期限内未提起行政诉讼。

理论分析:私下协议是一种私法行为,而政府规划则是公法行为。政府规划不仅仅在协议当事人之间产生效力,而涉及公共利益。协议不能违反规划,协议必须得到有关部门的确认才具有法律效力。本案中,刘某建房依据的是有关部门颁发的村镇工程建设许可证,该建设许可证具有物权效力,而三方私下订立的协议并不具有物权效力,无权决定土地的规划。因此,李某、韩某以私下协议为由实施阻拦建房的行为在法律上是站不住脚的。

2. 思考题

(1) 试述建设法规的概念、特征、作用以及原则。

(2) 何谓建设法规的体系?根据建设法规的性质建设法规体系由哪几部分组成?

(3) 何谓建设行政执法?主要有哪些形式?

第3章 城乡规划法律制度

【学习提要】 本章主要从以下几方面阐述了城乡规划法律制度：
1. 有关城乡规划法的基本概念；
2. 城乡规划法的编制、审批和实施；
3. 新区开发和旧区改造的基本内容和要求；
4. 违反城乡规划法的有关规定应承担的法律责任。

【关键词】 城乡规划体系　城镇总体规划　城镇详细规划　城市新区开发与旧区改建　城乡规划管理

3.1 城乡规划法概述

3.1.1 基本概念

3.1.1.1 城乡规划

城乡规划是指授权的国家机关为了满足城乡建设的现实需要与可持续发展的要求，综合考虑土地、人口等自然资源以及历史文化传统等因素，对城乡未来建设活动所做出的具有法律效力的预先安排与要求。[①]

《城乡规划法》第2条规定："本法所称城乡规划，包括城镇体系规划、城市规划、镇规划、乡规划和村庄规划。城市规划、镇规划分为总体规划和详细规划。详细规划分为控制性详细规划和修建性详细规划。"由此可见，城乡规划是对今后一定时期内城市与乡村的社会经济发展、土地利用、空间布局以及各项建设的综合部署、具体安排和实施管理，是由城镇体系规划、城市规划、镇规划、乡规划和村庄规划组成的规划体系，是政府指导、调控城市和乡村建设的基本手段，是促进城市和乡村协调发展的有效途径。[②]

3.1.1.2 城乡规划区

《城乡规划法》第2条规定："本法所称规划区，是指城市、镇和村庄的建成区以及因城乡建设和发展需要，必须实行规划控制的区域。规划区的具体范围由有关人民政府在组织编制的城市总体规划、镇总体规划、乡规划和村庄规划中，根据城乡经济社会发展水平和统筹城乡发展的需要划定。"

3.1.2 城乡规划法

2007年10月28日，第十届全国人民代表大会常务委员会第三十次会议通过了《中华人民共和国城乡规划法》，中华人民共和国主席胡锦涛于同日签署第七十四号主席令，公布了城乡规划法。城乡规划法共7章70条，自2008年1月1日起施行。

[①] 刘亚臣，朱昊. 新编建设法规［M］. 北京：机械工业出版社，13页，2009年3月第2版.
[②] 吴高盛. 城乡规划法释义［M］. 北京：中国法制出版社，2007年10月.

《中华人民共和国城乡规划法》是在总结 1989 年制定的《中华人民共和国城市规划法》以及国务院《村庄和集镇规划建设管理条例》等法律、法规实施经验的基础上并结合新的形势需要制定的。《城乡规划法》与原《城市规划法》相比，将调整对象由"城市规划"变更为"城乡规划"，将原来的城乡二元法律体系转变为城乡统筹的法律体系；更加强调对耕地、自然资源、文化遗产资源、风景名胜等资源的保护；建立了严格的责任追究制度，强调对城乡规划主管部门的约束；保护公众对城乡规划活动的参与权利以及社会监督的权利；完善对违反规划建设活动的处理机制，设定了相关的行政处罚和行政强制措施；明确规定了城乡规划修改的条件和修改审批的程序。

3.1.3　城乡规划法的适用范围

法律的适用范围是指该法律规定的效力范围。《城乡规划法》规定的法律效力范围包含三个方面。

3.1.3.1　地域适用范围

《城乡规划法》的地域范围，即在中华人民共和国境内的各个城乡规划区。

《城乡规划法》第 2 条规定了城乡规划区的具体范围：城市、镇和村庄的建成区以及因城乡建设和发展需要，必须实行规划控制的区域。其中分为两个部分：一是建成区，即实际已经成片开发建设、市政公用实施和公共设施基本具备的地区；二是尚未建成但由于进一步发展建设的需要必须实行规划控制的区域。

3.1.3.2　主体适用范围

《城乡规划法》的主体适用范围，即凡与城乡规划编制、审批、管理活动有关的任何单位和个人都适用该法。

《城乡规划法》第 9 条规定："任何单位和个人都应当遵守经依法批准并公布的城乡规划，服从规划管理，并有权就涉及其利害关系的建设活动是否符合规划的要求向城乡规划主管部门查询。"具体包括负责编制、审批、管理的各级人民政府及其城乡规划行政主管部门和其他有关主管部门；与规划编制工作有关的各生产、科研、教学、设计单位，进行建设活动的建设单位、设计单位、施工单位及其他单位。

3.1.3.3　行为适用范围

《城乡规划法》的行为约束范围，包括三个方面：一是制定城乡规划的行为，主要是指组织编制城乡规划、承担编制城乡规划、负责审批城乡规划以及调整和修编城乡规划等行为；二是实施城乡规划的行为，主要是指负责城乡规划的管理，组织城乡规划的实施；三是在城乡规划区内使用土地和进行建设的行为。

3.1.4　城乡规划法的原则

1. 坚持城乡统筹、合理布局、节约土地、集约发展的原则

《城乡规划法》第 4 条规定："制定和实施城乡规划，应当遵循城乡统筹、合理布局、节约土地、集约发展和先规划后建设的原则，改善生态环境，促进资源、能源节约和综合利用，保护耕地等自然资源和历史文化遗产，保持地方特色、民族特色和传统风貌，防止污染和其他公害，并符合区域人口发展、国防建设、防灾减灾和公共卫生、公共安全的需要。"本条规定说明实施城乡规划时，要以科学发展观统筹城乡区域协调发展，充分发挥

城市的辐射带动作用，发展特色小城镇，做好村庄建设与整治规划，合理安排城乡布局，充分利用土地，完善乡村规划许可制度，坚持便民利民和以人为本，走可持续、集约式的发展道路。

2. 遵循先规划后建设的原则

没有规矩无以成方圆。没有科学规划的指导，建设活动必然没有明确目标，城乡建设必然盲目无序。因此，必须坚持先规划后建设的原则，坚决杜绝"先建设后规划""边建设边规划"。各地及城乡规划主管部门必须依据经法定程序批准的规划实施规划管理，县级以上人民政府及其城乡规划主管部门应当按照《城乡规划法》的规定进行监督检查，查处、纠正违法行为。

3. 坚持环保节能原则

这一原则要求，城乡规划的制定实施要考虑环境保护问题，改善生活环境与生态环境，防治污染和其他公害；要认真分析城乡建设发展的资源环境条件，明确在环境、资源需要严格控制的区域合理确定发展规模、建设步骤和建设标准；同时要节约能源，提高能源利用效率和经济效益，促进资源、能源节约和综合利用。

4. 关注民生原则

要按照《城乡规划法》的有关要求，落实党的十七大提出的加快推进以改善民生为重点的社会主义建设的重要战略部署，在制定和实施城乡规划时进一步重视社会公正和改善民生；要有效配置公共资源，合理安排城市基础设施和公共服务设施，改善人居环境，方便群众生活；要关注中低收入阶层的住房问题，做好住房建设规划；要加强对公共卫生、公共安全的研究，提高城乡居民点的防火、防爆、抗震、防洪、防泥石流以及治安、交通管理和人防建设等能力，在可能发生强烈地震和严重洪水灾害的地区，必须在规划中采取相应的抗震、防洪措施，切实保障人民群众生命财产安全和社会安定。

5. 依法行政、依法公开原则

要坚持"政府组织、专家领衔、部门合作、公众参与、科学决策"的规划编制组织原则；严格执行规划编制、审批、修改、备案的程序性要求。要按照《城乡规划法》的规定和要求，建立完善规划公开和公众参与的程序和制度。要依法做好城乡规划实施效果的评估和总结。规划的实施要严格按法定程序要求进行，保证规划许可内容和程序的合法性。

城乡规划公开公布，有利于保障公民、法人和其他组织依法获取政府的信息，提高政府工作的透明度，促进依法行政，充分发挥政府信息对人民群众生产、生活和经济社会活动的服务作用。城乡规划组织编制机关应当及时公布经依法批准的城乡规划，但是，法律、行政法规规定不得公开的内容除外。任何单位和个人都应当遵守经依法批准并公布的城乡规划，服从规划管理，并有权就涉及其利害关系的建设活动是否符合规划的要求向城乡规划主管部门查询。

6. 体现地方特色原则

社会主义新农村建设要求城乡规划应当从城市和农村的实际出发，保持民族传统和地方风貌，尊重村民意愿，体现城市各自特点，体现地方和农村特色，既改善村民的人居环境，又保留当地民风及历史文物，不能搞千篇一律的大都市化。

3.2 城乡规划的制定

3.2.1 城乡规划的编制

为了加强城乡规划管理，协调城乡空间布局，改善人居环境，促进城乡经济社会全面协调可持续发展，必须科学、合理地编制城乡规划。

编制城乡规划是一项很复杂的工作，城乡规划编制的好坏，直接影响城乡建设和发展的全局。因此，需要通盘考虑城乡的土地、人口、环境、工业、科技、文教、商业、金融、交通、市政、能源、通信、防火等方面的内容，进行统筹安排，综合部署。

3.2.1.1 城乡规划编制的原则

1. 逐级编制、分级审批原则

自上而下分级编制。《城乡规划法》第12条规定"国务院城乡规划主管部门会同国务院有关部门组织编制全国城镇体系规划，用于指导省域城镇体系规划、城市总体规划的编制"，第13条规定"省、自治区人民政府组织编制省域城镇体系规划。"，第14条规定，"城市人民政府组织编制城市总体规划。"，第15条规定，"县人民政府组织编制县人民政府所在地镇的总体规划。其他镇的总体规划由镇人民政府组织编制"。

自下而上逐级审批。全国城镇体系规划由国务院城乡规划主管部门报国务院审批；省域城镇体系规划报国务院审批；县人民政府所在地镇的总体规划报上一级人民政府审批，其他镇的总体规划由镇人民政府报上一级人民政府审批。

2. 级别不同、内容不同原则

《城乡规划法》第17条规定，"城市总体规划、镇总体规划的内容应当包括：城市、镇的发展布局，功能分区，用地布局，综合交通体系，禁止、限制和适宜建设的地域范围，各类专项规划等。"按照此规定，城市、镇总体规划的内容包括两个方面，即应当包括的内容和强制性内容。强制性内容是必备的内容，在任何情况下都不能缺少，应当在规划图纸上有准确标明，在规划文本上有明确、严格、规范的表述，并提出相应的管制性措施。应当包括的内容就没这么强制性了。

第18条规定对乡村规划在内容方面有三项要求：第一，从农村实际出发，即应当避免不切实际的规划，盲目照搬城市规划，或者提出不符合当前发展阶段与当地农业经济发展不相适应的规划。第二，尊重村民意愿，即乡镇人民政府不能任意将编制规划强加于村庄。第三，体现地方和农村特色，社会主义新农村建设要求尽可能发挥农村的地方及其本身的特色，以特色满足村民的生产生活所需，既改善村民的人居环境，又保证当地民风及某些体现当地特色的历史文物等能够保留，村民因此受益。

3. 详细规划服从总体规划要求的控制性原则

《城乡规划法》第19条规定，"城市人民政府城乡规划主管部门根据城市总体规划的要求，组织编制城市的控制性详细规划，经本级人民政府批准后，报本级人民代表大会常务委员会和上一级人民政府备案。"，第20条规定，"镇人民政府根据镇总体规划的要求，组织编制镇的控制性详细规划，报上一级人民政府审批。县人民政府所在地镇的控制性详细规划，由县人民政府城乡规划主管部门根据镇总体规划的要求组织编制，经县人民政府批准后，报本级人民代表大会常务委员会和上一级人民政府备案"。根据上述规定，城市、镇的控制性详细规划是城市、镇总体规划的具体落实，所以详细规划必须服从总体规划的要求。

第21条规定，"城市、县人民政府城乡规划主管部门和镇人民政府可以组织编制重要地块的修建性详细规划。修建性详细规划应当符合控制性详细规划。"根据此条规定，修建性详细规划主要用以指导各项建筑、工程设施和施工的规划设计，一般针对的是某一具体地块，而且此地块应当是重要地块。编制修建性详细规划的依据是控制性详细规划，不允许其改变或变相改变控制性详细规划对用地规模、用地布局等的规定。

4. 因地制宜、切实可行原则

《城乡规划法》总则第3条规定了编制乡、村庄规划的范围，明确了只有那些县级以上地方人民政府根据当地农村经济社会发展水平，按照因地制宜、切实可行的原则，确定应当制定乡规划、村庄规划区域，在确定规划区域内乡、村庄依照城乡规划法制定外，才制定乡、村庄规划。此外的其他区域也可以制定规划，只是法律没有做强制性要求。

第22条规定，"村庄规划在报送审批前，应当经村民会议或者村民代表会议讨论通过"。这是因为村庄规划涉及土地使用等问题，关系村民的切身利益，如果不可行，村民可能就会不同意，那么规划可能无法实施，规划管理成本也可能会很高。另外，村民是规划实施的主体，所以城、乡规划的编制一定要遵循因地制宜、切实可行的原则。

3.2.1.2 城乡规划编制体系

中国现行的城乡规划编制体系由四个不同层次的规划组成：城镇体系规划、城镇总体规划、城镇详细规划和乡村规划。城镇体系规划是编制城镇总体规划的重要依据，城镇总体规划是编制城镇详细规划的依据。

由于规划的范围、深度和需要解决的问题不同，城市规划的编制一般分为总体规划和详细规划两个阶段。根据实际需要，在编制总体规划前可以编制城市总体规划纲要；大、中城市可以在总体规划的基础上编织分区规划。此外，还可以对总体规划设计的各项专业规划进一步深化，单独制定专项规划。

3.2.1.3 城乡规划编制阶段

1. 城镇体系规划

城镇体系是一定区域内在经济社会和空间发展上具有有机联系的城镇群体。城镇体系具有不同层次性，按行政区域可以分为全国和省域体系。

城镇体系规划是指在全国或一定地区内，以区域生产力合理布局和城镇职能分工为依据，确定不同人口规划等级和职能分工的城镇的分布和发展规划。其中的城镇包括设市城市、县城和其他重要的建制镇、独立工矿区。城镇体系规划的主要任务，是根据区域经济、社会发展战略和城市化战略目标和任务，明确不同层次城镇的地位、性质和作用，合理进行城镇布局，引导各级城镇持续发展，协调区域及相互设施的建设。《城乡规划法》第13条规定了省域城镇体系规划应当包括的内容：城镇空间布局和规模控制，重大基础设施的布局，为保护生态环境、资源等需要严格控制的区域。除此之外，省域城镇体系规划应当包括的内容还有：

综合评价区域与城市的发展和开发建设条件；

预测区域人口增长，确定城市化目标；

确定本区域的城镇发展战略，划分城市经济区；

提出城镇体系的功能结构和城镇分工；

确定城镇体系的等级和规模结构；

确定城镇体系的空间布局；

统筹安排区域基础设施、社会设施；

确定保护区域生态环境、自然和人文景观以及历史文化遗产的原则和措施；

确定各时期重点发展的城镇，提出近期重点发展城镇的规划建议；

提出实施规划的政策和措施等。

2. 城镇总体规划

城镇总体规划包括城市总体规划和镇总体规划。

城市总体规划是对一定时期内城市性质、发展目标、发展规模、土地利用、空间布局以及各项建设的综合部署和实施措施。城市总体规划直接关系到城市总体功能的有效发挥，关系到经济、社会、人口、资源、环境的协调发展，必须体现前瞻性、战略性、综合性。

根据国家标准 GB/T 502801—1998，镇指的是经国家批准设镇建制的行政地域。镇通常被称为"小城镇"，其设置标准强调其工业化程度与人口规模，具有较强的城市特征。在编制镇总体规划时应注意适应农村经济和社会发展的需要，为促进乡镇企业适当集中建设、农村富余劳动力向非农产业转移，加快农村城市化进程服务；同时应坚持合理布局、节约土地的原则，全面规划、正确引导、依靠群众、自力更生、因地制宜、逐步建设，实现经济效益、社会效益和环境效益的统一。

《城乡规划法》第17条规定，"城市总体规划、镇总体规划的内容应当包括：城市、镇的发展布局，功能分区，用地布局，综合交通体系，禁止、限制和适宜建设的地域范围，各类专项规划等。"规划区范围、规划区内建设用地规模、基础设施和公共服务设施用地、水源地和水系、基本农田和绿化用地、环境保护、自然与历史文化遗产保护以及防灾减灾等内容，应当作为城市总体规划、镇总体规划的强制性内容。城市总体规划、镇总体规划的规划期限一般为二十年。城市总体规划还应当对城市更长远的发展作出预测性安排。

3. 城镇详细规划

《城乡规划法》第2条规定，城市、镇规划分为总体规划和详细规划。详细规划分为控制性详细规划和修建性详细规划。

详细规划是以总体规划为依据，对一定时期内城镇局部的土地利用、空间环境和各项建设用地所作的具体安排。《城乡规划法》第19条规定，"城市人民政府城乡规划主管部门根据城市总体规划的要求，组织编制城市的控制性详细规划。"，第20条规定，"镇人民政府根据镇总体规划的要求，组织编制镇的控制性详细规划"。

控制性详细规划的具体内容应当包括：确定规划范围内不同使用性质用地的界限，确定各类用地内适建、不适建或者有条件地允许建设的建筑类型；确定各地块建筑高度、建筑密度、容积率、绿地率等控制指标；确定公共设施配套要求、交通出入口方位、停车泊位、建筑后退红线距离等要求；提出各地块的建筑体量、体型、色彩等城市设计指导原则；根据交通需求分析，确定地块出入口位置、停车泊位、公共交通场站用地范围和站点位置、步行交通以及其他交通设施；根据规划建设容量，确定市政工程管线位置、管径和工程设施的用地界限，进行管线综合；制定相应的土地使用与建筑管理规定。

修建性详细规划主要是用以指导各项建筑和工程设施施工的规划设计，具体内容应当包括：建设条件分析及综合技术经济论证；建筑、道路和绿地等的空间布局和景观规划设计，布置总平面图；对住宅、医院、学校和托幼等建筑进行日照分析；根据交通影响分析，提出交通组织方案和设计；市政工程管线规划设计和管线综合；竖向规划设计；估算工程量、拆迁量和总造价，分析投资效益。

4. 乡村规划

《城乡规划法》第18条规定了乡规划、村庄规划的内容应当包括：

规划区范围；

住宅、道路、供水、排水、供电、垃圾收集、畜禽养殖场所等农村生产、生活服务设施、公益事业等各项建设的用地布局、建设要求；

对耕地等自然资源和历史文化遗产保护、防灾减灾等的具体安排；

乡规划还应当包括本行政区域内的村庄发展布局。

3.2.1.4　编制城乡规划的权限

全国城镇体系规划由国务院城乡规划主管部门会同国务院有关部门组织编制；省域城镇体系规划由省、自治区人民政府组织编制。

城市总体规划由城市人民政府组织编制；县人民政府所在地镇的城市总体规划，由县级人民政府组织编制；其他建制镇的总体规划由镇人民政府组织编制。

城市的控制性详细规划由城市人民政府城乡规划主管部门组织编制；镇的控制性详细规划由镇人民政府组织编制；县人民政府所在地镇的控制性详细规划，由县人民政府城乡规划主管部门组织编制。重要地块的修建性详细规划由城市、县人民政府城乡规划主管部门和镇人民政府组织编制。

乡规划、村庄规划由乡、镇人民政府组织编制。

3.2.2　城乡规划的审批

3.2.2.1　城乡规划的审批制度

《城乡规划法》相关条例规定：

全国城镇体系规划由国务院城乡规划主管部门报国务院审批；

省域城镇体系规划由省、自治区人民政府报国务院审批；

直辖市的城市总体规划由直辖市人民政府报国务院审批；

省、自治区人民政府所在地的城市以及国务院确定的城市的总体规划，由省、自治区人民政府报国务院审批；

其他城市的总体规划，由城市人民政府报省、自治区人民政府审批；

县人民政府所在地镇的总体规划报上一级人民政府审批；其他镇的总体规划由镇人民政府报上一级人民政府审批；

城市的控制性详细规划，由本级人民政府审批；镇的控制性详细规划，报上一级人民政府审批；县人民政府所在地镇的控制性详细规划，由县人民政府审批；

乡规划、村庄规划，报上一级人民政府审批。

3.2.2.2　专家和有关部门参与

《城乡规划法》第27条规定，"省域城镇体系规划、城市总体规划、镇总体规划批准前，审批机关应当组织专家和有关部门进行审查。"

据此规定，制定规划应有专业的规划专家、经济专家、科学专家和技术专家参与讨论，提出他们的具体规划意见。除了专家以外，还必须民主，要广泛吸收各阶层以及各部门的意见，达到专家和民主相结合。要按照"政府组织、专家领衔、部门合作、公众参与、科学决策"的要求，改进规划编制工作方式，提高规划编制的质量与水平，要加强规划的审查和审批制度，健全规划决策机制，完善决策程序。

3.3 新区开发与旧区改建

3.3.1 城市新区开发

3.3.1.1 城市新区开发的概念及类型

1. 概念

城市的新区开发是指按照城市总体规划的部署和要求，在城市建成区以外的一定区域，进行集中成片、综合配套的开发建设活动。城市新区的开发是随着城市经济和社会的发展，城市规模的扩大，为满足城市生产、生活日益增长的需要，逐步实现城市预期的发展目标而进行的，是城市建设和发展的重要组成部分。

2. 类型

新区开发的主要类型有新市区的开发建设、经济技术开发区的建设、卫星城镇的开发建设、新工矿区的开发建设。

新市区的开发建设主要是为了解决城市建成区由于人口密度和建筑密度过高，基础设施负荷过重造成的种种弊端或为了完整地保存古城的传统风貌，在建成区外围进行集中成片的开发建设，以达到疏解旧区人口，调整旧区用地结构，完善旧区环境的目的；

经济技术开发区的建设是随着我国经济体制改革和对外开放形势的发展而出现的一种开发建设形式，其目的是为了提供优惠政策，创造良好的投资环境，以吸引外资，引进先进技术和进行横向经济联合。经济技术开发区的建设主要集中在沿海城市及一些对外开放条件较好的城市；

卫星城镇的开发建设主要是为了有效地控制大城市市区的人口和用地规模，按照总体规划要求，将市区需要搬迁的项目或新建的大、中型项目安排到周围的小城镇去，有计划、有重点地开发建设这些小城镇，以逐步形成以大城市为中心的、比较完善的城镇体系；

新工矿区的开发建设是指国家或地方政府根据矿产资源开发和加工的需要，在城市郊区或郊县建设大、中型工矿企业，并对所形成相对独立的工矿区，在统一规划的指导下，进行配套建设。

1995年6月1日原建设部发布第43号令，公布了《开发区规划管理办法》，这是新区开发的主要法律依据。

3.3.1.2 新区开发的原则

1. 量力而行

城市新区开发是一项浩大的系统工程，城市人民政府应当根据本地区经济发展水平和经济实力，确定适当的开发规划；并应尽量依托现有市区，合理利用现有设施，达到投资少、效益高的目的。

2. 统一规划、统一组织

城市新区开发涉及到城市的各个方面。城市人民政府应当统一组织制定新区开发规划，统一部署建设项目，合理配置城市的基础设施、公共设施；并应当按照合理的程序和社会化的要求进行建设，不应自成体系、各行其是，以避免重复建设、相互干扰，影响城市功能的协调。

3. 方便宜行

城市新区无论是经济技术开发区，还是卫星城镇，必须根据当地的自然条件，选择在方便宜行的地方，既要保证与所依托的城市市区有方便的通信和交通联系，又要注意其相对独立性，以保证旧区带动新区、新区缓解老区的目的。

3.3.1.3 新区开发的主要内容

城市新区的开发，必须预先编制城市规划，在统一规划的指导下，按照合理的程序和社会化原则，由城市建设主管部门统一组织基础设施和公共服务设施的建设。任何建设单位需要建设配套的外部市政、公共设施，都必须纳入城市的系统，不得自成体系，各行其道，以免重复建设，相互干扰，影响城市功能的协调和造成浪费。

城市新区开发和各项建设的选址、定点是合理布局的关键，不得妨碍城市的发展，危害城市的安全、污染和破坏城市环境，影响城市各项功能的协调。这就要求，首先，应当保证有可靠的水源、能源、交通、防灾等建设条件，并避开有开采价值的地下矿藏、有保护价值的地下文物古迹以及工程地质条件不宜修建的地段；其次，居住区应当优先安排在自然环境良好的地段，其相邻地段的土地利用不得妨碍居住区的安全、卫生与安宁；第三，工业项目应考虑专业化和协作的要求，合理、统筹安排，防止产生有毒、有害废弃物的工业和其他建筑项目对城市大气和水体的污染，并避开文物古迹和风景名胜保护区；第四，生产和储存易燃、易爆、剧毒物的工厂和仓库，产生放射危害的设施以及严重影响环境卫生的建设项目，应当避开居民密集的地区，以免损害居民健康，影响城市安全；第五，城市对外交通货运设施、供电高压走廊及重要军事设施等应避开居民密集地区，以妨碍城市的发展，造成城市有关功能的相互干扰。

经济技术开发区，应当尽量依托现有市区。充分考虑利用城市现有设施的可能性，从实际出发确定适度开发规模和程序，有计划、分期分批进行建设，形成良好的投资环境，提高开发效益。大城市的规模应当得到必要的控制，要防止市区人口和用地的过度膨胀，要有计划、有重点地开发建设卫星城镇，安排新建大、中型工业项目，并适当提高卫星城镇的建设标准和设施水平，采取优惠政策，吸引市区的工业和人口向外疏散。

国家和地方应当尽量依托现有中、小城市安排建设大、中型工业项目，由城市人民政府统一组织制定城市规划，协调发展目标，统一建设部署，兼顾生产和生活的需求，使城市建设和工业生产的发展相适应。

独立开发建设新工矿区，应当按照逐步形成工矿城镇的要求制定城市规划，注意产业结构的合理配置，力求男女人口平衡，形成比较完善的经济结构和社会结构。

3.3.1.4 新区开发的要求

《城乡规划法》第30条规定，"城市新区的开发和建设，应当合理确定建设规模和时序，充分利用现有市政基础设施和公共服务设施，严格保护自然资源和生态环境，体现地方特色。在城市总体规划、镇总体规划确定的建设用地范围以外，不得设立各类开发区和城市新区。"

确定合理的建设规模和时序，是城市全面、协调、持续发展的最基本的需要，是科学发展观的需要。城市新区开发和建设中要充分体现效能原则，要按照本条的规定，在充分利用现有市政基础设施和公共服务设施的基础上开发与建设。现行《宪法》规定，国家保障自然资源的合理利用，保护珍贵的动物和植物，禁止任何组织或者个人用任何手段侵占或者破坏自然资源，所以说本条规定也是落实现行《宪法》的要求。

3.3.2 旧区改建

3.3.2.1 城市旧区的概念

城市旧区是城市在长期发展的演变过程中逐步形成的居民集聚区。城市旧区的形成显示了各个不同历史阶段发展的轨迹，也积累了历史遗留下来的种种矛盾和弊端。我国不少城市的旧区也都或多或少地存在布局混乱、房屋破旧、居住拥挤、交通阻塞、环境污染、市政和公用设施短缺等问题，不能适应城市经济、社会发展和改革开放的需要。这就要求按照统一的规划，保护好优秀的历史文化遗产和传统风貌，充分考虑现有各城市的实际情况和存在的主要矛盾，有计划、有步骤、有重点地进行充实和改造。

城市旧区改建是按照城市总体规划的部署，在城市已经长期形成的基础上进行各项政治、经济、文化、社会活动的居民集聚区内进行的开发性建设活动。

3.3.2.2 城市旧区改建的原则

1. 加强维护、逐步改善

城市旧区改建应当遵循加强维护、合理利用、调整布局、逐步改善的原则，统一规划，分期实施。城市旧区改建的重点是对危房、棚户区、市政公用设施简陋、交通阻塞、环境污染严重的地区进行综合整治，有条件的地方应当集中成片改建。

2. 与城市产业结构调整和工业企业技术改造相结合

城市旧区的改造应当同产业结构的调整及工业企业的技术改造相结合，调整用地结构，改善、优化城市布局，按规划迁出严重危害、污染环境的项目，利用调整出来的用地扩展公用服务设施，增加居住用地、城市绿化和文化体育活动场地，改善市容环境。

3. 与历史文物、名胜古迹保护相结合

旧区改建要充分注意保持和体现传统风貌、民族特点和地方特色，保护具有重要历史意义、革命纪念意义、文化艺术价值和科学价值的文物古迹和风景名胜，有选择地保持一定数量代表城市传统风貌的街区、建筑物和构筑物，划出保护区和建设控制区。城市人民政府要采取有效措施，对这些区域进行严格管理。

3.3.2.3 旧区改建的要求

《城乡规划法》第31条规定，"旧城区的改建，应当保护历史文化遗产和传统风貌，合理确定拆迁和建设规模，有计划地对危房集中、基础设施落后等地段进行改建。历史文化名城、名镇、名村的保护以及受保护建筑物的维护和使用，应当遵守有关法律、行政法规和国务院的规定。"

本条所称的"历史文化遗产"，主要是指《保护世界文化和自然遗产公约》规定的文化遗产，即文物、建筑群和遗址。我国文化遗产和传统风貌蕴涵着中华民族特有的精神价值、思维方式、想象力，体现着中华民族的生命力和创造力，是各民族智慧的结晶，也是全人类文明的瑰宝，所以在城市建设发展和旧城区的改建中，一定要对其特别注意保护。

本条所称的"合理确定拆迁和建设规模"是指为了落实和实施城市总体规划，根据当地实际情况，在处理好保护和发展、新建筑和老建筑关系等方面处理得当，整体格局达到和谐的统一。

本条所称的"有计划地对危房集中、基础设施落后等地段进行改建"实际是要求旧城区的改建要区分轻重缓急，重点解决人民群众所急需解决的问题，要做到分阶段、分步骤、有时序、合要求地对危房集中、基础设施落后等地段进行改建。

3.4 城乡规划的实施

城乡规划的实施，是指经过法律程序批准的城乡具体规划设计方案的实施过程。在这一过程中，需要城乡规划管理部门实行严格的规划管理，以保证和促进城乡的各种物质建设按照规划付诸实施。

3.4.1 城乡规划公布制度

3.4.1.1 城乡规划公布的概念

《城乡规划法》第8条规定："城乡规划组织编制机关应当及时公布经依法批准的城乡规划。但是，法律、行政法规规定不得公开的内容除外。"城乡规划关系着城乡各行各业的发展和广大人民群众的切身利益，要保证它的顺利实施，必须依靠社会各界和广大人民群众的支持和合作。

城乡规划公布是指城乡人民政府应当将经批准的城乡规划采用适当的方式向全社会公布。公布城乡规划其目的有两个方面：一是使城乡单位和个人了解城乡规划，以便自觉遵守，并服从城乡规划管理；二是有利于对擅自改变规划、违反规划行为的检举和控告。在公布规划过程中，涉及某些保密单位或地区，或者影响到对拆迁当事人的补偿、安置等方面问题时，可以通过采取相应的行政措施加以解决。

3.4.1.2 城乡规划公布制度的意义

1. 便于群众了解

将批准后的城乡规划分布施行，城乡公民、法人和其他组织就可以依法获取政府的信息，了解城乡性质、发展规模和发展方向，各项用地的布局，各项建设的具体安排等，有利于把城乡整体的利益和自身局部的利益结合起来，以城乡规划作为进行建设活动的准则，并自觉维护城乡规划的权威，充分发挥政府信息对人民群众生产、生活和经济社会活动的服务作用。

2. 便于群众参与

将批准后的城乡规划公布施行，使城乡各行各业各部门和广大人民群众真正了解到，城乡规划所确定的城乡发展目标与建设部署，与自身长远的和当前的利益都是息息相关的，从而提高参与城乡规划实施的积极性和主动性，使广大人民群众自觉配合城乡规划行政主管部门，按照城乡规划的要求进行建设活动，并且配合城乡规划行政主管部门，及时发现和制止各类违反城乡规划要求的违法行为。

3. 便于群众监督

把行政机关及其工作人员的执法行为置于群众监督之下，是发扬民主、有效防止和反对官僚主义，同一切不良现象作斗争的重要手段。将批准后的城乡规划公布，群众就可对城乡规划区内的建设活动进行监督，发现问题及时举报，以便城乡规划行政主管部门能够及时制止和处理各种违法占地和违法建设行为，提高政府工作的透明度。

3.4.2 城乡规划管理

3.4.2.1 城乡规划管理的概念

《城乡规划法》第11条规定，"国务院城乡规划主管部门负责全国的城乡规划管理工作。县级以上地方人民政府城乡规划主管部门负责本行政区域内的城乡规划管理工作。"本条是城乡规划管理体制的规定。

城乡规划管理是按照法定程序编制和批准的城乡规划，依据国家和各级政府颁布的城乡规划管理有关法规和具体规定，采取法律的、社会的、经济的、行政的和科学的管理方法，对城乡各项建设用地和建设工程活动进行统一安排和控制，同调节城乡的各项建设工程有计划、有秩序地协调发展，保证规划的顺利实施。它是一项政府行政职能、一项社会实践的综合性系统工程。

3.4.2.2 城乡规划管理的作用

1. 城乡规划与规划管理是城乡发展中至关重要的统一体

城乡规划是城乡建设的"龙头"，"三分规划，七分管理"说明规划管理工作的重要地位。城乡规划管理工作贯穿城乡规划的编制、审批、实施的过程，没有规划，谈不上规划管理，而没有规划管理作为保证手段，城乡规划起不到应有的作用。

2. 城乡规划管理是城乡规划实施的有效保证

城乡规划管理通过行政、经济、法律、技术等手段，保证规划的具体实施，通过管理手段，协调城乡建设过程中各方面的相互关系和出现的矛盾。同时，实施过程中对规划进行适当的调整、补充、修改及反馈信息，有利于规划方案对现实的适应性。规划管理的过程是规划完善、深化和具体实施的过程。

3. 城乡规划管理在城乡建设中发挥着强有力的作用

保证规划按照合理、科学的程序进行编制、修订和实施，使城乡建设有规划而且按照规划进行；

通过审批规划与管理立法及一系列规章制度，使城乡规划具有真正的法律效力；

通过行政手段，按照法定程序，对城乡各项建设做出合理安排和综合部署，保证规划的实施；

及时并依法查处与制止一切违章和违法建设，保证城乡建设按规划有秩序地进行；

通过规划管理工作，掌握城乡建设情况，为政府制定相应的决策作出反馈，同时使城乡规划不断改进、完善；

发挥政府作用，引导投资；通过规划管理，引导房地产投资方向。

3.4.3 选址意见书制度

3.4.3.1 选址意见书的概念

选址意见书是指建设工程在立项过程中，上报的设计任务书必须附有由城市规划行政主管部门提出的关于建设项目选在哪个城市或者选在哪个方位的意见等文件。选址意见书是城市规划行政主管部门依法核发的有关建设项目的选址和布局的法律凭证。

3.4.3.2 选址意见书的内容

根据《建设项目选址规划管理办法》第6条规定，建设项目选址意见书应当包括以下内容：

1. 建设项目的基本情况

主要是指建设项目的名称、性质、用地与建设规模，供水与能源的需求量，采取的运输方式与运输量，以及废水、废气、废渣的排放方式和排放量。

2. 建设项目规划选址的主要依据

经批准的项目建议书；

建设项目与城市规划布局的协调；

建设项目与城市交通、通信、能源、市政、防灾规划的衔接与协调；

建设项目配套的生活设施与城市生活居住及公共设施规划的衔接与协调；

建设项目对于城市环境可能造成的污染影响，以及与城市环境保护规划和风景名胜、文物古迹保护规划是否协调。

3. 建设项目选址、用地范围和具体规划要求

此外，建设项目选址意见书应当包括建设项目地址和用地范围的附图和明确有关问题的附件。

3.4.3.3 选址意见书的作用

《城乡规划法》第36条规定："按照国家规定需要有关部门批准或者核准的建设项目，以划拨方式提供国有土地使用权的，建设单位在报送有关部门批准或者核准前，应当向城乡规划主管部门申请核发选址意见书。其他建设项目则不需要申请《选址意见书》。"

在城乡规划区内的建设工程的选址和布局必须符合城乡规划，这是对城乡规划区内的建设工程的选址和布局的原则规定。国家对建设项目，特别是大、中型项目的宏观管理，在可行性研究阶段，主要是通过宏观管理和规划管理来实现的。采用合理的符合城乡规划的选址和布局，才能有利于生产、方便生活、节约土地、保护环境，以取得良好的经济、社会和环境效益。

实行选址意见书制度，是城乡规划行政主管部门对建设项目建议书的选址工作提出建议和意见；在建设项目设计任务书（可行研究报告）阶段的选址工作中核发选址意见书，可以将宏观管理与规划管理统一起来，确保建设项目按照规划实施，确保经济效益、社会效益和环境效益相统一。

3.4.3.4 选址意见书的审批管理

建设项目选址意见书的审批实行分级规划管理：

县人民政府计划行政主管部门审批的建设项目，由县人民政府城市规划行政主管部门核发选址意见书；

地级、县级市人民政府计划行政主管部门审批的建设项目，由该市人民政府城市规划行政主管部门核发选址意见书；

直辖市和计划单列市人民政府计划行政主管部门审批的建设项目，由直辖市、计划单列市人民政府城市规划行政主管部门核发选址意见书；

省、自治区人民政府计划行政主管部门审批的建设项目，由项目所在地县、市人民政府城市规划行政主管部门提出审查意见，报省、自治区人民政府城市规划行政主管部门核发选址意见书；

中央各部门、公司审批的小型和限额以下的建设项目，由项目所在地县、市人民政府城市规划行政主管部门核发选址意见书；

国家审批的大中型和限额以上的建设项目，由项目所在地县、市人民政府城市规划行政主管部门提出审查意见，报省、自治区、直辖区、计划单列市人民政府城市规划行政主管部门核发选址意见书，并报国务院城市规划行政主管部门备案。

3.4.4 建设用地规划许可证制度

3.4.4.1 建设用地规划许可证的概念

建设用地规划许可证是指城乡规划行政主管部门根据建设单位和个人提出的建设用地申请，依照城乡规划和建设项目的用地需求确定建设用地的位置、面积和界线的法定凭证。

3.4.4.2 建设用地规划许可证的作用

建设用地规划许可证是建设单位在向土地管理行政主管部门申请征用、划拨土地前，经城市、县人民政府规划行政主管部门确认建设项目位置、面积、范围等是否符合城乡规划的法定凭证。核发建设用地规划许可证的目的在于确保土地利用符合城乡规划，维护建设单位按照规划合法利用土地，为土地管理部门在城市、镇规划区内行使权属管理职能提供必要的法律依据。

3.4.4.3 建设用地规划许可证制度的内容

1. 建设用地的审批

建设用地的审批程序分为以下六个步骤：

（1）现场踏勘。城市规划行政主管部门受理了建设单位建设用地申请后，应当与建设单位会同有关部门到选址地点进行现场调查和踏勘。这是一项直观的感性的审查工作，可以及时发现问题，提出问题，避免纸上谈兵可能带来的弊端。

（2）征求意见。在城市、镇规划区安排建设项目，占用城市土地，涉及许多部门。为了使建设项目的安排更趋于合理，城市、县人民政府城乡规划行政主管部门应当在审批建设用地前，征求环境保护、消防安全、文物保护、土地管理等部门的意见。

（3）提供设计条件。城乡规划行政主管部门初审通过后，可向建设单位提供建设用地地址与范围的红线图，在红线图上应当标明现状和规划道路，并提出用地规划设计条件和要求。建设单位可以依据城乡规划行政主管部门下达的红线图委托方案设计，同时委托征地部门与被征地单位预联系。

（4）审查总平面图。主要审查用地性质、规模和布局方式、运输方式等是否符合城乡规划的要求，建筑与工程设施是否符合合理用地、节约用地的原则。

（5）用地面积。主要根据城乡规划设计用地定额指标和该地块具体情况，核审用地面积，防止浪费土地。

（6）核发建设用地规划许可证。经城市、县人民政府城乡规划行政主管部门按照建设用地审批程序批准后，由城乡规划行政主管部门核发建设用地规划许可证。土地管理部门在办理征用、划拨土地过程中，若确定改变建设用地规划许可证核定的位置和界限，必须与城乡规划行政主管部门协商并取得一致意见，以保证修改后的位置和范围符合城乡规划的要求。

2. 建设用地审批后的管理

建设用地审核批准后，城乡规划行政主管部门应当加强监督、检查工作。监督检查的内容包括：建设项目征用土地的复核和用地情况监督检查。

用地复核，主要是指城乡规划行政主管部门对征用划拨的土地进行验核。

用地检查，主要是指城乡规划行政主管部门根据城乡规划的要求，对建设用地的使用进行监督检查，便于随时发现问题；解决问题，杜绝违章占地情况的发生。

3. 临时用地的管理

《城乡规划法》第44条规定"临时建设和临时用地规划管理的具体办法，由省、自治区、直辖市人民政府制定。"

临时用地是指在城市、镇规划区内进行临时建设时施工堆料、堆物或其他情况需要临时使用并按期收回的土地。建设单位需要临时用地，必须持上级主管部门批准的申请临时用地文件，向城市规划行政主管部门申请临时用地，经审核批准后，发给临时建设用地许可证，临时用地的使用期限一般不得超过两年。临时用地期满后，建设单位应当立即拆除临时用地上的建筑物和构筑物，并使有关用地符合城乡规划的要求。

4. 建设用地的调整

为了适应国民经济和社会发展的需要，城市人民政府可以根据城市规划对建设用地进行调整。建设用地的调整分为两种情况：

（1）政府对建设用地的调整。调整用地的情况主要有：一是在土地所有权和使用权不变的情况下，改变土地的性质；二是在土地所有权不变的情况下，改变土地使用权或者土地使用性质；三是对早征晚用、多征少用、征而不用的土地或者现状不合理，存在大量浪费的土地，进行局部调整。用地调整是城市人民政府从国民经济和城市发展的大局出发，保证城市规划实施所采取的必要措施。

（2）建设单位申请对原建设用地进行调整。建设单位在领取建设用地许可证后，如果因情况变化，确需改变用地规划许可证所核定的用地位置和界线的，必须事先经城市规划行政主管部门审查同意，换发建设用地规划许可证。

3.4.5 建设工程规划许可证制度

3.4.5.1 建设工程规划许可证的概念

建设工程规划许可证是指在城市、镇规划区内进行建筑物、构筑物、道路、管线和其他工程建设的建设单位或者个人依照规定，向城市、县人民政府城乡规划主管部门或者省、自治区、直辖市人民政府确定的镇人民政府申请领取的建设工程的法律凭证。

3.4.5.2 建设工程规划许可证的作用

1. 确认有关建设活动的合法地位，保证建设单位和个人的合法权益；

2. 作为建设活动进行过程正接受监督检查时的法定依据，城市规划管理人员要根据建设工程规划许可证规定的内容能够和要求进行监督检查，并以此作为处罚违法建设活动的法律依据；

3. 作为城市规划行政主管部门有关城市建设活动的重要历史资料和城市建设档案的

重要内容。

3.4.5.3 建设工程规划许可证制度的内容

建设工程规划许可证制度主要包括以下几个方面的内容：

1. **建设工程审批**

城市各项建设工程安排得当与否，关系着城市经济和社会的发展、城市风貌、城市环境的好坏，因此，各项建设工程必须严格按照城市规划进行。凡在城市规划区内的各项建设活动，无论是永久性的，还是临时性的，都必须由城市规划行政主管部门审查批准，方可进行。

建设单位或者个人在取得建设用地规划许可证后，需要建设用地的，应当按照有关法规向土地管理部门办理有关手续，领取土地使用权证等有关批准文件，然后，向城市规划行政主管部门提出建设申请。

城市规划行政主管部门受理建设申请后，便进入了建设工程审批阶段。

2. **建设工程审批后的管理**

建设工程审核批准后，城市规划行政主管部门要加强监督检查工作。主要包括验线、现场检查和竣工验收。

验线。建筑单位应当按照建设工程规划许可证的要求放线，并经城市规划行政主管部门验线后方可施工。

现场检查。它是指城市规划管理工作人员进入有关单位或施工现场，了解建设工程的位置、施工等情况是否符合规划设计条件。在检查中，任何单位和个人都不得阻挠城市规划管理人员进入现场或者拒绝提供与规划管理有关的情况。城市规划行政管理人员有为被检查者保守技术秘密或者业务秘密的义务。

竣工验收。《城乡规划法》第45条规定："县级以上地方人民政府城乡规划主管部门按照国务院规定对建设工程是否符合规划条件予以核实。未经核实或者经核实不符合规划条件的，建设单位不得组织竣工验收。建设单位应当在竣工验收后六个月内向城乡规划主管部门报送有关竣工验收资料。"

竣工验收是工程项目建设程序中的最后一个阶段。规划部门参加竣工验收，是对建设工程是否符合规划设计条件的要求进行最后把关，以保证城市规划区内各项建设符合城市规划。本条的规定赋予了规划行政主管部门参加竣工验收的权力。

竣工验收资料包括该工程的各种批准文件和该工程竣工时的总平面图、各层平面图、立面图、剖面图、设备图、基础图和城市规划行政主管部门制定需要报送的其他图纸。

3. **临时建设的管理**

临时建设是指城市规划主管部门批准的在城市、镇规划区内建设的临时性使用并在限期内必须拆除的建筑物、构筑物及其他设施。

《城乡规划法》第44条规定"在城市、镇规划区内进行临时建设的，应当经城市、县人民政府城乡规划主管部门批准。临时建设影响近期建设规划或者控制性详细规划的实施以及交通、市容、安全等的，不得批准。临时建设应当在批准的使用期限内自行拆除。"临时建设应当办理《临时建设工程规划许可证》，比如《北京市城市规划条例》、上海市《关于启用〈临时建设用地规划许可证〉和〈临时建设工程规划许可证〉的通知》对此都有明确规定。

3.4.6 城乡规划法对土地出让的限制

《城乡规划法》第38条规定"在城市、镇规划区内以出让方式提供国有土地使用权的，在国有土地使用权出让前，城市、县人民政府城乡规划主管部门应当依据控制性详细规划，提出出让地块的位置、使用性质、开发强度等规划条件，作为国有土地使用权出让合同的组成部分。未确定规划条件的地块，不得出让国有土地使用权。以出让方式取得国有土地使用权的建设项目，在签订国有土地使用权出让合同后，建设单位应当持建设项目的批准、核准、备案文件和国有土地使用权出让合同，向城市、县人民政府城乡规划主管部门领取建设用地规划许可证。城市、县人民政府城乡规划主管部门不得在建设用地规划许可证中，擅自改变作为国有土地使用权出让合同组成部分的规划条件。"

3.4.6.1 出让总量限制

城市国有土地使用权出让的投放量应当与城市土地资源、经济、社会发展和市场需求相适应。土地使用权出让、转让应当与建设项目相结合。城市规划行政主管部门和有关部门要根据城市规划实施的步骤和要求，编制城市国有土地使用权出让规划和计划，包括地块数量、用地面积、地块位置、出让步骤等。保证城市国有土地使用权的出让、转让有规划、有步骤、有计划地进行。

3.4.6.2 出让地块条件限制

按照现行的规定，在城市、镇规划区内，出让国有土地使用权，出让前应当制定控制性详细规划。出让的地块，必须具有城乡规划主管部门提出的规划设计条件及附图。

规划设计条件应当包括：地块面积，土地使用性质，容积率，建筑密度，建筑高度，停车泊位，主要出入口，绿地比例，须配置的公共设施、工程设施、建筑界限，开发期限以及其他要求。

附图应当包括：地块区位和现状，地块坐标、标高，道路红线坐标、标高，出入口位置，建筑界限以及地块周围地区环境与基础设施条件。

3.4.6.3 出让转让合同的限制

这里的国有土地，是指市、县城、建制镇、工矿区范围内属于国家所有的土地。

国有土地使用权出让，是指国家以土地所有者的身份将土地使用权在一定年限内让与土地使用者，并由土地使用者向国家支付土地使用权出让金的行为。

土地使用权出让合同，是指市、县人民政府土地管理部门作为出让方将国有土地使用权在一定年限内让与受让方，受让方支付土地使用权出让金的协议。

国有土地使用权出让、转让必须签订出让、转让合同。出让转让合同必须附有城市规划行政主管部门核发的规划设计条件及附图。规划设计条件及附图出让方和受让方不得擅自变更。在出让、转让过程中确需变更的，必须经城市规划行政主管部门批准。

已经签订土地使用权出让合同的，受让方应当持出让合同依法向城市规划行政主管部门申请建设用地规划许可证。在取得建设用地规划许可证后，方可办理土地使用权属证明。

凡未附具城市规划行政主管部门提供规划设计条件及附图的出让、转让合同，或擅自变更用途，城市规划行政主管部门不予办理建设用地规划许可证。凡未取得或擅自变更建设用地规划许可证而办理土地使用权属证明的，土地权属证明无效。

3.4.6.4 土地使用权的再转让的限制

经出让获得的土地使用权再转让时，受让方应当遵守原出让合同附具的规划设计条件，并由受让方向城市规划行政主管部门办理登记手续。受让方如确需改变原规划设计条件的，应当先经城市规划行政主管部门批准，由于变更规划设计条件而获得的收益，应当按比例上交城市政府。

受让方在符合规划设计条件外，为公众提供公共使用空间或设施的，经城市规划行政主管部门批准后，可给予适当提高容积率的补偿。

3.4.7 规划设计单位资格管理制度

为了加强城市规划设计单位的管理，提高城市规划设计质量，1992年7月27日建设部以建规字第494号文发布了《城市规划设计单位资格管理办法》，本办法的主要内容如下。

3.4.7.1 适用范围

该办法适用于全国专业城市规划设计单位以及其他企、事业单位下属承担城市规划设计任务的单位，主要包括：城市规划设计院、城市规划研究院、其他设计院下属的规划设计室等。凡从事城市规划设计活动的单位，必须申请办理资格证书，经审查合格并取得《城市规划设计资格证书》后，方可承担规划设计任务。

3.4.7.2 资格等级与标准

城市规划设计单位按其资格条件可分为甲、乙、丙、丁四级。各级规划设计单位的条件如下：

1. 甲级设计单位

（1）甲级城市规划设计单位应当技术力量雄厚、专业配置齐全。单位专业技术人员级配合理，高级技术职称与其他技术人的比例不小于1:5，其中城市规划专业中有2名以上高级技术职称人员，建筑、经济、道路交通、园林绿化、给排水、电力、通信、煤气热力、区域规划、环保等专业至少有15名具有大专以上学历、从事规划设计15年以上的技术骨干。

（2）独立承担过两次20万人口以上城市总体规划编制（含修改和调整）任务。

（3）在专业技术方面具有国内同行业先进水平，近5年有下列成就之一：获两项部、省级以上优秀城市规划设计奖；获两项以上部、省级以上科技进步奖；承担过国家、部级标准、规范定额的编制工作。

（4）有先进的技术装备，其中计算机（32位以上的微机）及配套辅助设备齐全，并有一定的计算机软件开发能力。

（5）有健全的技术、质量、经营、财务、管理制度，有较高的综合管理水平，持有省、部级质量技师管理达标验收合格证书，财务管理达到省、部级三级标准。

2. 乙级设计单位

（1）乙级设计单位应是技术力量强，专业配置齐全，专业技术人员级配合理，高级技术职称与其他技术人员比例不小于1:6，其中城市规划专业有两名以上高级技术职称人员。建筑、经济、道路交通、园林绿化、给排水、电力、电讯、煤气热力、区域规划、环保等专业至少有10名具有大专以上学历、从事城市规划设计10年以上的技术骨干。

（2）独立承担过两次以上设计城市总体规划编制（含修改或调整）任务。

（3）近5年内有过下列成就之一。获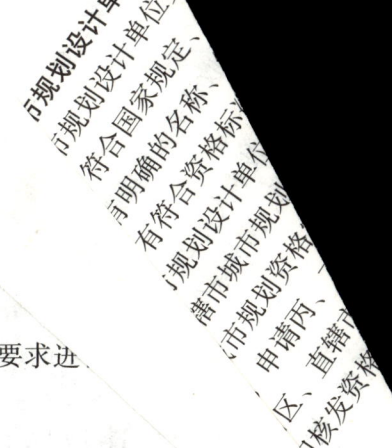
步奖；承担过省级标准、规范、定额的编
（4）有较先进的配套技术装备和
（5）有一定的综合管理水平，
3. 丙级设计单位
（1）丙级设计单位应有较强的技
其中城市规划专业有两名以上中级技术职
水等专业至少有6名7年以上的城市规划设
（2）独立承担过两次以上建制镇总体规划编
（3）有必要的技术装备。
（4）有一定的管理能力，能按全面质量管理要求进
财务、行政管理制度。
4. 丁级设计单位
（1）丁级设计单位应有一定的技术力量，专业技术人员10人
年以上的城市规划设计实践经验的技术骨干。
（2）单位承担过城市规划设计任务。
（3）有必要的技术手段，有质量、技术等管理制度。

3.4.7.3 承揽任务的范围

持有城市规划设计资格证书的单位应承揽与本单位资格等级相符的规划设计任
省、自治区、直辖市承揽规划设计任务的单位应持规划设计证书副本到任务所在地的省-
城市规划主管部门进行申报，经认可后即可承担规划设计任务。各级城市规划设计单位承揽
任务的具体范围如下：

1. 甲级设计单位
甲级设计单位承担任务的范围不受限制。
2. 乙级设计单位
乙级设计单位可以承担下列规划设计：
（1）受本省或本市委托承担本省或本市规划设计任务范围不受限制；
（2）20万人口以下城市总体规划和各种专项规划的编制；
（3）各种详细规划；
（4）研究拟定大型工程项目选址意见书。
3. 丙级设计单位
（1）当地及建制镇总体规划的编制和修订；
（2）中、小城市的各种详细规划；
（3）当地的各项专项规划；
（4）中、小型工程项目选址的可行性研究。
4. 丁级设计单位
（1）小城市及建制镇的各类详细规划；
（2）当地的各种小型专项规划；
（3）小型工程项目选址的可行性研究。

...格的申请与审批

...格须填写申请表（一式五份），并应具备下列基本条件：
... 依照法定程序批准设立独立机构的文件；
... 组织机构、法人代表和固定的工作场所、健全的财务制度；
... 准规定的条件。

...立的资格实行分级审批制度。申请甲、乙级资格的单位须经省、自治... 行政主管部门初审，签署意见后，报国务院城市规划行政主管部门，经... 审查委员会审定，由国务院城市规划行政主管部门核发城市规划设计资格... 丁级资格的单位，经当地城市规划行政主管部门初审并签署意见后，报省、... 市城市规划资格审查委员会审定后，由省、自治区、直辖市城市规划行政主管... 证书，并将取得资格证书的单位名单报送国务院。

3.5 违反城乡规划的法律责任

1 城乡规划的法律责任概述

所谓法律责任，是指当事人由于违反了法律规定的义务而应当承担的法律后果。

为了确定城市的性质、规模和发展方向，合理利用城乡土地，协调城乡空间布局和各项建设的综合布置与具体安排，实现城乡在一定时期内的经济和社会发展目标，各级城乡人民政府部门组织制定了城乡规划。所以，城乡规划是建设城乡和管理城乡的基本依据，是保证城乡土地合理利用和开发经营活动协调进行的前提和基础，是实现城乡经济和社会发展的重要手段。这就要求实施城乡规划，在城乡规划区内进行建设，必须严格按照城乡规划。为了保证城乡规划的顺利实施，使城乡规划区内的建设符合城乡规划，维护国家行政行为的权威性和严肃性，对于在城乡规划区建设的任何单位和个人，负责组织实施城乡规划的城乡规划行政主管部门和工作人员，不履行城乡规划法规定的义务和法定职责，或违反城乡规划法的有关规定，应承担相应的法律后果，称为城乡规划的法律责任。这种法律责任的追究是靠国家的强制力来保证实施的。

3.5.2 建设单位的法律责任

3.5.2.1 违规建设的法律责任

违规建设，是指建设单位或者个人未取得建设工程规划许可证或者未按照建设工程规划许可证的规定进行建设的行为。这属于典型违反城乡规划法的行为，也是当前主要的违法建设行为，造成了大量的国家土地被破坏，损害了国家统一的城乡规划体系，必须给予严惩。

《中华人民共和国城乡规划法》第64条规定："未取得建设工程规划许可证或者未按照建设工程规划许可证的规定进行建设的，由县级以上地方人民政府城乡规划主管部门责令停止建设；尚可采取改正措施消除对规划实施的影响的，限期改正，处建设工程造价百分之五以上百分之十以下的罚款；无法采取改正措施消除影响的，限期拆除，不能拆除的，没收实物或者违法收入，可以并处建设工程造价百分之十以下的罚款。"

实施城乡规划，在城乡规划区内进行建设，必须取得城乡规划行政主管部门核发的建设工程规划许可证后，方可申请办理开工手续，并按建设工程规划许可证的规定进行建设。这是《城乡规划法》规定的保证建设工程符合城乡规划要求的必要措施之一，是工程建设单位应当履行的义务，违反这一规定，就构成了违法建设的行为，必须承担法律责任。

根据《中华人民共和国城乡规划法》规定，承担法律责任必须具备的条件是未取得建设工程规划许可证或者违反建设工程规划许可证的规定进行建设。未取得建设工程规划许可证进行建设，是指建设单位未经城乡规划行政主管部门批准，核发建设工程规划许可证，擅自进行建设。违反建设工程规划许可证的规定进行建设，是指建设单位虽然取得建设工程规划许可证，但是在建设活动中，违背了建设工程规划许可证规定的要求而进行建设，例如建筑物超出规定的高度、层数、红线，或者改变工程的外观、颜色等。

根据《中华人民共和国城乡规划法》的规定，对违法建设行为法律责任的追究，由县级以上地方人民政府城乡规划行政主管部门负责。城乡规划行政主管部门根据违法行为的轻重和造成后果的大小等实际情况，依法作出处罚。

3.5.2.2 违规进行乡村建设的法律责任

乡村建设主要分为两大类：一是在乡、村规划区内进行乡镇企业、乡村公共设施和公益事业建设；二是乡村村民住宅建设。根据《中华人民共和国城乡规划法》的规定，进行乡村建设，必须符合两个条件：一是该乡村建设必须在乡规划和村庄规划区进行；二是依法取得乡村建设规划许可证或者按照乡村建设规划许可证的规定进行建设。

《中华人民共和国城乡规划法》第65条规定："在乡、村庄规划区内未依法取得乡村建设规划许可证或者未按照乡村建设规划许可证的规定进行建设的，由乡、镇人民政府责令停止建设、限期改正；逾期不改正的，可以拆除。"决定予以拆除的，如果当事人不停止建设或者逾期不拆除的，按照本法第68条的规定，建设工程所在地县级以上地方人民政府可以责成有关部门采取查封施工现场、强制拆除等措施。

3.5.2.3 违规进行临时建设的法律责任

《中华人民共和国城乡规划法》第66条规定："建设单位或者个人有下列行为之一的，由所在地城市、县人民政府城乡规划主管部门责令限期拆除，可以并处临时建设工程造价一倍以下的罚款：（一）未经批准进行临时建设的；（二）未按照批准内容进行临时建设的；（三）临时建筑物、构筑物超过批准期限不拆除的。"

本条规定之所以确定如此高的罚款额度，主要是考虑让违规进行临时建设的单位或者个人无利可图，并以此为戒。

3.5.2.4 建设单位竣工未报送验收材料的法律责任

《中华人民共和国城乡规划法》第67条规定："建设单位未在建设工程竣工验收后六个月内向城乡规划主管部门报送有关竣工验收资料的，由所在地城市、县人民政府城乡规划主管部门责令限期补报；逾期不补报的，处一万元以上五万元以下的罚款。"

根据本条规定，建设单位应当在建设工程竣工验收后六个月内向城乡规划主管部门报送有关竣工验收资料，从而保证城乡规划的完整性和延续性，也防止建设单位拖延验收。

3.5.3 城乡规划行政主管部门工作人员的法律责任

《中华人民共和国城乡规划法》第58条规定:"对依法应当编制城乡规划而未组织编制,或者未按法定程序编制、审批、修改城乡规划的,由上级人民政府责令改正,通报批评;对有关人民政府负责人和其他直接责任人员依法给予处分。"第59条规定:"城乡规划组织编制机关委托不具有相应资质等级的单位编制城乡规划的,由上级人民政府责令改正,通报批评;对有关人民政府负责人和其他直接责任人员依法给予处分。"第60条、第61条也有相关规定,详细内容请查阅《中华人民共和国城乡规划法》。

城乡规划行政主管部门的工作人员,担负着执行《中华人民共和国城乡规划法》的义务,必须忠于职守,秉公执法。如果执法犯法,违法犯罪,不仅给城乡规划工作造成损失,还会损害政府的信誉。因此,对从事城乡规划工作的国家工作人员玩忽职守、滥用职权、徇私舞弊的,必须依法追究法律责任。

玩忽职守是指从事城乡规划管理工作的国家工作人员不认真对待本职工作,不履行或不正确履行城乡规划法律、法规规定的职责,情节较轻的,由其所在单位或者上级主管机关给予行政处分;情节严重的,构成玩忽职守罪,依照《刑法》第397条等规定追究刑事责任。

滥用职权是指从事城乡规划工作的国家工作人员违反法律、法规规定,超越权限行使职权,情节较轻的由其所在单位或者上级主管机关给予行政处分;情节严重的,构成滥用职权罪,依照《刑法》第397条等规定追究刑事责任。

徇私舞弊是指从事城乡规划工作的国家工作人员,为了私情或谋取私利,故意违反法律、法规的规定,违背事实,作出非法的处理或非法的决定,情节较轻的由其所在单位或者上级主管机关给予行政处分;情节严重的,构成徇私舞弊罪或受贿罪,依照《刑法》第389条、第390条等规定追究刑事责任。

------- **本章小结** -------

本章介绍的重点是城乡规划法律制度的基本概念和基础知识。通过该章的学习,应掌握有关城乡规划的概念、城乡规划的编制、审批和实施,新区开发和旧区改造的基本内容和要求以及违反城乡规划法的有关规定应承担的法律责任。

本章的重点是城乡规划的审批和实施。

本章的难点是城乡规划的实施。

学习本章的目的,使学生通过城乡规划法律制度的学习,熟悉城乡规划的主要内容,了解城乡规划的编制、审批和实施过程,并能在实践中加以运用。

【案例实训】

案情1:擅自增加建筑面积,违法行为终被查处[①]。

2007年8月,某房地产开发有限责任公司经市规划局批准,在该市某地建设公寓大厦。

---

① 朱昊.《建设法规案例与评析》. 北京:机械工业出版社,5~6页,2007年7月第1版.

该公寓楼工程由地上18层和32层两部分组成，建设规模为7万平方米，但该单位自主将18层部分加高9层（现为27层），超建设面积约5400平方米，因此被市规划局查处。

案情2：临时建筑应拆除，法律尊严应维护。

某市××市场的建筑物属于临时建筑，其建筑物使用时间已有5年多。该市规划国土分局认为，××市场的建筑物已超过批准的使用年限，于是下令拆除。××市场几百名个体户状告规划国土分局，诉请撤销拆除令。一审法院判决中，依据《某市土地监察条例》认定××市场的建筑是违法的，应当依法拆除，规划国土分局的拆除决定对事实认定正确。但同时，法院又认为，拆除决定中规定的拆除时间违反了《某市农副产品集贸市场条例》的规定，于是以"新市场未建成，拆除××市场的时机尚不具备"为由，判令撤销拆除令。规划国土分局在一审中败诉。该分局不服一审判决提起上诉，称原审判决自相矛盾，适用法律不当，既然认为××市场已被确认为违法建筑，就不再适用于《某市农副产品集贸市场条例》。受该《条例》保护的"市场"应是合法的，而绝不应是违法建筑。此外，××市场还违反了《某市商品市场条例》，建于高架桥下，不符合城市规划，根本不符合市场的构成要件。二审法院最后作出终审判决，以"适用法律、法规错误"为由，作出撤销一审法院关于"撤销国土分局拆除××市场的处罚决定"的判决。

【法理分析】

案情1的焦点问题是，某房地产开发有限责任公司超建筑面积约5400平方米的建设行为属何性质？

《中华人民共和国城乡规划法》第64条规定："未取得建设工程规划许可证或者未按照建设工程规划许可证的规定进行建设的，由县级以上地方人民政府城乡规划主管部门责令停止建设；尚可采取改正措施消除对规划实施的影响的，限期改正，处建设工程造价百分之五以上百分之十以下的罚款；无法采取改正措施消除影响的，限期拆除，不能拆除的，没收实物或者违法收入，可以并处建设工程造价百分之十以下的罚款"。

根据第64条的规定，某房地产开发有限责任公司的行为显然属于严重违法的行为。某房地产开发有限责任公司违法行为主要表现为：未按法律规定向规划行政主管部门申报修改方案，擅自将公寓大厦加高9层，非法增加建设面积约5400平方米。按照规划审批程序规定，已取得审定设计方案通知书的建设单位或申报单位，由于自身的原因，再次申报设计方案要求改变建筑高度、建筑密度、建筑布局等事项时，应持函件（详细说明改变的具体理由）和有关图纸报规划行政主管部门。规划行政主管部门协调同意后，方可受理申报，并需重新审定修改后的规划与建筑设计。该房地产开发有限责任公司未经允许，擅自修改设计，增加建筑面积，实属违法，应得到相应处罚。

案情2的焦点问题是，××市场的临时建筑物应不应该拆除？

《中华人民共和国城乡规划法》第44条规定"在城市、镇规划区内进行临时建设的，应当经城市、县人民政府城乡规划主管部门批准。临时建设影响近期建设规划或者控制性详细规划的实施以及交通、市容、安全等的，不得批准。临时建设应当在批准的使用期限内自行拆除"。根据第44条的规定，该市规划国土分局下令拆除××市场已超过批准使用年限建筑物的决定是正确的。一审法院在判决中的认定显然是不妥的，即不应对同一事实前面给予肯定，而后面又予以否定。二审法院最后以"适用法律、法规错误"为由，作出撤销一审法院判决的终审判决，使该规划国土分局在与××市场个体户的官司中反败为胜，维护了规划管理的权威性和合理性，及时纠正了一审法院的错误判决。

【复习思考】
1. 简述城乡规划的原则。
2. 简述城乡规划编制的原则。
3. 城乡规划的编制分为几个阶段，各阶段规划包括的内容是什么？
4. 简述城市新区开发的概念及类型。
5. 何谓城乡规划管理？《中华人民共和国城乡规划法》中通过哪些手段进行规划管理？
6. 论述建设单位的法律责任。

第4章 土地管理法律制度

【学习提要】 本章主要阐述下列内容：
1. 土地的概念、分类和土地法规体系概述。
2. 土地产权法律制度，包括土地产权的概念、我国土地管理法规中土地权利的类型及保护。
3. 土地利用总体规划与耕地保护。
4. 建设用地制度，包括建设用地审批、土地行政划拨以及土地征收等内容。
5. 土地违法的法律责任。

【关键词】 土地 土地产权 土地用途管制 土地利用总体规划 土地征收与征用

4.1 土地管理法律制度概述

4.1.1 土地的概念与分类

4.1.1.1 土地的含义[①]

土地是人类赖以生存和发展的物质基础，是人类可利用的一切自然资源中最基本、最宝贵的资源。但是对于土地的含义，不同学科、不同研究角度对土地的认识各有不同。

一般地，我们可以把土地的定义粗略的划分成广义的和狭义的概念。

狭义的土地，仅指陆地部分。较有代表性的是土地规划和自然地理学家的观点。土地规划学者认为："土地是指地球陆地表层，它是自然历史的产物，是由土壤、植被、地表水及表层的岩石和地下水等诸要素组成的自然综合体……"；自然地理学者认为："土地是地理环境（主要是陆地环境）中互相联系的各自然地理成分所组成，包括人类活动影响在内的自然地域综合体"。

广义的土地，不仅包括陆地部分，而且还包括光、热、空气、海洋……。较有代表性的是经济学家的观点。英国著名的经济学家马歇尔认为："土地是指大自然为了帮助人类，在陆地、海上、空气、光和热各方面所赠与的物质和力量。"[②] 美国土地经济学家伊利认为："土地这个词……的意义不仅是指土地的表面，因为它还包括土地上、下的东西。"[③]

由于土地概念涉及并影响世界各国，所以联合国也先后对土地作过定义。例如，联合国粮农组织1976年制定的《土地评价纲要》中，对土地作了如下定义："土地是由影响土地利用潜力的自然环境所组成，包括气候、地形、土壤、水温和植被等。它还包括人类过去和

---

① 参见国土资源部宣传教育中心：土地知识，来源：http://www.mlrxj.net.cn/info_display.asp?id=868。
② 马歇尔.北京：商务印书馆，《经济学原理》上卷.157页，1964.
③ 伊利、莫尔豪斯.北京：商务印书馆，《土地经济学原理》.19页，1982.

现在活动的结果……然而纯粹的社会特征并不包括在土地的概念之内；因为这些特征是社会经济状况的组成部分。"[1]

从土地管理角度应当怎样定义土地呢？原国家土地管理局 1992 年出版的《土地管理基础知识》中这样定义土地："土地是地球表面上由土壤、岩石、气候、水文、地貌、植被等组成的自然综合体，它包括人类过去和现在的活动结果。"因此，从土地管理角度，可以认为土地是一个综合体，是自然的产物，是人类过去和现在活动的结果。

4.1.1.2　土地的分类

土地根据不同的角度和标准有不同的划分和种类。土地管理法涉及的主要有以下两种分类：

（1）按照土地所有权人不同，土地可以分为国家所有的土地、私人所有的土地。在我国土地按所有权人不同，可分为国有土地（全民所有土地）、集体所有土地，而公民个人对土地没有土地所有权，只能依法享有土地的使用权和其他权益。

（2）从土地的用途上来看，土地可分为农用地、建设用地、未利用土地。根据我国 1998 年 8 月 29 日发布的《中华人民共和国土地管理法》规定，国家编制土地利用总体规划，规定土地用途，将土地分为农用地、建设用地和未利用地。农用地是指直接用于农业生产的土地，包括耕地、林地、草地、农田水利用地、养殖水面等。建设用地是指建造建筑物、构筑物的土地，包括城乡住宅公共设施用地、工矿用地、交通水利设施用地、旅游用地、军事设施用地等。未利用土地是指农用地和建设用地以外的土地。

4.1.2　土地管理法规

土地管理法规是国家制定的关于规范土地权属、使用、开发、管理、监督等一系列活动的行为规范的总和，包括土地管理的法律、行政法规、地方性法规和行政规章等。我国的土地管理法规是以《中华人民共和国土地管理法》为主体的有关土地管理法律规范的总和。

1986 年 6 月 25 日，由第六届全国人大常委会第十六次会议审议通过了《中华人民共和国土地管理法》。1988 年 12 月 29 日，第七届全国人民代表大会第五次会议审议通过《关于修改〈中华人民共和国土地管理法〉的决定》，进行第一次修正；1998 年 8 月 29 日，第九届全国人民代表大会第四次会议审议通过土地管理法修订案，对土地管理法进行一次大的修改；2004 年 8 月 28 日，第十届全国人民代表大会常务委员会第十一次会议通过《关于修改〈中华人民共和国土地管理法〉的决定》，进行第二次修正。

除《中华人民共和国土地管理法》（以下简称《土地管理法》）外，我国土地管理的主要法律、法规和规章还有《物权法》、《城市房地产管理法》、《城乡规划法》、《农村土地承包法》、《城镇国有土地使用权出让和转让暂行条例》、《土地管理法实施条例》、《基本农田保护条例》、《招标拍卖挂牌出让国有建设用地使用权规定》、《土地登记办法》、《闲置土地处置办法》等。

---

[1] 毕宝德．北京：中国人民大学出版社，《土地经济学》（第四版）．3 页，2001．

4.1.3 土地管理法律制度

4.1.3.1 土地管理基本制度

1. 土地的社会主义公有制

宪法第6条规定,"中华人民共和国的社会主义经济制度的基础是生产资料的社会主义公有制,即全民所有制和劳动群众集体所有制。"土地是宝贵的自然资源,同时也是最基本的生产资料。我国的《土地管理法》规定,土地实行社会主义公有制,即全民所有制和劳动群众集体所有制。根据土地管理法规定,我国城市市区的土地属于国家所有。农村和城市郊区的土地,除由法律规定属于国家所有的以外,属于农民集体所有。土地所有制的法律表现形式是土地所有权,即土地所有者对其土地享有占有、使用、收益和处分的权利。因此我国的土地公有制的法律表现形式是国有土地所有权和农民集体所有权。国家和农民集体是我国土地所有权的主体,国家和农民集体对自己所有的土地形式权利受到法律保护。土地公有制是我国土地制度的基础和核心,也是我国社会主义制度的重要经济基础,一切土地立法都必须遵循和维护这一制度。

2. 国务院代表国家行使国有土地所有权的制度

国务院代表国家行使国有土地所有权,是指国务院代表国家依法行使对国有土地的占有、使用、收益和处分的权利。在我国除法律规定属于集体所有的土地外,土地均属国家所有。国家是国有土地所有权的唯一主体,并且用法律的形式首次确定国务院代表国家行使国有土地所有权。这也就是说,行使国有土地所有权的主体更加明确。任何地方各级政府无权擅自处置国有土地,而只能根据国务院的授权,在授权范围内处置国有土地。

国务院代表国家行使国有土地所有权,但在土地的具体经营、管理上,国务院既可以直接行使有关权利,也可以授权地方政府或者委托国有公司行使有关权利。

3. 土地使用权转让制度

为了保护土地的社会主义公有制不受侵犯,同时也是为了保护我国的耕地资源,保证土地公有制的实现和土地资源的合理配置,国家通过立法,一方面鼓励土地使用权的合法转让,1988年4月12日第七届全国人民代表大会第一次会议通过宪法修正案,将第十条第四款"任何组织或者个人不得侵占、买卖、出租或者以其他形式非法转让土地"修改为"任何组织或者个人不得侵占、买卖或者以其他形式非法转让土地。土地的使用权可以依照法律的规定转让"。同年《土地管理法》的有关规定也作了相应修改,从而为土地使用制度改革提供了有利的法律保证。另一方面也明确打击非法转让土地的行为,任何组织或者个人不得侵占、买卖或者以其他形式非法转让土地。

4. 国有土地有偿使用制度

土地使用权的有偿使用制度,是国家将国有土地使用权在一定期限内出让给土地使用者,由土地使用者向国家支付土地出让金的制度。《土地管理法》第二条规定,"国家依法实行国有土地有偿使用制度。"除国家核准的划拨土地外,凡新增土地和原使用的土地改变用途或使用条件、进行市场交易等,均实行有偿、有期限的使用。我国土地使用制度改革前,国有土地是由国家以行政手段无偿划拨给企、事业单位使用。这种土地使用制度不仅造成土地不能合理配置、利用率低,而且导致国有土地收益大量流失以及企业间的不平等竞争。因此,国家进行国有土地使用制度改革,实行国有土地有偿、有期限使用制度,是实现土地资源良性循环、促进经济发展的有效途径。

5. 土地征收、征用制度

2004年3月14日第十届全国人民代表大会第二次会议通过宪法修正案，将宪法第十条第三款"国家为了公共利益的需要，可以依照法律规定对土地实行征用"修改为"国家为了公共利益的需要，可以依照法律规定对土地实行征收或者征用并给予补偿"，从而确立了新的征地制度。《土地管理法》对土地征收的程序、补偿等具体问题做出了明确规定。

6. 国有土地划拨制度

土地划拨制度是指县级以上政府依照土地管理法的有关规定，在土地使用者缴纳有关补偿、安置等费用后，将一定数量的国有土地交付其使用，或者为了社会公共利益的需要，直接将一定数量的国有土地无偿、无期限交付给土地使用者的制度。随着国有土地有偿使用制度的建立，土地行政划拨主要用于国家机关和军事用地、城市基础设施和公益事业用地以及国家重点扶持的能源、交通、水利等基础设施用地的取得。《土地管理法》第五十四条对土地行政划拨的范围做了明确规定。

4.1.3.2 土地用途管制基本制度

1. 土地用途管制制度

土地用途管制，是世界上一些土地管制较为完善的国家采用的一种土地利用管理制度。实行这种制度的目的，是通过土地利用规划引导合理利用土地，促进区域经济、社会和环境的协调发展，其核心是依据土地利用规划对土地用途转变实行严格控制。从实施这一制度的国家来看，土地用途管制在合理利用土地资源，特别是耕地保护方面取得良好的效果。

《土地管理法》第五条所称土地用途管制制度，是指国家为保证土地资源的合理利用，经济、社会和环境的协调发展，通过编制土地利用总体规划划定土地用途区域，确定土地使用限制条件，土地的所有者、使用者严格按照国家确定的用途利用土地的制度。

2. 土地登记制度

土地登记是指国家依照规定程序将土地的权属、用途、面积、政府对该宗地的利用设置的管制条件等情况登记在专门的簿册上，同时向土地所有者和土地使用者颁发土地证书的一种法律制度。《土地管理法》第十一条规定："农民集体所有的土地，由县级人民政府登记造册，核发证书，确认所有权。农民集体所有的土地依法用于非农业建设的，由县级人民政府登记造册，核发证书，确认建设用地使用权。单位和个人依法使用的国有土地，由县级以上人民政府登记造册，核发证书，确认使用权；其中，中央国家机关使用的国有土地的具体登记发证机关，由国务院确定。确认林地、草原的所有权或者使用权，确认水面、滩涂的养殖使用权，分别依照《中华人民共和国森林法》、《中华人民共和国草原法》和《中华人民共和国渔业法》的有关规定办理。"根据本条规定，国有土地的使用者、农民集体土地的所有者、农民集体土地的建设用地使用者，必须进行土地登记。依法登记的土地所有权、土地使用权，受到国家法律保护，任何单位和个人不得侵犯。为了规范土地登记行为，保护土地权利人的合法权益，国土资源部根据《物权法》、《土地管理法》、《城市房地产管理法》和《土地管理法实施条例》于2007年12月30日制定发布了《土地登记办法》。

3. 基本农田保护制度

基本农田是指根据一定时期人口和国民经济对农产品的需求以及建设用地的预测而确定的在土地利用总体规划期内未经国务院批准不得占用的耕地。

《土地管理法》第三十四条规定，国家实行基本农田保护制度。为保护基本农田，确保该制度的实施，1998年12月27日国务院发布的《基本农田保护条例》规定，地方各级人民政府应当采取措施，确保土地利用总体规划确定的本行政区域内基本农田的数量不减少；任何个人或单位不得占用、闲置、荒芜基本农田；禁止任何单位或个人在基本农田保护区内建窑、建坟、挖砂、采石、采矿、取土、堆放废弃物或者进行其他破坏基本农田的活动等一系列措施。

4.2 土地产权法律制度

4.2.1 土地产权的概念

土地产权是指存在于土地之中的排他性完全权利。它包括土地所有权、土地使用权、土地租赁权、土地抵押权、土地继承权、地役权等多项权利。土地产权也像其他财产权一样，必须有法律的认可并得到法律的保护，即土地产权只有在法律的认可下才能产生。[①]

根据我国现行的法律规范，土地产权的构成如图4-1所示：

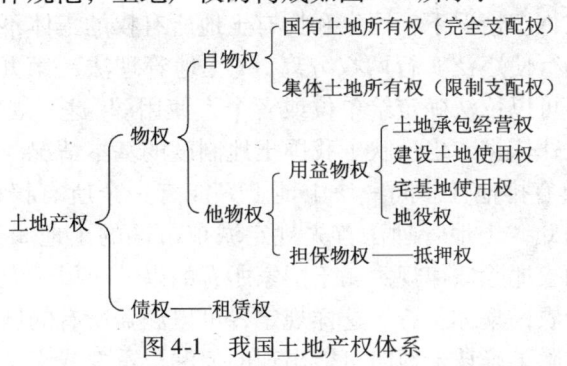

图4-1 我国土地产权体系

4.2.2 我国土地管理法中土地权利的类型

4.2.2.1 土地所有权

1. 土地所有权的概念

土地所有权是指土地所有权人对其拥有的土地实行占有、使用、收益、处分的权利，是土地所有制在法律上的体现。这一概念主要体现三个方面的含义：

（1）土地所有权是土地所有制的法律表现形式。

（2）土地所有权的内容表现为土地所有者对土地的占有、使用、收益和处分的权利。土地的占有权是指土地所有人对于属于自己所有的土地在事实上的支配权和实际控制权；土地使用权是指土地所有人利用自己所有的土地满足自己生产和生活需要的权利；土地收益权是指土地所有者从自己所有的土地上获取经济利益的权利；土地处分权是指土地所有权人根据自己的意愿处分其土地从而使自己的土地所有权归于灭失的权利。

（3）土地所有权必须在法律允许的范围内行使。任何权利都必须在法律允许的范围内

---

① 毕宝德．北京：中国人民大学出版社，《土地经济学》（第四版）．333页，2001．

行使,超出法律允许的范围,便构成权利滥用,不仅得不到法律的保护,反而会招致法律的制裁。

2. 土地所有权的特征

(1) 土地所有权具有法定的有限性。我国宪法和法律对土地所有权的限定表现在三个方面:其一,对土地所有权种类的限定。我国实行土地的社会主义公有制,即全民所有制土地和劳动群众集体所有制土地,相应地存在国有土地和农民集体所有的土地这两种所有权形式。其二,对土地所有权处分的限定。对于财产的处分,一般分两种形式:事实的处分,即对物的消耗;法律上的处分,即所有人按自己的意愿依法转让所有权。土地作为一种特殊的客体,它不可能消耗掉,即不存在事实上的处分问题。我国宪法规定,禁止买卖和以其他方式非法转让土地。国有土地的所有权只能属于国家;农民集体所有的土地也不能进行自由转让,只有国家根据建设需要可以征用,但征用显然不属于法律意义上的处分。其三,对土地所有权取得方式的限定。一般财产所有权取得方式有两种,即原始取得和继受取得。因土地所有权不得自由转让,继受取得土地所有权成为不可能,故设立土地所有权只有原始取得一种方式。

(2) 土地所有权的形式具有两权分离性。在我国,土地所有权的主体只能是国家和劳动群众集体组织,而在许多情况下,国家和拥有土地所有权的集体不可能亲自使用土地,这就必然是土地所有权的行使广泛实行两权分离。《土地管理法》第九条规定,"国有土地和农民集体所有的土地,可以依法确定给单位或者个人使用。"这一规定,既是土地所有权和使用权相分离的基本法律依据,也反映了我国土地制度的基本情况。

(3) 土地所有权具有排他性。同一块土地上只能有一个所有权存在,而不能同时存在两个以上的所有权,因此,土地管理法首先规定城市市区的土地属于国家所有;同时有规定,农村和城市郊区的土地除法律规定属于国家所有的以外,属于农民集体所有;宅基地和自留地、自留山,属于农民集体所有。这样规定,可以涵盖所有的城乡土地,在一块土地上只能有一种所有权,排除了确认土地时可能出现的遗漏、重叠或交叉。

3. 国有土地和集体土地的客体范围

(1) 国有土地的范围

全民所有制土地又叫国有土地,是国家所有土地的所有权由国务院代表国家行使。根据1998年12月27日国务院发布的《土地管理法实施条例》第二条规定,属于全民所有即国家所有的土地有:

1) 城市市区的土地;

2) 农村和城市郊区中已经依法没收、征收、征购为国有的土地;

3) 国家依法征用的土地;

4) 依法不属于集体所有的林地、草地、荒地、滩涂及其他土地;

5) 农村集体经济组织全部成员转为城镇居民的,原属于其他集体所有的土地;

6) 因国家组织移民、自然灾害等原因,农民成建制地集体迁移后不再使用的原属于迁移农民集体所有的土地。

(2) 集体所有土地的范围

劳动群众集体所有制土地,一般简称集体所有土地,农民集体所有的土地依法属于村农民集体所有的,由村集体经济组织或者村民委员会经营、管理。根据《中华人民共和国宪法》第十条规定，农村和城市郊区的土地，除由法律规定属于国家所有的以外，属于集体所有；宅基地和自留地、自留山也属于集体所有。《土地管理法》第八条重申了上述规定。

4.2.2.2 土地使用权

1. 土地使用权的概念

土地使用权是指土地使用者在法律规定的范围内对所使用的土地享有占有、使用、部分收益和处分的权利。我国的土地使用权类似于传统土地产权理论的地上权，属于他物权中的用益物权。

土地使用权具有的占有、使用、收益、处分这四项权能，与土地所有权相比，均受到一定的限制，因而不是绝对、全面的权利。其中，占有权是指土地使用者对土地实际控制、支配的权利，它是产生使用权的前提和基础；使用权是指土地使用者对土地进行经营、利用的权利，土地使用者必须按照法律和合同的规定使用土地，未经法定程序批准，不得改变土地的用途，不得危害他人的合法权益；收益权是指土地使用者通过经营和使用土地，获取一定的收益的权利；处分权是指土地使用者依照法律和合同的规定转让土地使用权的权利。

《土地管理法》第九条规定："国有土地和农民集体所有的土地，可以依法确定给单位和个人使用。使用土地的单位和个人，有保护、管理和合理利用土地的义务。"《土地管理法实施条例》第三条规定："国家依法实行土地登记发证制度。依法登记的土地所有权和土地使用权受法律保护，任何单位和个人不得侵犯。"

2. 土地使用权的特征

（1）土地使用权是基于法律的规定而产生的。如果没有法律规定，便不会有土地使用权的合法性。

（2）土地使用权是在国有土地和农民集体土地所有权的基础上派生出来的一种权利。也就是说土地使用是依据土地所有权的存在而存在，没有土地所有权便没有土地使用权。

（3）土地使用权是一种对土地的直接支配权。

（4）土地使用权的目的是获得土地的使用价值，从土地利用活动中获得经济利益和为其他活动提供空间场所。

（5）土地使用权具有一定稳定性。一方面土地使用权人只要依法使用土地即不受他人干涉；另一方面土地使用权有一个相对较长的期限。

（6）土地使用权一般仅限于地面。根据宪法和有关法律规定，地下矿藏、文物、埋藏物等属于国家。

3. 土地使用权的类型

（1）国有土地使用权

国有土地的使用权包括单位和个人的使用权。国有土地，依其所处的地理位置，可以分为城市规划区内的国有土地和其他国有土地。

1）城市规划区内的国有土地使用权。1995年1月实行的《城市房地产管理法》第3条规定："国家依法实行国有土地有偿、有期限使用制度。但是，国家在本法规定的范围内划拨国有土地的除外。"这里的"国有土地"是指城市规划区内的国有土地，国有土地使用权的取得方式有四种途径：一是通过行政划拨；二是与国家签订土地出让合同，缴纳土地出让金，从国家直接取得土地使用权；三是与依法享有土地使用权人签订土地使用权转让合同，以合同约定取得土地使用权；四是通过继承或承担的方式取得，即公民死亡后，其在城市的国有土地使用权由其继承人继承，法人终止时，其土地使用权由承担起权利和义务的组织享有。

2）其他国有土地使用权。它是指位于城市规划区以外的国有土地，包括一部分在城市以外的国有企事业单位用地，国有农场、林场、牧场用地，国有荒山、荒地、国有草原、森林、水面覆盖的土地等。

（2）集体土地使用权

集体土地所有权的主体是农民集体，集体土地主要用于农业生产。在我国实行家庭联产责任制后，集体土地广泛实行了土地所有权与使用权的分离。目前，集体土地使用权的形式主要包括土地承包经营权、宅基地使用权、乡镇企业对农民集体土地的使用权、乡（镇）和村公共设施、公益事业建设对农民集体所有土地的使用权等。

4. 土地使用权的收回

《土地管理法》第五十八条规定，有下列情形之一的，由有关人民政府土地行政主管部门报经原批准用地的人民政府或者有批准权的人民政府批准，可以收回国有土地使用权：

（1）为公共利益需要使用土地的；

（2）为实施城市规划进行旧城区改建，需要调整使用土地的；

（3）土地出让等有偿使用合同约定的使用期限届满，土地使用者未申请续期或者申请续期未获批准的；

（4）因单位撤销、迁移等原因，停止使用原划拨的国有土地的；

（5）公路、铁路、机场、矿场等经核准报废的。

依照前两条规定收回国有土地使用权的，对土地使用权人应当给予适当补偿。

5. 《土地管理法》中对土地使用权的其他规定

（1）明确规定土地使用权可以依法转让，这样就使土地使用权从土地所有权中相对地分离出来，是一项独立的权利，当然，从其根源上说，土地使用权仍然是土地所有权的内容之一。

（2）明确规定国家依法实行国有土地有偿使用制度；国有土地和农民集体所有的土地，可以依法确定给单位或个人使用。这些法律规定表明，土地使用权可以有偿取得，单位和个人都可以取得土地使用权；土地使用权的取得必须具有合法性。非法使用土地不能形成土地使用权。

（3）明确规定，农民集体所有的土地依法用于非农业建设的，由县级人民政府登记造册，核发证书，确认建设用地使用权；单位和个人依法使用的国有土地，由县级以上人民政府登记造册，核发证书，确认使用权。这些法律规定使土地使用权依法得到确认，使用者凭借合法的依据，占有与使用土地，在这里占有与使用是一致的，占有是使用的前提，使用是占有的目的。

（4）明确规定依法登记的土地所有权和使用权受法律保护，任何单位和个人不得侵犯。这项法律规定表明，依法取得的土地使用权是一项可以独立存在的权利，它可以与所有权一样受到法律的保护，至于保护的内容则根据依法取得权利的内容决定。

4.2.2.3 土地他项权利

1. 土地他项权利的定义

1989年，原国家土地管理局制定的《土地登记规则》第二条规定："土地登记是依法对国有土地使用权、集体土地所有权、集体土地建设用地使用权和他项权利的登记。"这是新中国初次正式采用土地他项权利概念的规范性文件。

土地他项权是指在已经确定了他人所有权和使用权的土地上保留的其他利用土地方面的权利。

2. 我国土地他项权利的特征

（1）土地他项权是在他人土地上享有的权利。即土地他项权的客体是他人土地所有权、使用权的客体。土地他项权利人在行使其权利时，不仅能够排斥其他任何人的不法干涉和妨碍，而且有特别对抗土地所有权人、使用权人的效力，从而对后者的某些权利的行使产生限制。

（2）土地他项权利的主体是土地所有权人、使用权人以外的，与土地所有权人、使用权人之间有着某种法律关系的民事主体。其关系产生可以是法定的，也可由法律行为（当事人之间的协议）、行政行为或司法行为设定。

（3）土地他项权不受一物一权的限制。在同一土地上，只有一个所有权，且只能派生一个土地使用权，但在同一土地上可以设立多种甚至多个同种的他项权利。例如：一块土地，其使用权人可将其分段出租，也可设置数个抵押权，同时其四邻均享有通行权。可见土地他项权可同时满足多种土地利用的需求。

（4）土地他项权依附于土地所有权、土地使用权，又是对该所有权、使用权的一种限制。这种限制表现为他项权利人对土地的某种利用权利，或他项权利人要求土地所有权人、土地使用权人在利用该土地是为某种行为或不为某种行为的权利。

（5）土地他项权是长期存续的权利，通常要由特定机关登记。

3. 土地他项权利的种类

土地他项权利所涵盖的内容很多，根据不同的标准，可划分成不同的类型。

（1）根据权利标的物的位置，可以将土地他项权划分为空中他项权、地面他项权和地下他项权。在我国设立一块土地使用权后，其地下矿产的开采权不属于土地使用权人，其地下可铺设供水、排水管道等设施；其空中可建造高架电线、高架公路等。对于地面，相邻关系人有通行、取水、排水等权利。国家也可授予空中或地下的土地使用者单独的土地使用权，从而形成同一块土地上同时几个土地使用权并存的情况。

（2）根据权利性质，可以将土地他项权分为用益他项权和担保他项权。用益他项权是指按照特定需要而使用他人土地的权利，如地上权、地役权、租赁权和耕作权；担保他项权是指保证债务履行而在他人土地上设立的物权担保，如抵押权。

4.2.3　土地权利的保护

4.2.3.1　土地登记

《土地管理法》第十一条规定了我国的土地登记制度，即国家依法进行土地所有权和使用权的登记与确认制度。

1. 土地登记的概念

土地登记是指国家依照规定程序将土地的权属、用途、面积、政府对该宗地的利用设置的管制条件等情况登记在专门的簿册上，同时向土地所有者和土地使用者颁发土地证书的一种法律制度。

根据《土地登记办法》(国土资源部令第40号)第二条,"土地登记,是指将国有土地使用权、集体土地所有权、集体土地使用权和土地抵押权、地役权以及依照法律法规规定需要登记的其他土地权利记载于土地登记簿公示的行为。"

土地登记是土地用途管制的重要组成部分,它确认了土地权属关系,是维护土地的社会主义公有制,保护土地所有者、使用者合法权益的法律凭证,在我国国民经济和社会生活中有着十分重要的意义。

2. 土地登记的一般规定

(1) 土地登记的单位

土地以宗地为单位进行登记。

所谓宗地,是指土地权属界线封闭的地块或者空间。

(2) 土地登记的程序

1) 申请

土地登记由当事人申请。根据不同的登记事项,申请人须提交下列材料:

① 土地登记申请书;
② 申请人身份证明材料;
③ 土地权属来源证明;
④ 地籍调查表、宗地图及宗地界址坐标;
⑤ 地上附着物权属证明;
⑥ 法律法规规定的完税或者减免税凭证;
⑦ 其他证明材料。

2) 受理

申请人提供的申请材料齐全、符合法定形式,或者申请人按照要求提交全部补正申请材料的,国土资源行政主管部门应当受理土地登记申请。

3) 审查

国土资源行政主管部门受理土地登记申请后,认为必要的,可以就有关登记事项向申请人询问,也可以对申请登记的土地进行实地查看。

4) 登记

国土资源行政主管部门根据对土地登记申请的审核结果,以宗地为单位填写土地登记簿,并根据土地登记簿的相关内容,以权利人为单位填写土地归户卡。

土地登记簿是土地权利归属和内容的根据。土地登记簿应当载明下列内容:

① 土地权利人的姓名或者名称、地址;
② 土地的权属性质、使用权类型、取得时间和使用期限、权利以及内容变化情况;
③ 土地的坐落、界址、面积、宗地号、用途和取得价格;
④ 地上附着物情况。

5) 发证

国土资源行政主管部门根据土地登记簿的相关内容,以宗地为单位填写土地权利证书。对共有一宗土地的,应当为两个以上土地权利人分别填写土地权利证书。土地权利证书包括:

① 国有土地使用证;

② 集体土地所有证;
③ 集体土地使用证;
④ 土地他项权利证明书。

3. 土地登记的类型

(1) 总登记

土地总登记,是指在一定时间内对辖区内全部土地或者特定区域内土地进行的全面登记。对符合总登记要求的宗地,由国土资源行政主管部门予以公告。公告期满,当事人对土地总登记审核结果无异议或者异议不成立的,由国土资源行政主管部门报经人民政府批准后办理登记。

(2) 初始登记

初始登记,是指土地总登记之外对设立的土地权利进行的登记。

(3) 变更登记

变更登记,是指因土地权利人发生改变,或者因土地权利人姓名或者名称、地址和土地用途等内容发生变更而进行的登记。

(4) 注销登记

注销登记,是指因土地权利的消灭等而进行的登记。

(5) 其他登记

包括更正登记、异议登记、预告登记和查封登记等。

4.2.3.2 土地所有权和使用权争议的解决

1. 土地所有权和使用权争议的含义

土地所有权和使用权争议一般是指土地所有权和使用权相关的争议,比如土地权属争议、侵犯土地所有权和使用权的争议、相邻关系争议等。关于土地所有权和使用权,从法律上来讲应当非常明确,但由于地界不清、土地权属紊乱和因政策、体制的变更造成的历史遗留问题,便产生纠纷,使得争议各方各持己见,在这种情况下就需要行法律处理的原则和程序。

2. 土地所有权和使用权争议解决办法

(1) 争议发生后先由当事人之间协商解决。所谓协商,就是指土地所有者或者使用者之间在权属发生争议后,各方在自愿互谅的基础上,依照法律的规定,直接进行磋商,自行解决争议。如果争议各方达成一致意见则协商成功。如果协商不成或者协商达成了协议而另一方又反悔,不履行协议,他方可以依照规定提请人民政府处理。

(2) 当事人协商不成时由人民政府处理。根据《土地管理法》第十六条第二款的规定,单位之间的争议,由县级以上人民政府处理,个人之间、个人与单位之间的争议,由乡级人民政府或者县级人民政府处理。人民政府收到争议案件后,一般是对当事人先进行调解,调解不成的进行行政裁决。其中人民政府的调解是依据事实和法律对当事人进行调停,促使争议各方当事人进行和解,如果调解不成或者当事人不愿意进行调解,人民政府则依法进行裁决。一般来讲,具体工作由土地行政主管部门承办,但作出处理决定须以人民政府的名义并出具处理决定书。该决定书须加盖人民政府处理土地所有权和使用权争议的专用章。处理决定书:一般列明各方当事人的基本情况;申请理由、争议事实和双方的要求;处理决定所认定的事实、理由和适用的法律;处理决定;不服处理决定的期限。

(3) 当事人对有关人民政府的处理决定不服的，可以自接到处理决定通知之日起三十日内，向人民法院起诉。

4.3 土地利用和保护

4.3.1 土地利用总体规划

4.3.1.1 土地利用总体规划的含义

土地利用总体规划是在一定区域内，根据国家社会经济可持续发展要求和当地自然、经济、社会条件，对土地的开发、利用、治理、保护在空间上、时间上所作的总体安排和布局。其目的在于加强土地利用的宏观控制和计划管理，合理利用土地资源，提高土地利用率和土地产出率，促经国民经济协调发展。

《土地管理法》第十七条规定，"各级人民政府应当依据国民经济和社会发展规划、国土整治和资源环境保护的要求、土地供给能力以及各项建设对土地的需求，组织编制土地利用总体规划。"

土地利用总体规划是实行最严格土地管理制度的纲领性文件，是落实土地宏观调控和土地用途管制，规划城乡建设和统筹各项土地利用活动的重要依据。

4.3.1.2 土地利用总规划的编制

根据《土地利用总体规划编制审查办法》（国土资源部令第43号），土地利用总体规划分为国家、省、市、县和乡（镇）五级（根据需要可编制跨行政区域的土地利用总体规划），由各级人民政府组织编制，国土资源行政主管部门具体承办。国土资源行政主管部门会同有关部门编制本级土地利用总体规划，并审查下级土地利用总体规划。

编制土地利用总体规划，应当坚持政府组织、专家领衔、部门合作、公众参与、科学决策的工作方针。

1. 土地利用总体规划编制的依据

根据《土地管理法》第十七条，编制土地利用总体规划必须依据：

(1) 国民经济和社会发展规划。土地是国民经济和社会发展的基础，国民经济和社会发展规划是编制土地利用总体规划的重要依据，土地利用总体规划确定的规划目标和土地利用布局，原则上应当服从国民经济和社会发展规划的要求。

(2) 国土整治规划。国土整治规划是为了协调经济发展与人口、资源、环境之间的关系而进行的规划，其主要任务是勾画国土开发整治的基本蓝图，进行生产力与人口、城镇的总体规划布局，明确重点开发地区的发展方向，提出重大国土整治任务和要求，制定国土整治的重大政策、措施。国土整治规划要靠土地利用总体规划来落实，土地利用总体规划要充分反映国土整治规划的要求。

(3) 资源环境保护的要求。一是要从国家和民族的长远利益出发，按照可持续发展的要求，在保持耕地总量基本稳定的前提下，制定土地利用总体规划。二是要充分考虑生态环境建设的要求。在土地利用总体规划中应划出重点土地整理区，通过对田、水、路、林、村的综合整治，改善生产和生活环境，提高土地利用率，增加土地有效使用面积。

(4) 当地土地供求状况。编制土地利用总体规划，应当充分考虑当地土地供应能力，在切实保护农用地特别是耕地不足的国情，新《土地管理法》确定了土地利用总体规划的编制，应当充分考虑当地土地供应能力，在切实保护农用地特别是耕地的前提下，确定建设用地供应数量。

（5）上一级土地利用总体规划。下级规划应当符合上一级土地利用总体规划确定的控制指标和对土地利用布局的安排。

2. 土地利用总体规划编制的原则

根据《土地管理法》第十九条规定，编制土地利用总体规划，应遵循下列原则：

（1）保护耕地和控制建设用地的原则。保护耕地和控制建设用地是一个问题的两个方面。目前，城市、集镇和村庄盲目扩张是造成耕地减少的重要原因，要保护耕地，就要严格控制城市、集镇和村庄建设用地规模。在编制土地利用总体规划时，要依据上级土地利用总体规划的建设用地控制指标，确定建设用地规模，并通过土地利用分区，将各类建设用地体现在土地利用总体规划图上。同时划出基本农田保护区和一般耕地区，对耕地实行特殊保护。

（2）提高土地利用率的原则。在土地利用总体规划的编制中，要认真分析城乡各类用地特别是建设用地的潜力，在此基础上，严格控制城镇、村庄的用地规模、促进土地的集约利用。

（3）统筹安排用地的原则。土地利用总体规划的对象是区域内的全部土地，它要协调土地开发、利用、整治、保护之间的关系，要协调供需之间与各业之间的用地矛盾，协调建设与吃饭之间的矛盾，是该区域的土地利用总体规划符合国民经济和社会可持续发展的需要。

（4）可持续利用的原则。在土地利用总体规划编制中，要保证耕地的保有量只能增加，不能减少，保证必要的耕地面积、这是我国社会经济可持续发展的基础和前提。在土地合理开发利用过程中，要注意改善和保护生态环境，并在改善和保护生态环境的条件下进行土地开发和土地整治，使土地得到高效率持续利用。

（5）耕地占补平衡原则。在土地利用总体规划编制中，特别是全国和省级土地利用总体规划，要体现占用耕地与开发复垦耕地相平衡。这不仅是治标上的平衡，更重要的是在土地利用分区上应得到体现。一是要规划出足够面积的基本农田保护区和一般耕地区；二是要规划出与耕地占用相匹配的耕地开垦区和土地整理区，保障占地者能够开垦或整理出足够的耕地。

3. 土地利用总体规划编制的程序

（1）前期工作

土地利用总体规划编制前，国土资源行政主管部门对现行规划的实施情况进行评估，并开展基础调查、重大问题研究等前期工作。

（2）编制土地利用总体规划大纲

国土资源行政主管部门在前期工作基础上，组织编制土地利用总体规划大纲。土地利用总体规划大纲，包括：规划背景，指导思想和原则，土地利用战略定位和目标，土地利用规模、结构与布局总体安排，规划实施措施等内容。

（3）编制土地利用总体规划

国土资源行政主管部门依据经审查通过的土地利用总体规划大纲，编制土地利用总体规划。

4.3.1.3 土地利用总体规划的内容

根据《土地利用总体规划编制审查办法》第十六条,"土地利用总体规划应当包括下列内容:

(一)现行规划实施情况评估;

(二)规划背景与土地供需形势分析;

(三)土地利用战略;

(四)规划主要目标的确定,包括:耕地保有量、基本农田保护面积、建设用地规模和土地整理复垦开发安排等;

(五)土地利用结构、布局和节约集约用地的优化方案;

(六)土地利用的差别化政策;

(七)规划实施的责任与保障措施。"

不同层次的土地利用总体规划需要突出的内容不同。其中,全国、省级、地市级土地利用总体规划属宏观控制性规划,根据对土地利用加强宏观管理的要求,重点在于强化规划指标控制;县、乡级规划是实施性、管理性规划,重点是把上级规划下达的各项指标落实到土地空间上,即划定土地用途区、编定土地用途。

例如,根据《土地利用总体规划编制审查办法》第十八条,"市级土地利用总体规划,应当重点突出下列内容:

(一)省级土地利用任务的落实;

(二)土地利用规模、结构与布局的安排;

(三)土地利用分区及分区管制规则;

(四)中心城区土地利用控制;

(五)对县级土地利用的调控;

(六)重点工程安排;

(七)规划实施的责任落实。

前款第(四)项规定的中心城区,包括城市主城区及其相关联的功能组团,其土地利用控制的重点是按照土地用途管制的要求,确定规划期内新增建设用地的规模与布局安排,划定中心城区建设用地的扩展边界。"

4.3.1.4 土地利用总体规划的审查和报批

土地利用总体规划审查报批,分为土地利用总体规划大纲审查和土地利用总体规划审查报批两个阶段。土地利用总体规划大纲经本级人民政府审查同意后,逐级上报审批机关同级的国土资源行政主管部门审查;土地利用总体规划大纲通过审查后,国土资源行政主管部门依据审查通过的土地利用总体规划大纲,编制土地利用总体规划。

土地利用总体规划按照下级规划服从上级规划的原则,自上而下审查报批。

我国土地利用总体规划实行分级审批,审批权限为:

1. 省、自治区、直辖市的土地利用总体规划,报国务院批准。

2. 省、自治区人民政府所在地的市、人口在一百万以上的城市以及国务院指定的城市的土地利用总体规划,经省、自治区人民政府审查同意后,报国务院批准。

3. 其他地区土地利用总体规划,逐级上报省、自治区、直辖市人民政府批准;其中,乡(镇)土地利用总体规划可以由省级人民政府授权的设区的市、自治州人民政府批准。

4.3.1.5 土地利用总体规划的修编

土地利用总体规划经审核批准后，成为具有法律约束力的规划，使本区域内各级政府部门和土地使用者必须遵守的规范。但是，随着社会的发展，规划会出现一些不符合形式的情况，在这种情况下，应对规划进行修改。对于土地利用总体规划的修改应符合一定法律程序。《土地管理法》第二十六条规定，"经批准的土地利用总体规划的修改，须经原批准机关批准；未经批准，不得改变土地利用总体规划确定的土地用途。"

考虑到土地利用总体规划修改需要一定时间，为保证国家重点工程项目的及时用地，《土地管理法》第二十六条同时还规定，"经国务院批准的大型能源、交通、水利等基础设施建设用地，需要改变土地利用总体规划的，根据国务院的批准文件修改土地利用总体规划。经省、自治区、直辖市人民政府批准的能源、交通、水利等基础设施建设用地，需要改变土地利用总体规划的，属于省级人民政府土地利用总体规划批准权限内的，根据省级人民政府的批准文件修改土地利用总体规划。"但是，如果经省、自治区、直辖市批准的建设用地项目，需要改变原由国务院批准的土地利用总体规划时，则仍需报国务院批准修改。

4.3.1.6 土地利用总体规划与其他规划的关系

1. 土地利用总体规划与城市规划、村庄和集镇规划的关系

土地利用总体规划与城市规划各自的任务不同。土地利用总体规划的基本任务是从国家全局和长远利益出发，在保持耕地稳定的前提下，协调各业用地需求，统筹安排各类用地的规模和布局，合理安排土地开发和整理，以促进土地资源的重复、高效利用，保障社会经济的可持续发展。城市规划的基本任务是对城市各项建设和发展进行综合部署和具体安排，以保障城市社会经济的发展。城市规划是城市建设方面的综合性规划，但对于土地利用和土地利用总体规划来说则是局部与整体、点与面的关系。土地利用总体规划是整个区域的规划。

从土地利用的角度看，城市总体规划应当服从土地利用总体规划对城市建设用地规模的安排，针对城市建设用地规模盲目扩张、土地利用率低的情况，新土地管理法提出严格控制城市建设用地的原则，即城市建设用地要充分利用现有建设用地，不占或者尽量少占农用地。把城市建设用地从主要以向外扩张为主引导为集约利用为主，鼓励盘活存量建设用地，同时，明确规定了城市建设用地规模必须要符合国家规定的标准，以防止城市建设用地过度扩张。城市规划、村镇规划应当与土地利用总体规划相衔接。城市规划不能突破土地利用总体规划确定的建设用地规模。

2. 土地利用总体规划与江河、湖泊综合治理和开发利用规划的关系

江河、湖泊综合治理和开发利用规划要与土地利用总体规划相衔接。江河、湖泊综合治理和开发利用规划是与地表水资源开发利用、水害治理有密切关系的区域性综合规划。该规划的江河、湖泊、水库的管理和保护范围及蓄洪滞洪区的范围，要与土地利用总体规划充分协调。上述范围内的综合治理与开发利用方向要与土地利用总体规划相协调。

在江河、湖泊、水库的管理和保护范围及蓄洪滞洪区的范围内，土地利用总体规划应当符合江河、湖泊综合治理和开发利用规划。在上述管理和保护区内，因行洪、蓄洪、治洪、防洪、航运、灌溉、输水的需要，对区域内土地利用有许多特殊要求，如不得擅自砍伐森

林、不得污染水质、不得危害造田、不得陡坡开荒、不得在河床、河滩内修建建筑物等。在江河、湖泊、水库的管理、保护范围及蓄洪滞洪区内土地利用应当服从这些规定。

3. 土地利用总体规划与土地利用年度计划

土地利用年度计划是根据土地利用总体规划和国民经济发展计划，对年度各项用地数量的具体安排，是实施土地利用总体规划的重要措施，是农用地转用审批、建设项目立项审查和用地审批、土地开发和土地整理审批的依据。

土地利用计划的主要任务是依据土地利用总体规划控制建设用地总量。土地利用总体规划有一个规划期限，批准后有一个逐步实施的过程，逐年实现土地利用总体规划需要有土地利用计划的调节和控制。《土地管理法》第二十四条规定："各级人民政府应当加强土地利用计划管理，实行建设用地总量控制。"加强土地利用计划管理是各级政府的责任，通过加强土地利用计划管理来逐步实施土地利用总体规划。

4.3.2 耕地保护

4.3.2.1 耕地的概念

耕地是指种植农作物的土地，包括熟地、新开发、复垦、整理地，休闲地（轮歇地、轮作地）；以种植农作物（含蔬菜）为主，间有零星果树、桑树或其他树木的土地；平均每年能保证收获一季的已垦滩地和海涂。耕地中还包括南方宽度＜1.0m、北方宽度＜2.0m 固定的沟、渠、路和地坎（埂）；临时种植药材、草皮、花卉、苗木等的耕地，以及其他临时改变用途的耕地。①

《土地管理法》第三十一条规定，国家保护耕地，严格控制耕地转为非耕地。这是对耕地保护最重要的措施。当前，耕地转为非耕地的主要方式：城市建设，能源、交通、水利等基础设施建设，乡镇企业、宅基地，其他建设项目占用耕地，农林结构调整中发展林果、渔业等占用耕地，生态建设及退耕还林还牧及自然灾害毁坏耕地，造成耕地的大量减少，因此对各项建设占用耕地的，都要采取严格的限制措施。

第一，实行严格的用途管制制度。通过制定土地利用总体规划，限定建设可以占用土地的区域。

第二，对各项建设用地下达土地利用年度计划，控制建设用地（包括占用耕地）。

第三，农用地转用要报省级以上人民政府批准。

通过这些措施，使各项建设占用耕地的总量控制到最低限度。

4.3.2.2 占用耕地补偿制度

《土地管理法》第三十一条规定，国家实行占用耕地补偿制度。非农业建设项目经批准占用耕地的，按照"占多少，垦多少"的原则，由占用耕地的单位负责开垦与所占用耕地的数量和质量相当的耕地；没有条件开垦或者开垦的耕地不符要求的，应当按照省、自治区、直辖市的规定缴纳耕地开垦费，专款用于开垦新的耕地。作出这样的规定是因为过去建设占用大量的耕地，而补充的耕地却很少，造成耕地面积锐减，所以需要建立占用耕地补偿制度。

1. 占用耕地补偿制度的具体内容

（1）任何建设占用耕地都必须履行开垦耕地的义务。无论是国家重点工程、城市建设，

---

① 参见 2007 年 8 月 10 日发布实施的《土地利用现状分类》（GB/T 21010—2007）。

还是乡镇企业、农村村民建住宅占用耕地都必须履行开垦耕地的义务，这就改变了过去经批准可以占用基本农田可以免缴基本农田保护区耕地造地费的规定，包括国家投资的能源、交通、水利、国防军工等大中型建设项目与其他项目一样，没有特殊待遇。保护耕地不但是地方政府的事，中央投资占用耕地也应当履行义务，确保建设占用耕地与开垦耕地的平衡。

（2）开垦耕地的责任者是占用耕地的单位。从法律上明确责任单位非常重要，以利于执法监督和履行职责。根据目前建设用地的情况，可以分为三种情况：一是城市建设用地统一征地后供地的，承担造地义务的为市、县人民政府，造地的费用可以打入建设用地的成本，但责任必须由县、市政府承担。二是城市建设用地外建设项目用地，承担开垦耕地义务的是建设单位，县、市人民政府土地行政主管部门负责监督和验收。三是村庄、集镇建设占用耕地，承担开垦耕地义务的是农村集体经济组织或村民委员会，县、市人民政府土地行政主管部门负责监督和验收。

（3）开垦耕地的资金必须落实。过去开垦耕地不落实有一部分是因为有计划没有资金。因此，建设单位和地方人民政府都必须根据需要落实开垦耕地的资金。

（4）开垦耕地的地块应当落实。各地在制定土地利用总体规划时，应当根据当地土地资源的状况制定耕地后备资源开发的区域，使建设单位有地可开。开垦耕地还应当与生态环境建设相结合，防止乱开滥垦。

（5）没有条件开垦，或开垦耕地不符合要求的，建设单位可以缴纳耕地开垦费，由地方政府土地行政主管部门履行造地义务。没有条件开垦是指建设单位没有开垦的人力和机械，而无法从事土地开垦工作。开垦的耕地不符合要求是指耕地开垦的数量和质量没有达到规定的指标。

2. 省级人民政府在占用耕地补偿制度中的职责

根据《土地管理法》的规定，省级人民政府的职责有：制定开垦耕地的计划、对建设单位和县、市人民政府开垦耕地进行监督、组织开垦耕地、验收等。

4.3.2.3 基本农田保护制度

国家实行基本农田保护制度。

1. 基本农田和基本农田保护区的概念

基本农田是指按照一定时期人口和社会经济发展对农产品的需求以及建设用地的预测，根据土地利用总体规划而确定的不得占用的耕地。

基本农田是从战略的高度出发，为满足一定时期的人口和国民经济对农产品的需求而必须确保的耕地的最低需求量，老百姓称之为"吃饭田"、"保命田"。

基本农田保护区是指对基本农田实行特殊保护而依照土地利用总体规划和法定程序划定的区域。

2. 划入基本农田保护区的范围

根据《土地管理法》第三十四条，基本农田保护区的范围包括：

（1）经国务院有关主管部门或者县级以上地方人民政府批准确定的粮、棉、油生产基地内的耕地；

（2）有良好的水利与水土保持设施的耕地，正在实施改造计划以及可以改造的中、低产田；

（3）蔬菜生产基地；

(4) 农业科研、教学试验田；

(5) 国务院规定应当划入基本农田保护区的其他耕地。

各省、自治区、直辖市划定的基本农田应当占本行政区域内耕地的百分之八十以上。基本农田保护区以乡（镇）为单位进行划区定界，由县级人民政府土地行政主管部门会同同级农业行政主管部门组织实施。

4.3.2.4 农用地开发、整理、复垦

1. 农用地开发

农用地开发是指人类生产建设和生活不断发展的需要，采用一定的现代技术和经济手段，来扩大对土地的有效利用范围所进行的活动。具体来讲，农用地开发是指在土地利用总体规划的指导下，对未利用土地通过工程的、生物的、综合的措施，使其成为可利用土地。

《土地管理法》第三十八条规定："国家鼓励单位和个人按照土地利用总体规划，在保护和改善生态环境、防止水土流失和土地荒漠化的前提下，开发未利用的土地；适宜开发为农用地的，应当优先开发成农用地。国家依法保护开发者的合法权益。"

第一，国家鼓励单位和个人按照土地利用总体规划，进行未利用地的开发。对未用地的开发将是补充耕地的有效途径，国家仍然给予鼓励，并予以政策支持。国家依法保护开发者的合法权益。开发未确定使用权的国有荒山、荒地、荒滩从事种植业、林业、畜牧业、渔业生产的，经县级以上人民政府依法批准，可以确定给开发单位或者个人长期使用。

第二，未利用土地的开发必须以保护和改善生态环境，防止水土流失和土地沙化为前提。一方面要制定为利用土地的开发计划，另一方面要将未利用土地的开发与生态环境建设结合起来。不但不能使未利用土地的开发建设对生态环境造成破坏，还要通过未利用土地的开发达到改善环境的目的。

第三，适宜开发为农用的，应优先开发成农用地。农用地包括耕地、林地、草地、农田水利地、养殖水面等。

2. 农用地整理

土地整理是指将土地利用结构和土地关系，实现土地利用总体规划目标的过程。

土地整理在不同国家、不同时期有不同内容。一般来说，土地整理包括农用地整理和非农用地整理。现阶段我国的土地整理集中在农用地整理上。农用地整理的主要内容有：平整耕地，改良土壤，归并零散地块，规范地块形状，改造中低产田，进行农田水利基本建设，调整土地利用结构，适度扩大土地经营规模，提高耕地质量，扩大有效耕地面积等。

《土地管理法》第四十一条规定了我国土地整理的具体内容，国家鼓励土地整理。县、乡（镇）人民政府应当组织农村集体经济组织，按照土地利用总体规划，对田、水、路、林、村综合整治，提高耕地质量，增加有效耕地面积，改善农业生产条件和生态环境。地方各级人民政府应当采取措施，改造中、低产田，整治闲散地和废弃地。

3. 土地复垦

土地复垦是指对生产建设过程中，因挖损、塌陷、压占等造成土地破坏的土地，采取整治措施，使其恢复到可利用状态的活动。恢复的土地，要因地制宜，可作为农、林、牧业用地，也可用作其他用地，应当优先用于农业。

土地复垦实行"谁破坏，谁复垦"的原则，即用地单位和个人应当承担土地复垦的义务。同时土地复垦中还采取"谁复垦，谁受益"的政策，复垦土地者可以优先取得土地的使用权。

没有条件复垦或者复垦不符合要求的，应当缴纳土地复垦费，专项用于土地复垦。其中，基本建设过程中破坏的土地，土地复垦费从基本建设投资中列支；生产过程中破坏的土地，土地复垦费从企业更新改造资金和生产发展资金中列支。土地复垦费专项用于土地复垦，任何单位和个人不得挪用。

4.4 建设用地

根据《土地管理法》第四条，"建设用地是指建造建筑物、构筑物的土地，包括城乡住宅和公共设施用地、工矿用地、交通水利设施用地、旅游用地、军事设施用地等。"第四十三条规定："任何单位或者个人进行建设，需要使用土地的，必须依法申请使用国有土地。但是，兴办乡镇企业和村民建设住宅经依法批准使用本集体经济组织农民集体所有的土地的，或者乡（镇）村公共设施和公益事业建设经依法批准使用的农民集体所有的土地的除外。"

4.4.1 国有建设用地

《土地管理法》第五十三条规定，"经批准的建设项目需要使用国有建设用地的，建设单位应当持法律、行政法规规定的有关文件，向有批准权的县级以上人民政府土地行政主管部门提出建设用地申请，经土地行政主管部门审查，报本级人民政府批准。"

国有建设用地按其来源可以分为两大类：一类为存量国有建设用地；另一类为增量国有建设用地，即申请使用国有农用地或集体所有的建设用地和农用地。按照法律规定，前者只需要向当地县级以上人民政府土地行政主管部门申请，经土地行政主管部门审查后报同级人民政府批准即可；后者还需要先行办理农用地转用和征地审批手续。

4.4.1.1 农用地转用

《土地管理法》第四十四条规定，"建设占用土地，涉及农用地转为建设用地的，应当办理农用地转用审批手续。"

1. 农用地转用的依据

（1）土地利用总体规划。土地用途管制制度的核心是土地利用总体规划，通过土地利用总体规划划分每一块土地的用途和土地使用条件，向社会公告。农用地能否转为建设用地，主要依据土地利用总体规划。如果土地利用总体规划确定的用途，即在建设用地范围内，可以转为建设用地，否则将不得转为建设用地。

（2）土地利用年度计划。土地利用年度计划是国家根据国民经济和社会发展计划、国家产业政策、土地利用总体规划以及建设用地和土地利用的实际情况编制。土地利用年度计划中包括农用地转为建设用地的计划，是政府审批农用地转用的依据，政府批准农用地转用必须在土地利用年度计划控制指标范围之内，不得超计划批准农用地转用。

（3）建设用地供应政策。国家通过制定建设用地的供应政策，不但有利于控制建设用地总量，防止大量占用农用地，同时，还可以优化投资结构，防止重复建设，促进国民经济协调发展。对国家明确禁止投资的建设项目，要禁止为其办理农用地转用和供地，对国家鼓励投资的建设项目，应当优先为其办理农用地转用和供地。

2. 农用地转用的批准权限

根据省、自治区、直辖市人民政府批准的道路、管线工程和大型基础设施建设项目、国务院批准的建设项目占用土地，涉及农用地转为建设用地的，由国务院批准。

在土地利用总体规划确定的城市和村庄、集镇建设用地规模范围内，为实施该规划而将农用地转为建设用地的，按土地利用年度计划分批次由原批准土地利用总体规划的机关批准。在已批准的农用地转用范围内，具体建设项目用地可以由市、县人民政府批准。

上述两种情况以外的建设项目占用土地，涉及农用地转为建设用地的，由省、自治区、直辖市人民政府批准。

4.4.1.2 土地征收与征用

1. 土地征收与征用的含义

《土地管理法》第二条规定："国家为了公共利益的需要，可以依法对土地实行征收或者征用并给予补偿。"

（1）土地征收

土地征收是国家为了社会公共利益的需要，将集体所有土地转变为国有土地的强制措施和唯一途径。《物权法》第四十二条规定："征收集体所有的土地，应当依法足额支付土地补偿费、安置补助费、地上附着物和青苗的补偿费等费用，安排被征地农民的社会保障费用，保障被征地农民的生活，维护被征地农民的合法权益。"

（2）土地征用

与土地征收不同，土地征用只是土地使用权的改变。《物权法》第四十四条规定："因抢险、救灾等紧急需要，依照法律规定的权限和程序可以征用单位、个人的不动产或者动产。被征用的不动产或者动产使用后，应当返还被征用人。单位、个人的不动产或者动产被征用或者征用后毁损、灭失的，应当给予补偿。"

2. 征地审批

我国在实行土地用途管制制度后，征地审批权限上收为国务院和省级两级。根据《土地管理法》第四十五条规定，征收下列土地，需由国务院批准：

（1）基本农田；

（2）基本农田以外的耕地超过三十五公顷的；

（3）其他土地超过七十公顷的。

征收其他土地的，由省、自治区、直辖市人民政府批准，并报国务院备案。

征收农用地的，应当先行办理农用地转用审批。其中，经国务院批准农用地转用的，同时办理征地审批手续，不再另行办理征地审批；经省、自治区、直辖市人民政府在征地批准权限内批准农用地转用的，同时办理征地审批手续，不再另行办理征地审批，超过征地批准权限的，应当另行办理征地审批。

3. 征地补偿

《土地管理法》第四十七条规定，征收土地的，按照被征收土地的原用途给予补偿。征收耕地的补偿费用包括土地补偿费、安置补助费以及地上附着物和青苗的补偿费。

（1）土地补偿费

征收耕地的土地补偿费，为该耕地被征收前三年平均年产值的六至十倍。

（2）安置补助费

征收耕地的安置补助费，按照需要安置的农业人口数计算。需要安置的农业人口数，按照被征收的耕地数量除以征地前被征收单位平均每人占有耕地的数量计算。每一个需要安置的农业人口的安置补助费标准，为该耕地被征收前三年平均年产值的四至六倍。但是，每公顷被征用耕地的安置补助费，最高不得超过被征用前三年平均年产值的十五倍。

（3）地上附着物和青苗补偿费

被征收土地上的附着物和青苗的补偿标准，由省、自治区、直辖市规定。

（4）新菜地开发建设基金

征收城市郊区的菜地，用地单位应当按照国家有关规定缴纳新菜地开发建设基金。

依照前述标准支付土地补偿费和安置补助费，尚不能使需要安置的农民保持原有生活水平的，经省、自治区、直辖市人民政府批准，可以增加安置补助费。但是，土地补偿费和安置补助费的总和不得超过土地被征收前三年平均年产值的三十倍。

国务院根据社会、经济发展水平，在特殊情况下，可以提高征收耕地的土地补偿费和安置补助费的标准。

征收其他土地的土地补偿费和安置补助费标准，由省、自治区、直辖市参照征用耕地的土地补偿费和安置补助费的标准规定。

4.4.1.3 国有建设用地的取得方式

国有建设用地的取得方式有两种：一是通过土地使用权出让等有偿使用方式；二是通过行政划拨的无偿使用方式。这里，我们先介绍行政划拨，土地有偿使用方式请参见本书第11章房地产开发用地部分。

1. 土地使用权划拨的概念

土地使用权划拨是指县级以上人民政府依法批准在土地使用者缴纳补偿、安置等费用后，将该幅土地交付土地使用者使用，或者将国有土地使用权无偿交付土地使用者使用的行为。以划拨方式取得土地使用权的，除法律、行政法规另有规定外，没有使用期限的限制。

2. 土地使用权划拨的范围

《土地管理法》第五十四条规定，"建设单位使用国有土地，应当以出让等有偿使用方式取得；但是，下列建设用地，经县级以上人民政府依法批准，可以以划拨方式取得：

（一）国家机关用地和军事用地；

（二）城市基础设施用地和公益事业用地；

（三）国家重点扶持的能源、交通、水利等基础设施用地；

（四）法律、行政法规规定的其他用地。"

4.4.1.4 国有建设用地的使用与收回

建设单位应当按照土地使用权出让等有偿使用合同的约定或者土地使用权划拨批准文件的规定使用国有建设用地；确需改变该幅土地建设用途的，应当经有关人民政府土地行政主管部门同意，报原批准用地的人民政府批准。其中，在城市规划区内改变土地用途的，在报批前，应当先经有关城市规划行政主管部门同意。

《土地管理法》第五十八条规定，"有下列情形之一的，由有关人民政府土地行政主管部门报经原批准用地的人民政府或者有批准权的人民政府批准，可以收回国有土地使用权：

（一）为公共利益需要使用土地的；

（二）为实施城市规划进行旧城区改建，需要调整使用土地的；

（三）土地出让等有偿使用合同约定的使用期限届满，土地使用者未申请续期或者申请续期未获批准的；

（四）因单位撤销、迁移等原因，停止使用原划拨的国有土地的；

（五）公路、铁路、机场、矿场等经核准报废的。

依照前款第（一）项、第（二）项的规定收回国有土地使用权的，对土地使用权人应当给予适当补偿。"

4.4.2 农村集体建设用地

4.4.2.1 使用农民集体所有建设用地的范围

按照《土地管理法》第四十三条规定，有下列三种情况可以使用农民集体所有的建设用地：

（1）兴办乡镇企业使用本集体经济组织农民集体所有的土地。乡镇企业建设使用本集体经济组织农民集体所有的土地。包括乡镇办企业使用本乡镇集体所有土地，村办企业使用本村集体所有土地，村民组办企业使用本村民组集体所有土地。这就要求，乡镇办企业不能使用村或村民组所有的集体土地，村民企业也不能使用村民小组所有的土地。但是，村、村民组可以使用本集体所有的土地与其他单位和个人联办企业。

（2）农村村民建设住宅使用本经济组织农民集体所有土地。即村民建设住宅使用本乡或本村、村民组所有的土地，村民不能申请其他乡或村、村民组所有的土地。城市居民也不得到农村申请使用农民集体所有土地建设住宅。

（3）乡（镇）村公共设施和公益事业建设经依法批准使用的农民集体所有的土地。乡（镇）村公共设施包括：乡村级道路、乡村级行政办公、农技推广、供水排水、电力、电讯、公安、邮电等行政办公、文化科学、生产服务和公用事业设施；公共事业包括：学校、幼儿园、托儿所、医院（所）、敬老院等教育、医疗卫生设施。这些设施无论是用本集体还是其他集体所有的土地，经批准是允许的。

4.4.2.2 使用农民集体所有建设用地的审批

《土地管理法》第五十九条规定，乡镇企业、乡（镇）村公共设施、公益事业、农村村民住宅等乡（镇）村建设，应当按照村庄和集镇规划，合理布局，综合开发，配套建设；建设用地，应当符合乡（镇）土地利用总体规划和土地利用年度计划，并依照下列规定办理审批手续：

（1）乡镇企业用地审批。农村集体经济组织使用乡（镇）土地利用总体规划确定的建设用地兴办企业或者与其他单位、个人以土地使用权入股、联营等形式共同兴办企业的，应当持有关批准文件，向县级以上地方人民政府土地行政主管部门提出申请，按照省、自治区、直辖市规定的批准权限，由县级以上地方人民政府批准；其中，涉及占用农用地的，依照农用地转用的有关规定办理审批手续。

按照前款规定兴办企业的建设用地，必须严格控制。省、自治区、直辖市可以按照乡镇企业的不同行业和经营规模，分别规定用地标准。

（2）乡（镇）村公共设施、公益事业建设用地审批。乡（镇）村公共设施、公益事业建设，需要使用土地的，经乡（镇）人民政府审核，向县级以上地方人民政府土地行政主管部门提出申请，按照省、自治区、直辖市规定的批准权限，由县级以上地方人民政府批准；其中，涉及占用农用地的，依照农用地转用的有关规定办理审批手续。

（3）农村住宅用地的审批及有关规定。农村村民一户只能拥有一处宅基地，其宅基地的面积不得超过省、自治区、直辖市规定的标准。农村村民建住宅，应当符合乡（镇）土地利用总体规划，并尽量使用原有的宅基地和村内空闲地。

农村村民住宅用地，经乡（镇）人民政府审核，由县级人民政府批准；其中，涉及占用农用地的，依照农用地转用的有关规定办理审批手续。

农村村民出卖、出租住房后，再申请宅基地的，不予批准。

4.4.2.3 集体建设用地的收回

《土地管理法》第六十五条规定，农村集体经济组织报经原批准用地的人民政府批准，可以收回土地使用权，这是指可以收回农民集体建设用地的使用权，不包括农用地使用权和农村集体土地的承包经营权。按照规定，可以收回土地使用权的情况为：

（1）为乡（镇）村公共设施和公益事业建设，需要使用土地的；

（2）不按照批准的用途使用土地的；

（3）因撤销、迁移等原因而停止使用土地的。

收回集体土地使用权不能有所有权人任意行使，应当经过原批准用地人民政府批准。为乡（镇）村公共设施和公益事业建设，需要使用土地的，而收回农民集体所有的土地使用权的，对土地使用权人应当给予适当补偿。

4.5 土地违法的法律责任

4.5.1 土地违法法律责任概念

4.5.1.1 土地违法法律责任的概念

土地违法法律责任是指违反土地管理法律、法规而必须承担的责任。承担土地违法法律责任的前提是行为人具有土地违法行为。这里所指的土地违法行为是指有社会危害性、有过错的不合法行为。凡是实施了土地违法行为的个人和组织，都应受到相应的法律制裁。

4.5.1.2 土地违法法律责任的种类

根据《土地管理法》的规定，可以将土地违法行为分为土地行政违法、土地民事违法和土地刑事违法三种违法行为，相应的土地法律责任可分为土地行政法律责任、土地民事法律责任和土地刑事法律责任。

（1）土地行政法律责任，是指违反土地行政法律规范或不履行土地行政法律义务而依法对土地行政法律主体追究行政责任的法律后果。

（2）土地民事法律责任，是指平等主体的公民之间、法人之间、公民和法人之间因违反土地管理法的有关规定而依法应当承担的民事法律后果。

（3）土地刑事法律责任，是指行为人违反土地管理法律、法规，情节、性质严重，而且依据刑法的有关规定已构成犯罪的并依法应当追究刑事法律后果的一种否定性评价。

4.5.2 各种土地违法行为的法律责任

4.5.2.1 买卖或者以其他形式非法转让土地的法律责任

1. 买卖或者以其他形式非法转让土地的违法行为的表现形式

买卖或者以其他形式非法转让土地的违法行为，主要表现为以下三种情况：

（1）买卖、非法转让国有土地、农民集体所有土地的所有权的行为。

（2）非法转让国有土地使用权的行为。《城市房地产管理法》、《城镇国有土地使用权出让和转让暂行条例》等对国有土地使用权的转让活动做出了规定。违反上述规定转让的，即构成规定的非法转让土地使用权的行为。

（3）违反《土地管理法》第六十三条的规定，转让农民集体所有的土地的使用权用于非农业建设的行为。

2. 买卖或者以其他形式非法转让土地行为的处罚

根据《土地管理法》第七十三条的规定，"买卖或者以其他形式非法转让土地的，由县级以上人民政府土地行政主管部门没收违法所得；对违反土地利用总体规划擅自将农用地改为建设用地的，限期拆除在非法转让的土地上新建的建筑物和其他设施，恢复土地原状，对符合土地利用总体规划的，没收在非法转让的土地上新建的建筑物和其他设施；可以并处罚款；对直接负责的主管人员和其他直接责任人员，依法给予行政处分；构成犯罪的，依法追究刑事责任。"

对买卖、非法转让土地和处罚措施，主要有：

（1）没收违法所得，即没收买卖或者非法转让土地时所获得的全部价款。

（2）对违反土地利用总体规划擅自将农用地改为建设用地，在非法转让的土地上新建设的建筑物或者设施，应当根据有关土地利用总体规划的要求，分别情况处理。对于违反土地利用总体规划新建的建筑物和其他设施，由有关土地行政主管部门对其做出限期拆除，恢复土地原状的处罚决定；对于符合土地利用总体规划要求的，可以不拆除，由土地行政主管部门予以没收。

（3）对非法转让土地的双方当事人分别做出前述处罚决定的同时，可以做出并处罚款的决定。

（4）行政处分。给予行政处分的对象，是买卖或者以其他形式非法转让土地的单位的直接负责的主管人和其他直接责任人员。行使行政处分的机关是有关责任人所在单位或者上级机关。

（5）刑事责任。主要是指买卖或者其他形式非法转让土地，情节严重，触犯《中华人民共和国刑法》第二百二十八条，"以牟利为目的，违反土地管理法规，非法转让、倒卖土地使用权，情节严重的，处三年以下有期徒刑或者拘役，并处或者单处非法转让、倒卖土地使用权价额百分之五以上百分之二十以下罚金；情节特别严重的，处三年以上七年以下有期徒刑，并处非法转让、倒卖土地使用权价额百分之五以上百分之二十以下罚金。"构成非法转让土地使用权罪的情形。构成非法转让土地使用权罪的，应当依法由检察机关提起公诉，依照刑事诉讼的有关规定追究刑事责任。

4.5.2.2 破坏耕地的法律责任

1. 破坏耕地的表现形式

破坏耕地的行为有以下几种表现形式：一是非法占用耕地建窑、建坟的行为；二是擅自在耕地上建房、挖砂、采石、采矿、取土等,破坏种植条件的行为;三是因开发土地造成土地荒漠化、盐渍化的行为。

2. 对破坏耕地行为的处罚

《土地管理法》第七十四条规定,"违反本法规定,占用耕地建窑、建坟或者擅自在耕地上建房、挖砂、采石、采矿、取土等,破坏种植条件的,或者因开发土地造成土地荒漠化、盐渍化的,由县级以上人民政府土地行政主管部门责令限期改正或者治理,可以并处罚款;构成犯罪的,依法追究刑事责任。"

破坏耕地种植条件和造成土地荒漠化、盐渍化的处罚主要包括:

(1) 责令限期改正或者治理。即责令违法者在规定的期限内,停止违法活动,包括清除所建砖窑等违法建筑物、停止取土、停止开发开垦土地的活动,限期治理,是指在清除违法建筑物、停止取土等的同时,对造成耕地破坏的,采取措施,恢复土地原状,达到耕地要求的种植条件等,或者对开发、开垦造成的土地荒漠化、盐渍化的,责令负责、组织开发的单位和个人采取补救措施或者其他必要措施,进行整治。

(2) 罚款。做出责令限期改正或者治理的决定的同时,依据具体情节,可以做出并处罚款的决定。

(3) 刑事责任。当破坏耕地的行为触犯《中华人民共和国刑法》第三百四十二条规定,"违反土地管理法规,非法占用耕地改作他用,数量较大,造成耕地大量毁坏的,处五年以下有期徒刑或者拘役,并处或者单处罚金。"即构成破坏耕地罪,应承担相应的刑事责任。

4.5.2.3 非法占用土地的法律责任

1. 非法占用土地的表现形式

(1) 建设单位或者个人未经用地审批或者采取欺骗手段骗取批准而占用土地的;

(2) 涉及农用地改为建设用地,未取得农用地转用审批或者采取欺骗手段骗取农用地转用审批的;

(3) 超过批准的数量占用土地的。

2. 非法占用土地的处罚

根据《土地管理法》第七十六条规定,"未经批准或者采取欺骗手段骗取批准,非法占用土地的,由县级以上人民政府土地行政主管部门责令退还非法占用的土地,对违反土地利用总体规划擅自将农用地改为建设用地的,限期拆除在非法占用的土地上新建的建筑物和其他设施,恢复土地原状,对符合土地利用总体规划的,没收在非法占用的土地上新建的建筑物和其他设施,可以并处罚款;对非法占用土地单位的直接负责的主管人员和其他直接责任人员,依法给予行政处分;构成犯罪的,依法追究刑事责任。超过批准的数量占用土地,多占的土地以非法占用土地论处。"

(1) 责令退还非法占用土地。即将非法占用的土地返还给土地的合法所有者或使用者;

(2) 恢复土地原状。对违反土地利用总体规划擅自将农用地改为建设用地的,限期拆除在非法转让的土地上新建的建筑物和其他设施,恢复土地原状;

(3) 没收。对符合土地利用总体规划的,没收在非法转让的土地上新建的建筑物和其他设施;

(4) 罚款。有关土地行政主管部门在做出有关行政处罚决定的同时,根据情况,可以做出并处罚款的决定。

（5）行政处分。给予行政处分的对象，是非法占用土地的单位的直接负责的主管人和其他直接责任人员。行使行政处分的机关是有关责任人所在单位或者上级机关。

（6）刑事责任。主要是指非法占用土地的行为情节严重的，触犯《中华人民共和国刑法》第三百四十二条规定，即构成非法占用土地罪，应承担相应的刑事责任，包括有期徒刑或者拘役、单处或者并处罚金。

4.5.2.4 农村农民非法占用土地建住宅的法律责任

1. 农村农民非法占用土地建住宅的表现形式：一是未经批准或者采取欺骗手段骗取批准，非法占用土地建住宅；二是超过省、自治区、直辖市规定的标准，多占的土地。

2. 对农村农民非法占用土地建住宅的处罚

《土地管理法》第七十七条规定，"农村村民未经批准或者采取欺骗手段骗取批准，非法占用土地建住宅的，由县级以上人民政府土地行政主管部门责令退还非法占用的土地，限期拆除在非法占用的土地上新建的房屋。超过省、自治区、直辖市规定的标准，多占的土地以非法占用土地论处。"

对于这类违法行为有两种处罚方式：

（1）由县级以上人民政府土地行政主管部门责令退还非法占用的土地；

（2）限期拆除或者没收在非法占用土地上新建的房屋。

4.5.2.5 非法批地的法律责任

1. 非法批地行为的表现形式

（1）没有批准权的单位非法批准，即主体不合法；

（2）超越批准权限而非法批准；

（3）违反土地利用总体规划而非法批准，即内容不合法；

（4）违反法律规定程序而非法批准，即程序不合法。

2. 对非法批地行为的处罚

非法批地的行为的处罚方式有两种：行政处分和刑事责任。

（1）行政处分。非法批地行为，在行政上是一种渎职行为，要承担行政法律责任，主要实施对非法批地的直接负责的主管人员和其他直接责任人员，由其所在单位或上级机构，给予其行政处分。

（2）刑事处分。当非法批准征用、占用土地，情节严重的，触犯《中华人民共和国刑法》第四百一十条规定，"国家机关工作人员徇私舞弊，违反土地管理法规，滥用职权，非法批准征用、占用土地，或者非法低价出让国有土地使用权，情节严重的，处三年以下有期徒刑或者拘役；致使国家或者集体利益遭受特别重大损失的，处三年以上七年以下有期徒刑。"构成非法批准征用、占用土地罪时，追究其刑事责任。

3. 对于非法批准的土地处罚

当事人由于非法占有批准而使用的土地，由于批准文件无效的，那么依据此文件而使用的土地在实体上便没有法律依据。因而当事人必须予以退还。如果拒不退还的，当事人就要承担非法占用土地的法律责任。

4.5.2.6 非法侵占、挪用征地费的法律责任

1. 非法侵占、挪用征地费行为的表现形式

非法侵占征地费是单位或个人将属于农民集体所有的土地补偿费、安置补助费以及

农民个人的土地附着物和青苗补偿费据为已有的行为；非法挪用征地费是单位或个人将征用土地的土地补偿费、安置补助费、土地附着物和青苗补偿费挪作他用，以谋取利益的行为。

2. 对非法侵占、挪用征地费行为的处罚

《土地管理法》第七十九条规定，"侵占、挪用被征用土地单位的征地补偿费用和其他有关费用，构成犯罪的，依法追究刑事责任；尚不构成犯罪的，依法给予行政处分。"

刑事责任。非法侵占征地费的行为，触犯《中华人民共和国刑法》第二百七十一条规定，"公司、企业或者其他单位的人员、利用职务上的便利，将本单位的财物非法占为己有，数额较大的，处五年以下有期徒刑或者拘役；数额巨大的，处五年以上有期徒刑可以并处没收财产。"非法挪用征地费，情节严重，触犯《中华人民共和国刑法》第二百七十二条规定，"公司、企业或者其他单位的工作人员、利用职务上的便利，挪用本单位资金归个人使用或者借贷他人，数额较大，超过三个月未还的，或者虽未超过三个月，但数额较大、进行赢利活动的，或者进行非法活动的，处三年以下有期徒刑或者拘役；挪用本单位资金数额巨大的，或者数额较大不退还的，处三年以上十年以下有期徒刑。"

4.5.2.7　拒不交还土地的法律责任

拒不交还土地行为表现为：依法收回国有土地使用权，当事人拒不交还土地的；临时使用土地期满，当事人拒不交还土地的。

对拒不交还土地的违法行为，根据土地管理法有关规定处罚方式主要是责令交还土地，并处以罚款。

4.5.2.8　非法转让土地的法律责任

非法转让土地行为的表现形式有：将农民集体的土地使用权出让给单位或个人进行非农业建设；将农民集体的土地使用权有偿或者无偿转让给单位或个人进行非农业建设；将农民集体的土地使用权出租给单位或个人进行非农业建设。

这里需要指出的是，依照《土地管理法》的有关规定，符合土地利用总体规划，并依法取得建设用地的企业，因破产、兼并等情形致使集体土地使用权发生转移的，不构成非法转让集体土地的违法行为。

《土地管理法》第八十一条规定，"擅自将农民集体所有的土地的使用权出让、转让或者出租用于非农业建设的，由县级以上人民政府土地行政主管部门责令限期改正，没收违法所得，并处罚款。"

4.5.2.9　土地行政主管部门工作人员的法律责任

《土地管理法》第八十四条规定，"土地行政主管部门的工作人员玩忽职守、滥用职权、徇私舞弊，构成犯罪的，依法追究刑事责任；尚不构成犯罪的，依法给予行政处分。"所谓玩忽职守，是指土地行政主管部门的工作人员不认真对待本职工作，不履行、不正确履行或者放弃履行法律、法规规定的职责，致使国家财产和人民利益受到损失的行为。所谓滥用职权，是指土地行政主管部门的工作人员违反法律规定的权限和程序行使职权，致使国家财产和人民利益受损失的行为。所谓徇私舞弊，是指土地行政主管部门的工作人员为徇私利或者亲友私情，弄虚作假、欺上瞒下，掩盖事实真相等非法批准征用、占用土地，给国家和人民利益造成损失的行为。

对土地行政主管部门工作人员违法行为的处罚：

（1）刑事责任。当土地行政主管部门的工作人员玩忽职守、滥用职权、徇私舞弊，构成犯罪的，要依照《中华人民共和国刑法》，依法追究刑事责任。

（2）行政处分。土地行政主管部门的工作人员玩忽职守、滥用职权、徇私舞弊，不构成犯罪的，依法给予行政处分。

------- 本章小结 -------

本章首先介绍了土地管理法律制度的基本概念和基础知识，然后，主要以《土地管理法》为主线，重点阐述了我国的土地产权、土地利用和保护、建设用地管理等法律制度以及土地违法应承担的法律责任。

本章的重点建设用地管理、土地利用总体规划。

本章的难点是土地产权制度。

学习本章的目的，是使学生了解我国土地管理的基本法规，熟悉建设用地管理制度。

【案例实训】

为公共利益需要提前收回国有土地使用权

原告佛山市某贸易有限公司诉称，2003年10月31日，被告佛山市国土资源局作出收回国有土地使用权的决定，收回了原告公司的国有土地使用权，用于建设佛山科学技术学院下设的国际交流学院。原告认为，国际学术交流学院的成立未履行审批程序，其本身不合法，故被告依法不能收回诉争土地。原告请求法院撤销被告作出的收回国有土地使用权的决定。被告辩称，2002年8月1日，为发展教育事业，扩建佛山科学技术学院，被告经佛山市人民政府办公室批准，依法作出收回原告土地使用权的决定，该决定符合公共利益，也符合法律规定，请求法院维持被告作出的收地决定。

【法理分析】

根据《土地管理法》第五十八条之规定，为公共利益需要使用土地的，由有关人民政府土地行政主管部门报经原批准用地的人民政府或者有批准权的人民政府批准，可以收回国有土地使用权。被告佛山市国土资源局作为土地行政主管部门，为公共利益需要使用土地并经有批准权的人民政府批准，可以收回国有土地使用权。本案被告佛山市国土资源局得到佛山市人民政府的批准后作出决定，收回原告的国有土地使用权，并划拨给佛山科学技术学院作教育用地使用，该收地行为符合公共利益的需要，也符合法定程序。

原告主张佛山科学技术学院的国际交流学院的成立未经国家教育委员会审批，其成立不合法，且性质属于社会力量办学，故该学院需要用地并非是为了公共利益需要。根据法律规定，国际交流学院作为佛山科学技术学院的内部机构，其资金全部来源于国家投资，性质属于国有公立大学的一部分，故其使用土地是为了公共利益的需要。

法院驳回原告起诉，维持被告佛山市国土资源局作出的收地决定。

【法条链接】

1.《土地管理法》第五十四条、第五十八条

2. 《房地产管理法》第二十条、第二十四条
3. 《物权法》第一百四十八条
4. 《城镇国有土地使用权出让和转让暂行条例》第四十二条、第四十七条

【复习思考】
1. 我国土地产权的类型有哪些种类？各是如何定义的？
2. 何谓土地利用总体规划，它的主要作用有哪些？
3. 简述我国建设用地的审批程序。
4. 何谓土地征收？简述土地征收的补偿标准。
5. 何谓土地使用权划拨？土地使用权划拨的范围有哪些？
6. 土地违法行为的法律责任有哪些类型？

第5章 建筑法律制度

【学习提要】 本章主要阐述了下列内容:
1. 建筑与建筑法、建筑法的适用范围与调整对象、建筑法的基本原则、建筑法的制定以及建筑法的立法沿革。
2. 工程建设项目的管理的概念、程序。
3. 建筑工程许可、建筑工程监理等法律制度。
4. 建设违法行为及法律后果。

【关键词】 建筑与建筑物 工程项目建设程序 建筑工程许可制度 建筑工程监理 建筑工程质量管理

5.1 建筑法律制度概述

5.1.1 建筑与建筑法

5.1.1.1 建筑与建筑物

建筑,从不同的定义角度有不同的定义范围。我们把建筑作为一个动态过程的话,通常是指建筑活动,即建筑物从勘察设计到施工活动的全过程。如果作为静态物体的话,则习惯上将建筑物和构筑物称为"建筑"。后者的定义实际上是将"建筑"和"建筑物"合二而一了。"建筑物"作为客观存在的、有形的实体,一般由三个基本条件组成:

1. 功能条件。即对建筑物的使用要求,作为建筑来讲要符合人类社会在物质生产和物质生活上的不同要求。
2. 物质技术条件。包括了建筑材料、建筑结构以及建筑技术等内容。
3. 建筑形象。建筑形象是指建筑物的内部和外部的空间组合、建筑形体、细部处理以及装饰等构成的一定形象。建筑形象应随社会经济的发展而不断发展和变化。

在建筑法律制度研究领域,从法律规范和约束的要求分析,建筑的内涵和外延应从建筑的动态过程,即建筑活动的全过程进行定义。因法律调整的目的,是实现对人们在法律调整范围活动的规范,从而使人们的活动能依法、有序进行。为此,建筑法律规范调整的对象,是人们在建筑领域从事建筑活动所形成的人与人之间的权利与义务关系,这种关系的形成,是人们在动态活动过程中形成的。所以,法学意义上的建筑,准确地讲,应是动态的建筑活动,即建筑物从勘察设计到施工活动的全过程。按照《中华人民共和国建筑法》的定义,是指各类房屋建筑及其附属设施的建造和与其配套的线路、管道、设备的安装活动。

5.1.1.2 建筑法的概念

建筑法,一般的具体所指,即1997年11月1日由第八届全国人民代表大会常务委员会第二十八次代表大会通过的、于1998年3月1日起实行的《中华人民共和国建筑法》。该法是调整我国建筑活动的基本法律,它以规范建筑市场行为为出发点,以建筑工程质量和安全为主线,确定了建筑活动中的一些基本法律制度,对建筑活动全过程中的技术、经济和管理活动进行了全方位的规范和约束。如果从法律规范以及建筑法学理论和建筑法学研究上对建筑法定义的话，除《中华人民共和国建筑法》之外，还应包括所有调整建筑活动的法律、行政法规、部门规章和命令、地方性法规等规范性文件。在此意义上，建筑法是指调整建筑领域政府部门、企事业单位、其他经济组织和公民个人的建筑活动的法律规范的总称。

5.1.2 建筑法的适用范围和调整对象

5.1.2.1 建筑法的适用范围

法律适用范围是指法律的效力范围，即法律在多大的地域内、对什么人以及对哪些行为有效的问题。关于建筑法的适用范围，根据现行法律规定适用范围如下：

1. 地域的适用

《中华人民共和国建筑法》适用的地域，根据建筑法的规定是中华人民共和国境内。为此，凡是在中华人民共和国境内从事建筑活动都适用建筑法的规范和约束。

2. 人的适用

《中华人民共和国建筑法》第二条规定："在中华人民共和国境内从事建筑活动，实施对建筑活动的监督管理，应当遵守本法。"该规定说明，在中华人民共和国境内从事建筑活动的人，无论是中国人还是外国人，只要在中国境内从事建筑活动都适用建筑法的法律规范。另外，人的适用还包括实施建筑活动的建筑活动参加者和建筑活动的监督、管理者。

3. 行为的适用

行为的适用，根据《中华人民共和国建筑法》的规定，有以下几种情况：

（1）建筑行业建筑的行为适用。《中华人民共和国建筑法》（以下简称《建筑法》）第二条作了如下规定："在中华人民共和国境内从事建筑活动，实施对建筑活动的监督管理，应遵守本法。本法所称建筑活动，是指各类房屋建筑及其附属设施的建造和与其配套的线路、管道、设备的安装活动。"该规定显然说明建筑法的适用范围包括三层含义：第一，适用的地域范围即中华人民共和国境内；第二，适用的主体。即建设单位、勘察设计单位、建筑施工单位、建筑监理单位以及建筑管理机关。此外，从事建筑活动的个人如注册建筑师、注册结构师、注册造价师等也适用本法。第三，适用的对象。即各类房屋建筑及其设施的建筑活动，以及线路、管道、设备的安装活动。

（2）其他专业的建筑活动的适用。对于其他专业的建筑法适用问题，《建筑法》第八十一条作了规定："本法关于施工许可、建筑施工企业资质审查和建筑工程发包、承包、转包，以及建筑工程监理、建筑工程安全和质量管理的规定，适用与其他专业建筑工程的建筑活动，具体办法由国务院规定。"为此，建筑法也适用于其他专业的与建筑有关的活动。如铁路、民航工程、交通运输工程、水利工程等专业的建筑活动。

（3）不适用或不完全适用建筑法的建筑活动。除以上适用建筑法的建筑活动之外，有些建筑活动不适用或者不完全适用建筑法。如省、自治区、直辖市人民政府确定的小型房屋建筑工程，对建筑法的适用只是参照，不是完全适用；有些建筑工程则不适用建筑法的调整，如抢险救灾工程；有些建筑工程则需要依照有关法律规定执行，如古建筑等的建筑修缮活动；有些建筑活动则需要依据建筑法另行制定管理办法，如军事房屋建筑工程的建筑活动。对此，《建筑法》第八十三条和第八十四条规定："省、自治区、直辖市人民政府确定的小型房屋建筑工程的建筑活动，参照本法规定执行。""依法核定为文物保护的纪念建筑物和古建筑等的修缮，依照文物保护法的有关规定执行。""抢险救灾及其他临时性房屋建筑和农民自建低层住宅的建筑活动，不适用本法。""军事房屋建筑工程的建筑活动的具体管理办法，由国务院、中央军事委员会依据本法制定。"

5.1.2.2 建筑法的调整对象

建筑法的调整对象，是指建筑活动过程中，以各种组织为基本参与者所参加的建筑管理关系和一定范围内的建筑活动协调关系，即由建筑法调整的各种建筑法律关系。主要有以下几种类型：

1. 建筑行政管理关系

建筑行政管理关系是指建筑活动过程中建筑行政管理部门与建筑活动参加者之间发生的管理与被管理的纵向的社会关系。建筑行政管理关系的建立以社会公共利益的追求为目标。建筑活动是关系到国家及至每一个公民财产和生存、生活安全的活动。因此，对建筑活动的依法管理，是建筑行政管理部门的法定职责。国家建筑行政管理部门在依法行政过程中，与建筑活动的参加者，形成了管理与被管理的建筑行政法律关系。在建筑行政管理关系中，其参加者各方在该关系中的地位是不平等的，且处于不同的层次，相互之间表现为管理与被管理、领导与被领导、监督与被监督的关系。为此，这种关系是行政管理关系。

2. 建筑经济管理关系。建筑经济管理关系是指在建筑管理活动中，发生的具有物质利益的经济管理关系。在经济管理关系中，其参加者各方在该关系中的法律地位也是不平等的，也处于领导与被领导、管理与被管理的地位。这种关系也是一种纵向的行政管理的关系，但它不是单纯的行政管理关系，它本质上是以物质利益（或经济利益）的追求为目标，主要发生在建筑活动的生产过程、利益分配、建筑产品的交换和流通过程中。

在市场经济条件下，国家对建筑经济活动的管理职能，主要应在国有资产的保值和增值、规范和指导企业的经济活动、建立和充实建筑领域保障体系方面发挥作用。具体的说，就是要做好建筑活动过程中的规划、协调、监督、服务等四方面的工作。国家在实施这些职能的过程中，都会产生经济管理关系，它们都是建筑法的调整对象。

3. 建筑经济协调关系

建筑经济协调关系是指参加建筑活动的各部门、各单位、各行业、各组织之间在建筑活动协作过程中发生的以具有物质利益为中心的社会关系。这种关系是参加建筑活动的各部门、各单位、各行业、各组织之间，根据自愿、平等、互利的原则建立的。所以，该关系的参加者的法律地位是平等的。这些关系一般都与国家计划、产业规划、国际竞争以及社会整体规划利益密切关联，他们常常影响着整个建筑市场的整体运行状况和全局的利益安排。所以，建筑经济协调关系是建筑法调整的主要对象。

5.1.3 建筑立法目的、立法原则与立法体系

5.1.3.1 建筑法的立法目的

任何一项法律制度或者政策的颁布，都是为了一定的目的而进行的。《中华人民共和国建筑法》的颁布也不例外。根据建筑法的规定，立法目的主要在于：

1. 加强对建筑活动的监督管理

改革开放以来，我国建筑业市场迅速崛起并迅猛发展，依法加强对建筑市场的规范与管理，在市场经济条件下已显得十分重要和必要。加之，建筑活动是一个由多主体参加的活动，如果没有统一的建筑活动的行为规则和基本活动程序，没有对建筑活动各方主体的管理和监督，建筑活动就会处于无序状态，从而影响社会和经济的发展。为此，《中华人民共和国建筑法》的颁布和实施的首要目的，就是通过对建筑市场的监督管理，实现对建筑活动的依法规范。根据《建筑法》的规定，对建筑活动的监督包括两个方面的内容：

（1）宏观监督管理。宏观监督管理主要是指从宏观的产业政策、行业标准上对建筑活动进行组织、协调、控制、监督和惩治等措施；

（2）微观监督管理。微观监督管理主要是指有关部门对建筑项目的施工许可管理、从业资质与资格认定等的管理、建筑工程发、承包的管理以及建筑安全生产管理和建筑工程质量管理等。

2. 维护建筑市场秩序

我国经济体制改革的目标是建立社会主义市场经济体制，而建筑市场又是社会主义市场经济的重要组成部分。通过建筑立法使得建筑市场的秩序得以维护。建筑市场秩序的依法维护，主要包括两个方面：一是对建筑市场合法行为和合法权益的保护。对合法行为和合法权益的保护是所有法律立法的最基本目标。统治阶级只有通过依法确定和保护符合统治阶级利益的社会行为，才能实现统治阶级的意志。同样，建筑法也是以对合法权益和合法行为的依法保护而实现对建筑市场秩序维护；二是对建筑市场不轨行为的清除和打击。通过对不轨行为的清除和打击，以维护建筑市场的健康发育和有序发展。

3. 保证建筑工程质量和安全

建筑工程的质量和安全是工程建筑的生命和根本，百年大计质量为本，讲的就是这个道理。所谓保证建筑工程的质量和安全，是指建筑市场的监督管理者、建筑活动的参与者都必须根据国家的建筑工程质量和安全标准来规范自己的行为，只有其行为符合有关建筑工程质量和安全的标准，才能使建筑工程的质量和安全得以保障。

4. 促进建筑业健康发展

建筑业是国民经济的重要物质生产部门，也是国家的重要支柱产业之一。所以建筑业的发展状况直接影响到固定资产的投资效益和决定了国民经济的发展状况。为保障建筑业在国民经济和社会发展中的地位和作用，通过建筑法律规范的制定和实施，实现对建筑活动的监督管理，以维护建筑市场秩序，保证建筑工程的质量和安全，最终使建筑业适应社会主义市场经济发展要求的同时健康有序发展壮大。

5.1.3.2 建筑法的立法原则

法律原则分基本原则和具体原则。基本原则中体现了法律的基本精神，是在价值上比其它原则更为重要、功能上比其他原则的调整范围更广的法律原则。具体原则则以基本原则为基础，并在基本原则的指导下适用于某一特定社会关系领域的法律原则。建筑法的基本原则是建筑法法律基本精神的集中体现。它作为建筑法的主旨和基本准则，首先直接决定了建筑法律制度的基本性质、基本内容和基本价值倾向。其次是建筑法律制度内部协调统一的重要保障。最后是对建筑法律制度改革具有导向性的作用。根据《中华人民共和国建筑法》第三条、第四条、第五条之规定，建筑法的基本原则主要体现在以下几方面：

1. 建筑活动符合国家的建筑工程安全标准的原则

建筑工程质量和安全是建筑市场的监督者和建筑市场的参与者都必须根据国家建筑工程质量标准来规范自己的行为,实现建筑工程的安全和优质。建筑工程的质量和安全,是建筑活动的两大主题,无论是过去、现在和将来,只要有建筑活动存在,就有建筑工程的质量和安全问题。所以,建筑活动确保工程质量和安全的法律原则是建筑法律原则最基本的原则。

2. 国家扶持和支持建筑科学技术研究的原则

目前,在我国建筑业的产值和国民收入在国民经济中占有较大的比重,但目前我国建筑业的科学技术水平偏低,管理水平也很难适应建筑业发展的需要。由于建筑业在国民经济中具有的地位和作用,决定了国家必须支持和扶持建筑的发展。因此,鼓励建筑科学技术研究,加大建筑科学研究投入,培养科技人才,大力提倡采用先进技术、先进工艺、新型建筑材料和现代管理方式的原则是我国建筑法的基本原则之一。

3. 依法从事建筑活动,不得损害社会公共利益和他人合法权利的原则

从事建筑活动要遵守法律、法规,不得损害社会公共利益和他人合法权利的原则,强调了从事建筑活动既要守法,又不得侵犯社会公共利益和他人的合法权益。该原则在《建筑法》中从建筑勘察设计法律制度、建筑监理法律制度、建筑工程施工法律制度等方面得到了充分体现。

4. 任何单位和个人不得阻碍和阻挠依法进行建筑活动的原则

任何单位和个人不得阻碍和阻挠依法进行建筑活动的原则,即合法权益法律保护的原则。制定法律的目的,不仅仅是对行为人行为的规范作用和对违法行为的惩治作用,除此之外,对社会各个成员合法权益的法律保护也是立法的主要目的。法律只有预先对社会行为实施,才能预防违法行为的发生对社会产生危害后果。法律也只有通过对违法行为的打击,合法行为的保护才会起到其应有的规范作用。所以说,该原则的规定,就是要求参加建筑活动有关单位和个人、行使建筑行政管理权的建筑行政管理部门的单位和工作人员,要依法尊重各方的合法权益不受侵犯。

5. 建筑活动实行统一监督管理的原则

《建筑法》明确规定了"国务院建设行政主管部门对全国的建筑活动实施统一监督管理。国务院有关专业部门按照国务院规定的职责分工,负责对本专业建筑活动的监督管理。"该规定明确了,国家建设行政主管部门是实施对建设活动统一监督管理的行政主管机关。

5.1.3.3 建筑法的立法体系

立法体系即国家制定并以国家强制力保障实施的规范性文件的系统,如宪法、法律、行政法规、地方性法规,以及政府依其职权范围颁布的具有规范性的决定、命令等。建筑立法体系是在依宪法为立法依据的前提下,由国家制定并以国家强制力保障实施的建筑规范性文件的系统。

1. 建筑法律

建筑法律是建筑法律体系的最高层次,具有最高的法律效力。建筑法律一般是对建筑管理活动的宏观调控,它的规范内容主要有:对国家建设行政主管部门及其工作人员的组织、职能、权利与义务等的规范;对建筑产品生产的组织管理和生产的基本程序进行规范;对建筑活动参加者的建筑行为及其建筑活动中形成的权利、义务关系的规范。

建筑法律一般由权力机关即全国人民代表大会极其常务委员会制定。如《中华人民共和国建筑法》。

2. 建筑行政法规

建筑行政法规是建筑法律制度中的第二个层次。建筑行政法规一般是对建筑法律条款的进一步细化，以便于法律实施的操作。在我国，建设行政法规一般是依据法律中的授权条款，由国务院或国家建设行政主管部门制定。建设行政法规的内容主要包括：建筑行业的规范和涉及建筑领域重大方针、政策或者重大问题的试行规定；凡涉及部委之间、地方政府之间、部门之间或涉外行政问题，也由国务院制定的行政法规加以调整和规范。

3. 建筑部门规章

国务院各部委有权根据法律、行政法规发布建筑行政规章，其中综合性规章主要由住建部发布。建筑规章一方面将法律、法规进一步细化，以便于其更好地贯彻执行；另一方面规章作为法律、法规的补充，为有关政府部门的依法行政提供法律依据。部门规章对全国有关行政管理部门具有约束力。

4. 地方性建筑法规

省、直辖市的人民代表大会及其常务委员会在不与宪法、法律、行政法规相抵触的前提下，可以制定地方性建筑法规，报全国人大常务委员会和国务院备案。民族自治地方的人民代表大会有权依据当地民族的政治、经济和文化的特点，自定相关条例，但应报全国人民代表大会常务委员会批准后生效。

5. 地方性建筑规章

各省、自治区、直辖市人民政府及省、自治区人民政府所在地和国务院批准的较大的市的人民政府，有权根据法律、行政法规制定地方性规章。地方性建筑规章在其行政区域内具有法律效力。但其的法律效力低于地方性法规。

5.2 建筑法的基本制度

建筑法的基本法律制度，集中反映在建筑工程项目建设管理的全过程。按照我国现行相关法律规定，建筑工程项目建设管理包含三方面的内容：一是项目管理，它是指工程项目管理者为使项目取得成功（按照所规定的时限、所批准的费用预算、实现项目所要求的质量），应用系统理论和方法对工程建设项目及其资源所进行的全过程、全方位的计划、组织、控制与协调，旨在实现项目特定目标的管理方法体系。管理的目的是通过应用科学的管理技术更好的实现工程项目建设的目标。管理的职能一是对组织的资源进行计划、组织、控制和协调；二是工程项目建设管理，它是指建筑工程建设者运用系统工程的概念、理论和方法，对建设工程项目的决策和实施的全过程进行的全面管理，以最优地实现项目的质量、投资/成本、工期的建设目标；三是国家建设行政机关依法定程序对建筑工程项目建设全程实施管理的过程。国家实施的该行为是一种行政行为。这种行政行为的实施必须依法进行的，即有关法律规定是实施建筑工程项目建设管理行政行为的法律依据。

5.2.1 建筑工程项目建设程序的概念

建筑工程项目建设程序，指的是一个建筑工程建设项目从酝酿、提出到建成或投入使用活动的全过程应遵循的建设步骤。它是建筑工程项目建设活动自然规律和经济规律的客观反映，也是人们长期该实践过程的技术和管理活动经验的理性总结。所以，建筑工程项目建设程序不具有随意性和臆造性。

任何建设项目，都要根据各自的使用目的和功能，结合不同的建设条件，经过科学的决策、设计、施工到验收合格后，方可投入生产和使用。因此，建筑工程项目建设程序，应是建筑工程项目建设客观规律在实践中的具体反映。这种客观反映，充分体现了建筑工程项目建设的内部联系和发展规律，所以，依法确定的建筑工程项目建设程序应具有高度的客观性、系统性、科学性和规范性。所谓客观性，即建筑工程项目建设程序的确定，不能以人的主观意识为依据。尽管建筑工程项目建设是由人的意识决定才能产生的，但建筑工程项目本身存在于意识之外，它不依赖主观意识决定存在和内在的运行规律。因此，对建筑工程项目建设程序的确定，应按照建筑工程这个事物的本来面目去考察，不加以任何个人的主观意识和偏见。这样，才能使确定的建设程序客观地反映工程内在的性质和发展规律。可以说建筑工程项目建设程序的客观性是工程建设管理顺畅进行的基本保障。所谓系统性，即建筑工程项目建设是建设同类项目按一定的关系组成的整体，作为建设活动的对象，它的内在规律和外在表现存在于一个统一体中，对它的管理要采用系统工程的概念、理论和方法进行。实现建设活动管理程序的系统化，是工程项目建设顺利进行的前提。所谓科学性，即建筑工程项目建设程序能反映建筑工程建设自然、社会、思维的客观规律本质属性的性能。任何事物的科学性，必须以事物的客观性为前提，脱离了事物的客观性谈事物的科学性，本身就不是科学的观点和态度，科学性也就无从谈起。所谓规范性，即建筑工程项目建设程序的确定，一是为了建设从事建设活动有一个统一的标准；二是为了能确保工程建设项目的安全优质。所以，建筑工程项目建设程序的规范性是由国家强制力保证的建设活动的行为规则，不具有任意性。凡是从事该项活动的行为者，都必须以建筑工程项目建设程序规范自己的行为。

5.2.2 工程建设项目的程序

世界各国的建筑工程项目建设程序大同小异，大都分为三个阶段：第一阶段是前期决策阶段，包括投资机会选择、项目建议书、可行性研究和项目评估；第二个阶段是实施阶段，包括勘察设计、施工前准备、工程施工；第三个阶段是使用阶段，包括试运行、使用和后评估。我国工程建设程序分为五个阶段，主要包括立项决策阶段、设计阶段、建设准备阶段、建筑实施阶段和竣工验收交付使用阶段，如图 5-1 所示：

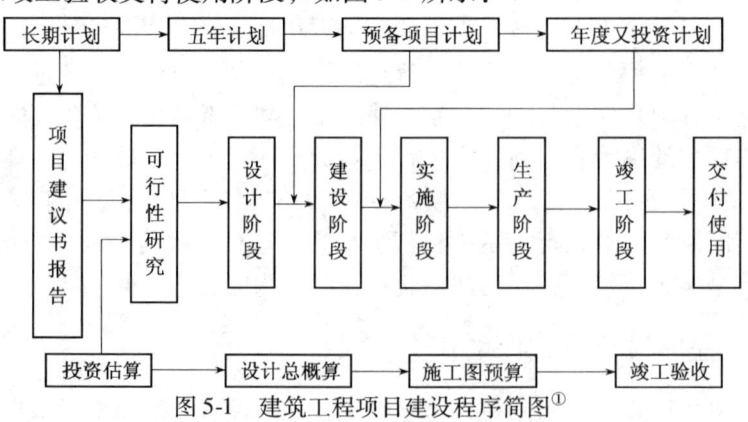

图 5-1 建筑工程项目建设程序简图[①]

---

① 李峻主编．《建设法规概论》[M]．北京：中国建筑工业出版社，第 23 页．

5.2.2.1 立项决策阶段

1. 建筑工程项目建议书阶段

建筑工程项目建议书是业主（建设）单位向国家提出的建设某一建设项目的建议文件。主要形成对工程建设项目的轮廓设想。宏观上，建设项目要符合国民经济长远规划，符合部门、行业和地区的规划要求。客观上，项目建议书中要解决几方面的问题：第一，要提出工程项目建设的必要性和建设的依据；第二，拟建规模和建设初步设想；第三，建设条件及可行性的初步分析；第四，投资估算和资金筹措的结果；第五，项目的进展安排以及经济效益和社会效益的估算。根据有关规定，负责立项的审查权力机关是计划部门。

工程项目的审查工作由国家计划部门负责，各级计划部门的审查权限，根据工程项目建设规模的大小和隶属关系的不同而不同。

（1）大中型建设工程项目的审查权限：国家发展和改革委员会负责审查大中型建设工程项目；

（2）小型项目的审查权限：按工程建设项目的隶属关系，由国务院主管部门或省、市、自治区发展和改革委员会负责审查。

2. 可行性研究阶段

可行性研究是在工程项目被批准之后进行的一项工作，它是针对建设项目能否进行、是否可进行从技术和经济上进行分析和论证的工作。可行性研究的主要任务是对建设项目在技术、工艺、经济上是否合理可行进行全面的分析、论证，做出方案比较，提出评价意见，推荐最佳方案，为项目决策提供可靠的依据。

（1）可行性研究工作的具体程序如下：

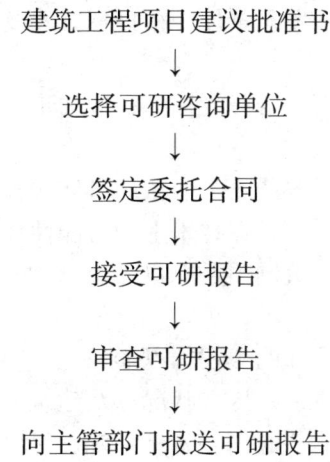

（2）可行性研究的内容包括：

① 投资机会的研究。该部分研究主要是对项目提出的背景、必要性、经济意义、工作依据与范围等进行论证。

② 需求预测和拟建规模。包括国内外现有生产能力的估计、产品竞争能进入国际市场的前景；拟建项目的规模、产品方案和技术经济分析与比较。

③ 建设地点的选择。建设地点的选择要以城市土地利用总体规划为依据，以经济合理和节约用地为原则，保护环境为前提，认真调查原料、能源、交通、水文、地质等建设条件，进行综合分析，多方案比较的基础上，提出选点报告。

可行性研究报告的批准是立项工作完成的标志，也是初步设计的依据。所以，已批准的可行性研究报告，不得随意更改和变更。即便在建设规模、产品方案、建设地区、主要协作关系等方面有变动以及突破控制数时，也必须经原批准机关批准同意后方可修改或变更。

（3）可行性研究的审查。

咨询单位完成可行性研究工作后报送的可行性研究报告，是项目法人做出投资的抉择依据，是工程建设项目进一步确定定性、定量立项，因此要对报告进行审查和评价。审查和评价的内容包括：①建设项目的必要性；②建设条件与生产条件；③工艺、技术、设备；④建筑工程方案与标准；⑤基础经济数据的测算；⑥社会效益、国民经济效益、财务效益；⑦不确定性分析。

3. 立项审批阶段

建筑工程建设项目的立项审批必须严格按照要求的程序进行，根据原国家计委计资（1983）116号文件的规定，建筑工程建设项目立项审批应遵循以下程序：

计划部门对项目建议书进行审批
↓
纳入有关部门工程前期工作计划
↓
下达计划或委托可行性研究

报批项目要求立项时必须提交项目建议书、可行性研究报告、地质勘察报告、选址意见书及设计任务书等基础资料。项目立项批准投资计划下达后，必须向有关部门申请报建手续。报建申请书应当载明下列主要内容：工程名称、建设地点、投资规模、当年投资额、资金来源、工程规模、开竣工日期、发包条件、招投标方式及工程筹建等情况。

5.2.2.2 设计阶段

一般建设工程设计阶段包括两个阶段的工作，即初步设计和施工图设计。

1. 初步设计阶段

初步设计是根据可行性研究报告的要求所做的具体实施方案。目的是为了阐明在指定地点、时间和投资控制数额内，拟建项目在技术上的可能性和经济上的合理性。并通过对工程项目所做出的基本技术经济规定，编制项目总概算。

2. 施工图设计阶段

是在初步设计的基础上，将设计的工程加以形象化。因此，施工图设计是完整的表现建筑物外形、内部空间分割、结构体系、构造状况以及建筑群的组成和周围环境的配合，具体详细的构造尺寸，还包括各种运输、通信、管道系统、建筑设备的设计。技术上比较复杂和有特殊要求的建设项目，在前两项工作的中间阶段、初步设计的基础之上，可增加技术设计阶段。技术设计是根据初步设计和更详细的调查资料编制的、进一步解决初步设计中的重大技术问题的设计。如工艺流程、建筑结构、设备选型及数量确定等问题。技术设计的目的，是使建设项目的设计更具体，更完善，技术经济指标更好。

5.2.2.3 建设准备阶段

建筑工程项目建设设计任务书批准之后，建设单位可根据计划要求的建设进度和工作的实际情况，组建管理机构，制定管理制度和有关规定。

建设准备工作的主要内容有：建设场地的征用、拆迁和平整；工程、水文、地质情况的勘察；设计基础资料的收集和设计文件的编审；施工用水、电、路等工程的建设；专用设备和建筑材料的组织；必要施工图纸的准备；组织招投标选定施工单位等。

工程准备工作就绪，由建设单位与施工单位共同提出开工报告，按初步设计审批权限报批，经批准后方可开工。

5.2.2.4 建设实施阶段

建设项目开工申请批准之后，工程项目便进入实施阶段。这是决定项目决策及项目建设投资效益的关键。施工单位应按建筑安装承包合同规定的权利、义务进行。施工安装必须严格按照施工图进行，如有变动，应取得设计单位同意后，方可改动。施工安装单位应按照施工安装顺序合理组织施工安装，施工安装过程中，要严格遵守设计要求和施工安装验收规范及操作标准，保证工程质量。建设工程只有在按设计要求、合同约定、预算投资、施工程序组织施工并达到建设设计标准竣工后，才可经过验收移交建设单位。

5.2.2.5 竣工验收阶段

当建筑工程项目建设按设计文件的规定内容全部施工完成后，便可组织验收。进入竣工验收阶段是建筑工程项目建设程序的最后环节，它是全面考核工程项目建设成果，检验设计和施工质量的重要环节，也是投资成果转入生产和使用的标志。对竣工验收环节，《中华人民共和国建筑法》第六十一条作了如下规定："交付竣工验收的建筑工程，必须符合规定的建筑工程质量标准，有完整的技术经济资料和经签署的工程保修书，并具备国家规定的其他竣工条件。建筑工程竣工验收合格后，方可交付使用；未经验收或者验收不合格的，不得交付使用。"《建设工程质量管理条例》第十六条对建设工程竣工验收应具备的条件也作了规定，"建设单位收到建设工程竣工报告后，应当组织设计、施工、工程监理等有关单位进行竣工验收。建设工程竣工验收应当具备以下条件：①完成建设工程设计和合同约定的各项内容；②有完整的技术档案和施工管理材料；③有工程使用的主要建筑材料、建筑构配件和设备的进场实验报告；④有勘察、设计、施工、工程监理等单位分别签署的质量合格文件；⑤有施工单位签署的工程保修书。

建筑工程验收合格的，方可交付使用。建设单位还应履行建设竣工验收的备案手续，在工程竣工验收合格后的十五日到县级以上人民政府建设行政主管部门或其他有关部门备案。"

5.2.3 建设项目的选址、用地和规划手续

建筑工程项目建设的前期工作，从投资机会和初步可行性研究开始，经过《项目建议书》批准的预备立项，到《可行性研究报告》批准的立项。其中在《项目建议书》批准以后要向规划管理部门办理《建设项目选址意见书》；之后，在《可行性研究报告》批准以后要向规划管理部门办理《建设用地规划许可证》；随后，紧接着要向土地管理部门办理《建设用地批准书》；最后，要向规划管理部门办理《建设工程规划许可证》。建设项目的选址、用地和规划手续的办理，必须严格遵守《中华人民共和国城乡规划法》和《中华人民共和国土地管理法》的有关规定。

5.2.3.1 建设项目选址意见书

根据《中华人民共和国城乡规划法》（以下简称《城乡规划法》）第三十六条的规定，按照国家规定需要有关部门批准或者核准的建设项目，以划拨方式提供国有土地使用权的，

建设单位在报送有关部门批准或者核准前，应当向城乡规划主管部门申请核发选址意见书。其他建设项目则不需要申请《选址意见书》。申请《建设项目选址意见书》的程序如下：

按照原《建设部关于统一印发建设项目选址意见书的通知》的规定，应遵循下述程序：

1. 凡计划在城市规划区内进行建设，需要编制设计任务书（可行性研究报告）的，建设单位必须向当地市、县人民政府城市规划主管部门提出选址申请；

2. 建设单位填写建设项目选址申请表后，城市规划主管部门根据《建设项目选址规划管理办法》的规定，分级核发建设项目选址意见书；

3. 按规定应由上级城市规划主管部门核发选址意见书的建设项目，市、县城市规划主管部门应对建设单位的选址报告进行审核，并提出选址意见，报上级城市规划主管部门核发建设项目选址意见书。

5.2.3.2　建设用地规划许可证

《城乡规划法》第三十七条规定："在城市、镇规划区内以划拨方式提供国有土地使用权的建设项目，经有关部门批准、核准、备案后，建设单位应当向城市、县人民政府城乡规划主管部门提出建设用地规划许可申请，由城市、县人民政府城乡规划主管部门依据控制性详细规划核定建设用地的位置、面积、允许建设的范围，核发建设用地规划许可证。建设单位在取得建设用地规划许可证后，方可向县级以上地方人民政府土地主管部门申请用地，经县级以上人民政府审批后，由土地主管部门划拨土地。"

申请《建设用地规划许可证》的程序如下：

1. 建设单位填报《建设用地规划许可证》申请表。报送申请表的同时附送：

（1）建设项目可行性研究报告批准文件；

（2）规划设计方案及相关部门意见；

（3）地形图及其他有关图纸和文件。

2. 规划管理部门审定设计方案或平面图、环保、消防、卫生防疫、绿化、交通等管理部门对相关问题的审核意见。

3. 规划管理部门核发《建设用地规划许可证》。

4. 建设单位持《建设用地规划许可证》向国土资源管理局申请《建设用地审批书》。

5.2.3.3　建设工程规划许可证

《城乡规划法》第四十条规定："在城市、镇规划区内进行建筑物、构筑物、道路、管线和其他工程建设的，建设单位或者个人应当向城市、县人民政府城乡规划主管部门或者省、自治区、直辖市人民政府确定的镇人民政府申请办理建设工程规划许可证。申请办理建设工程规划许可证，应当提交使用土地的有关证明文件、建设工程设计方案等材料。需要建设单位编制修建性详细规划的建设项目，还应当提交修建性详细规划。对符合控制性详细规划和规划条件的，由城市、县人民政府城乡规划主管部门或者省、自治区、直辖市人民政府确定的镇人民政府核发建设工程规划许可证。"因此《建设工程规划许可证》是建筑工程建设项目符合城市规划与否的合法凭证。

《建设工程规划许可证》审批程序如下：

1. 建设单位报送审批、设计方案；

2. 规划管理部门核发规划设计方案；

3. 建设单位填报《建设工程规划许可证申请表》并附送建设工程施工图、地形图和建设工程可行性研究报告批准文件等有关文件；

4. 规划管理部门核发《建设工程规划许可证》。

5.3 建筑行政许可制度

5.3.1 建筑工程许可制度

在计划经济条件下，国家对基本建设的管理，主要是依靠政府计划和行政命令。在市场经济条件下，国家为了控制和调节竞争，就必须强化立法对市场的宏观调控作用，建筑许可制度就是政府对建筑市场依法实施宏观管理的一个组成部分。因此建筑工程许可制度是市场经济的产物。它的实施既有利于规范建筑市场，维护社会经济秩序，保证建筑工程质量和生产的安全，也有利于保护建设单位以及从事建设活动的单位和个人依法从事相关建筑活动的合法权益。

5.3.1.1 建筑工程许可制度的概述

1. 建筑许可的概念

许可——准许或容许，即行政管理机关根据个人、组织的申请，依法准许申请者从事某种活动的行政行为。申请者的申请一旦获准，被批准者即依法获得了从事所申请行业活动的某种权利能力或从业资格。

建筑许可即实施建筑活动的准许或容许。具体指建筑行政主管部门或者其他有关行政主管部门准许、变更或终止公民、法人和其他组织从事建筑活动的具体行政行为。建筑许可的表现形式为建筑工程施工许可证书、批准证件（开工报告）、执业资质证书和从业资格证书。

2. 建筑行政许可的特点

（1）建筑工程许可制度的性质。建筑行政许可是国家为了实现对建筑市场的规范管理，而对建筑工程实施的一种行政管理手段，所以政府的这一行为属于行政行为。为此，有权行使建筑行政行为的机关，只能是建设行政主管部门。建筑行政主管部门代表国家对从事工程建筑活动，且需要获得行政许可的公民、法人和其他组织实施建筑行政许可管理的有关事宜。

（2）建筑许可制度实施的目的。政府实施建筑工程许可制度的目的在于，通过对建筑工程的开工以及对从事建筑活动的单位和个人的资格实行行政管理，实现政府对建筑市场的宏观管理和指导，从而使社会主义建筑市场能够健康、有序地发展，使建筑行业真正成为带动社会、经济的龙头。

（3）建筑许可制度的强制性。建筑许可对于建筑活动的从事者来讲，是一种资格的准许和获得，对获准者来讲，意味着准入，对一般人来讲则是一种禁止。未获准建筑许可资格的，依法严格禁止进行与建筑许可有关的建筑活动。对建筑工程开工和从事建筑活动，只有在符合特定条件的情况下才可进行。否则，就有可能受到相关法律法规规定的惩罚或制裁。所以，建筑许可制度具有强制性。

（4）建筑许可制度实施的被动性。建筑许可是依据建设单位或从事建筑活动的单位和个人的申请而作出的行政行为，它的实施以申请者的申请为前提，不是政府的积极的、主动的行为，而是被动的。所以建筑许可制度的实施具有被动性而不具有主动性。

（5）建筑许可制度是事前控制制度。建筑许可制度的实施，可通过对建筑工程施工应具备的基本条件的事前审查，以确实保证建筑工程开工后的顺利进行。为此，避免不具备条件的建筑工程的盲目开工给相关当事人带来损失以及可能造成社会财富浪费的现象发生。所以，建筑许可制度是一种事前控制制度。

3. 建筑工程许可的作用

建筑工程许可制度是国际上有效保证建筑工程质量和安全的通行做法。世界上许多国家的建筑法都明确规定了建筑工程许可制度的实施。《中华人民共和国建筑法》对建筑许可也作了相应的规定。实践证明，建筑工程许可制度的实行在工程建设过程中起到了积极的作用主要表现在以下几方面：

（1）建筑工程许可制度的实施，可以监督建设单位尽快实施和建成拟建项目，防止了土地闲置，实现土地的有效集约利用，避免了拟建工程可能出现的延期拖工，从而给社会公共利益带来影响。

（2）建筑工程许可制度的实施，可保证建筑项目开工后的顺利进行，避免了由于不具备施工条件而盲目上马，给参与工程建筑的单位造成不必要的损失。

（3）建筑工程许可制度的实施，有助于建设行政主管部门对在建项目实施有效的监督管理。避免国家对建设工程管理的失控。

5.3.1.2 建筑工程许可的形式

1. 建筑工程施工许可

建筑工程施工许可是指建设行政主管部门根据建设单位的申请，依法对建筑工程是否具备施工条件进行的审查的一种活动。活动的结果是建设行政主管部门对符合条件者，准许建筑工程开工并颁发施工许可证。因此，施工许可证是指建筑工程开工前，建设单位向建筑行政主管部门申请的可以施工的证明。

施工许可的时间与范围：建筑工程施工许可的时间，即施工申请人申请领取施工许可证的时间。根据《中华人民共和国建筑法》第七条的规定，施工许可证应在建筑工程开工前申请取得。

（1）建筑工程施工许可的范围，根据《中华人民共和国建筑法》第七条的规定，情况不同工程施工许可的要求也不同。分几种情况：

一般规范要求，即建筑工程开工之前，建设单位应按照国家有关规定向工程所在地县级以上人民政府建设行政主管部门申请领取施工许可证。

特殊规范要求，即国务院建设行政主管部门确定的限额以下的小型工程的开工，可以不按建筑工程施工许可制度的要求申请施工许可；

按照国务院规定的权限和程序批准开工报告的建筑工程，不再领取施工许可证。

（2）领取建筑工程施工许可证的条件：建筑工程施工许可证领取的条件，是指建设单位申请领取施工许可证应当满足的要求。施工许可证申请条件的依法确定，是为了保证建筑工程开工后，组织施工能够顺利进行。根据《中华人民共和国建筑法》第八条的规定，申请领取施工许可证，应当具备下列条件：

第一，该建设工程用地已经办理建筑工程用地批准手续，即获得有效的建设用地使用权证书（具体规范与要求见土地管理法律制度和城市规划法律制度有关章节）。

第二，在城市规划区进行建设的建筑工程，已经取得建设工程规划许可证和建设工程用地规划许可证（具体规范与要求见城市规划法律制度有关章节）。

第三，建设工程有前期拆迁工程的，其拆迁进度要符合施工要求。拆迁进度是指根据城市规划和国家专项工程的拆迁计划以及当地政府的用地文件，拆除和迁移建设用地范围内的房屋及其附属物，并由拆迁人对房屋及建筑物所有人或使用人进行补偿和安置的行为。对城市旧区进行建筑工程的新建、改建、扩建、拆迁是施工准备的一项重要任务。对成片进行综合开发的，应根据建筑工程建设计划，在满足施工要求的前提下，分批分期进行拆迁。拆迁必须按计划和施工进度的要求进行，无计划或不按计划进行，都可能造成不必要的损失和浪费。

根据《城市房屋拆迁管理条例》的规定，房屋拆迁的程序，主要经过申请、审批、房屋拆迁行政公告、签定拆迁协议、实施拆迁等过程。

第四，确定了建筑施工企业。在建筑工程开工前，建筑单位必须确定有相应资质的建筑施工企业承包该建筑工程的建筑施工。否则建筑工程的施工就无法进行（具体规范与要求见建筑工程招投标法律制度的有关章节）。

第五，满足工程施工需要的施工图纸及技术资料，施工图设计文件并已经按照规定通过审查。施工图纸是实现工程建筑的最基本的技术文件，是施工的依据。为此，设计单位在设计工作安排时，应按施工的顺序和施工的进度安排好施工图纸的配套交付计划，保证满足施工的需要。

技术资料是建筑工程施工的重要前提条件，准确地掌握技术资料，是领会技术要求和规范施工，实现建筑工程质量和安全的根本保证。因此，在开工前，必须要有满足施工需要的技术资料。技术资料包括地形、地质、水文、气象等自然条件的资料和主要原材料、燃料来源、水电供应和运输条件等技术经济条件资料。

第六，有保证工程质量和安全的具体措施。工程质量和安全的具体措施是工程施工组织设计的一项重要内容。所以，施工组织设计的编制是施工准备工作的中心环节，它编制的质量和水平，直接影响到建设工程的质量和建设生产的安全，也决定了建设工程组织施工能否顺利进行。因此，组织施工设计必须在建筑工程开工前编制完毕。

施工组织设计主要内容包括：工程任务情况、施工总方案、主要施工办法、工程师施工进度计划、主要单位工程综合进度计划和施工力量、机械及部署、施工组织技术措施（包括工程质量、安全防护以及环境污染防护等各种措施）、施工总平面图、总包和分包的分工范围以及交叉施工的部署等。

施工组织设计由建筑施工企业负责编制，按照隶属关系及工程性质、规模、技术繁简程度实行分级审批。

第七，建设资金已经落实。建设资金的落实是建筑工程开工后顺利进行的根本保障。根据《中华人民共和国建筑法》的规定，在建筑工程开工前，建设资金必须足额落实。如是按照国家有关规定应当纳入投资计划的，已经列入年度计划。计财政、审计等部门应严格审查建设项目开工前和年度计划中的资金来源，出具资金证明。对建设资金不落实或资金不足的建设工程，建设行政主管部门不予颁发施工许可证。另《建筑工程施工许可管理办法》对此也做了相关规定，建设工期不足一年的，原则上讲，到位资金不得少于工程合同价的50%。建设单位应当提供银行出具的资金到位证明，有条件的可以实行银行付款保函或其他第三方担保的方式。

第八，按照规定应该委托工程监理的建设工程已委托工程监理。

第九，法律、法规规定的其他条件。法律法规规定的其他条件是指相关法律法规对施工许可证申领条件的特别规定。由于建筑施工活动本身和技术要求的复杂性，决定了建设工程施工规范的复杂性。因此，依法规定的建设工程施工许可证领取的条件很难以列举的方式穷尽。加之，随建筑市场的不断发展，建筑市场的规范和立法也在不断的更新和完善，施工许可证的领取条件也必然会随之不断改进和完善。

(3) 建筑许可证有效的条件和延期的限制：根据《中华人民共和国建筑法》第九条的规定，施工许可证的有效条件和延期的限制包括以下几个方面：

第一，建设单位应当自领取建设施工许可证起三个月内开工。领证之日为建设行政主管部门签发交付建设单位建设工程施工许可证之日。

第二，建设单位因故不能按期开工的，可以向发证机关申请延期。申请延期的时间应是领取施工许可证规定的开工时限到期之前。申请延期的理由，应是指不可抗力或难以补救的现象。如自然灾害、场地建设未按期完工、建筑材料、构件以及必要的施工设备等未按原计划进厂等情况出现时，建设单位可以申请延期开工。

第三，延期申请以两次为限，每次不得超过三个月。即不开工又不申请延期的，施工许可证自行作废。

2. 建筑工程从业资格许可制度

建筑活动从业资格许可制度包括从事建筑活动的单位的从业资格许可制度和从事建筑活动的个人的执业资格许可制度。

从事建筑活动的单位的从业资格制度是指建设行政主管部门对从事建筑活动的建设施工企业、勘察设计单位和工程监理单位的人员素质、管理水平、资金数量、业务能力等进行审查，以确定其承担相关业务的能力和范围，并发给相应的资质证书的一种管理制度。

从事建筑活动的执业资格制度是指建设行政主管部门对从事建筑活动的专业技术人员，依法进行考试、注册，并颁发执业资格证书的一种管理制度。建筑工程执业人员主要有注册建筑师、注册结构师、注册监理师、注册工程造价师以及法律、法规规定的其他人员。

(1) 建筑工程从业资格许可的法律依据

建设工程从业许可的法律依据主要有：《建筑业企业资质管理规定》、《建设工程勘察设计资质管理规定》、《工程监理企业资质管理规定》、《工程造价咨询企业管理办法》、《中华人民共和国注册建筑师条例实施细则》、《监理工程师资格考试和注册试行办法》、《注册结构工程师执业资格制度暂行规定》、《造价工程师执业资格制度暂行规定》以及《中华人民共和国建筑法》的相关规定。

(2) 建筑工程从业许可的内容

建筑活动从业许可管理的内容主要包括几方面：①建筑企业、勘察单位、设计单位和工程监理单位从事建筑活动应具备的条件；②建筑施工企业、勘察单位、设计单位和工程监理单位应在建筑工程从业许可范围内从事建筑活动；③建筑工程执业的专业技术人员从事建筑活动应依法取得执业资格证书。

(3) 建筑工程从业许可的条件

从业单位应具备的条件：根据《中华人民共和国建筑法》第十二条的规定，从事建筑活动的建筑施工企业、勘察单位、设计单位和工程监理单位应符合以下四方面的条件：

1）有符合国家规定的注册资本。注册资本是判断企业经济实力和责任能力的主要依据，它对建筑活动中债权人的利益有重要的保障作用。这是从事建筑活动的企业法人或企业组织在建筑活动法律关系中的权利和义务是相一致原则的反映，也是由企业利益与风险相一致的原则决定的。因此，建筑施工企业、勘察单位、设计单位和工程监理单位的注册资本根据相关法律、法规的规定，必须与其所从事的建筑活动相适应；

2）具有与其从事建筑活动相适应的法定执业资格的专业人员。建筑活动具有很强的专业性和技术性。因此，从事建筑活动的建筑施工企业、勘察单位、设计单位和工程监理单位必须有足够的、具有法定执业资格的专业技术人员（如经济、会计、统计等管理技术人员、建筑师、工程师等专业技术人员）；

3）有从事相关建筑活动所应具有的技术装备。建筑活动的专业性和技术性，决定了从事建筑活动的单位如没有相应的技术装备，就无法进行建筑活动。因此，从事建筑活动的建筑施工企业、勘察单位、设计单位和工程监理单位必须有从事建筑活动所应具有的技术装备。否则，不得从事建筑活动；

4）法律、行政法规规定的其他条件。建筑施工企业、勘察单位、设计单位和工程监理单位从事建筑活动除了以上三方面的条件外，根据《中华人民共和国公司法》的规定，还必须具备从事经营活动所应具备的其他条件。如设立从事建筑活动的有限责任公司和股份有限公司；股东或发起人必须符合法定人数；有股东或发起人共同制定的公司章程；有公司名称；有固定的生产经营场所和必要的生产经营条件等。

3．从事建筑活动人员执业资格的条件：

（1）应具有一定的专业学历和专业资力；

（2）通过国家考试；

（3）获得相应的建筑工程执业技术资格证书，并注册确定其执业的资格。

4．从业单位的资质审查和管理制度

从业单位资质审查制度是指建设行政主管部门对从事建筑活动的建筑施工企业、勘察单位、设计单位和工程监理单位拥有的注册资本、专业技术人员、技术装备和已完成的建筑工程业绩、管理水平等进行审查，以此确定其承担业务的范围，发给相应的资质证书，并允许其在资质等级许可的范围内从事建筑活动的一种制度。

（1）建筑业企业

2007年6月26日建设部以第159号令颁布的《建筑业企业资质管理规定》主要从建筑业企业的资质序列、类别和等级、资质许可、监督管理、法律责任等几方面作了明确规定。

建筑业企业资质分为施工总承包、专业承包和劳务分包三个序列。

取得施工总承包资质的企业（以下简称施工总承包企业），可以承接施工总承包工程。施工总承包企业可以对所承接的施工总承包工程内各专业工程全部自行施工，也可以将专业工程或劳务作业依法分包给具有相应资质的专业承包企业或劳务分包企业。

取得专业承包资质的企业（以下简称专业承包企业），可以承接施工总承包企业分包的专业工程和建设单位依法发包的专业工程。专业承包企业可以对所承接的专业工程全部自行施工，也可以将劳务作业依法分包给具有相应资质的劳务分包企业。

取得劳务分包资质的企业（以下简称劳务分包企业），可以承接施工总承包企业或专业承包企业分包的劳务作业。

施工总承包资质、专业承包资质、劳务分包资质序列按照工程性质和技术特点分别划分为若干资质类别。各资质类别按照规定的条件划分为若干资质等级。建筑业企业资质等级标准和各类别等级资质企业承担工程的具体范围，由国务院建设主管部门会同国务院有关部门制定。

建筑业企业资质等级的划分，根据企业资质类别的不同而不同。施工总承包序列按规定的条件分为特级、一级、二级和三级；专业承包序列分为一、二、三级和不分等级资质；劳务分包序列不分等级。

（2）工程勘察和设计

2007年6月26日建设部发布了第160号令《建设工程勘察设计资质管理规定》，对工程勘察资质分类和等级、申请和审批、监督与管理、法律责任等作了明确规定。

工程勘察资质分为工程勘察综合资质、工程勘察专业资质、工程勘察劳务资质。

工程勘察综合资质只设甲级；工程勘察专业资质设甲级、乙级，根据工程性质和技术特点，部分专业可以设丙级；工程勘察劳务资质不分等级。

取得工程勘察综合资质的企业，可以承接各专业（海洋工程勘察除外）、各等级工程勘察业务；取得工程勘察专业资质的企业，可以承接相应等级相应专业的工程勘察业务；取得工程勘察劳务资质的企业，可以承接岩土工程治理、工程钻探、凿井等工程勘察劳务业务。

工程设计资质分为工程设计综合资质、工程设计行业资质、工程设计专业资质和工程设计专项资质。工程设计综合资质只设甲级；工程设计行业资质、工程设计专业资质、工程设计专项资质设甲级、乙级。根据工程性质和技术特点，个别行业、专业、专项资质可以设丙级，建筑工程专业资质可以设丁级。取得工程设计综合资质的企业，可以承接各行业、各等级的建设工程设计业务；取得工程设计行业资质的企业，可以承接相应行业相应等级的工程设计业务及本行业范围内同级别的相应专业、专项（设计施工一体化资质除外）工程设计业务；取得工程设计专业资质的企业，可以承接本专业相应等级的专业工程设计业务及同级别的相应专项工程设计业务（设计施工一体化资质除外）；取得工程设计专项资质的企业，可以承接本专项相应等级的专项工程设计业务。

（3）工程监理企业

2007年6月26日建设部发布了第158号令《工程监理企业资质管理规定》，对工程监理企业的资质等级和业务范围、申请和审批、监督管理、法律责任等作了规定。

工程监理企业资质分为综合资质、专业资质和事务所资质。其中，专业资质按照工程性质和技术特点划分为若干工程类别。综合资质、事务所资质不分级别。专业资质分为甲级、乙级；其中，房屋建筑、水利水电、公路和市政公用专业资质可设立丙级。

综合资质可以承担所有专业工程类别建设工程项目的工程监理业务。

专业资质：甲级资质可承担相应专业工程类别建设工程项目的工程监理业务；乙级资质可承担相应专业工程类别二级以下（含二级）建设工程项目的工程监理业务；丙级资质可承担相应专业工程类别三级建设工程项目的工程监理业务。

事务所资质可承担三级建设工程项目的工程监理业务，但是，国家规定必须实行强制监理的工程除外。

工程监理企业可以开展相应类别建设工程的项目管理、技术咨询等业务。

（4）工程造价咨询企业

2006年3月22日建设部颁布了第149号令《工程造价咨询企业管理办法》，对工程造价咨询企业的资质等级与标准、资质许可、咨询管理、法律责任等作了明确规定。

工程造价咨询企业资质等级分为甲级、乙级。甲级工程造价咨询企业可以从事各类建设项目的工程造价咨询业务。乙级工程造价咨询企业可以从事工程造价5000万元人民币以下的各类建设项目的工程造价咨询业务。

5. 从业人员执业资格审查制度

从业人员执业资格审查制度是指对具有一定专业学历、资历的从事建筑活动的专业技术人员，通过国家相关考试和注册确定其执业的技术资格，获得相应的建筑工程文件签字权的一种制度。从事建筑活动的专业技术人员，应当依法取得相应的执业资格证书，并在执业资格证书许可的范围内从事建筑活动。目前，我国建筑领域的专业技术人员执业资格制度有五种类型：即注册建筑师、监理工程师、注册结构师、注册城市规划师和工程造价师。

（1）注册建筑师

注册建筑师是指依法取得注册建筑师证书，并从事房屋建筑设计及相关业务的专业技术人员。1995年9月23日国务院颁布的《中华人民共和国注册建筑师条例》，2008年1月29日建设部颁布了第167号令《中华人民共和国注册建筑师条例实施细则》，对注册建筑师的考试、注册、执业、继续教育、监督检查、法律责任等作了相关的具体规定。

注册建筑师的报考条件：报考条件根据申请的级别不同而不同。报考者只要符合以下规定条件之一即可报考。

一级注册建筑师的报考条件：

1）取得建筑学硕士以上学位或者相近专业工学博士学位，并从事建筑设计或者相关业务2年以上的；

2）取得建筑学学士学位或者相近专业工学硕士学位，并从事建筑设计或者相关业务3年以上的；

3）具有建筑学专业大学本科毕业学历并从事建筑设计或者相关业务5年以上的，或者具有建筑学相近专业大学本科毕业学历并从事建筑设计或者相关业务7年以上的；

4）取得高级工程师技术职称并从事建筑设计或者相关业务3年以上的，或者取得工程师技术职称并从事建筑设计或者相关业务5年以上的；

5）不具有前四项规定的条件，但设计成绩突出，经全国注册建筑师管理委员会认定达到前四项规定的专业水平的。

二级注册建筑师的报考条件：

1）具有建筑学或者相近专业大学本科毕业以上学历，从事建筑设计或者相关业务2年以上的；

2）具有建筑设计技术专业或者相近专业大专毕业以上学历，并从事建筑设计或者相关业务3年以上的；

3）具有建筑设计技术专业4年制中专毕业学历，并从事建筑设计或者相关业务5年以上的；

4）具有建筑设计技术相近专业中专毕业学历，并从事建筑设计或者相关业务7年以上的；

5）取得助理工程师以上技术职称，并从事建筑设计或者相关业务3年以上的。

注册建筑师的注册与管理：一级注册建筑师考试合格者，由全国注册建筑师管理委员会核发《一级注册建筑师考试合格证书》；二级注册建筑师考试合格者，由省、自治区、直辖市注册建筑师管理委员会核发《二级注册建筑师考试合格证书》。考试合格证书的取得以示取得注册建筑师资格。一级注册建筑师的注册机构是全国注册建筑师管理委员会；二级注册建筑师的注册机构是省、自治区、直辖市注册建筑师管理委员会。另外，对不予注册的有关情形也作了相关的规定。有下列情形之一的不予注册：第一，不具有完全民事行为能力的；第二，因受刑事处罚，自处罚执行完毕之日起至申请注册之日止不满5年的；第三，因在建筑设计或相关业务中犯有错误，受行政处罚或撤职以上行政处分的。自处罚（处分）决定之日起至申请注册之日止不满2年的；第四，受吊销注册建筑师证书的行政处罚，自处罚决定之日起至申请注册之日止不满5年的；第五，有国务院规定不予注册的其他情形的。

注册证明每两年注册一次。已经注册的注册建筑师需继续注册时，应在注册有效期终止日前30天内向注册建筑师管理委员会提出注册申请。有下列情形之一的不予注册：第一，完全丧失民事行为能力的；第二，受刑事处罚的；第三，因在建筑设计或相关业务中犯有错误，受行政处罚或撤职以上行政处分的；第四，自行停止注册建筑师业务2年的。被撤销注册的人员可以按照规定重新注册。

注册建筑师的执业范围：注册建筑师的执业范围包括建筑设计、建筑设计技术咨询、建筑物调查与鉴定、对本人主持设计的项目进行指导和监督、国务院建设行政主管部门规定的其他业务。

注册建筑师在取得合法的执业资格证书之后，依法享有一定的权利和承担一定的义务，并负有相应的责任。以此享有的权利有几方面：第一，有权以注册建筑师的名义执行注册建筑师业务。二级注册建筑师不得以一级注册建筑师的名义执行业务，也不得超越国家规定的二级注册建筑师的执业范围执行业务；第二，注册建筑师对国家规定的一定跨度、跨径和高度以上的房屋建筑主持设计时，要在设计文件上签字；第三，任何单位和个人未征得注册建筑师的同意，不得修改注册建筑师的设计图纸，但因特殊情况不能征得该注册建筑师同意的除外。以此承担的义务有几方面：第一，遵守法律法规和职业道德，维护社会公共利益，保证建筑设计的质量，并在其负责设计的图纸上签字；第二，保守在执业中知悉的单位和个人的秘密；第三，不得同时受聘于两个以上的建筑工程设计单位执行业务；第四，不能准许他人以本人名义执行业务。

注册建筑师在从事工程建设相关活动的责任主要是，设计质量造成的经济损失，依法由与注册建筑师有隶属关系的设计单位承担赔偿责任。承担赔偿责任的建筑设计单位，可以对签字的注册建筑师根据其在该责任事故中责任的大小，进行追赔。

（2）监理工程师

监理工程师是指经全国统一考试合格并注册取得监理工程师岗位证书的工程建设监理人员。监理工程师系岗位职称。1992年7月建设部颁布的《监理工程师资格考试和注册试行办法》，对注册监理工程师的考试、注册以及权利和义务作了具体规定。

注册监理工程师报考条件：从业人员报考注册监理工程师时，首先要具有高级专业技术职称或获得中级专业技术职称后具有3年以上工程设计或施工管理实践经验；其次，在全国监理工程师注册机关认定的培训单位经过监理业务培训，并取得培训结业证书。

经监理工程师考试合格者，由监理工程师注册机关核发《监理工程师资格证书》。自领取证书起，5年内未注册的，其证书失效。

监理工程师的注册：取得《监理工程师资格证书》的人员，可以由拟聘用申请者的工程建设监理单位统一向本地区或本部门的监理工程师注册机关提出注册申请。监理工程师注册机关收到申请后，根据全国监理工程师注册机关批准的计划，对符合条件的申请者择优予以注册，颁发《监理工程师岗位证书》，并报全国监理工程师注册机关备案。监理工程师注册机关每5年要对《监理工程师岗位证书》持有者复查一次。对不符和条件者注销注册，收回《监理工程师岗位证书》。已经取得《监理工程师资格证书》但未注册的人员，不得以监理工程师的名义从事建设监理业务。已经注册的监理工程师，不得以个人的名义私自承接工程建设监理业务。

（3）注册结构工程师

注册结构工程师是指取得注册结构工程师执业资格证书，并从事房屋结构、桥梁结构及塔架结构等工程设计及相关业务的专业技术人员。1997年9月1日建设部、人事部联合颁发的《注册结构工程师执业资格制度暂行规定》，对注册结构工程师执业资格的有关问题作了规定。

注册结构工程师的报考与注册：我国注册结构工程师分为一级注册结构工程师和二级注册结构工程师。注册结构工程师考试实行全国统一大纲、统一命题、统一组织的方法，原则上每年举行一次考试。一级注册结构工程师资格考试由基础考试和专业考试两部分组成。申请参加考试的人员，在通过基础考试，从事结构工程设计或相关业务符合有关规定的年限之后，方可申请参加专业考试。基础考试和专业考试合格者颁发《注册结构工程师执业资格证书》。对准予注册的申请人，分别由全国注册结构工程师管理委员会和省、自治区、直辖市注册结构工程师管理委员会核发《注册结构工程师注册证书》。同时对不予注册的情形也作了相关的规定。有下列情形之一的不予注册：第一，不具有完全民事行为能力的；第二，因受刑事处罚，自处罚执行完毕之日起至申请注册之日止不满5年的；第三，因在结构工程或相关业务中犯有错误，受行政处罚或撤职以上行政处分的，自处罚（处分）决定之日起至申请注册之日止不满2年的；第四，受吊销注册结构工程师注册证书处罚，自处罚决定之日起至申请注册之日止不满5年的；第五，建设部和国务院有关部门规定不予注册的其他情形的。

注册结构工程师注册有效期为2年，有效期届满需要继续注册的，应当在期满前30天内办理注册手续。注册结构工程师注册后，有下列情形之一的，由全国或省、自治区、直辖市注册结构工程师管理委员会撤销注册，收回注册证书：第一，完全丧失民事行为能力的；第二，因受刑事处罚的；第三，因在工程设计或相关业务中造成事故，受行政处罚或撤职以上行政处分的；第四，自行停止注册结构工程师业务满2年的。

注册结构工程师的执业范围：注册结构工程师的执业范围主要包括：结构工程师设计、结构工程师设计技术咨询、建筑物、构筑物、工程设施等的调查和鉴定、对本人主持设计的项目进行施工指导和监督、建设部和国务院有关部门规定的其他业务。

注册结构工程师执业的法律责任：注册结构工程师在从业中因结构设计质量造成的经济损失，由与设计人员有隶属关系的勘察设计单位承担赔偿责任，勘察设计单位有权向造成经济赔偿的结构设计签字的注册结构工程师实行追赔。

(4）造价工程师

造价工程师是指经全国造价工程师执业资格统一考试合格，取得造价工程师注册证书并从事建筑工程造价活动的人员。1996年8月26日人事部与建设部联合颁发的《造价工程师执业资格制度暂行规定》，对注册造价工程师执业的有关问题作了规定。

造价工程师的考试与注册：造价工程师执业资格考试实行全国统一大纲、统一命题、统一组织的办法。原则上每年举行一次。报考者只要具备以下条件之一者即可报考：第一，工程造价专业大专毕业后，从事工程造价工作满5年；工程或工程经济类大专毕业后，从事工程造价业务工作满6年；第二，工程造价专业本科毕业后，从事工程造价业务满4年，工程或工程经济类专业本科毕业后，从事工程造价业务满5年；第三，获上述专业第二学士学位、研究生毕业或获硕士学位后，从事工程造价业务工作满3年；第四，获上述专业博士学位后，从事工程造价业务满2年。

通过造价工程师考试合格后者，由省、自治区、直辖市人事部门颁发人事部统一印制、人事部和建设部共同用印的造价工程师执业资格合格证书，该证书在全国范围有效。

取得造价工程师执业资格合格证书的人员，应当在取得合格证书后3个月内，到省级注册机构或部门注册机构申请初始注册。申请初始注册时应提交以下材料：第一，造价工程师注册申请表；第二，造价工程师执业资格考试合格证书；第三，工作业绩证明。如超过规定期限申请初始注册的，除提交上述材料外，还应提交建设行政主管部门认可的造价工程师继续教育证明。有下列情形之一的，不予注册：第一，丧失民事行为能力的；第二，受过刑事处罚，自刑事处罚执行完毕之日起至申请注册之日止不满5年的；第三，在造价工程业务中有重大过失，受过行政处罚或撤职以上行政处分，自处罚（处分）决定之日起至申请注册之日止不满2年的；第四，在申请注册过程中有弄虚作假行为的。

造价工程师初始注册的有效期为2年，自核准注册之日起计算。注册有效期满要求继续执业的，造价工程师应在注册有效期满前2个月向省级注册机构或部门注册机构申请继续注册。申请时应提交从事工程造价活动的业绩、工作总结和国务院建设行政主管部门认可的工程造价继续教育证明。申请续期注册有下列情形之一的不予续期注册：第一，无业绩证明和工作总结的；第二，同时在两个单位执业的；第三，未按规定参加造价工程师继续教育或继续教育未达到标准的；第四，允许他人以本人名义执业的；第五，在从事工程造价活动中有弄虚作假行为的；第六，在从事工程造价活动中有过失，造成重大损失的。续期注册有效期为2年，自准予续期之日算起。

造价工程师的执业范围主要包括：造价工程师的执业范围主要包括：建设项目投资估算的编制、核审及项目经济评价；工程概预算、结算、决算、工程招投标书的编制审核；工程变更及合同价款的调整和索赔费用的计算；建设项目各阶段的工程造价控制；工程经济纠纷的鉴定；工程造价依据的编制、核审以及与工程造价有关的其他业务。

造价工程师的权利义务与责任：造价工程师在从业过程中依法享有以下权利：第一，独立执行造价工程师岗位业务并参与工程项目经济管理的权利。第二，在所经办的工程造价成果文件上签字的权利；凡经造价工程师签字的工程造价文件需要修改时应经本人同意。第三，使用造价工程师名义的权利。第四，依法申请开办工程造价咨询单位的权利。第五，造价工程师对违反国家有关法律法规的意见和决定有权提出劝告，拒绝执行并有向上一级或有关部门报告的权利。

造价工程师从业中应履行的义务：第一，熟悉掌握和严格执行国家有关工程造价的法律法规和规定。第二，恪守职业道德和行为规范，遵纪守法，秉公办事。第三，及时掌握国内外新技术、新材料、新工艺的发展应用，为工程造价管理部门制定、修订工程定额提供依据。第四，自觉接受继续教育，更新知识，积极参加职业培训，不断提高业务水平。第五，不得参与，与经办工程有关的其他单位委托的事关经办项目的经营活动。第六，严格保守执业中得知的技术和经济秘密。

造价工程师从业中的责任主要是，对经办工程造价文件质量负有经济和法律责任。

5.3.2 建筑工程监理法律制度

5.3.2.1 建筑工程监理的概述

1. 建筑工程监理的概念

《中华人民共和国建筑法》第三十条规定："国家推行建筑工程监理制度。国务院可以规定实行强制监理的建筑工程的范围。"第三十一条规定："实行监理的建筑工程，由建设单位委托具有相应资质条件的工程监理单位监理。建设单位与其委托的工程监理单位应当订立书面委托监理合同。"据此规定，建筑工程监理活动有两种不同性质的监理：

（1）政府行政职能的工程监理，是指政府建设行政监理部门通过对工程项目建设参与者的行为进行监控、督导和评价，以保证参与者的建设行为能符合法律、法规、技术标准和有关政策的规定，从而实现建设活动的合法、科学和经济。政府监理属于强制性监理，是政府建设行政主管部门依法向所有业主的投资建设活动实施的监理和对建筑市场的交易活动及社会监理组织实行的监督管理。政府建设监理机构是国家机器的组成部分，在此，建设工程的参与者是指建设单位、施工单位、材料设备供应单位以及社会监理单位；监理执行者，是指政府的建设行政管理部门。监理执行者实施的监理行为是具有政府职能的行政行为。在监理法律关系中，监理者和被监理者之间处于不平等的法律地位。为此，被监理者不得拒绝政府建设监理执行机构的监理。为实现政府监理的协调、有效，依法确定了政府建设监理工作的基本原则，即统一领导、分级管理、分工负责。为此从建设部到各级建设主管部门，应分别对全国和本地区建设项目监理工作实行统一管理；国务院各专门部门，负责本部门专业项目建设监理工作。

（2）社会服务职能的工程监理，是指具有资质的监理单位受工程项目业主的委托，依据国家有关法律、法规，根据经建设主管部门批准的工程项目建设文件、建设工程委托监理合同及其他建设工程合同，对工程建设实施的专业化监督与管理的活动。建设工程监理制度是一项经济法律制度。监理委托方是建设工程的业主，监理执行者是经政府有关部门认证，取得建筑工程监理从业资格的监理单位或建筑工程监理师。监理的职责是依法、依约为业主的利益，对建设工程的质量、安全、投资以及工期等负责。为此，该意义上的建设工程监理活动是一种经济行为。

所以，前者属政府职能机构的监理，也称政府监理；后者属专业技术服务类的监理，也称社会监理。两者有机地构成了建设工程监理制度。政府监理活动的主要职责是制定相关的监理法律规范制度和依法进行监理的宏观管理。其追求目标是实现社会财富价值的最大化。社会监理组织则主要承担专业性、技术性强的建设监理的具体工作，其追求的目标是为投资主体实现投资目的的最大效益化。

虽然两种监理的基本任务和性质有所不同，但无论何种性质的监理活动，实施的根本目的在于通过对建筑活动的宏观和微观监控，以保证建筑工程项目建设的质量和安全。

2. 建筑工程监理的类型

根据承担建设工程监理的承担者从业性质的不同，建设工程监理的类型主要有以下几种：

（1）设计单位对建设项目的监理。作为设计单位对建设项目的监理任务，大多由建筑事物所承担，当建筑项目规模庞大，技术复杂时，一般由多个设计单位承担，设计单位必要时可委托咨询机构为其进行建设项目的监理工作。

（2）承包商对建设项目的监理。对施工项目总承包的建设工程，施工总承包单位在建设项目总承包中包括工程监理内容的，总承包商对建设项目实施监理。总承包商对业主负责。在建设项目规模较大，总承包商自行监理有困难时，可委托咨询单位代为其进行建设项目的监理。这种情况下，则实行项目监理的单位为总承包商的代表，其监理行为对总承包商负责。

（3）业主委托监理单位对项目建设的监理。业主委托项目建设监理的组织形式有三种形式。一是项目建设监理总分包形式。即业主把一个建设项目的全部建设监理工作委托给建设监理总承包单位，建设监理总承包单位再把部分监理工作委托给其他监理公司。这种形式一般适用于大中型建设项目的建设监理。二是建设项目分别委托形式。即业主把一个建设项目的建设监理工作分别委托给几个监理公司完成，该形式的委托监理适用于大中型的建设项目。三是项目建设监理总承包委托形式。即业主把一个建设项目监理工作委托给一个监理公司，受委托公司不再把所承担的监理任务委托给别的建设监理公司，而是由受托公司独立完成建设项目的监理工作。这种形式适用于中小型建设项目。

3. 建筑工程监理的实施范围

一个建设项目作为一个具体的建设投资系统，对其建设活动的监理也应是全程的和系统的。因此，工程项目监理是从业主确定投资意图、项目决策、项目设计、项目招投标、建筑施工、设备安装、系统调试到竣工验收和投产运行的全过程实施的活动。据此，工程项目监理的实施范围可以从两个方面进行归纳：

从建设项目监理实施范围的覆盖面上讲，建设项目监理覆盖我国所有的建设项目。这里所指的"覆盖"，有两层含义，一是指监理覆盖所有形式的工程建设项目。即无论是何种投资性质的建设项目和何种类型的建设项目，都依法适用监理制度；二是指监理覆盖工程建设项目的各个建设阶段。即建设项目一旦批准立项，各有关部门即依法、依约对建设工程的各个阶段实施监理。因此，从工程项目的诞生到投产运行的全过程中，政府建设行政主管部门即依法定分工职责，从不同阶段和不同方面对它进行强制性监理，国家并提倡和鼓励所有的建设工程均允许委托监理单位实施监理（政府有规定的保密工程除外）。

从建设项目监理实施分工范围上讲，政府以贯彻国家投资计划、规范建筑市场秩序、提高建设投资效益和维护社会公众利益为目的，从工程项目的可行性研究开始，到工程项目的竣工验收，把建设的全过程都纳入监督和控制之下，实行强制管理。按照我国当前的部门分工，建设前期阶段由计划部门以及规划管理部门、土地管理部门、环境保护管理部门、消防部门、公安部门等负责实施监督管理；工程建设实施阶段由建设主管部门负责监督管理。实施社会监理的工程建设项目，建设单位可以对建设项目的全程实施专业性的监理委托,将建设项目委托给专门的专业监理机构对工程建设项目实施全程监理工作。目前我国法律的规定,社会监理是自愿委托性质,建设单位根据需要和工程特点,可以将建设项目的全程实施总委托监理,也可以根据建设项目的不同阶段实行分阶段委托监理或选择自行监理。

5.3.2.2 建筑工程监理制度的实施

1. 建设工程监理的法律依据

随着我国市场经济制度的建立和健全,建筑市场也不断发展和完善。建设监理制度,作为规范建设市场法律制度的组成部分,也得到了不断的建立和健全。到目前为止,我国已形成了以政府监理为主导、社会监理为主体、法律规范为标准、合同约定为条件的宏观和微观两个层次、多种形式格局的建设监理的制度体系。主要的法律依据有:

1988年7月25日建设部发布的《关于开展建设监理工作的通知》,这是我国开始实行建筑工程建设监理制度的标志。同年10月,建设部明确了在北京、天津、上海、哈尔滨、沈阳、宁波、深圳等市和能源部的水电系统、交通部的公路系统进行建设监理工作的试点,并制定印发了《关于开展建设监理工作试点工作的若干意见》。

1989年7月建设部颁发了《建设监理试行规定》这是建设监理工作的第一个规范性文件。

1992年1月建设部以第16号令颁发了《工程建设监理单位资质管理实行办法》,同年6月又颁发了建设部第18号令《监理工程师资格考试和注册实行办法》。

1992年9月建设部、国家物价局联合印发了《关于发布工程建设监理费有关标准的通知》。

1995年10月建设部、国家工商行政管理局印发了《工程监理合同》的示范文本。同年12月,建设部、国家计委印发了《工程建设监理规定》。

以上这些建设监理法规的出台,为我国建设监理制度的推行和执行起到了重要的作用。

1997年11月1日第八届全国人民代表大会常务委员会第二十八次会议通过并颁布了《中华人民共和国建筑法》,该法的第四章对我国实行建筑工程监理制度作了专章的规定。在第三十条到第三十五条中,对建设工程监理制度的实行、内容、要求、程序以及权利义务和法律责任等几方面作了明确规定。《中华人民共和国建筑法》的颁布和实施,标志着我国建设工程监理的法律规范走上了法制的轨道。

2000年1月30日国务院颁布了《建设工程质量管理条例》。《建设工程质量管理条例》以保证建设工程质量立法的根本目的,对建设工程的监理提出相应的规范要求。不仅对实行强制监理的范围作了规定,而且规定建设监理单位同建设单位、勘察单位、设计单位等对所执行的建设工程的工程质量负责。该法规的颁布,标志着我国建设工程监理法律体系的不断完善和健全。

2. 建筑工程监理组织机构与职责

(1)建设工程监理机构

建设监理机构,即依法设置或依法确定对工程建设有权实施监理的单位或部门。依法确定有权实施监理的部门,一般指对建设工程实施行政监理管理的机构,即国家建设行政主管机关。依法设置有权实施监理的单位,一般指对建设工程实施技术监理的机构,即建设监理公司、监理事务所以及兼营建设监理业务的项目设计、科研、建设项目咨询等单位。

（2）建设监理机构的职责

建设监理机构的性质决定建设监理的职责范围。国家建设行政主管机关对建设工程的监理职责是依法行政。因此，建设行政主管机关的职责，是以建设活动监理准入权审批以及对建设活动的计划性、合法性、规范性的监督检查为范围。

社会监理机构对建设工程监理的职责是依法、依约承担业务活动的职业行为。《中华人民共和国建筑法》第三十四条规定："工程监理单位应当在其资质等级许可的监理范围内，承担工程监理业务。工程监理单位应当根据建设单位的委托，客观、公正地执行监理业务。工程监理单位与被监理工程的承包单位以及建筑材料、建筑构配件和设备供应单位不得有隶属关系或者其他利害关系。"该规定首先说明，作为监理经营性服务单位，除依法、依约从事工程建设监理之外，还可从事工程咨询活动，但不得超越执业所规定的工程类别和工程级别承揽工程建设监理业务或从事变相的工程承包活动。再者，该规定确定了社会监理机构监理职责的性质是代表业主的建设监理，本身一般不承担具体的设计和施工任务。建设监理执行者与设计单位、施工承包商、材料及设备供应商没有直接的经济合同和业务往来。因此，本着为业主服务的基点，建设监理执行者的责任应该是——以建设工程的安全优质为前提，尽可能的节约工程投入，最大、最优化的实现工程效益。

3. 建筑工程监理单位与建设各方的关系

（1）监理单位与业主的关系

实行监理的建设工程，由建设单位委托具有相应资质条件的工程监理单位对工程建设执行监理。监理单位与业主之间形成的是以监理有关事宜为内容的委托与被委托的关系。为确保这种委托关系的严肃性和委托关系中主体各方权利、义务的有效保障，业主与其委托的工程监理单位应当签定书面委托监理合同。另外，在实施监理工程之前，业主应当将所委托的建设工程监理的单位、监理的内容及监理的权限，书面通知被监理的建设施工企业，以利于建筑施工企业与工程建设监理单位之间业务关系处理和协调。

（2）工程建设监理单位与质量监督机构的关系

工程质量监督机构对工程质量的监督行为，是代表政府对工程项目建设的质量情况所进行的强制性监督。监督与被监督者之间形成的是监督与被监督、管理与被管理的行政法律关系。工程质量监督机构通过对建设工程质量的强制性监督，为政府服务；建设监理单位在从事工程建设监理活动时，则是以独立法人的身份对被委托的建设工程就委托监理的有关内容实施监理业务。业主与监理单位之间就委托而形成的委托关系，以经济利益的追求为目标，所以是一种经济法律关系，从而也决定了监理单位对工程建设的监理活动，是一种经济活动。监理单位通过对工程建设的承包商建设行为进行监督，为建设工程委托方——业主实施有偿服务。工程质量监督以技术标准和规范为依据，通过监督实现国家技术规范和标准的正确贯彻执行；建设监理是对建设项目承包合同的履行实施监理，监理的全过程以实现承包合同为宗旨。工程质量监督的目的是保证工程项目的建设质量；建设监理追求的目标是项目质量、建设工期、项目造价等的全面效益。建设监理单位的监理活动是保证建设工程质量的一种途径，所以建设监理单位的监理活动也是质量监督机构监督的范围和对象。

5.3.2.3 建设工程阶段监理

1. 建设工程设计阶段的监理

建设工程设计阶段监理的目的在于，一方面监理单位可以凭借自己的专业优势，向业主就建设地址的选择、工程规模的大小、设计标准的选取以及设计单位、设计方案的抉择等重大问题，提供科学建议，降低业主决策的风险性，保障业主决策的正确性；另一方面，可以帮助设计单位避免设计工作中可能出现的失误和浪费，优化工程设计。

建设工程设计阶段监理工作的内容：

监理准备工作的内容。首先，建设工程设计监理单位要向业主和有关单位收集资料，通过资料收集取得基本数据，从而了解业主意图，预测和分析工程建设可能出现的各种可能性、影响因素以及解决的途径，以取得工程建设监理的主动权；其次，拟订工程项目设计的监理规划，以保证监理工作有序进行；其三，编制设计要求文件。以民用工程为例，设计要求文件一般包括编制依据、技术经济指标、城市规划方面的要求、建筑造型及立面的构图要求、使用空间设计要求、平面布局要求、建筑剖面要求、室内装饰的设计要求、结构设计要求、设备设计要求以及消防设计要求等。该阶段通过监理所要解决的问题是为工程建设做好前期准备工作的资料、技术的审查和把关，为工程建设顺利进行打好基础。

工程设计招标的监理工作的内容。监理单位首先要选择对招标方式核实审查投标者资格；其次，制定设计招标文件；再次，编制设计招标标底；最后，组织评议和定标。该阶段监理所要解决的问题是为工程设计的成功招标提供技术保障。

初步设计和技术设计阶段的监理工作的内容。该阶段监理单位的主要工作是看设计是否符合《设计任务书》、设计指导原则和设计委托合同的要求。该阶段所要解决的问题是对初步设计和技术设计的实用性、经济性、安全性和可靠性进行监督检查，以保证初步设计和技术设计能满足施工的要求。

工程设计验收监理工作的内容。验收的主要任务是审查设计单位提交的设计图纸和有关文件以及概预算文件是否齐全。监理单位在验收图纸和有关文件后，一般应事先提交施工单位详细阅读，再组织设计单位和施工单位三方参加的会审会议，对施工图纸交换意见。之后监理工程师对施工图签署认可意见，提供施工单位组织施工。

2. 建设工程施工阶段的监理

施工阶段是形成工程实体的阶段，是一切前期准备工作的服务对象，也是工程项目按计划时间、设计要求实现的关键。所以，对建设工程施工阶段监理的目的在于，通过该阶段对建设项目造价、工期、质量这三个影响工程项目综合经济效益的重要因素的监督管理，以实现工程项目建设的安全、优化、经济和优质。为此，建设工程施工监理工作的内容应由三部分组成：一是工程施工阶段的质量控制；二是对施工阶段的进度控制；三是对施工阶段的投资控制。

（1）施工阶段的质量控制

工程施工作为一种物质生产的活动，它的质量控制范围应是决定工程质量的施工全过程，而决定工程实物质量的施工全过程又是一个相互联系和衔接的系统过程。为此，施工阶段的质量控制，应是一个从对建设工程前期准备工作的质量控制开始，直到完成工程的质量检验为止的全程控制系统过程。具体工作内容，根据施工质量控制的不同阶段有一定的区别。

1）质量的事前控制（也称预控制），该阶段工作的具体职责是对施工前一些准备工作的监理。如对施工企业资质的审查；对工程所需原材料以及零配件质量的检查；对永久性生产设备的验收；对施工单位提交的施工有关文件的审核等；

2) 质量的事中控制,即施工过程的监控。协助施工单位完善工序控制;严格工序间的交接检查;监理工程师对重要工程部位的技术复合;组织定期现场质量分析会以及一些以行使质量监督权和否决权为标志的监理工作;

3) 质量的事后控制,如按相应标准对单位、单项工程进行检查验收;审核竣工图和有关工程质量检查评定报告等技术文件;整理有关工程质量资料有关文件等。

(2) 施工阶段的进度控制

施工阶段的进度控制以实现建设工程计划的"合理工期时间目标"为目的。合理工期的含义排除了两种概念,一是,没有合理、科学的效益概念,只是片面的追求不增加费用而延误了工期;二是,盲目追求工程进度,不科学的增加工程经济投入。这两种概念的结果必然给企业带来经济上的损失。所以,合理工期的概念应是指技术上可能,经济上由合理的工期。

(3) 施工阶段的投资控制

造价控制,就是要使建造工程的费用在不影响工程进度、质量、生产安全的条件下,保证不超出合同价和概算价。这是监理工程师对委托方承诺以及实施的根本。监理工程师对造价的控制,首先是以项目初步设计总概算为基线,并始于设计阶段且贯穿于工程实施的全过程当中。有些甚至开始于可行性研究和项目估算阶段而终止于项目的保修阶段。

5.3.3 建筑工程质量管理制度

5.3.3.1 建筑工程质量管理制度概述

1. 建筑工程质量管理制度的概念

建筑工程质量管理制度是指由国家制定的、进行建筑工程质量管理应遵守的规程或准则。这些规程或准则包括所有与建筑工程质量有关的法律、法规、技术标准、设计文件以及合同等规范性文件。

建筑工程质量管理包括纵向管理和横向管理两个方面。纵向方面的管理主要是指建设行政主管部门及其授权机构对建设工程质量的监督管理。横向方面的管理主要是指建设工程各方如建设单位、勘察设计单位、施工单位等在工程建设过程中对建设工程质量所应承担的责任和义务。

2. 我国建筑工程质量管理的制度建设

新中国成立以来,为了确保国家发展时期建设的安全,我国对建筑工程质量管理从多方面进行了有关制度的建设。特别是改革开放以来,由于经济建设高速发展的需要,国务院以及有关部门对建筑工程质量管理相继颁布了大量的规范性文件。现行的建筑工程质量管理规范性文件主要有:

1988 年 12 月 29 日第七届全国人民代表大会通过,1988 年 12 月 29 日中华人民共和国主席令第 11 号公布的《中华人民共和国标准化法》;

1991 年 3 月 26 日建设部颁布的《建设部质量奖评审管理办法》;

1991 年 5 月 7 日国务院颁布的《中华人民共和国产品质量认证管理条例》;

1992 年 12 月 30 日建设部颁布的《工程建设国家标准管理办法》;

1993 年 11 月 1 日建设部颁布的《建筑工程质量管理办法》和《建筑工程质量监督管理规定》;

1997年11月1日第八届全国人民代表大会通过的《中华人民共和国建筑法》；

2000年1月30日国务院颁布的《建设工程质量管理条例》；

2000年2月7日建设部颁布的《建设工程施工图设计文件审查暂行办法》；

2000年4月20日建设部颁布的《工程建设标准强制性条例》等。

5.3.3.2 建筑工程质量管理制度

1. 建筑工程质量标准化制度

（1）建筑工程质量标准化的概念

建筑工程质量标准化是指建设工程设计、施工方法和安全保护应遵守的统一的技术要求和工程建设有关的技术术语、符号、代号、制图方法的一般原则及规程。

建筑工程质量标准化制度实行的法律依据是《中华人民共和国标准化法》（以下简称为《标准化法》）。《标准化法》的第二条对需要实行统一技术要求，应当制定标准的行业和部门作了规定，其中第二款明确规定"建设工程的设计、施工方法和安全要求"要制定标准，实行标准化管理制度。以此为依据，关于建筑工程质量的国家标准、行业标准和地方标准得到了逐步配套和完善。这些安全标准的配套和完善，为推进我国现代化建设，推广应用先进的生产经验和科技成果，加速科学技术转化为生产力，保证工程质量，促进技术进步，提高投资效益，发挥了重要作用。

（2）建筑工程质量标准的种类

首先，按工程建设质量标准规范的范围可分为国家标准、行业标准和地方标准三种类型。

国家标准——即在全国范围内需要统一的工程建设技术要求，应当由国家统一制定的标准。包括：工程建设、勘察、规划、设计、施工及验收等通用的质量要求；工程建设通用的有关安全、卫生和环境保护的技术要求；工程建设通用的术语、符号、代号、量与单位、建筑模数和制图方法；工程建设通用的试验、检验和评定方法；工程建设通用的信息技术要求；国家需要控制的其他工程建设通用的技术要求。

行业标准——即在全国某个行业需要统一的标准。包括：建设工程勘察、规划、设计、施工及验收等行业专用的质量要求；工程建设行业专有的有关安全、卫生和环境保护的技术要求；工程建设行业专用的术语、符号、代号、量与单位和制图方法；工程建设行业专用的试验、检验和评定等方法；工程建设行业专用的信息技术要求等。

地方标准——即在某个行政区域需要统一、而有没有国家和行业规定的标准。

其次，按工程建设质量标准推行的强制程度可分为强制性标准和推荐性标准。

强制性标准——即法律和法规规定强制执行的、以保障人体健康，人身财产为目标的标准。包括：工程勘察、规划、设计、施工（包括安装）及验收等通用的综合标准和重要的通用的质量标准；工程建设通用的有关安全、卫生和环境保护的标号；工程建设重要的术语、符号、代号、量与单位、建筑模数和制图方法标准；工程建设重要的通用的试验、检验和评定等标准；工程建设重要的通用信息技术标准；国家需要控制的其他工程建设通用标准。

推荐性标准——强制性标准以外的标准是推荐性标准。推荐性标准国家鼓励企业自愿采用。

（3）违反工程建设质量强制性标准的法律责任

建设单位的责任。建设单位明示或暗示施工单位使用不合格的建筑材料、建筑配件和设备的；明示或暗示设计单位或者施工单位违反工程建设强制性标准，降低工程质量的，责令改正并处以 20 万元以上 50 万元以下的罚款。

勘察、设计单位的责任。勘察、设计单位违反工程建设强制标准进行勘察、设计的，责令改正，并处以 10 万元以上 30 万元以下的罚款。有前款行为，并造成工程事故的，责令停业整顿，降低资质等级；情节严重的，吊销资质证书；造成损失的，依法承担赔偿责任。

施工单位的责任。施工单位违反工程建设强制性标准的，责令改正，处工程合同价款 2% 以上 4% 以下的罚款；造成建设工程质量不符合规定的质量标准的，负责返工、修理，并赔偿因此造成的损失；情节严重的，责令停业整顿，降低资质等级或者吊销资质证书。

工程监理单位的责任。工程监理单位违反强制性标准规定，将不合格的建设工程以及建筑材料、建筑构配件和设备按照合格签字的，责令改正，处 50 万元以上 100 万元以下的罚款；降低资质等级或者吊销资质证书；有违法所得的，予以没收；造成损失的，承担连带赔偿责任。违反工程建设强制性标准造成工程质量、安全隐患或者工程事故的，按照《建设工程质量管理条例》的有关规定对事故责任单位和责任人进行处罚。

2. 建筑工程安全生产管理制度

（1）建筑安全生产管理的概念法律依据

建筑安全生产管理是指建设行政主管部门、建设安全监督管理机构、建筑施工企业及有关单位对建筑生产过程中的安全工作，进行计划、组织、指挥、控制、监督等一系列管理活动的总称。

建筑行为发生的结果，一是产生了建筑生产的活动；二是形成了建筑生产的建筑物。对于建筑生产来讲，又具有产品固定、人员流动、且多为露天、高处作业，施工环境和作业条件较差，不安全因素随着工程形象进度的变化而变化，规律性差、隐患多的特点。为此，决定了建筑业属事故多发行业。对于建筑物来讲，本身又具有投资大、形成工期长的特征。因此，两者的安全状况，都直接关系到国家和人民的生命财产的安危。所以对建筑工程安全生产管理做出规定，是非常重要也是非常必要的。为此，《中华人民共和国建筑法》第五章对建筑工程安全生产管理作了专章规定。该规定对强化建筑工程安全生产管理，保证建筑工程的安全性能，保障建筑职工及其相邻居民的人身和财产安全，具有非常重要的意义。除此之外，建筑工程安全生产管理的法律依据主要有：

1980 年国家建工总局颁发的《建筑安装工人技术操作规程》；1982 年城乡建设保护部颁发的《关于加强集体所有制建筑企业安全生产的暂行规定》；1983 年 5 月城乡建设保护部颁发的《国营建筑企业安全生产工作条例》；1989 年 9 月建设部颁发的《工程建设重大事故报告和调查程序规定》；1991 年 7 月建设部颁发的《建筑安全生产监督管理规定》；1993 年国务院颁发的《关于加强安全生产工作的通知》等。

（2）建筑工程安全生产管理的基本制度

安全生产责任制度。安全生产责任制是建筑工程安全规章制度的核心。它是指将不同的安全生产责任落实到负有生产安全管理责任的责任人员和岗位人员身上的一种制度。

群防群治制度。群防群治制度是指利用群众的智慧和力量，发动和建议与建筑活动有关的职工和群众自发进行预防和治理安全的一种制度。该制度的实施是群众路线在安全工作中的具体体现，也是企业进行民主管理的重要内容。实施群防群治制度，要求建筑企业职工在施工过程中要了解和自觉遵守有关生产的法律、法规和建筑行业安全生产规章、规程，不得违章作业；对于危及生命安全和身体健康的行为有权提出抗拒、检举和控告。

安全生产教育制度。安全生产教育制度是指对建筑干部和职工进行建筑生产安全培训教育，以提高建筑职工安全意识，增加建筑职工安全知识和技能的一种制度。安全生产教育制度也是实现群防群治制度的前提和基础。

安全生产检查制度。安全生产检查制度是指上级管理部门或企业自身对安全生产状况进行定期或不定期检查的管理制度。安全生产检查制度是实现"预防为主"的法律原则的保障和前提。

伤亡事故报告制度。伤亡事故报告制度是指建筑生产过程中一旦发生事故，应采取积极的措施尽量减少人员伤亡和损失，并按照国家有关规定及时向有关部门报告的一种制度。

安全责任追究制度。安全责任追究制度是指在建筑施工过程中一旦发生安全责任事故，对责任事故的有关单位和有关责任人，视其责任事故的情节和其责任者关系的程度，依法给予相应的处理的一种制度。

3. 建筑工程质量责任制度

（1）建设单位的质量责任。建设单位作为建设工程的投资人，它对建设工程质量的责任主要有几方面：

1）为保证工程建设项目的质量，建设单位应当依法对工程建设项目的勘察、设计、施工、监理以及与工程建设有关的重要设备、建材等采购实行招标。发包的工程，建设单位应将建设工程以法定程序发包给具有相应资质等级的建筑设计单位和建筑施工企业；

2）建设单位不得以任何理由要求建筑设计单位或建筑施工企业在工程设计或者施工作业中，违反法律、法规和建筑质量要求，降低安全标准和工程质量；

3）建设单位不得对承包单位的建设活动进行不合理干预。如建设单位不得迫使承包方低于成本的价格竞标，不得任意压缩合理工期；建设单位不得明示或暗示施工单位使用不合格的建筑材料、建筑构配件和建筑设备；建设单位不得明示或暗示设计单位或施工单位违反工程建设强制性标准；

4）建设单位不得使用未经审查批准的施工图设计文件；

5）建设单位在领取施工许可证或开工报告之前，应当按照国家有关规定办理工程监理手续，对必须实行监理的工程，应委托具有相应资质等级的单位对工程执行监理等；

6）建设单位应当按照国家有关规定组织竣工验收，建设工程验收合格的，方可交付使用。

（2）勘察、设计单位的质量责任。建筑工程勘察、设计单位对建筑工程的勘察、设计工作是建设工程质量的技术保障。建筑勘察、设计的质量必须符合国家有关建筑工程质量标准，为此，依法确定的建筑勘察、设计单位在执业过程中对建筑工程质量的责任主要有以下几方面：

1）勘察设计单位必须依法从业。依法从业的含义，不仅包括勘察设计单位从业时要依法取得相应的资质等级证书；也包括勘察设计单位在从业过程中也要在其资质等级的范围内承揽工程；以及勘察设计单位不得转包或分包所承揽的工程；

2）工程勘察设计单位必须按照工程建设强制性标准进行勘察、设计。注册执业人员要在设计的文件上签字，并对签字的设计文件负责；

3)设计单位应当根据勘察成果文件进行建设工程设计,并对审查合格的施工图负有向施工单位做出详细说明的责任;

4)设计单位对设计文件选用的材料、建筑构配件和设备,应注明其规格、型号、性能等技术指标。其质量要求必须符合国家规定的标准。除有特殊要求的建筑材料、专用设备、工艺生产线等,设计单位不得指定生产厂、供应商。

(3)施工单位的质量责任。施工单位作为建筑工程建设的执行者,他们的行为直接决定了的建设工程质量。为此,依法确定的对建筑工程质量的责任有以下几方面:

1)根据2001年4月18日建设部令第87号发布的《建筑企业资质管理规定》的有关规定,施工单位应当依法取得相应的资质等级证书,并在其资质等级许可的范围内承揽工程;

2)施工企业对工程的施工质量负责。施工单位应当建立质量责任制,确定工程项目的经理、技术负责人和施工负责人。建筑物在合理使用寿命内,必须确保地基基础工程和建筑物主体结构的质量;

3)施工单位必须按照国家工程安全标准、工程设计图纸和施工技术标准施工。不得偷工减料。工程设计的修改由原设计单位负责,建筑施工企业不得擅自修改工程设计。施工单位在施工过程中发现设计文件和图纸有差错的,应当及时提出意见和建议;

4)施工单位必须建立和健全施工质量的检验制度,严格工序管理,作好隐蔽工程的质量检查和记录。隐蔽工程在隐蔽前,施工单位应当通知建设单位和建设工程质量监督机构;

5)根据《建筑法》、《合同法》和《建设工程质量管理条例》的规定,禁止承包单位将其承包的全部工程转包给他人,禁止承包单位将其承包的工程肢解之后,以分包的名义转包给他人,禁止违法分包。对于实行工程施工总承包的,无论质量问题是由总承包单位造成的,还是由分承包单位造成,均由总承包单位负全面的质量责任。总承包单位依法将建筑工程分包给其他单位的,分包单位应当按照分包合同的约定对其分包工程质量向总承包单位负责,总承包单位应当对分包工程的质量与分包单位承担连带责任。分包单位应当接受总承包单位的质量管理;

6)施工单位必须按照工程设计要求、施工技术标准和合同约定,对建筑材料、建筑构配件、设备和商品混凝土进行检验,检验应当有书面记录和专人签字。未经检验或检验不合格的,不得使用。施工人员对涉及结构安全的试块、试件以及有关材料,应当在建设单位或者工程监理单位监督下现场取样,并送具有相应资质等级的质量检测单位进行检测。

(4)监理单位的质量责任。工程监理单位作为工程质量的监督者,对建筑工程实施的监理行为,是实现建设工程质量的根本保障。工程监理单位在工程监理中的主要责任有以下几方面:

1)工程监理单位应当依法取得相应的资质证书,并在其资质等级许可的范围内承担工程监理业务;

2)工程监理单位不得与被监理工程的施工承包单位以及建筑材料、建筑构配件和设备供应单位有隶属关系或其他利害关系;

3)工程监理单位应当依照法律、法规以及有关技术标准、设计文件和建设工程承包合同,代表建设单位对施工质量实施监理,并对施工质量承担监理责任。如工程监理单位与建设单位或施工单位串通,弄虚作假、降低工程质量的,或者将不合格的建设工程、建筑材料、建筑构配件和设备按照合格签字的,承担连带赔偿责任。如果监理单位在责任期内,不按照监理合同约定履行监理职责，给建设单位或者其他单位造成损失的，属违约责任，应当向建设单位承担赔偿。

（5）建筑材料、建筑构配件生产及设备供应单位的质量责任。

2000年7月8日重新发布的《中华人民共和国产品质量法》对建筑材料、建筑构配件生产及设备供应单位的质量责任做了相关规定，主要有以下几方面：

1）建筑材料、构配件生产及设备供应单位必须具备相应的生产条件、技术装备和质量保证体系，具备必要的检测人员和设备，把好产品看样、定货、储存、运输和核验的质量关；

2）建筑材料、构配件及设备的质量应当符合国家或行业现行有关技术标准规定的合格标准和设计要求；符合在建筑材料、构配件及设备或包装上注明采用的标准；符合建筑材料、构配件及设备说明、实物样品等方式表明的质量状况；

3）建筑材料、构配件及设备或其包装上的标志应当符合有关规定的要求。即有产品质量检验合格证明；有中文标明的产品名称、生产厂名和厂址；产品包装和商标样式符合国家有关规定和标准要求；设备应有产品详细使用说明书，电器设备还应附有线路图；实施生产许可证或使用产品质量认证标志的产品，应有许可证或质量认证的编号、批准日期和有效期限。

4. 建筑工程质量监督管理制度

建筑工程质量监督管理是指建设行政主管部门及其授权机构对建设工程质量进行的监督和管理。实施建筑工程质量监督管理的依据是国家颁布的有关法律、法规、技术标准及设计文件。

（1）建筑工程质量监督管理的权限。国务院建设行政主管部门对全国的建设工程质量实施监督管理；县级以上地方人民政府建设行政主管部门对本行政区域内的建设工程质量实施监督管理。

（2）建筑工程质量监督管理机构。建筑工程质量监督管理的具体工作，可以由建设行政主管部门或者其他有关部门委托的建设监督管理机构委托的建设工程监督机构实施。

从事房屋建筑工程和市政基础设施工程质量监督的机构，必须按照国家有关规定经国务院建设行政主管部门或省、自治区、直辖市人民政府建设行政主管部门考核；

从事专业建设工程质量监督的机构，必须按照国家有关规定经国务院建设行政主管部门或省、自治区、直辖市人民政府建设行政主管部门考核。经考核合格后，方可实施质量监督。

（3）建筑工程质量监督的范围。国务院建设行政主管部门和国务院铁路、交通、水利等有关部门应当加强对有关建筑工程质量的法律、法规和强制性标准执行情况的监督检查；县级以上人民政府建设行政主管部门和其他有关部门应当加强对有关建筑工程质量的法律、法规和强制性标准执行情况的监督检查。

县级以上人民政府建设行政主管部门和其他有关部门履行监督检查时，有权采取下列措施：①要求被检查的单位提供有关工程质量的文件和资料；②进入被检查单位的施工现场进行检查；③发现有影响工程质量的问题时，责令改正。

5. 建筑工程质量体系认证制度

（1）法律依据

《中华人民共和国建筑法》第五十三条规定:"国家对从事建筑活动的单位推行质量体系认证制度。从事建筑活动的单位根据自愿原则可以向国务院产品质量监督管理部门或者国务院产品质量监督部门授权的部门认可的认证机构申请质量体系认证。经认证合格的,由认证机构颁发质量体系认证证书。"建筑法依法确定建筑活动实行质量认证制度的根本,在于依法界定了工程项目建设活动是建筑产品的生产过程。

《中华人民共和国产品质量法》明确指出"建筑工程不适用本法规定"。因此,《建筑法》第五十三条的企业质量认证制度包括三方面内容:①认证的范围。实行认证的全体是从事建筑活动的单位。包括勘察设计单位、建筑施工企业以及建筑监理单位;②认证的原则。认证实行自愿原则。根据申请者的自愿原则,由从事建筑活动的单位向国务院产品质量监督管理部门或者国务院产品质量监督管理部门授权的部门认可的认证机构提出申请;③认证的结果。经认证合格的,由认证机构颁发质量体系认证证书。质量体系认证证书是持有者的质量信誉程度的证明。

(2) 标准

1987年3月,国际标准化组织发布(ISO)9000《质量管理和质量保证》系列标准后,世界各国纷纷等同或等效采用该标准。我国于1992年发布了等同采用国际标准GB/T 19000——ISO 9000《质量管理和质量保证》系列体系。我国等同采用ISO 9000系列标准制定的GB/T 19000系列标准由四个标准组成:

一是GB/T 19000——ISO 9000《质量管理和质量保证——选择和使用指南》;

二是GB/T 19001——ISO 9001《质量体系——设计/开发、生产、安装和服务的质量保证模式》;

三是GB/T 19002——ISO 9002《质量体系——生产和安装的质量保证模式》;

四是GB/T 19004——ISO 9004《质量管理和质量体系要素——指南》。

建筑业所涉及的设计、施工、监理等企业事业单位,在建立企业内部质量管理体系时,一般情况下应当选择ISO 9004标准。

6. 建筑工程质量保修制度

建筑工程实行质量保修制度,是指建筑工程从办理交工验收手续后,在规定的保修期内,因勘察、设计、施工、材料等原因造成的质量缺陷,应当由施工单位负责维修的一种法律制度。《中华人民共和国建筑法》的第六十二条明确规定"建筑工程实行质量保修制度"。确立建筑工程质量保修制度的根本目的,在于实现法律保护范围的两个实现:一确保从事建筑活动行为者利益和责任的合理关联;二确保建筑领域进行消费活动的消费者的合法权益得到依法保护。

质量缺陷,一般是指工程不符和国家或行业现行的有关技术标准、设计文件以及合同中对质量的要求所造成的缺陷。《中华人民共和国建筑法》第六十条第二款中作了"对已发现的质量缺陷,建筑施工企业应当修复"的规定。该规定的依据,是根据建筑施工企业是工程建设项目的最终完成者的客观实际确定的。建筑施工企业作为整个工程的执行者,熟悉工程施工全过程的每一道工技术要求和所使用的材料,对工程建设项目的性能和标准有充分的认识和了解,在出现质量缺陷时,施工单位可以依据其在施工过程中所掌握的全部资料,分析、查找和发现导致缺陷发生的原因,以利于及时采取补救措施,从而避免造成更大的损失。

5.3.3.3 建筑工程质量保证的组织管理责任制

为了确保工程建设项目,特别是基础设施项目的质量和安全,1992年2月国务院办公厅发出了《加强基础设施工程质量管理》的通知,强调了建立落实工程质量领导人责任制和终身负责制等规定。

1. 工程质量领导人责任制

对基础设施项目工程质量,实行行业主管部门、主管地区行政领导责任人制度。中央项目的工程质量,由国务院有关行业主管部门的行政领导;地方项目的工程质量,按照项目所属关系,分别由各级地方行政领导负责。如发现重大工程质量事故,除追究当时单位和当事人的直接责任外,还要追究相关行政领导人在项目审批、执行建设程序、干部任用和工程建设监督管理等方面失职的领导责任。

2. 项目法人责任制人负责

基础设施项目,除军事工程等特殊情况外,都要按照政企分开的原则组成项目法人,实行建设项目法人责任制,由项目法人代表对工程质量负总责。项目法人代表必须具备相应的政治、业务素质和组织能力,具备项目管理工作的实际经验。项目法人责任制一般包括七个方面的责任内容:

(1) 项目的筹划责任;
(2) 项目的筹资责任;
(3) 项目建设立项的责任;
(4) 项目立项之后实施阶段的责任;
(5) 项目投产阶段的责任;
(6) 项目还款的责任;
(7) 保证项目原先投入资本金保值、增值的责任。

项目工程质量的领导责任人和项目法人代表人,按各自的职责对经手的工程项目质量实行终身负责责任。如发生重大工程质量事故,无论项目工程的行政领导责任人和项目法人代表现任状况如何,都要就其对事故工程任职期间的责任追究相应的行政责任和法律责任。

5.4 建筑法律责任

5.4.1 建筑法律责任的概念

法律责任是指因损害法律上的义务关系所产生的对于相关主体所应当承担的不利后果。由于法律关系分为法律上的功利关系和法律上的道义关系,法律责任的方式一般情况下可分为补偿性方式和制裁性方式两类。

建筑法律责任是指从事建筑活动的违法行为人就其违法行为所应承担的法律后果。根据建筑法的规定,建筑法律责任的方式也符合法律责任的一般原理,既有补偿性方式,也有惩罚性方式。

5.4.2 建筑法律责任的类型

根据违法行为的不同性质和法律规范的不同范围,法律责任的类型一般有三种形式:即民事责任、行政责任和刑事责任。《建筑法》依据一般法律原则以及建筑违法行为的不同性质和程度，也规定了三种责任形式。

5.4.2.1 建筑民事责任

《建筑法》规定的依法承担民事法律责任的违法行为有以下几种情况：
1. 转让、出借资质证书的民事责任；
2. 转包、非法分包的民事责任；
3. 降低工程质量标准的民事责任；
4. 擅自改变建筑主体或者承重结构的民事责任；
5. 建设设计违反建筑工程质量、安全标准进行设计的民事责任；
6. 施工企业质量事故的民事责任；
7. 施工企业不履行保修义务的民事责任；
8. 有关主管部门滥用职权或玩忽职守、徇私舞弊的民事责任；
9. 建筑质量责任的民事赔偿。

5.4.2.2 建筑行政责任

《建筑法》规定的依法承担行政法律责任的违法行为有以下几种情况：
1. 国家机关工作人员依法行使职务时，有索贿、受贿、行贿行为的行政责任；
2. 有关主管部门的人员滥用职权或玩忽职守、徇私舞弊颁发资质等级证书的行政责任；
3. 有关主管部门的人员滥用职权或玩忽职守、徇私舞弊颁发施工许可证或违法竣工验收的行政责任。

5.4.2.3 刑事法律责任

《建筑法》规定的依法承担刑事法律责任的违法行为有以下几种情况：
1. 诈骗的刑事责任；
2. 有索贿、受贿、行贿行为构成犯罪的刑事责任；
3. 降低工程质量标准的刑事责任；
4. 发生安全事故的刑事责任；
5. 建设单位违反建筑工程质量、安全标准，降低工程质量的刑事责任；
6. 建筑设计单位发生质量事故的刑事责任；
7. 施工企业质量事故的刑事责任；
8. 有关主管部门滥用职权或玩忽职守、徇私舞弊的刑事责任；
9. 政府及主管部门限定招标单位的刑事责任。

5.4.3 建筑违法行为和法律后果

根据实施违法行为主体不同性质和法律地位，所应承担的法律责任也不尽相同。根据《建筑法》的规定具体如下：

5.4.3.1 建设单位实施违法行为应承担的法律责任

1. 建设单位未取得施工许可证或者开工报告未被批准擅自施工的，责令改正，对不符和开工条件的责令停止施工，可以处以罚款。
2. 建设工程发包单位将工程发包给不具有相应资质条件的承包单位的，或者违反本法规定将建筑工程肢解发包的，责令改正，处以罚款。对此，《建设工程质量管理条例》作了更详细的规定，建设单位将建设工程发包给不具有相应资质等级的勘察、设计、施工单位或者不具有相应资质等级的工程监理单位的，责令改正，处50万元以上100万元以下罚款。

3. 建设单位要求建筑设计单位或者建筑施工企业违反建筑工程质量、安全标准，降低工程质量的，责令改正，可以处以罚款；构成犯罪的，依法追究刑事责任。

4. 涉及建筑主体或者承重结构变动的装修工程擅自施工的，责令改正，可以处以罚款；造成损失的，承担赔偿责任；构成犯罪的，依法追究刑事责任。对此，《建设工程质量管理条例》作了更详细的规定，设计建筑主体或者承重结构变动的装修工程，没有设计方案擅自施工的，责令改正，处以50万元以上100万元以下罚款；房屋建筑使用者在装修过程中擅自变动房屋建筑结构主体和承重结构的，责令改正，处以5万元以上10万元以下的罚款；造成损失的，依法承担赔偿责任。

5. 建设单位在工程发包与承包中索贿、受贿、行贿，构成犯罪的，依法追究刑事责任；不构成犯罪的，分别给予罚款，没收贿赂的财物，对直接负责的主管人员和其他直接责任人员给予处分。

6. 《建设工程质量管理条例》规定，建设单位有迫使承包方低于成本的价格竞标的；明示或暗示设计单位或施工单位违反工程建设强制性标准，降低工程质量的；任意压缩合理工期的；施工设计文件未经审查或者审查不合格，擅自施工的；建设项目必须实施施工监理而未实行工程监理的；未按国家规定办理工程质量监督手续的；明示或暗示施工单位使用不合格的建筑材料、建筑构配件和设备的；未按国家规定将竣工验收报告、有关认可文件或者准许使用文件保送备案等行为之一的，责令改正，处20万元以上50万元以下罚款。

7. 《建设工程质量管理条例》规定，建设单位对建筑工程未组织竣工验收，擅自交付使用的；验收不合格，擅自交付使用的；对不合格的建设工程按照合格工程验收等行为之一的，责令改正，处以工程合同价款2%以上4%以下的罚款，造成损失的，依法承担赔偿责任。

8. 违反《建设工程质量管理条例》规定，建筑工程竣工验收后，建设单位未向建设行政主管部门或者其他有关部门移交建设项目档案的，责令改正，处1万元以上10万元以下的罚款。

5.4.3.2 勘察设计单位违法行为的法律责任

1. 《建筑法》规定，超越本单位资质等级承揽工程的，责令停止违法行为，处以罚款，可责令停业整顿，降低资质等级；情节严重的，吊销资质证书；有违法所得的，予以没收。

未取得资质证书承揽工程的，予以取缔，并处罚款；有违法所得的，予以没收。

以欺骗手段取得资质证书的，吊销资质证书，处以罚款；构成犯罪的，依法追究刑事责任。

2. 建设设计单位不按照建筑工程质量、安全标准进行设计的，责令改正，处以罚款；造成工程质量事故的，责令停业整顿，降低资质等级或者吊销资质证书，没收违法所得，并处罚款；造成损失的，依法承担赔偿责任；构成犯罪的，依法追究刑事责任。

5.4.3.3 监理单位违法行为应承担的法律责任

1. 监理单位超越资质等级承揽工程的，责令停止违法行为，处以罚款，可以责令停业整顿，降低资质等级；情节严重的，吊销资质证书；有违法所得的，予以没收。

未取得资质证书承揽工程的,予以取缔,并处罚款;有违法所得的,予以没收。

以欺骗手段取得资质证书的,吊销资质证书,处以罚款;构成犯罪的,依法追究刑事责任。

2. 工程监理单位与建设单位或者建筑施工企业串通、弄虚作假、降低工程质量的,责令改正,处以罚款,降低资质等级或者吊销资质证书;有违法所得的,予以没收;造成损失的,承担连带赔偿责任;构成犯罪的,依法追究刑事责任。

3. 工程监理单位转让监理业务的,责令改正,没收违法所得;可以责令停业整顿,降低资质等级;情节严重的,吊销资质证书。

5.4.3.4 施工单位违法行为应承担的法律责任

1. 超越本单位资质等级承揽工程的,责令停止违法行为,处以罚款,可以责令停业整顿,降低资质等级;情节严重的,吊销资质证书;有违法所得的,予以没收。

未取得资质证书承揽工程的,予以取缔,并处罚款;有违法所得的,予以没收。

以欺骗手段取得资质证书的,吊销资质证书,处以罚款;构成犯罪的,依法追究刑事责任。

2. 建筑施工企业转让、出借资质证书或者以其他方式允许他人以本企业的名义承揽工程的,责令改正,没收违法所得,并处罚款;可以责令停业整顿,降低资质等级;对因该项工程不符和规定的质量标准造成的损失,建设施工企业与使用本企业名义的单位或者个人承担连带赔偿责任。

3. 承包单位将承包工程转包的,或者违反本法规定进行分包的,责令改正,没收违法所得,并处罚款;可以责令停业整顿,降低资质等级;情节严重的,吊销资质证书。承包单位违反有关规定,对因转包工程或者违法分包的工程不符和规定的质量标准造成的损失,与接受转包或者分包的单位承担连带赔偿责任。

4. 施工单位与监理单位或建设单位串通,弄虚作假,降低工程质量的,责令改正,处以罚款,降低资质等级或者吊销资质证书;有违法所得的,予以没收;造成损失的,承担连带赔偿责任;构成犯罪的,依法追究刑事责任。

5. 建筑施工企业在施工中偷工减料的,使用不合格的建筑材料、建筑构配件和设备的,或者有其他不按照工程设计图纸或者施工技术标准施工行为的,责令改正,处以罚款;情节严重的,责令停业整顿,降低资质等级或者吊销资质证书;造成建筑工程质量不符和规定质量标准的,负责返工、修理,并赔偿因此造成的损失;构成犯罪的,依法追究刑事责任。

6. 对建筑安全事故隐患不采取措施予以消除的,责令改正,可以处以罚款;情节严重的,责令停业整顿,降低资质等级或者吊销资质证书;构成犯罪的,依法追究刑事责任。建筑施工企业的管理人员违章指挥、强令职工冒险作业,因而发生重大伤亡事故或者造成其他严重后果的,依法追究刑事责任。

7. 建筑施工企业不履行保修义务或者拖延履行保修义务的,责令改正,可以处以罚款,并对在保修期内因房顶、墙面渗漏、开裂等质量缺陷造成的损失,承担赔偿责任。

8. 在工程中行贿的企业,可以责令停业,降低资质等级或者资质证书。行贿人员构成犯罪的,依法追究刑事责任;不构成犯罪的,分别处以罚款,没收行贿的财物,对直接负责的主管人员和其他直接负责人员给予处分。

5.4.3.5 建设行政主管部门违法行为应承担的法律责任

1. 对不具备相应资质等级条件颁发该资质证书的，由上级机关责令收回所发的资质证书，对直接负责的主管人员和其他直接负责人员给予行政处分；构成犯罪的，依法追究刑事责任。

2. 政府及其所属部门的工作人员违反本法规定，限定发包单位将招标发包的工程发包给指定的承包单位的，由上级机关责令改正；构成犯罪的，依法追究刑事责任。

3. 负责颁发建筑工程施工许可证的部门及其工作人员对不符和条件的建筑工程颁发施工许可证的；负责工程质量监督检查或者竣工验收的部门及其工作人员对不合格的建筑工程出具质量合格文件或者按合格工程验收的，由上级机关责令改正，对负责人员给予行政处分；构成犯罪的，依法追究刑事责任；造成损失的，由该部门承担相应的赔偿责任。

4. 2001年4月21日国务院颁布了《国务院关于特大安全事故行政责任追究的规定》，其中第二条规定：地方政府主要领导人和政府部门正职负责人对下列特大安全事故的防范、发生、依照法律、行政法规和本规定的规定有失职、渎职情形或者负有领导责任的，依照本规定给予行政处分；构成玩忽职守罪或者其他罪的，依法追究刑事责任：第一，特大火灾事故；第二，特大交通事故；第三，特大建筑质量安全事故；第四，民用爆炸物品和化学危险品特大安全事故；第五，煤矿和其他矿山特大安全事故；第六，锅炉、压力容器、压力管道和特种设备特大安全事故；第七，其他特大安全事故。该规定明确了特大安全事故的行政责任，充分体现了国家行政机关的行政领导人，在行使行政领导职权的过程中，"权"与"责"的连带关系。

本章小结

本章分四部分，第一部分主要介绍了建筑法的基本理论，如建筑法的概念、适用范围、调整对象、基本原则以及建筑法的制定等；第二部分主要介绍了建筑工程项目建设管理的内容以及程序；第三部分主要介绍了建设法规定的建筑工程许可、建筑工程监理、建筑工程质量管理等法律制度；第四部分介绍了建筑违法行为和相关的法律责任。

学习本章的目的，是使学生通过建筑法律制度相关理论的学习，初步了解和掌握从事建筑活动应遵循的基本法律制度和法律原则。

【案例实训】

案例1：工程非法转包，工程质量难保

2007年，某中学与某县建筑队签订了兴建一幢教学楼和宿舍楼的建设工程承包合同，由建筑队包工包料。合同订立后，县建筑队将宿舍楼的施工任务包给了某乡工程队，校方施工现场的代表发现后并未阻止。工程完工后，校方与县建筑队对教学楼与宿舍楼一起验收，发现宿舍楼质量低劣，水管漏水，很多房间竟找不到电源，根本无法使用。校方要求县建筑队返工，并赔偿损失。县建筑队则称宿舍楼由乡工程队施工，当初转包时校方并未制止，应视为同意，有关责任应由乡工程队负责。后又查明，乡工程队是几个农民临时拼凑的，根本不具备施工资格；宿舍楼的质量问题是由于乡工程队偷工减料所致，因问题严重无法返工，只有推倒重建，由此造成18万元的损失，并耽误了该校的开学时间，造成学生不能按时入学,某中学强烈要求解除合同,并要求县建筑队赔偿直接损失18万元和其他损失3万元,而此时乡工程队已经解散。

案例2:质量不符合约定,应承担返修责任①

2006年,某商业总公司与某建筑公司签订一份建筑工程施工承包合同。合同约定,建筑公司为商业总公司建造一栋8层营业、办公两用楼,承包方式为包工包料,开工时间为2006年5月10日,竣工时间为2006年12月30日。经双方和质量部门验收合格后交付使用。2006年12月25日工程竣工,但经双方和质量部门检验,大楼部分非关键性地方不符合合同的约定,但不影响大楼的整体使用。此时建筑公司因另一工程急需马上开工,于是便提出少收部分工程款作为补偿,建筑公司不再返工重建不符合合同规定的地方,随后,建筑公司将施工队伍全部调往他地。商业总公司不同意,要求建筑公司返工重建。

【法理分析】

案例1的焦点问题是,由于工程非法转包造成的工程质量责任应由谁来承担?

《建设工程质量管理条例》第二十五条规定:"施工单位不得转包或者违法分包工程。"所称转包,是指承包单位承包建设工程后,不履行合同约定的责任和义务,将其承包的全部建设工程转给他人或者将其承包的全部建设工程肢解以后以分包的名义分别转给其他单位承包的行为。《建设工程质量管理条例》第二十六条规定:"施工单位对建设工程的施工质量负责……建设工程实行总承包的,总承包单位应当对全部建设工程质量负责。"根据上述法律的规定,本案的县建筑队应当依法对该工程质量问题承担责任。

案例2的焦点问题是,由于工程施工质量不符合合同的约定,但不影响整体工程的使用,承包方可否以少收工程款的方式免除其返工改建的义务?

国务院于2000年1月10日颁布的《建设工程质量管理条例》第三十二条规定:"施工单位对施工中出现质量问题的建设工程或者竣工验收不合格的建设工程,应当负责返修。"根据此规定,某商业总公司有权要求某建筑公司返修。某建筑公司应承担由于工程施工质量不符合合同约定的返修义务。另外,某建筑公司还应承担相应的违约责任。

【复习思考】

1. 建筑工程许可制度主要包括哪些内容?
2. 什么是建筑从业许可制度?什么是建筑执业许可制度?各自针对的对象是什么?
3. 试述不同性质的违法行为与所承担法律责任性质的关系。
4. 论述对外承包的资格。
5. 简述安全管理的概念及方针。
6. 简述安全监督检查人员职权与义务。
7. 论述建设单位在建筑安全生产中的责任。
8. 论述勘察、设计、工程监理及其他有关单位的安全责任。
9. 论述施工单位的安全责任。
10. 论述施工单位的保险责任。

---

① 朱昊,《建设法规案例与评析》,机械工业出版社,276、280页,2007年7月第1版。

11. 《安全生产行政责任规定》所称的安全事故指的是哪些事故?
12. 简述从业人员安全生产的权利和义务。
13. 论述建筑施工企业取得《安全生产许可证》,应当具备的安全生产条件。
14. 重大事故等级是如何划分的?
15. 什么是建设工程质量?有哪些特性?
16. 工程质量管理的要求有哪些?
17. 论述建设单位的质量责任。
18. 论述勘察、设计单位的质量责任。
19. 论述施工单位的质量责任。
20. 论述工程监理单位的质量责任和义务。
21. 论述建设工程竣工验收应当具备的条件。
22. 论述建筑工程质量不符合要求时的处理。
23. 在正常使用条件下,建设工程的最低保修期限有哪些规定?

第 6 章 工程建设执业资格法律制度

【学习提要】 本章主要阐述下列内容：
1. 工程建设执业资格制度的概念和意义。
2. 建筑业企业、工程勘察设计单位、工程监理单位等工程建设从业单位的资质管理制度。
3. 注册结构工程师、注册监理工程师、注册造价工程师、注册建筑师、注册建造师等工程建设从业人员的资格管理制度。
4. 违反工程建设执业资格法律制度的一系列法律责任。

【关键词】 从业资格制度 工程建设从业单位资质管理 工程建设专业技术人员执业资格管理

6.1 工程建设执业资格法律制度概述

6.1.1 建立从业资格制度的意义

执业资格是指政府对某些责任较大、社会通用性强、关系到国家和公众利益的专业（工种）实行的准入控制，规定专业技术人员从事某一特定专业（工种）的学识、技术和能力的必备标准。执业资格制度是国家对某些承担较大责任，关系国家、社会和公众利益的重要专业岗位实行的一项管理制度。这项制度在发达国家已实行了近百年，对保证执业人员素质、促进市场经济有序发展具有重要作用。改革开放后，执业资格制度作为国际通行的管理制度在我国得到较快发展。1994 年，我国开始制定各类职业的资格标准和录用标准，实行学历文凭和职业资格两种证书制度，在涉及国家和人民生命财产安全及公共利益的专业技术领域，积极稳妥、有步骤地推行专业技术执业资格制度。

6.1.2 建立工程建设执业资格制度的意义

工程建设执业资格法律制度是指依法取得相应资质和资格的单位与个人，才允许在法规所规定的范围从事一定的建设活动的制度。建设行业执业资格制度就是政府对建设行业中事关工程质量和安全以及关系国家、社会和公众财产、生命、安全的专业实行的专业技术人员市场准入制度。

建筑工程的种类很多，对于不同的建筑工程，其建设规模和技术要求的复杂程度也会有很大的区别。而从事建筑活动的施工企业、勘察单位、设计单位和工程监理单位的情况也各有不同，有的资本雄厚，专业技术人员较多，技术装备齐全，有较强的经济和技术实力，而有的经济和技术实力则相对较弱。为此，我国在对建筑活动的监督管理中，将从事建筑活动的单位按其具有的不同经济、技术条件，划分为不同的资质等级，并对不同资质等级的单位所从事的建筑活动范围作出了明确的规定。《建筑法》第十三条明确规定："从事建筑活动的建筑施工企业、勘察单位、设计单位和工程监理单位，按照其拥有的注册资本、专业技术人员、技术装备和以完成的建筑工程业绩等资质条件，划分为不同的资质等级，经资质审查合格，取得相应等级资质证书后，方可在其资质等级许可证的范围内从事建筑活动。"这在法律上确定了我国工程建设从业资格许可制度。实践证明，从业资格制度是建立和维护建筑市场的正常秩序，保证建筑工程质量的一项有效措施。但是随着改革开放的深入和市场经济的发展，单纯实行执业资质管理的不足也日益突出，具体表现在以下几个方面：

1. 只管单位资质，对具体的执业人员没有要求，出现高资质单位承接任务，而由低素质、低水平的人员来实施的问题，使工程建设的质量和水平难以保证；

2. 一些高水平的专业人员，由于其所在单位资质较低的限制，其聪明才智和业务能力难以得到充分发挥；

3. 工程建设的相关责任，只能落实到单位，对具体从业人员的责任却难以追究，遇到问题就是集体负责，表面上是大家共同负责，实际上却是谁也不承担责任；

4. 大多数发达国家和地区都实行了工程建设执业人员资格注册制度，这已形成了建筑行业管理的国际惯例。如果我们不实行这一制度，就会影响到我们和国际建筑业界的交流和合作，同时也会成为我国加入国际市场的障碍。

由于上述种种原因，建设行业从业人员的资格制度始于20世纪80年代末。当时，随着改革开放步伐的加快，为规范市场秩序，保证工程质量，同时也为了推动我国建设行业走向国际市场和引进外资项目，建设部决定按照国际惯例在建筑设计、工程监理等领域建立注册建筑师和监理工程师执业资格制度。1993年国家正式提出建立职业资格制度以后，建设行业执业资格制度建立工作进入了较快的发展时期。到目前为止，已经建立了注册建筑师、勘察设计注册工程师、房地产估价师、造价工程师、注册城市规划师、监理工程师、房地产经纪人、建造师8个执业资格制度。建设行业执业资格制度框架体系已基本建立。

6.2 工程建设从业单位资质管理制度

6.2.1 建筑业企业的资质管理制度

6.2.1.1 建筑业企业的资质序列和等级

建筑业企业，是指从事土木工程、建筑工程、线路管道设备安装工程、装修工程的新建、扩建、改建等活动的企业。建筑业企业资质分为施工总承包、专业承包和劳务分包三个序列。

取得施工总承包资质的企业（以下简称施工总承包企业），可以承接施工总承包工程。施工总承包企业可以对所承接的施工总承包工程内各专业工程全部自行施工，也可以将专业工程或劳务作业依法分包给具有相应资质的专业承包企业或劳务分包企业。取得专业承包资质的企业（以下简称专业承包企业），可以承接施工总承包企业分包的专业工程和建设单位依法发包的专业工程。专业承包企业可以对所承接的专业工程全部自行施工，也可以将劳务作业依法分包给具有相应资质的劳务分包企业。

取得劳务分包资质的企业（以下简称劳务分包企业），可以承接施工总承包企业或专业承包企业分包的劳务作业。

施工总承包资质、专业承包资质、劳务分包资质序列按照工程性质和技术特点分别划分为若干资质类别。各资质类别按照规定的条件划分为若干资质等级。建筑业企业资质等级标准和各类别等级资质企业承担工程的具体范围，由国务院建设主管部门会同国务院有关部门制定。

6.2.1.2 建筑业企业的资质许可

建筑业企业可以申请一项或多项建筑业企业资质；申请多项建筑业企业资质的，应当选择等级最高的一项资质为企业主项资质。

申请施工总承包序列特级资质、一级资质；国务院国有资产管理部门直接监管的企业及其下属一层级的企业的施工总承包二级资质、三级资质；水利、交通、信息产业方面的专业承包序列一级资质；铁路、民航方面的专业承包序列一级、二级资质；公路交通工程专业承包不分等级资质、城市轨道交通专业承包不分等级资质的，应当向企业工商注册所在地省、自治区、直辖市人民政府建设主管部门提出申请。其中，国务院国有资产管理部门直接监管的企业及其下属一层级的企业，应当由国务院国有资产管理部门直接监管的企业向国务院建设主管部门提出申请，由国务院建设主管部门审批。

申请施工总承包序列二级资质（不含国务院国有资产管理部门直接监管的企业及其下属一层级的企业的施工总承包序列二级资质）；专业承包序列一级资质（不含铁路、交通、水利、信息产业、民航方面的专业承包序列一级资质）；专业承包序列二级资质（不含民航、铁路方面的专业承包序列二级资质）；专业承包序列不分等级资质（不含公路交通工程专业承包序列和城市轨道交通专业承包序列的不分等级资质）的资质许可，由企业工商注册所在地省、自治区、直辖市人民政府建设主管部门实施。

申请施工总承包序列三级资质（不含国务院国有资产管理部门直接监管的企业及其下属一层级的企业的施工总承包三级资质）；专业承包序列三级资质；劳务分包序列资质；燃气燃烧器具安装、维修企业资质的资质许可，由企业工商注册所在地设区的市人民政府建设主管部门实施。

首次申请或者增项申请建筑业企业资质，应当提交以下材料：

1. 建筑业企业资质申请表及相应的电子文档；
2. 企业法人营业执照副本；
3. 企业章程；
4. 企业负责人和技术、财务负责人的身份证明、职称证书、任职文件及相关资质标准要求提供的材料；
5. 建筑业企业资质申请表中所列注册执业人员的身份证明、注册执业证书；
6. 建筑业企业资质标准要求的非注册的专业技术人员的职称证书、身份证明及养老保险凭证；
7. 部分资质标准要求企业必须具备的特殊专业技术人员的职称证书、身份证明及养老保险凭证；
8. 建筑业企业资质标准要求的企业设备、厂房的相应证明；
9. 建筑业企业安全生产条件有关材料；
10. 资质标准要求的其他有关材料。

6.2.1.3 建筑业企业的资质管理

企业首次申请、增项申请建筑业企业资质，不考核企业工程业绩，其资质等级按照最低资质等级核定。

已取得工程设计资质的企业首次申请同类别或相近类别的建筑业企业资质的，可以将相应规模的工程总承包业绩作为工程业绩予以申报，但申请资质等级最高不超过其现有工程设计资质等级。

企业合并的，合并后存续或者新设立的建筑业企业可以承继合并前各方中较高的资质等级，但应当符合相应的资质等级条件。企业分立的，分立后企业的资质等级，根据实际达到的资质条件，按照本规定的审批程序核定。企业改制的，改制后不再符合资质标准的，应按其实际达到的资质标准及本规定申请重新核定。

6.2.1.4 建筑业企业的资质监督

1. 建设主管部门、其他有关部门履行监督检查职责时，有权采取下列措施：

（1）要求被检查单位提供建筑业企业资质证书、注册执业人员的注册执业证书，有关施工业务的文档，有关质量管理、安全生产管理、档案管理、财务管理等企业内部管理制度的文件；

（2）进入被检查单位进行检查，查阅相关资料；

（3）纠正违反有关法律、法规和本规定及有关规范和标准的行为。

建设主管部门、其他有关部门依法对企业从事行政许可事项的活动进行监督检查时，应当将监督检查情况和处理结果予以记录，由监督检查人员签字后归档。

2. 有下列情形之一的，资质许可机关或者其上级机关，根据利害关系人的请求或者依据职权，可以撤销建筑业企业资质：

（1）资质许可机关工作人员滥用职权、玩忽职守作出准予建筑业企业资质许可的；

（2）超越法定职权作出准予建筑业企业资质许可的；

（3）违反法定程序作出准予建筑业企业资质许可的；

（4）对不符合许可条件的申请人作出准予建筑业企业资质许可的；

（5）依法可以撤销资质证书的其他情形。

以欺骗、贿赂等不正当手段取得建筑业企业资质证书的，应当予以撤销。

6.2.2 工程勘察设计单位的资质管理制度

6.2.2.1 工程勘察设计单位的资质等级

从事建设工程勘察、工程设计活动的企业，应当按照其拥有的注册资本、专业技术人员、技术装备和勘察设计业绩等条件申请资质，经审查合格，取得建设工程勘察、工程设计资质证书后，方可在资质许可的范围内从事建设工程勘察、工程设计活动。

工程勘察资质分为工程勘察综合资质、工程勘察专业资质、工程勘察劳务资质。

工程勘察综合资质只设甲级；工程勘察专业资质设甲级、乙级，根据工程性质和技术特点，部分专业可以设丙级；工程勘察劳务资质不分等级。取得工程勘察综合资质的企业，可以承接各专业（海洋工程勘察除外）、各等级工程勘察业务；取得工程勘察专业资质的企业，可以承接相应等级相应专业的工程勘察业务；取得工程勘察劳务资质的企业，可以承接岩土工程治理、工程钻探、凿井等工程勘察劳务业务。

工程设计资质分为工程设计综合资质、工程设计行业资质、工程设计专业资质和工程设计专项资质。工程设计综合资质只设甲级；工程设计行业资质、工程设计专业资质、工程设计专项资质设甲级、乙级。根据工程性质和技术特点，个别行业、专业、专项资质可以设丙级，建筑工程专业资质可以设丁级。

取得工程设计综合资质的企业，可以承接各行业、各等级的建设工程设计业务；取得工程设计行业资质的企业，可以承接相应行业相应等级的工程设计业务及本行业范围内同级别的相应专业、专项（设计施工一体化资质除外）工程设计业务；取得工程设计专业资质的企业，可以承接本专业相应等级的专业工程设计业务及同级别的相应专项工程设计业务（设计施工一体化资质除外）；取得工程设计专项资质的企业，可以承接本专项相应等级的专项工程设计业务。

6.2.2.2 工程勘察设计单位的资质申请与审批

申请工程勘察甲级资质、工程设计甲级资质，以及涉及铁路、交通、水利、信息产业、民航等方面的工程设计乙级资质的，应当向企业工商注册所在地的省、自治区、直辖市人民政府建设主管部门提出申请。其中，国务院国资委管理的企业应当向国务院建设主管部门提出申请；国务院国资委管理的企业下属一层级的企业申请资质，应当由国务院国资委管理的企业向国务院建设主管部门提出申请。

工程勘察乙级及以下资质、劳务资质、工程设计乙级（涉及铁路、交通、水利、信息产业、民航等方面的工程设计乙级资质除外）及以下资质许可由省、自治区、直辖市人民政府建设主管部门实施。

1. **企业首次申请工程勘察、工程设计资质，应当提供以下材料：**
（1）工程勘察、工程设计资质申请表；
（2）企业法人、合伙企业营业执照副本复印件；
（3）企业章程或合伙人协议；
（4）企业法定代表人、合伙人的身份证明；
（5）企业负责人、技术负责人的身份证明、任职文件、毕业证书、职称证书及相关资质标准要求提供的材料；
（6）工程勘察、工程设计资质申请表中所列注册执业人员的身份证明、注册执业证书；
（7）工程勘察、工程设计资质标准要求的非注册专业技术人员的职称证书、毕业证书、身份证明及个人业绩材料；
（8）工程勘察、工程设计资质标准要求的注册执业人员、其他专业技术人员与原聘用单位解除聘用劳动合同的证明及新单位的聘用劳动合同；
（9）资质标准要求的其他有关材料。

2. **企业申请资质升级应当提交以下材料：**
（1）首次申请中的第（一）、（二）、（五）、（六）、（七）、（九）项所列资料；
（2）工程勘察、工程设计资质标准要求的非注册专业技术人员与本单位签定的劳动合同及社保证明；
（3）原工程勘察、工程设计资质证书副本复印件；
（4）满足资质标准要求的企业工程业绩和个人工程业绩。

3. **企业增项申请工程勘察、工程设计资质，应当提交下列材料：**

（1）首次申请中的第（一）、（二）、（五）、（六）、（七）、（九）的资料；

（2）工程勘察、工程设计资质标准要求的非注册专业技术人员与本单位签定的劳动合同及社保证明；

（3）原资质证书正、副本复印件；

（4）满足相应资质标准要求的个人工程业绩证明。

4. 从事建设工程勘察、设计活动的企业，申请资质升级、资质增项，在申请之日起前1年内有下列情形之一的，资质许可机关不予批准企业的资质升级申请和增项申请：

（1）企业相互串通投标或者与招标人串通投标承揽工程勘察、工程设计业务的；

（2）将承揽的工程勘察、工程设计业务转包或违法分包的；

（3）注册执业人员未按照规定在勘察设计文件上签字的；

（4）违反国家工程建设强制性标准的；

（5）因勘察设计原因造成过重大生产安全事故的；

（6）设计单位未根据勘察成果文件进行工程设计的；

（7）设计单位违反规定指定建筑材料、建筑构配件的生产厂、供应商的；

（8）无工程勘察、工程设计资质或者超越资质等级范围承揽工程勘察、工程设计业务的；

（9）涂改、倒卖、出租、出借或者以其他形式非法转让资质证书的；

（10）允许其他单位、个人以本单位名义承揽建设工程勘察、设计业务的；

（11）其他违反法律、法规行为的。

6.2.2.3 工程勘察设计单位的监督与管理

国务院建设主管部门对全国的建设工程勘察、设计资质实施统一的监督管理。国务院铁路、交通、水利、信息产业、民航等有关部门配合国务院建设主管部门对相应的行业资质进行监督管理。县级以上地方人民政府建设主管部门负责对本行政区域内的建设工程勘察、设计资质实施监督管理。县级以上人民政府交通、水利、信息产业等有关部门配合同级建设主管部门对相应的行业资质进行监督管理。上级建设主管部门应当加强对下级建设主管部门资质管理工作的监督检查，及时纠正资质管理中的违法行为。

1. 建设主管部门、有关部门履行监督检查职责时，有权采取下列措施：

（1）要求被检查单位提供工程勘察、设计资质证书、注册执业人员的注册执业证书，有关工程勘察、设计业务的文档，有关质量管理、安全生产管理、档案管理、财务管理等企业内部管理制度的文件；

（2）进入被检查单位进行检查，查阅相关资料；

（3）纠正违反有关法律、法规和本规定及有关规范和标准的行为。

建设主管部门、有关部门依法对企业从事行政许可事项的活动进行监督检查时，应当将监督检查情况和处理结果予以记录，由监督检查人员签字后归档。

2. 有下列情形之一的，资质许可机关或者其上级机关，根据利害关系人的请求或者依据职权，可以撤销工程勘察、工程设计资质：

（1）资质许可机关工作人员滥用职权、玩忽职守作出准予工程勘察、工程设计资质许可的；

（2）超越法定职权作出准予工程勘察、工程设计资质许可；

(3) 违反资质审批程序作出准予工程勘察、工程设计资质许可的;
(4) 对不符合许可条件的申请人作出工程勘察、工程设计资质许可的;
(5) 依法可以撤销资质证书的其他情形。

以欺骗、贿赂等不正当手段取得工程勘察、工程设计资质证书的,应当予以撤销。

6.2.3 工程监理企业

6.2.3.1 工程监理企业的资质等级和业务范围

从事建设工程监理活动的企业,应当按照本规定取得工程监理企业资质,并在工程监理企业资质证书许可的范围内从事工程监理活动。

工程监理企业资质分为综合资质、专业资质和事务所资质。其中,专业资质按照工程性质和技术特点划分为若干工程类别。综合资质、事务所资质不分级别。专业资质分为甲级、乙级;其中,房屋建筑、水利水电、公路和市政公用专业资质可设立丙级。

工程监理企业资质相应许可的业务范围如下:

1. 综合资质

可以承担所有专业工程类别建设工程项目的工程监理业务。

2. 专业资质

(1) 专业甲级资质

可承担相应专业工程类别建设工程项目的工程监理业务。

(2) 专业乙级资质

可承担相应专业工程类别二级以下(含二级)建设工程项目的工程监理业务。

(3) 专业丙级资质

可承担相应专业工程类别三级建设工程项目的工程监理业务。

3. 事务所资质

可承担三级建设工程项目的工程监理业务,但是,国家规定必须实行强制监理的工程除外。

工程监理企业可以开展相应类别建设工程的项目管理、技术咨询等业务。

6.2.3.2 工程监理企业的资质申请和审批

申请综合资质、专业甲级资质的,应当向企业工商注册所在地的省、自治区、直辖市人民政府建设主管部门提出申请。省、自治区、直辖市人民政府建设主管部门应当自受理申请之日起 20 日内初审完毕,并将初审意见和申请材料报国务院建设主管部门,由国务院建设主管部门根据初审意见进行审批。

专业乙级、丙级资质和事务所资质由企业所在地省、自治区、直辖市人民政府建设主管部门审批。省、自治区、直辖市人民政府建设主管部门应当自作出决定之日起 10 日内,将准予资质许可的决定报国务院建设主管部门备案。

1. 申请工程监理企业资质,应当提交以下材料:

(1) 工程监理企业资质申请表(一式三份)及相应电子文档;
(2) 企业法人、合伙企业营业执照;
(3) 企业章程或合伙人协议;
(4) 企业法定代表人、企业负责人和技术负责人的身份证明、工作简历及任命(聘用)

文件；

(5) 工程监理企业资质申请表中所列注册监理工程师及其他注册执业人员的注册执业证书；

(6) 有关企业质量管理体系、技术和档案等管理制度的证明材料；

(7) 有关工程试验检测设备的证明材料。

取得专业资质的企业申请晋升专业资质等级，或者取得专业甲级资质的企业申请综合资质的，除前款规定的材料外，还应当提交企业原工程监理企业资质证书正、副本复印件，企业《监理业务手册》及近两年已完成代表工程的监理合同、监理规划、工程竣工验收报告及监理工作总结。

工程监理企业合并的，合并后存续或者新设立的工程监理企业可以承继合并前各方中较高的资质等级，但应当符合相应的资质等级条件。工程监理企业分立的，分立后企业的资质等级，根据实际达到的资质条件，按照本规定的审批程序核定。

2. 工程监理企业不得有下列行为：

(1) 与建设单位串通投标或者与其他工程监理企业串通投标，以行贿手段谋取中标；

(2) 与建设单位或者施工单位串通弄虚作假、降低工程质量；

(3) 将不合格的建设工程、建筑材料、建筑构配件和设备按照合格签字；

(4) 超越本企业资质等级或以其他企业名义承揽监理业务；

(5) 允许其他单位或个人以本企业的名义承揽工程；

(6) 将承揽的监理业务转包；

(7) 在监理过程中实施商业贿赂；

(8) 涂改、伪造、出借、转让工程监理企业资质证书；

(9) 其他违反法律法规的行为。

6.2.3.3 工程监理企业的资质管理与监督

有下列情形之一的，资质许可机关或者其上级机关，根据利害关系人的请求或者依据职权，可以撤销工程监理企业资质：

1. 资质许可机关工作人员滥用职权、玩忽职守作出准予工程监理企业资质许可的；
2. 超越法定职权作出准予工程监理企业资质许可的；
3. 违反资质审批程序作出准予工程监理企业资质许可的；
4. 对不符合许可条件的申请人作出准予工程监理企业资质许可的；
5. 依法可以撤销资质证书的其他情形。

以欺骗、贿赂等不正当手段取得工程监理企业资质证书的，应当予以撤销。

6.3 工程建设专业技术人员执业资格管理制度

6.3.1 注册结构工程师

6.3.1.1 注册结构工程师的概念

注册结构工程师，是指取得中华人民共和国注册结构工程师资格证书和注册证书，从事房屋结构、桥梁结构及塔架结构等工程设计及相关业务的专业技术人员。注册结构工程师分为一级注册结构工程师和二级注册结构工程师。

在建筑工程领域推行注册结构工程师制度，是我国逐步实现与国际发达国家管理体制接轨的需要。是深化勘察设计行业体制改革，加强勘察设计市场管理，强化工程设计人员的法律责任，提高建筑工程设计质量的一项重要措施。1997年9月1日，建设部、人事部正式批准颁发了《注册结构工程师执业资格制度暂行规定》，为全面实施注册结构工程师工作提供了依据，正式确立了在我国实施注册结构工程师执业制度。这标志着我国勘察设计行业在体制改革并逐步与国际接轨方面迈出了新的步伐。

6.3.1.2　注册结构工程师的管理机构

建设部、人事部和省、自治区、直辖市人民政府建设行政主管部门、人事行政主管部门依照规定对注册结构工程师的考试、注册和执业实施指导、监督和管理。

6.3.1.3　注册结构工程师的考试与注册

注册结构工程师考试实行全国统一大纲、统一命题、统一组织的办法，原则上每年举行一次。其中一级注册结构工程师资格考试由基础考试和专业考试两部分组成。通过基础考试的人员，从事结构工程设计或相关业务满规定年限，方可申请参加专业考试。注册结构工程师资格考试合格者，由省、自治区、直辖市人事（职改）部门颁发人事部统一印制、加盖建设部和人事部共同用印的中华人民共和国注册结构工程师执业资格证书。

1. 取得注册结构工程师执业资格证书者，要从事结构工程设计业务的，须申请注册。有下列情形之一的，不予注册：

（1）不具备完全民事行为能力的；

（2）因受刑事处罚，自处罚完毕之日起至申请注册之日止不满5年的；

（3）因在结构工程设计或相关业务中犯有错误受到行政处罚或者撤职以上行政处分，自处罚、处分决定之日起至申请注册之日止不满2年的；

（4）受吊销注册结构工程师注册证书处罚，自处罚决定之日起至申请注册之日止不满5年的；

（5）建设部和国务院有关部门规定不予注册的其他情形的。

2. 注册结构工程师注册后，有下列情形之一的，由全国或省、自治区、直辖市注册结构工程师管理委员会撤销注册，收回注册证书：

（1）完全丧失民事行为能力的；

（2）受刑事处罚的；

（3）因在工程设计或者相关业务中造成工程事故，受到行政处罚或者撤职以上行政处分的；

（4）自行停止注册结构工程师业务满2年的。

被撤销注册的人员可依照本规定的要求重新注册。

6.3.1.4　注册结构工程师的执业

注册结构工程师的执业范围：

1. 结构工程设计；

2. 结构工程设计技术咨询；

3. 建筑物、构筑物、工程设施等调查和鉴定；

4. 对本人主持设计的项目进行施工指导和监督；
5. 建设部和国务院有关部门规定的其他业务。

一级注册结构工程师的执业范围不受工程规模及工程复杂程度的限制。

6.3.1.5 注册结构工程师的权利与义务

1. 注册结构工程师的权利

（1）名称专有权：注册结构工程师有权以注册结构工程师的名义执行注册结构工程师业务。非注册结构工程师不得以注册结构工程师的名义执行注册结构工程师业务。

结构工程设计主持权：国家规定的一定跨度、高度等以上的结构工程设计，应当由注册结构工程师主持设计。

（2）独立设计权：任何单位和个人修改注册结构工程师的设计图纸，应当征得该注册结构工程师同意；但是因特殊情况不能征得该注册结构工程师同意的除外。

2. 注册结构工程师应当履行下列义务：

（1）遵守法律、法规和职业道德，维护社会公众利益；
（2）保证工程设计的质量，并在其负责的设计图纸上签字盖章；
（3）保守在执业中知悉的单位和个人的秘密；
（4）不得同时受聘于两个以上勘察设计单位执行业务；
（5）不得准许他人以本人名义执行业务。

6.3.2 注册监理工程师制度

6.3.2.1 注册监理工程师的概念

监理工作是一项高智能的工作，需要监理队伍和监理人员具有较高的素质，实施监理工程师考试和注册制度是加强监理队伍建设的一项重要内容，具有重要的意义。2006年1月，建设部（现住房和城乡建设部）发布了《注册监理工程师管理规定》，对注册监理工程师的注册、执业、继续教育和监督管理作出了一系列规定。其中指出，注册监理工程师，是指经考试取得中华人民共和国监理工程师资格证书，并按照本规定注册，取得中华人民共和国注册监理工程师注册执业证书和执业印章，从事工程监理及相关业务活动的专业技术人员。未取得注册证书和执业印章的人员，不得以注册监理工程师的名义从事工程监理及相关业务活动。

6.3.2.2 注册监理工程师的管理机构

国务院建设主管部门对全国注册监理工程师的注册、执业活动实施统一监督管理。县级以上地方人民政府建设主管部门对本行政区域内的注册监理工程师的注册、执业活动实施监督管理。

6.3.2.3 注册监理工程师的考试与注册

注册监理工程师考试实行全国统一大纲、统一命题、统一组织的办法，原则上每年举行一次。考试合格者，由省、自治区、直辖市人事（职改）部门颁发人事部统一印制、建设部和人事部共同用印的中华人民共和国注册监理工程师执业资格证书。

注册监理工程师实行注册执业管理制度。取得资格证书的人员，经过注册方能以注册监理工程师的名义执业。取得资格证书的人员申请注册，由省、自治区、直辖市人民政府建设主管部门初审，国务院建设主管部门审批。

1. 申请初始注册，应当具备以下条件：
（1）经全国注册监理工程师执业资格统一考试合格，取得资格证书；
（2）受聘于一个相关单位；
（3）达到继续教育要求；
（4）没有本规定第十三条所列情形。
2. 初始注册需要提交下列材料：
（1）申请人的注册申请表；
（2）申请人的资格证书和身份证复印件；
（3）申请人与聘用单位签订的聘用劳动合同复印件；
（4）所学专业、工作经历、工程业绩、工程类中级及中级以上职称证书等有关证明材料；
（5）逾期初始注册的，应当提供达到继续教育要求的证明材料。
3. 注册监理工程师每一注册有效期为3年，注册有效期满需继续执业的，应当在注册有效期满30日前，按照本规定第七条规定的程序申请延续注册。延续注册有效期3年。延续注册需要提交下列材料：
（1）申请人延续注册申请表；
（2）申请人与聘用单位签订的聘用劳动合同复印件；
（3）申请人注册有效期内达到继续教育要求的证明材料。

6.3.2.4　注册监理工程师的执业

取得资格证书的人员，应当受聘于一个具有建设工程勘察、设计、施工、监理、招标代理、造价咨询等一项或者多项资质的单位，经注册后方可从事相应的执业活动。从事工程监理执业活动的，应当受聘并注册于一个具有工程监理资质的单位。注册监理工程师可以从事工程监理、工程经济与技术咨询、工程招标与采购咨询、工程项目管理服务以及国务院有关部门规定的其他业务。工程监理活动中形成的监理文件由注册监理工程师按照规定签字盖章后方可生效。

6.3.2.5　注册监理工程师的权利与义务

1. 注册监理工程师享有下列权利：
（1）使用注册监理工程师称谓；
（2）在规定范围内从事执业活动；
（3）依据本人能力从事相应的执业活动；
（4）保管和使用本人的注册证书和执业印章；
（5）对本人执业活动进行解释和辩护；
（6）接受继续教育；
（7）获得相应的劳动报酬；
（8）对侵犯本人权利的行为进行申诉。
2. 注册监理工程师应当履行下列义务：
（1）遵守法律、法规和有关管理规定；
（2）履行管理职责，执行技术标准、规范和规程；
（3）保证执业活动成果的质量，并承担相应责任；

（4）接受继续教育，努力提高执业水准；
（5）在本人执业活动所形成的工程监理文件上签字、加盖执业印章；
（6）保守在执业中知悉的国家秘密和他人的商业、技术秘密；
（7）不得涂改、倒卖、出租、出借或者以其他形式非法转让注册证书或者执业印章；
（8）不得同时在两个或者两个以上单位受聘或者执业；
（9）在规定的执业范围和聘用单位业务范围内从事执业活动；
（10）协助注册管理机构完成相关工作。

6.3.3 注册造价工程师

6.3.3.1 注册造价工程师的概念

根据中华人民共和国建设部令第150号文件《注册造价工程师管理办法》规定，注册造价工程师，是指通过全国造价工程师执业资格统一考试或者资格认定、资格互认，取得中华人民共和国造价工程师执业资格，并按照本办法注册，取得中华人民共和国造价工程师注册执业证书和执业印章，从事工程造价活动的专业人员。未取得注册证书和执业印章的人员，不得以注册造价工程师的名义从事工程造价活动。

6.3.3.2 注册造价工程师的管理机构

国务院建设主管部门对全国注册造价工程师的注册、执业活动实施统一监督管理；国务院铁路、交通、水利、信息产业等有关部门按照国务院规定的职责分工，对有关专业注册造价工程师的注册、执业活动实施监督管理。省、自治区、直辖市人民政府建设主管部门对本行政区域内注册造价工程师的注册、执业活动实施监督管理。

6.3.3.3 注册造价工程师的考试与注册

1. 注册造价工程师考试实行全国统一大纲、统一命题、统一组织的办法，原则上每年举行一次。凡中华人民共和国公民，遵纪守法并具备以下条件之一者，均可申请参加造价工程师执业资格考试：

（1）工程造价专业大专毕业后，从事工程造价业务工作满5年；工程或工程经济类大专毕业后，从事工程造价业务工作满6年。

（2）工程造价专业本科毕业后，从事工程造价业务工作满4年；工程或工程经济类本科毕业后，从事工程造价业务工作满5年。

（3）获上述专业第二学士学位或研究生班毕业和获硕士学位后，从事工程造价业务工作满3年。

（4）获上述专业博士学位后，从事工程造价业务工作满2年。

考试合格者，由省、自治区、直辖市人事（职改）部门颁发人事部统一印制、建设部和人事部共同用印的中华人民共和国注册造价工程师执业资格证书。

2. 注册造价工程师实行注册执业管理制度。取得执业资格的人员，经过注册方能以注册造价工程师的名义执业。取得执业资格的人员申请注册的，应当向聘用单位工商注册所在地的省、自治区、直辖市人民政府建设主管部门或者国务院有关部门提出注册申请。注册造价工程师的注册条件为：

（1）取得执业资格；

(2) 受聘于一个工程造价咨询企业或者工程建设领域的建设、勘察设计、施工、招标代理、工程监理、工程造价管理等单位；

(3) 无本办法第十二条不予注册的情形。

6.3.3.4 注册造价工程师的执业

注册造价工程师执业范围包括：

1. 建设项目建议书、可行性研究投资估算的编制和审核，项目经济评价，工程概、预、结算、竣工结（决）算的编制和审核；

2. 工程量清单、标底（或者控制价）、投标报价的编制和审核，工程合同价款的签订及变更、调整、工程款支付与工程索赔费用的计算；

3. 建设项目管理过程中设计方案的优化、限额设计等工程造价分析与控制，工程保险理赔的核查；

4. 工程经济纠纷的鉴定。

6.3.3.5 注册造价工程师的权利与义务

1. 注册造价工程师享有下列权利：

（1）使用注册造价工程师名称；

（2）依法独立执行工程造价业务；

（3）在本人执业活动中形成的工程造价成果文件上签字并加盖执业印章；

（4）发起设立工程造价咨询企业；

（5）保管和使用本人的注册证书和执业印章；

（6）参加继续教育。

2. 注册造价工程师应当履行下列义务：

（1）遵守法律、法规、有关管理规定，恪守职业道德；

（2）保证执业活动成果的质量；

（3）接受继续教育，提高执业水平；

（4）执行工程造价计价标准和计价方法；

（5）与当事人有利害关系的，应当主动回避；

（6）保守在执业中知悉的国家秘密和他人的商业、技术秘密。

6.3.4 注册建筑师制度

6.3.4.1 注册建筑师的概念

注册建筑师，是指经考试、特许、考核认定取得中华人民共和国注册建筑师执业资格证书，或者经资格互认方式取得建筑师互认资格证书，并按照《中华人民共和国注册建筑师条例实施细则》注册，取得中华人民共和国注册建筑师注册证书和中华人民共和国注册建筑师执业印章，从事建筑设计及相关业务活动的专业技术人员。未取得注册证书和执业印章的人员，不得以注册建筑师的名义从事建筑设计及相关业务活动。

6.3.4.2 注册建筑师的管理机构

国务院建设主管部门、人事主管部门按职责分工对全国注册建筑师考试、注册、执业和继续教育实施指导和监督。省、自治区、直辖市人民政府建设主管部门、人事主管部门按职责分工对本行政区域内注册建筑师考试、注册、执业和继续教育实施指导和监督。

6.3.4.3　注册建筑师的考试与注册

注册建筑师考试分为一级注册建筑师考试和二级注册建筑师考试。注册建筑师考试实行全国统一考试，每年进行一次。遇特殊情况，经国务院建设主管部门和人事主管部门同意，可调整该年度考试次数。注册建筑师考试由全国注册建筑师管理委员会统一部署，省、自治区、直辖市注册建筑师管理委员会组织实施。

经一级注册建筑师考试，在有效期内全部科目考试合格的，由全国注册建筑师管理委员会核发国务院建设主管部门和人事主管部门共同用印的一级注册建筑师执业资格证书。经二级注册建筑师考试，在有效期内全部科目考试合格的，由省、自治区、直辖市注册建筑师管理委员会核发国务院建设主管部门和人事主管部门共同用印的二级注册建筑师执业资格证书。

1. 注册建筑师实行注册执业管理制度。取得执业资格证书或者互认资格证书的人员，必须经过注册方可以注册建筑师的名义执业。申请注册建筑师初始注册，应当具备以下条件：

（1）依法取得执业资格证书或者互认资格证书；

（2）只受聘于中华人民共和国境内的一个建设工程勘察、设计、施工、监理、招标代理、造价咨询、施工图审查、城乡规划编制等单位（以下简称聘用单位）；

（3）近三年内在中华人民共和国境内从事建筑设计及相关业务1年以上；

（4）达到继续教育要求；

（5）没有本细则第二十一条所列的情形。

2. 初始注册需要提交下列材料：

（1）初始注册申请表；

（2）资格证书复印件；

（3）身份证明复印件；

（4）聘用单位资质证书副本复印件；

（5）与聘用单位签订的聘用劳动合同复印件；

（6）相应的业绩证明；

（7）逾期初始注册的，应当提交达到继续教育要求的证明材料。

6.3.4.4　注册建筑师的执业

取得资格证书的人员，应当受聘于中华人民共和国境内的一个建设工程勘察、设计、施工、监理、招标代理、造价咨询、施工图审查、城乡规划编制等单位，经注册后方可从事相应的执业活动。注册建筑师的执业范围具体为：

1. 建筑设计；

2. 建筑设计技术咨询；

3. 建筑物调查与鉴定；

4. 对本人主持设计的项目进行施工指导和监督；

5. 国务院建设主管部门规定的其他业务。

6.3.4.5　注册建筑师的权利与义务

1. 注册建筑师的权利

（1）专有名称权：注册建筑师有权以注册建筑师的名义执行注册建筑师业务。非注册建筑师不得以注册建筑师的名义执行注册建筑师业务。二级注册建筑师不得以一级注册建筑师的名义执行业务，也不得超越国家规定的二级注册建筑师的执业范围执行业务。

（2）设计文件签字权：国家规定的一定跨度、跨径和高度以上的房屋建筑，应当由注册建筑师进行设计。

（3）独立设计权：任何单位和个人修改注册建筑师的设计图纸，应当征得该注册建筑师同意；但是，因特殊情况不能征得该注册建筑师同意的除外。

2. 注册建筑师应当履行下列义务：

（1）遵守法律、法规和职业道德，维护社会公共利益；

（2）保证建筑设计的质量，并在其负责的设计图纸上签字；

（3）保守在执业中知悉的单位和个人的秘密；

（4）不得同时受聘于两个以上建筑设计单位执行业务；

（5）不得准许他人以本人名义执行业务。

6.3.5 注册建造师制度

6.3.5.1 注册建造师的概念

建设部令第153号《注册建造师管理规定》，自2007年3月1日起施行。注册建造师，是指通过考核认定或考试合格取得中华人民共和国建造师资格证书，并按照本规定注册，取得中华人民共和国建造师注册证书和执业印章，担任施工单位项目负责人及从事相关活动的专业技术人员。未取得注册证书和执业印章的，不得担任大中型建设工程项目的施工单位项目负责人，不得以注册建造师的名义从事相关活动。

6.3.5.2 注册建造师的管理机构

国务院建设主管部门对全国注册建造师的注册、执业活动实施统一监督管理；国务院铁路、交通、水利、信息产业、民航等有关部门按照国务院规定的职责分工，对全国有关专业工程注册建造师的执业活动实施监督管理。县级以上地方人民政府建设主管部门对本行政区域内的注册建造师的注册、执业活动实施监督管理；县级以上地方人民政府交通、水利、通信等有关部门在各自职责范围内，对本行政区域内有关专业工程注册建造师的执业活动实施监督管理。

6.3.5.3 注册建造师的考试与注册

注册建造师考试实行全国统一大纲、统一命题、统一组织的办法，原则上每年举行一次。考试合格者，由省、自治区、直辖市人事（职改）部门颁发人事部统一印制、建设部、人事部共同用印的中华人民共和国注册建造师执业资格证书。

注册建造师实行注册执业管理制度。取得资格证书的人员，经过注册方能以注册建造师的名义执业。

1. 申请初始注册时应当具备以下条件：

（1）经考核认定或考试合格取得资格证书；

（2）受聘于一个相关单位；

（3）达到继续教育要求；

（4）没有本规定第十五条所列情形。

2. 申请初始注册需要提交下列材料：

（1）注册建造师初始注册申请表；

（2）资格证书、学历证书和身份证明复印件；

（3）申请人与聘用单位签订的聘用劳动合同复印件或其他有效证明文件；

（4）逾期申请初始注册的，应当提供达到继续教育要求的证明材料。

取得一级建造师资格证书并受聘于一个建设工程勘察、设计、施工、监理、招标代理、造价咨询等单位的人员，应当通过聘用单位向单位工商注册所在地的省、自治区、直辖市人民政府建设主管部门提出注册申请。省、自治区、直辖市人民政府建设主管部门受理后提出初审意见，并将初审意见和全部申报材料报国务院建设主管部门审批；涉及铁路、公路、港口与航道、水利水电、通信与广电、民航专业的，国务院建设主管部门应当将全部申报材料送同级有关部门审核。符合条件的，由国务院建设主管部门核发《中华人民共和国一级建造师注册证书》，并核定执业印章编号。

取得二级建造师资格证书的人员申请注册，由省、自治区、直辖市人民政府建设主管部门负责受理和审批，具体审批程序由省、自治区、直辖市人民政府建设主管部门依法确定。对批准注册的，核发由国务院建设主管部门统一样式的《中华人民共和国二级建造师注册证书》和执业印章，并在核发证书后30日内送国务院建设主管部门备案。

6.3.5.4 注册建造师的执业与权利、义务

注册建造师可以从事建设工程项目总承包管理或施工管理，建设工程项目管理服务，建设工程技术经济咨询，以及法律、行政法规和国务院建设主管部门规定的其他业务。

1. 注册建造师享有下列权利：

（1）使用注册建造师名称；

（2）在规定范围内从事执业活动；

（3）在本人执业活动中形成的文件上签字并加盖执业印章；

（4）保管和使用本人注册证书、执业印章；

（5）对本人执业活动进行解释和辩护；

（6）接受继续教育；

（7）获得相应的劳动报酬；

（8）对侵犯本人权利的行为进行申述。

2. 注册建造师应当履行下列义务：

（1）遵守法律、法规和有关管理规定，恪守职业道德；

（2）执行技术标准、规范和规程；

（3）保证执业成果的质量，并承担相应责任；

（4）接受继续教育，努力提高执业水准；

（5）保守在执业中知悉的国家秘密和他人的商业、技术等秘密；

（6）与当事人有利害关系的，应当主动回避；

（7）协助注册管理机关完成相关工作。

6.4 违反工程建设执业资格法律制度的法律责任

6.4.1 工程建设从业单位的法律制度

建筑业企业、工程勘察设计企业、工程监理企业的主要法律责任有如下几条：

1. 如果企业在申请资质时隐瞒有关情况或者提供虚假材料申请建筑业企业资质、工程勘察设计资质的，资质许可机关不予受理或者不予行政许可，并给予警告，申请人在 1 年内不得再次申请建筑业企业资质。

2. 以欺骗、贿赂等不正当手段取得建筑业企业资质证书、工程勘察设计企业资质证书的，由县级以上地方人民政府建设主管部门或者有关部门给予警告，并依法处以罚款，申请人 3 年内不得再次申请建筑业企业资质。

3. 建筑业企业、工程勘察设计企业未及时办理资质证书变更手续的，由县级以上地方人民政府建设主管部门责令限期办理；逾期不办理的，可处以 1000 元以上 1 万元以下的罚款。

4. 建筑业企业、工程勘察设计企业未按照本规定要求提供建筑业企业信用档案信息的，由县级以上地方人民政府建设主管部门或者其他有关部门给予警告，责令限期改正；逾期未改正的，可处以 1000 元以上 1 万元以下的罚款。

5. 建设主管部门及其工作人员，违反本规定，有下列情形之一的，由其上级行政机关或者监察机关责令改正；情节严重的，对直接负责的主管人员和其他直接责任人员，依法给予行政处分：

（1）对不符合条件的申请人准予建筑业企业资质许可、工程勘察设计资质许可、工程监理企业资质许可的；

（2）对符合条件的申请人不予建筑业企业资质许可或者不在法定期限内作出准予许可决定的；

（3）对符合条件的申请不予受理或者未在法定期限内初审完毕的；

（4）利用职务上的便利，收受他人财物或者其他好处的；

（5）不依法履行监督管理职责或者监督不力，造成严重后果的。

另外，建筑业企业有《建筑业企业资质管理规定》中第二十一条行为之一，《中华人民共和国建筑法》、《建设工程质量管理条例》和其他有关法律、法规对处罚机关和处罚方式有规定的，依照法律、法规的规定执行；法律、法规未作规定的，由县级以上地方人民政府建设主管部门或者其他有关部门给予警告，责令改正，并处 1 万元以上 3 万元以下的罚款。

工程监理企业有《工程监理企业资质管理规定》中第十六条第七项、第八项行为之一的，由县级以上地方人民政府建设主管部门或者有关部门予以警告，责令其改正，并处 1 万元以上 3 万元以下的罚款；造成损失的，依法承担赔偿责任；构成犯罪的，依法追究刑事责任。

6.4.2 工程建设从业人员的法律制度

注册监理工程师、注册造价工程师、注册建造师、注册建筑师的主要法律责任规定如下：

1. 注册监理工程师、注册造价工程师、注册建造师、注册建筑师隐瞒有关情况或者提供虚假材料申请注册监理工程师、造价工程师、建造师、建筑师的，建设主管部门不予受理或者不予注册，并给予警告，1 年之内不得再次申请注册。

2. 以欺骗、贿赂等不正当手段取得注册监理工程师、注册造价工程师、注册建造师注册证书的，由国务院建设主管部门撤销其注册，以欺骗、贿赂等不正当手段取得注册建筑师注册证书和执业印章的，由全国注册建筑师管理委员会或省、自治区、直辖市注册建筑师管理委员会撤销注册证书并收回执业印章，3 年内不得再次申请注册，并由县级以上地方人民政府建设主管部门处以罚款，其中没有违法所得的，处以 1 万元以下罚款，有违法所得的，处以违法所得 3 倍以下且不超过 3 万元的罚款；构成犯罪的，依法追究刑事责任。

3. 未经注册，擅自以注册监理工程师、注册造价工程师的名义从事工程监理及相关业务活动的；注册建筑师未受聘并注册于中华人民共和国境内一个具有工程设计资质的单位，从事建筑工程设计执业活动的；未取得注册证书和执业印章，担任大中型建设工程项目施工单位项目负责人，或者以注册建造师的名义从事相关活动的，其所签署的工程文件无效；上述行为均由县级以上地方人民政府建设主管部门给予警告，责令停止违法行为，处以 3 万元以下罚款；造成损失的，依法承担赔偿责任。

4. 聘用单位为注册造价工程师、注册建造师提供虚假注册材料的，由县级以上地方人民政府建设主管部门或者其他有关部门给予警告，并可处以 1 万元以上 3 万元以下的罚款。

5. 注册造价工程师、注册建造师、注册建筑师或者其聘用单位未按照要求提供造价工程师信用档案信息的，由县级以上地方人民政府建设主管部门或者其他有关部门责令限期改正；逾期未改正的，可处以 1000 元以上 1 万元以下的罚款。

6. 未办理变更注册仍执业的注册监理工程师、注册造价工程师、注册建造师、注册建筑师，由县级以上地方人民政府建设主管部门给予警告，责令限期改正；逾期不改的，可处以 5000 元以下的罚款。

7. 注册监理工程师、注册造价工程师、注册建造师、注册建筑师在执业活动中有下列行为之一的，由县级以上地方人民政府建设主管部门给予警告，责令其改正，没有违法所得的，处以 1 万元以下罚款，有违法所得的，处以违法所得 3 倍以下且不超过 3 万元的罚款；造成损失的，依法承担赔偿责任；构成犯罪的，依法追究刑事责任：

（1）以个人名义承接业务的；

（2）涂改、倒卖、出租、出借或者以其他形式非法转让注册证书或者执业印章的；

（3）泄露执业中应当保守的秘密并造成严重后果的；

（4）超出规定执业范围或者聘用单位业务范围从事执业活动的；

（5）弄虚作假提供执业活动成果的；

（6）同时受聘于两个或者两个以上的单位，从事执业活动的；

（7）其他违反法律、法规、规章的行为。

8. 有下列情形之一的，国务院建设主管部门依据职权或者根据利害关系人的请求，可以撤销监理工程师注册，全国注册建筑师管理委员会或者省、自治区、直辖市注册建筑师管理委员可以撤销注册建筑师注册：

（1）工作人员滥用职权、玩忽职守颁发注册证书和执业印章的；全国注册建筑师管理委员会或者省、自治区、直辖市注册建筑师管理委员的工作人员滥用职权、玩忽职守颁发注册证书和执业印章的；

（2）超越法定职权颁发注册证书和执业印章的；

（3）违反法定程序颁发注册证书和执业印章的；

（4）对不符合法定条件的申请人颁发注册证书和执业印章的；

（5）依法可以撤销注册的其他情形。

9. 县级以上人民政府建设主管部门的工作人员，在注册监理工程师、注册造价工程师、注册建造师管理工作中，或者县级以上人民政府建设主管部门、人事主管部门及全国注册建筑师管理委员会或者省、自治区、直辖市注册建筑师管理委员的工作人员，在注册建筑师管理工作中有下列情形之一的，依法给予处分；构成犯罪的，依法追究刑事责任：

（1）对不符合法定条件的申请人颁发注册证书和执业印章的；

（2）对符合法定条件的申请人不予颁发注册证书和执业印章的；

（3）对符合法定条件的申请人未在法定期限内颁发注册证书和执业印章的；

（4）对符合法定条件的申请不予受理或者未在法定期限内初审完毕的；

（5）利用职务上的便利，收受他人财物或者其他好处的；

（6）不依法履行监督管理职责，或者发现违法行为不予查处的。

本章小结

本章首先对我国的工程建设执业资格制度进行了概述，在第二节中介绍了建筑业企业、工程勘察设计单位、工程监理单位等工程建设从业单位的资质管理制度。第三节针对注册结构工程师、注册监理工程师、注册造价工程师、注册建筑师、注册建造师等工程建设从业人员的资格管理制度进行了详细介绍。第四节主要介绍违反工程建设执业资格法律制度的一系列法律责任。

【案例实训】

2003年9月16日，肖某与没有建筑资质的农民工黄某签订承揽建筑合同，由黄某为其建造一私人住宅。为方便施工，黄某在建筑工地内挖建了一个约60厘米深，面积达20多平方米的石灰池，石灰池周围无任何标志及防护设施。同年10月13日下午，工地对面居民李某5岁的女儿到工地玩耍，不慎掉落装满了石灰膏的池内，后被人发现救起送医院治疗。经诊断，受害人双目受到烧伤，共用去医药费6400多元。事发后，经有关部门调解未果，受害人遂向法院提起诉讼，要求肖某、黄某共同赔偿其医药费、护理费等经济损失8726元。

原告诉称，造成受害人损害的主要原因是被告肖某将建房工程交由没有建筑从业资质的工匠黄某承揽，且黄某在挖建石灰池时没有在石灰池周围设置防护栏所致，这是肖某与黄某的过错，因此，二人应共同承担过错责任。二被告对石灰池周围没有设置防护栏、受害人因掉落石灰池致伤并造成经济损失8726元的事实无异议。但被告肖某认为，我已将房屋发包给黄某承建，因工程施工造成的任何损害与我无关，请求法院驳回原告要求本人承担责任的诉讼请求。被告黄某认为，受害人掉落石灰池致伤是其监护人监护不力而造成的，与他人无关，请法院驳回原告的诉讼请求。

【判决要旨】

　　法院审理认为，当事人各方对肖某将建房工程发包给没有建筑资质的黄某、石灰池周围没有设置防护栏、原告因掉落石灰池致伤并造成经济损失8726元的事实无异议，法院依法予以确认。致使原告遭受此损失的主要原因是被告黄某在施工过程中疏忽大意，没有按规定在石灰池周围设置明显标志及防范设施所致，这与黄某没有相应的建筑资质、不懂施工安全规定有关，因此被告黄某应承担主要赔偿责任；被告肖某将建房工程交由被告黄某承建所签订的建筑合同，其性质是承揽合同。被告肖某是定作人，被告黄某是承揽人。根据《最高人民法院关于审理人身损害赔偿案件适用法律若干问题的解释》第十条的规定，承揽人在完成工作过程中对第三人造成损害或者造成自身损害的，定作人原则上不承担赔偿责任。但是，由于承揽人黄某没有取得相应的建筑工匠从业资格，且被告肖某是房屋的受益人，其在选任承揽人上有一定过错，应承担次要民事赔偿责任；原告是一个只有5岁的完全无民事行为能力人的幼童，其监护人应时刻注意履行监护职责，防止安全事故发生，但却因疏于管理，监护不力造成原告遭受此伤害，对此损失，其监护人也应承担相应的责任。为此，判决被告黄某赔偿原告经济损失的60%，即5235.6元；被告肖某赔偿原告经济损失的20%，即1745.2元；驳回原告的其他诉讼请求。各方当事人对法院的判决没有提起上诉。

【法理分析】

　　本案争议的焦点集中在村镇建房是否一定要由有建筑从业资格的工匠来承建？这也是本案被告肖某是否应承担责任的关键。对此问题，各地法院处理不一，有的认为村镇建房大多是低层建筑，不具有高度的危险性，不必一定要由有资质的人才可承包，现实中村镇建房真正由有资质的建筑工匠承建的比例也不多，因此应根据国情区别对待。对此观点，笔者持不同看法。建筑是一个高风险的行业，"质量第一，安全第一"是建筑业的本质要求，承建单位和从业人员的素质如何将直接影响到施工的安全和工程的质量。因此，要求所有承包建筑工程的单位和个人必须具备相应的资质是十分必要的。《中华人民共和国建筑法》对此也有明确规定。该法第二条首先开宗明义地规定了"在中华人民共和国境内从事建筑活动，实施对建筑活动的监督管理，应当遵守本法"，并对"建筑活动"作了以下定义："本法所称建筑活动，是指各类房屋建筑及其附属设施的建造和与其配套的线路、管道、设备的安装活动。"

　　这就说明，凡是在中华人民共和国境内进行各类房屋建筑（当然也包括村镇建房）及其附属设施的建造和与其配套的线路、管道、设备的安装活动的，必须遵守建筑法。建筑法同时规定，承包建筑工程的单位和从事建筑活动的建筑施工企业以及从事建筑活动的专业技术人员，必须取得相应的执业资格证书，并只能在执业资格证书许可的范围内从事建筑活动。对发包单位将工程发包给不具有相应资质条件的承包单位和未取得资质证书承揽工程的，该法第六十五条也作出了相应的罚则，即"发包单位将工程发包给不具有相应资质条件的承包单位的，或者违反本法规定将建筑工程肢解发包的，责令改正，处以罚款。未取得资质证书承揽工程的，予以取缔，并处罚款；有违法所得的，予以没收。"

　　因此，本案被告肖某将建房工程发包给没有相应从业资质的被告黄某承建是违反建筑法有关强制性规定，法院判决其承担原告的经济损失是有法律依据的。

【复习思考】
1. 什么是执业资格制度？我国执业资格制度立法情况如何？
2. 各级勘察设计机构的业务范围是如何规定的？
3. 建造师的执业范围包括哪些？取得执业资格的基本程序是什么？
4. 我国在建筑行业实行哪几种执业人员的执业资格制度？
5. 什么是一级注册结构工程师？其资格如何取得？

第 7 章 招标投标法律制度

【学习提要】 本章主要阐述下列内容：
1. 招标投标法、招标投标的概念和特点、招标投标的适用范围和标准、招标投标的基本原则；
2. 工程招标的条件、招标方式、招标程序；
3. 投标人的条件、投标人的权利和义务、投标的程序；
4. 废标的处理、评标委员会的组建、评标程序、评标的办法和原则、定标和授标；
5. 招标投标的法律责任。

【关键词】 招标 投标 开标 评标 定标

7.1 概 述

7.1.1 招标投标法的概念

招标投标法是国家用来规范招标投标活动、调整在招标投标过程中产生的各种关系的法律规范的总称。按照法律效力的不同，招标投标法法律规范分为四个层次：第一层次是由全国人大及其常委会颁布的法律《中华人民共和国招标投标法》（以下简称《招标投标法》）；第二层次是由国务院颁布的招标投标行政法规；第三个层次是有立法权的地方人大颁布的地方性招标投标法法规和由国务院有关部门颁发的招标投标的部门规章；第四个层次是有立法权的地方人民政府颁发的地方性招标投标规章。

1999 年 8 月 30 日第九届全国人民代表大会常务委员会第十一次会议通过了《招标投标法》（2000 年 1 月 1 日起施行），2002 年 6 月 29 日第九届全国人民代表大会常务委员会第二十八次会议通过了《中华人民共和国政府采购法》（2003 年 1 月 1 日起施行）。"两法"是整个招标投标领域的基本法，一切有关招标投标的法规、规章和规范性文件都必须与"两法"相一致。之后招标投标的系列地方法规和行政规章相继出台，逐步建立了较为完善的招标投标法律法规体系。具体有：2003 年 5 月 1 日施行的《工程建设项目施工招标投标办法》；2001 年 7 月 27 日计政策〔2001〕1400 号《国家计委关于进一步贯彻〈中华人民共和国招标投标法〉的通知》；2000 年 4 月 4 日国务院批准 2000 年 5 月 1 日国家计划委员会令第 3 号发布《工程建设项目招标范围和规模标准规定》；2000 年 6 月 30 日建设部颁布《工程建设项目招标代理机构资格认定方法》；2000 年 7 月 1 日国家发展计划委员会颁布《工程建设项目自行招标试行办法》；2001 年 7 月 5 日国家发展计划委员会、国家经济贸易委员会、建设部、铁道部、交通部、信息产业部、水利部令第 12 号发布《评标委员会和评标办法暂行规定》；2002 年 2 月 1 日国家发展计划委员会颁布《国家重大建设项目招标投标监督暂行办法》；2000 年 10 月 18 日建设部颁布《建筑工程设计招标投标管理办法》；2001 年 6 月 1 日建设部颁布《房屋建筑和市政基础设施工程招标投标管理办法》等。它们正在逐步形成并完善我国的建设工程的招标投标法律体系。

7.1.2 招标投标的基本概念及特点

所谓招标投标，是指采购人事先提出货物、工程或服务采购的条件和要求，邀请众多投标人参加投标并按照规定程序从中选择交易对象的一种市场交易行为。从采购交易过程来看，它必然包括招标和投标两个基本环节，没有招标就不会有供应商或承包商的投标；没有投标，采购人的招标就没有得到响应，也就没有开标、评标、定标和合同的签订等。招标与投标是一对相互对应的范畴。

招标投标与拍卖都是竞争性的交易方式，其相似之处颇多，以致于在实践中往往将两者混为一谈。招标投标与拍卖实质性区别是：首先，标的不同。拍卖的标的是物品或者财产权利，招标投标则除物品外，主要是行为。其次，目的不同。拍卖的目的是选择最高竞价者，将拍卖的物品或者财产权利转让给他人，是寻找买者，而招标投标是为寻找卖者而非买者，如货物、设计、施工、劳务等工作的提供者，在买卖方向上与拍卖正好相反。最后，串标行为与串通拍卖行为适用的法律不同。前者适用于《招标投标法》第53条、《反不正当竞争法》第27条，后者适用于《拍卖法》第65条。[①]

招标投标是最富有竞争的一种采购方式，能为采购者带来有质量的工程、货物或服务。它主要具备以下几个特点：

1. 程序规范。按照目前各国做法及国际惯例，招标投标程序和条件由招标机构事先拟定，在招标投标双方之间具有法律效力的规则一般不能随意改变。当事人双方必须严格按既定程序和条件进行招标投标活动。招标投标程序由固定的招标机构组织实施。

2. 全方位开放，透明度高。招标的目的是在尽可能大的范围内寻找合乎要求的中标者，一般情况下，邀请供应商或承包商的参与是无限制的。为此，招标人一般要在指定或选定的报刊或其他媒体上刊登招标通告，邀请所有潜在的投标人参加投标；提供给供应商或承包商的招标文件必须对拟采购的货物、工程或服务做出详细的说明，使供应商或承包商有共同的依据来编写投标文件；招标人事先要向供应商或承包商充分透露评价和比较投标文件以及选定中标者的标准（仅以价格来评定，或加上其他的技术性或经济性标准）；在提交投标文件的最后截止日公开开标；严格禁止招标人与投标人就投标文件的实质性内容单独谈判。这样招标投标活动完全置于公开的社会监督之下，可以防止不正当的交易行为。

3. 公平、客观。招标投标全过程自始至终按照事先规定的程序和条件，本着公平竞争的原则进行。在招标公告或投标邀请书发出后，任何有能力或资格的投标者均可参加投标。招标方不得有任何歧视某一个投标者的行为。同样，评标委员会在组织评标时也必须公平客观地对待每一个投标者。

[①]《招标投标法》第53条："投标人相互串通投标或者与招标人串通投标的，投标人以向招标人或者评标委员会成员行贿的手段谋取中标的，中标无效，处中标项目金额千分之五以上千分之十以下的罚款，对单位直接负责的主管人员和其他直接负责人员处单位罚款数额百分之五以上百分之十以下的罚款；有违法所得的，并处没收违法所得；情节严重的，取消其一年至二年内参加依法必须进行招标的项目的投标资格并予以公告，直至由工商行政管理机关吊销营业执照；构成犯罪的，依法追究刑事责任。给他人造成损失的，依法承担赔偿责任。"《反不正当竞争法》第27条："中标无效外，可以根据情节处以1万元以上20万元以下的罚款。"《拍卖法》第65条规定："违反本法第37条的规定，竞买人之间、竞买人与拍卖人之间恶意串通，给他人造成损害的，拍卖无效，应当依法承担赔偿责任。由工商行政管理部门对参与串通的竞买人处最高应价10%以上30%以下的罚款，对参与恶意串通的拍卖人处以10%以上50%以下的罚款。"

4. 交易双方一次成交。一般交易往往在进行多次谈判之后才能成交。招标采购则不同，禁止交易双方面对面的讨价还价。贸易主动权掌握在招标人手中，投标者只能应邀进行一次性报价，并以合理的价格定标。

基于以上特点，招标投标对于获取最大限度的竞争，使参与投标的供应商和承包商获得公平、公正的待遇，以及提高公共采购的透明度和客观性，促使采购资金的节约和采购效益的最大化，杜绝腐败和滥用职权，都具有至为重要的作用。

7.1.3 招标投标的适用范围和标准

世界各国和主要国际组织都规定，对某些工程建设项目必须实行招标投标。我国有关的法律、法规和部门规章根据工程建设项目的投资性质、工程规模等因素，也对工程建设招标范围和规模标准进行了界定，在此范围之内的项目，必须通过招标进行发包，而在此范围之外的项目，是否招标业主可以自愿选择。

1. 强制招标的范围和规模标准

（1）强制招标的范围

《招标投标法》第三条规定：在中华人民共和国境内进行下列工程建设项目的勘察、设计、施工、监理以及与工程建设有关的重要设备、材料等的采购，必须进行招标：

1) 大型基础设施、公用事业等关系社会公共利益、公众安全的项目；
2) 全部或者部分使用国有资金投资或者国家融资的项目；
3) 使用国际组织或者外国政府贷款、援助资金的项目。

《招标投标法》中所规定的招标范围，是一个原则性的规定，2000 年 5 月 1 日施行的原国家计委第 3 号令《工程建设项目招标范围和规模标准规定》对招标范围和规模标准作了更具体的规定。

（2）强制招标的规模标准

《工程建设项目招标范围和规模标准规定》第八条规定，上述招标范围内的各类工程建设项目，包括项目的勘察、设计、施工、监理以及与工程建设有关的重要设备、材料等的采购，达到下列标准之一的，必须进行招标：

1) 施工单项合同估算价在 200 万元人民币以上的。
2) 重要设备、材料等货物的采购，单项合同估算价在 100 万元人民币以上的。
3) 勘察、设计、监理等服务的采购，单项合同估算价在 50 万元人民币以上的。
4) 单项合同估算价低于前三项规定的标准，但项目总投资额在 3000 万元人民币以上的。

第 10 条规定：省、自治区、直辖市人民政府根据实际情况可以规定本地区必须进行招标的具体范围的规模标准，但不得缩小本规定确定的必须进行招标的范围。

2. 依法必须公开招标的项目

2003 年 3 月 8 日国家发展和改革委员会等七部委令第 30 号发布的《工程建设项目施工招标投标办法》第十一条规定以下项目应当公开招标：

（1）国务院发展计划部门确定的国家重点建设项目；
（2）各省、自治区、直辖市人民政府确定的地方重点建设项目；
（3）全部使用国有资金投资的工程建设项目；

（4）国有资金投资占控股或者主导地位的工程建设项目。

3. 经审批可进行邀请招标的情形

《工程建设项目施工招标投标办法》第十一条规定应当公开招标建设项目有下列情形之一的，经有关部门批准可以进行邀请招标：

（1）项目技术复杂或有特殊要求，只有少数几家潜在投标人可供选择的；
（2）受自然地域环境限制的；
（3）涉及国家安全、国家机密或者抢险救灾，适宜招标但不宜公开招标的；
（4）拟公开招标的费用与项目的价值相比，不值得的；
（5）法律、法规规定不宜公开招标的。

国家重点建设项目的邀请招标，应当经国务院发展计划部门批准；地方重点建设项目的邀请招标，应当经各省、自治区、直辖市人民政府批准；全部使用国有资金投资或者国有资金投资占控股或者主导地位的并需要审批的工程建设项目的邀请招标，应当经项目审批部门批准，但项目审批部门只审批立项的，由有关行政监督部门审批。

4. 经审批可以不进行招标的情形

《招标投标法》第六十六条规定"涉及国家安全、国家秘密、抢险救灾或者属于利用扶贫资金实行以工代赈需要使用农民工等特殊情况，不适宜进行招标的项目，按照国家规定可不进行招标。"

《工程建设项目招标范围和规模标准规定》第八条还规定"建设项目的勘察、设计采用特定专利或者专有技术的，或者其建筑艺术造型有特殊要求的，经项目主管部门批准，可以不进行招标。"

《工程建设项目施工招标投标办法》第十二条规定下列项目可不进行招标：

（1）涉及国家安全、国家秘密或者抢险救灾而且不适宜招标的；
（2）属于利用扶贫资金实行以工代赈需要使用农民工的；
（3）施工主要技术采用特定的专利或者专有技术的；
（4）施工企业自建自用的工程，且该施工企业资质等级符合工程要求的；
（5）在建筑工程追加的附属小型工程或者主体加层工程，原中标人仍具备承包能力的；
（6）法律、行政法规规定的其他情形。

7.1.4 招标投标的基本原则

招标投标行为是市场经济的产物，并随着市场的发展而发展，必须遵循市场经济活动的基本原则。各国立法及国际惯例普遍确定，招标投标活动必须遵循"公开、公平、公正"的"三公"原则。我国《招标投标法》第五条规定，招标投标活动应当遵循公开、公平、公正和诚实信用的原则。

所谓"公开"原则，就是要求招标投标活动具有较高的透明度，实行招标信息、招标程序公开，即发布招标通告，公开开标，公开中标结果，使每一个投标人获得同等的信息，知悉招标的一切条件和要求。"公平"原则，就是要求给予所有投标人平等的机会，使其享有同等的权利并履行相应的义务，不歧视任何一方。"公正"原则，就是要求评标时按事先公布的标准对待所有的投标人。鉴于"三公"原则在招标投标活动中的重要性，《招标投标法》始终以其为主线，在总则及分则的各个条款中予以具体体现。

所谓诚实信用原则，也称诚信原则，是民事活动的基本原则之一。《中华人民共和国民法通则》第四条规定，"民事活动应当遵循自愿、公平、等价有偿、诚实信用的原则。"这条原则的含义是，招标投标当事人应以诚实、善意的态度行使权利，履行义务，以维持双方的利益平衡，以及自身利益与社会利益的平衡。在当事人之间的利益关系中，诚信原则要求尊重他人利益，以对待自己事务的注意对待他人事务，保证彼此都能得到自己应得的利益。在当事人与社会的利益关系中，诚信原则要求当事人不得通过自己的活动损害第三人和社会的利益，必须在法律范围内以符合其社会经济目的的方式行使自己的权利。从这一原则出发，《招标投标法》规定了不得规避招标、串通招标、泄露标底、骗取中标、转包合同等诸多义务，要求当事人遵守，并规定了相应的罚则。

此外，招标投标活动应当遵循不得进行部门或地方保护，不得非法干涉的原则。依法必须进行招标的项目，其招标投标活动不受地区或者部门的限制。任何单位和个人不得违法限制或者排斥本地区、本系统以外的法人或者其他组织参加投标，不得以任何方式非法干涉招标投标活动。

7.2 招 标

招标是由具有招标资格的招标单位或招标代理机构，就标的物编制招标文件和标底，发出招标通知，提出招标条件，公开或非公开的邀请投标单位来投标，投标人在规定的日期内，提交投标文件，经过评标、定标，最终与中标单位签订合同的一种交易方式。主要应用于勘察设计、施工、咨询、监理、材料设备供应等内容，应用最普遍的是建筑施工招标。招标人是依法提出招标项目、进行招标的法人或者其他组织。招标项目按照国家有关规定需要履行项目审批手续的，应当先履行审批手续，取得批准。招标人应当有进行招标项目的相应资金或者资金来源已经落实，并应当在招标文件中如实载明。

7.2.1 招标应具备的条件

7.2.1.1 实行招标的工程必须具备的条件

《工程建设项目施工招标投标办法》规定依法必须招标的工程建设项目，应当具备下列条件才能进行施工招标：

1. 招标人已经依法成立；
2. 初步设计及概算应当履行审批手续的，已经批准；
3. 招标范围、招标方式和招标组织形式等应当履行核准手续的，已经核准；
4. 有相应资金或资金来源已经落实；
5. 有招标所需的设计图纸及技术资料。

施工招标可以采用项目的全部工程招标、单位工程招标、特殊专业工程招标等办法，但不得对单位工程的分部、分项工程进行招标。

7.2.1.2 招标单位应具备的条件

根据《招标投标法》及2001年7月1日国家计委颁布的《工程建设项目自行招标投标试行办法》规定，招标人是指依照法律规定进行工程建设项目的勘察、设计、施工、监理，以及与工程建设有关的重要设备、材料等招标的法人。招标人自行办理招标事宜，应当具有编制招标文件和组织评标的能力，具体包括：

1. 具有项目法人资格（或者法人资格）；
2. 具有与招标项目规模和复杂程度相适应的工程技术、概预算、财务和工程管理等方面专业技术力量；
3. 从事同类工程建设项目招标的经验；
4. 设有专门的招标机构或者拥有 3 名以上专职招标业务人员；
5. 熟悉和掌握招标投标法及有关法规规章。

招标人自行进行招标的，项目法人或者组建中的项目法人应当在向国家发改委上报项目可行性研究报告时，一并报送符合《工程建设项目自行招标投标试行办法》第 4 条规定的书面材料。

书面材料应当至少包括：项目法人营业执照、法人证书或者项目法人组建文件；与招标项目相适应的专业技术力量；内设的招标机构或者专职招标业务人员的基本情况；拟使用的专家库情况；以往编制的同类工程建设项目招标文件和评估报告，以及业绩的证明材料；其他材料。

在报送可行性研究报告前，招标人确需通过招标方式或者其他方式确定勘察、设计单位开展前期工作的，应当在前款规定的书面材料中说明。国家发改委通过审查招标人报送的书面材料来决定招标人是自行招标还是委托招标代理机构办理招标。招标人自行招标的，应当自确定中标人之日起十五日内，向国家发改委提交招标投标情况的书面报告。建设单位不具备自行招标条件的，须委托有资格的招标代理机构办理招标。

7.2.1.3 招标代理机构应具备的条件

招标代理机构是依法设立、从事招标代理业务并提供相关服务的社会中介组织。工程招标代理机构可以接受招标人委托编制工程招标方案、招标文件、工程标的和草拟工程合同等。工程招标代理机构应当与招标人签订书面委托代理合同。未经招标人书面同意，工程招标代理机构不得向他人转让代理业务。

招标代理机构应当具备下列条件：

1. 有从事招标代理业务的营业场所和相应资金；
2. 有编制招标文件和组织评标的相应专业力量；
3. 有符合法律规定条件、可以作为评标委员会成员人选的技术、经济等方面的专家库。

从事工程建设项目招标代理业务的招标代理机构，还应具有国务院或省、自治区、直辖市政府建设行政主管部门认定的资格。其资格认定的主管部门由国务院规定。招标代理机构与行政机关和其他国家机关不得存在隶属关系或者其他利益关系。任何单位和个人不得以任何方式为招标人指定代理机构，也不得强制招标人委托招标代理机构办理招标事宜。招标人具有编制招标文件和组织评标能力的，可以自行办理招标事宜。

2000 年 6 月 30 日建设部颁发了《工程建设项目招标代理机构资格认定办法》，它是一部在中华人民共和国境内从事土木工程、建筑工程、线路管道和设备安装工程及装修工程项目等各类工程建设项目招标代理活动机构资格的适用办法。工程招标代理机构资格分为甲、乙两级。甲级工程招标代理机构资格按行政区划，由省、自治区、直辖市人民政府建设行政主管部门初审，报国务院建设行政主管部门认定。乙级工程招标代理机构资格由省、自治区、直辖市人民政府建设行政主管部门认定,报国务院建设行政主管部门备案。国务院建设行政主管部门将认定的甲级工程招标代理机构名单在认定后的 15 日内通报国务院发展计划部门和有关部门。

申请工程招标代理机构资格的单位,应当提供以下资料:

1. 企业法人营业执照(复印件加盖原登记机关的确认章);
2. 工程招标代理机构章程;
3. 《工程招标代理机构资格申请表》;
4. 其他有关工程招标代理机构的资料。申请甲级工程招标代理机构资格的,还需提供所在地省、自治区、直辖市人民政府建设行政主管部门的初审意见。

申请甲级工程招标代理机构资格,除具备以上条件外,还应当具备下列条件:

1. 近 3 年内代理中标金额 3000 万元以上的工程不少于 10 个,或者代理招标的工程累计中标金额在 8 亿元以上(以中标通知书为依据,下同);
2. 具有工程建设类执业注册资格或者中级以上专业技术职称的专职人员不少于 20 人,其中具有造价工程师职业资格人员不少于 2 人;
3. 法定代表人、技术经济负责人、财会人员为本单位专职人员,其中技术经济负责人具有高级职称或者相应执业注册资格并有 10 年以上从事工程管理的经验;
4. 注册资金不少于 100 万元。

申请乙级工程招标代理机构资格,除具备以上基本条件外,还应当具备下列条件:

1. 近 3 年内代理中标金额 1000 万元以上的工程不少于 10 个,或者代理招标的工程累计中标金额在 3 亿元以上;
2. 具有工程建设类执业注册资格或者中级以上专业技术职称的专职人员不少于 10 人,其中具有造价工程师职业资格人员不少于 2 人;
3. 法定代表人、技术经济负责人、财会人员为本单位专职人员,其中技术经济负责人具有高级职称或者相应执业注册资格并有 7 年以上从事工程管理的经验;
4. 注册资金不少于 50 万元。

工程招标代理机构可以跨省、自治区、直辖市承担工程招标代理业务。乙级工程招标代理机构只能承担工程投资额(不含征地费、大市政配套费与拆迁补偿费)3000 万元以下的工程招标代理业务。任何单位和个人不得限制或者排斥工程招标代理机构依法开展工程招标代理业务。

《工程招标代理机构资质证书》有效期为 3 年,《工程招标代理机构资格暂定证书》有效期为 1 年。工程招标代理机构应在两证有效期届满 3 个月前,向原发证的机关提出复审申请。逾期不申请资格复审的工程招标代理机构,其资格证书自动失效。需继续从事工程招标代理业务的,应当重新申请工程招标代理机构资格。

7.2.2 招标方式

招标方式是采购的基本方式,决定着招标投标的竞争程度,也是防止不正当交易的重要手段。总体来看目前世界各国和有关国际组织的有关采购法律、规则都规定了公开招标、邀请招标、议标三种招标方式。我国《招标投标法》将招标分为公开招标和邀请招标。

7.2.2.1 公开招标

公开招标（Open Tendering），又叫竞争性招标，即由招标人在报刊、电子网络或其他媒体上刊登招标广告，吸引众多企业单位参加投标竞争，招标人从中选择中标单位的招标方式。按照竞争程度，公开招标可分为国际竞争性招标和国内竞争性招标。

1. 国际竞争性招标（International Competitive Tendering）。这是在世界范围内进行招标，国内外合格的投标商均可以投标。要求制作完整的英文标书，在国际上通过各种宣传媒介刊登招标公告。例如，世界银行对贷款项目货物及工程的采购规定了三个原则：

（1）必须注意节约资金并提高效率，即经济有效。

（2）要为世界银行的全部成员国提供平等的竞争机会，不歧视投标人。

（3）有利于促进借款国本国的建筑业和制造业的发展。世界银行在确定项目的采购方式时都从这三个原则出发，其中国际竞争性招标是采用最多的，采购金额最大的一种方式。

实践证明，尽管国际竞争性招标程序比较复杂，但确实有很多的优点。首先，由于投标竞争激烈，一般可以对买主有利的价格采购到需要的设备和工程。其次，可以引进先进的设备、技术和工程技术及管理经验。第三，可以保证所有合格的投标人都有参加投标的机会。国际竞争性招标对货物、设备和工程的客观的衡量标准，可促进发展中国家的制造商和承包商提高产品和工程建造质量，提高国际竞争力。第四，保证采购工作根据预先指定并为大家所知道的程序和标准公开而客观地进行，因而减少了在采购中作弊的可能。

当然，国际竞争性招标也存在一些缺陷，主要是：

（1）国际竞争性招标费时较多。因为它有一套周密而比较复杂的程序，从招标公告、投标人做出反应、评标到授予合同一般都要半年以上的时间。

（2）国际竞争性招标所需准备的文件较多。招标文件要明确规范各种技术规格、评标标准，以及买卖双方的义务等内容。招标文件中任何含糊不清或未予明确的都可能导致执行合同意见不一致，甚至造成争执。另外还要将大量文件译成国际通用文字，因而增加很大的工作量。

（3）在中标的供应商和承包商中，发展中国家所占份额很少。

2. 国内竞争性招标（National Competitive Tendering）。在国内进行招标，可用本国语言编写标书，只在国内的媒体上登出广告，公开出售标书，公开开标。通常用于合同金额较小（世界银行规定：一般50万美元以下）、采购品种比较分散、劳动密集型、商品成本较低而运费较高、当地价格明显低于国际市场等采购。在国内竞争性招标情况下，如果外国公司愿意参加，应允许他们按照国内竞争性招标参加投标，不应人为设置障碍，妨碍其公平参加竞争。由于国内竞争招标限制了竞争范围，通常国外供应商不能得到有关投标的信息，这与招标原则不符，所以有关国际组织对国内竞争性招标都加以限制。

《工程建设项目施工招标投标办法》中规定：国务院发展计划部门确定的国家重点建设项目和各省、自治区、直辖市人民政府确定的地方重点建设项目，以及全部使用国有资金投资或者国有资金投资占控股或者主导地位的工程建设项目，应当公开招标。

7.2.2.2 邀请招标

也称有限竞争性招标（Restricted Tendering）或选择性招标（Selective Tendering），即根据自己的经验和有关供应商、承包商资料，如企业信誉、设备性能、技术力量、以往业绩等情况，招标单位选择一定数目的企业，向其发出投标邀请书，邀请他们参加招标竞争。一般都选择 3~10 个之间参加较为适宜，当然要视具体的招标项目的规模大小来定。不能少于 3 家。邀请招标与公开招标相比，因为不用刊登招标公告，招标文件只送几家，投标有效期大大缩短，这对采购那些价格波动较大的商品是非常必要的，可以减低投标风险和投标价格。由于被邀请参加的投标竞争者优先，不仅可以节约招标费用，而且提高了每个投标者的中标机会。然而，由于邀请招标限制了充分的竞争，因此招标投标法规一般都规定，招标人应尽量采用公开招标。

《工程建设项目施工招标投标办法》中规定有下列情况之一的，经批准可以进行邀请招标：

1. 项目技术复杂或有特殊要求，只有少量几家潜在投标人可供选择的；
2. 受自然地域环境限制的；
3. 涉及国家安全、国家秘密或者抢险救灾，适宜招标但不宜公开招标的；
4. 拟公开招标的费用与项目的价值相比，不值得的；
5. 法律、法规规定不宜公开招标的。

国家重点建设项目的邀请招标，应当经国务院发展计划部门批准；地方重点建设项目的邀请招标，应当经各省、自治区、直辖市人民政府批准。全国使用国有资金投资或者国有资金投资占控股或者主导地位的并需要审批的工程建设项目的邀请招标，应当经项目审批部门批准，但项目审批部门只审批立项的，由有关行政监督部门审批。

7.2.2.3 议标

议标（Negotiated Bidding）又称协议招标、协商议标，是一种以议标文件或拟议的合同草案为基础的，直接通过谈判方式，分别与若干家承包商进行协商，选择自己满意的一家，签订承包合同的招标方式。议标通常适用于总价较低、专业性较强或由于保密不宜招标的项目。有时也可用于专业设计、监理、咨询或专用设备的安装和维修等项目。

总之，议标具备以下三个基本要点：

1. 议标方式适用面较窄，审查严格

议标必须经招标投标管理机构审查同意。未经招标投标管理机构审查同意的，不能进行议标。已经进行议标的，建设行政主管部门或者招标投标管理机构应当按规定，作为非法交易进行严肃查处。招标投标管理机构审查的权限范围，就是省、市、县（市）招标投标管理机构的分级管理权限范围。

2. 直接进入谈判并通过谈判确定中标人
3. 程序的随意性太大且缺乏透明度

议标程序的随意性太大，竞争性相对更弱。议标缺乏透明度，极易形成暗箱操作，私下交易。从总体上来看，议标的存在是弊大于利。

《招标投标法》就只规定招标分为公开招标和邀请招标，而对议标未明确提及。但在我国建设工程招标投标的进程中，议标作为一种招标方式已约定俗成，且在国际上也普遍采用。从我国建筑市场整体发育状况来考察，在当前和今后一定时间内议标仍可作为一种工程交易方式依然存在着。

7.2.3 招标程序

建设工程招标投标是一个连续完整的过程，它涉及较多的单位，须根据一定的程序进行。招标的主要工作程序如图7-1所示。

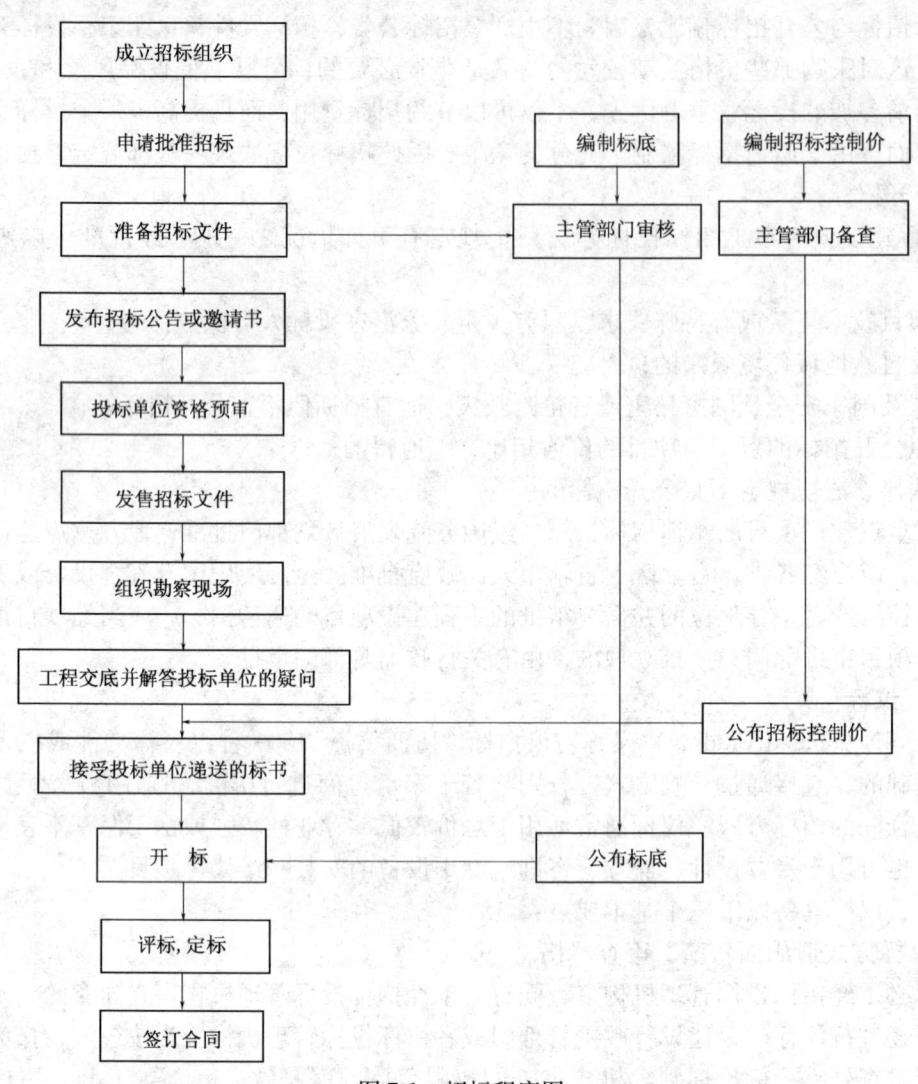

图7-1 招标程序图

7.2.3.1 成立招标组织

招标组织必须具有一定的条件，并经招标投标办事机构审查批准后方可开展工作。

招标组织的主要工作有：落实各项招标条件，完成施工前的各项准备工作；编制招标文件，并向招标投标办事机构办理招标文件的审批手续；组织或委托标底的编制，按规定报招标投标办事机构审查批准；发布招标公告或邀请书；对投标企业进行资质审查；向投标企业发放招标文件、设计图纸和有关技术资料；组织投标企业踏勘现场并对有关问题负责解释和答疑；制定评标办法；发布中标或未中标通知书；组织中标企业与建设单位签订承包合同，其他应办事项等。

7.2.3.2 提出招标申请并进行招标登记

建设单位向招标投标办事机构提出招标申请，主要内容包括：招标工程具备的条件；建设单位具备的资质；拟采用的招标方式；对投标企业的资质要求或拟选择的投标企业。经招标投标办事机构审查批准后，进行招标登记，领取有关招标投标用表。

7.2.3.3 编制招标文件

招标文件是招标人向投标人发出的，旨在向其提供为编写投标文件所需要的资料并向其通报招标投标将依据的规则和程序等项内容的书面文件。招标文件的编制，是招标工作中非常重要的一个环节。因为投标人必须根据招标文件编制自己的投标文件，招标文件编制的好坏，直接影响到投标文件的质量和招标的成功率，另外，招标文件还是招标人与中标人签订合同的基础，几乎所有的招标文件内容将成为施工合同的组成部分。因此，招标文件中各项内容必须明确而不含糊，以便最大限度地减少误解和可能产生的争议。

招标文件编制的原则：①遵守与招标有关的各项法律法规，如建筑法、招标投标法、合同法，以及国务院有关部门制定的与招标投标有关的规章和规范性文件。②如果项目的资金来源于世界银行、亚洲开发银行、OECF等，还要满足该国际组织的各项规定和要求。③客观反映项目的情况，合理分担风险，使承包商能在可靠的基础上投标，并使其获得合理的利润，以避免将过多的风险转移给承包商，迫使其抬高报价，最终使招标人吃亏，并在合同履行过程中产生争议。④内容应协调、统一，避免前后矛盾或不一致，用语应力求严谨、明确，以便在产生争议时易于根据合同条件解决。

招标文件应当包括招标项目的技术要求，对投标人资格审查的标准，投标报价要求和评标标准等所有实质性要求和条件以及拟签订合同的主要条款。国家对招标项目的技术、标准有规定的，招标人应当按照其规定在招标文件中提出相应要求。招标项目需要划分标段、确定工期的，招标人应当合理划分标段、确定工期，并在招标文件中载明。招标文件中规定的各项技术标准均不得要求或表明某一特定的专利、商标、名称、设计、原产地或生产供应商，不得含有倾向或者排斥潜在投标人的其他内容。建设工程招标文件的主要内容包括：工程综合说明；投标邀请书；投标须知；合同主要条款；投标文件格式；设计图纸和技术说明书；工程量清单和单价表；评标标准和方法；投标辅助材料及其他有关内容。

7.2.3.4 编制标底或招标控制价

编制标底是招标的一项重要准备工作。标底是招标工程的预期价格。标底的作用，一是使建设单位预先明确自己在拟建工程上应承担的财务义务；二是给上级主管部门提供核实建设规模的依据；三是作为衡量投标单位标价的准绳，也是评标的主要尺度之一。因此，标底应该以严肃认真的态度和科学的方法来制定。

2003年5月1日起施行的《工程建设项目施工招标投标办法》中做出了最新规定，即招标人可根据项目特点决定是否编制标底；编制标底的，标底编制过程和标底必须保密；招标项目可以不设标底，进行无标底招标；任何单位和个人不得强制招标人编制或报审标底，或干预其确定标底。

一般来说，招标文件中的商务条款一经确定，即可进入标底编制阶段。在编制标底时，应向编制人员提供如下资料：全套施工图纸及现场地质、水文、地上情况的有关资料；招标文件；领取标底计算书、报审的有关表格。标底编审人员应参加施工图交底、施工方案交底以及现场勘察、标前会议，便于开展工作。

标底的内容主要有：标底的综合编制说明；标底审定书、标底价格计算书、带有价格的工程量清单、现场因素、各种施工措施费的测算明细以及采用固定价格工程的风险系数测算明细等；主要材料用量。同时，还须附上各项交底纪要、各种材料及设备的价格来源、现场地质水文资料、编制标底所依据的施工方案或施工组织设施等。

标底主要有以下几类：按建筑安装工程量的单位造价包干的标底；按施工图预算包干的标底；按扩大初步设计图纸及说明书资料实行总概算包干的标底；按施工图预算加系数包干的标底；按建设项目或单位工程总造价包干的标底。

标底的编制应当注意以下几点：①根据国家或地方公布的统一工程项目划分、统一计量单位、统一计算规则以及施工图纸、招标文件，并参照国家或地方规定的技术、经济标准定额及规范，确定工程量和编制标底。②标底的计价内容、计价依据应与招标文件的规定完全一致。③标底价格应由成本、利润、税金等组成，一般应控制在批准的建设项目总概算及投资包干的限额内；④标底价格作为招标人的期望计划价，应力求于市场的实际变化相吻合，要有利于竞争和保证工程质量。⑤一个工程只能编制一个标底。

招标控制价，有的地方也称拦标价、预算控制价，是指招标人或其委托的具有相应资质的工程造价咨询人依据计价规定、招标文件、市场行情信息并根据拟建工程具体条件、水平差异调整编制的对招标工程限定的最高工程造价。国有资金投资的工程建设项目应实行工程量清单招标，应编制招标控制价，属于强制性规定。《建设工程工程量清单计价规范》（GB 50500—2008）第4.2.8条规定招标控制价应在招标时公布，不应上调或下浮，即招标人应在招标文件中如实公布招标控制价，无需保密。

工程招标的标底价格应该在投标截止日期后，开标之前按照规定报招标管理机构审查，未经审查的标底一律无效。对于国有资金投资的工程建设项目，招标人则应将招标控制价报工程所在地的工程造价管理机构备查，是否报送不影响开标。当编制的招标控制价超过批准的概算时，招标人应将超过概算的招标控制价报原概算审批部门进行审核。

7.2.3.5 发布招标公告或投标邀请书

招标人采用公开招标方式的，应当发布招标公告。招标人采用邀请招标方式的，应当向三个以上具有承担招标项目能力，资信良好的特定法人或者其他组织发出投标邀请书。招标公告或投标邀请书应当至少载明招标人的名称和地址；招标项目的内容、规模、资金来源；招标项目的实施地点和工期；对投标人的资质等级的要求以及获取招标文件或者资格预审文件的地点和时间等事项。除不可抗力外，招标人或者招标代理机构在发布招标公告或发出投标邀请书后不得终止招标。

7.2.3.6 投标单位资格审查

采用公开招标时，一般都要设置资格审查程序。所谓资格审查，就是招标单位在招标公告发布后，对申请参加投标的单位进行资格调查。资格审查包括资格预审和资格后审两种方式，前者是在投标前对潜在的投标人进行资格审查，后者是在开标后对递交投标文件的投标人进行资格审查。无论采用哪种方式，目的之一是淘汰资质不合格的投标申请人，确保只有合格的施工单位参加投标，提高招标的成功率，排除因其中标给自己带来的风险；之二是减少评标的工作量，缩短时间，节约费用；之三是了解投标人的财务状况、技术力量以及对类似本工程的施工经验，为招标人选择优秀的承包人创造条件；之四是使不合格的投标人减少了购买招标文件、现场考察和投标的费用。

资格审查的主要内容：企业注册手续和营业执照、企业资质定级证书、投标单位的资产负债情况、技术能力（人员能力和设备能力）、施工经验、商业信誉（质量、履约、奖罚）等情况。

资格审查应主要审查潜在投标人或者投标人是否符合以下条件：
1. 具有独立订立合同的权利；
2. 具有履行合同的能力，包括专业、技术资格和能力，资金、设备和其他物质设施状况，管理能力，经验、信誉和相应的从业人员；
3. 没有处于被责令停业，投标资格被取消，财产被接管、冻结，破产状态；
4. 在最近三年内没有骗取中标和严重违约及重大工程质量问题；
5. 法律、行政法规规定的其他资格条件。

一般情况下建筑工程的资格预审都采用评分法进行。根据招标项目的特点，将资格预审所要考虑的各种因素进行分类，确定各项因素在评标中所占的比例或加权数。每一大项下还可划分若干小项，按各项的高低分评定标准。标准确定后，对各资格预审申请人分别打分，进而得出综合得分。据此，淘汰总分低于预定及格线的投标申请人。对及格线以上的投标人，不仅要看它的综合能力评分，还要进行分项审查，审查它的各分项是否满足最低要求。对于综合能力达到及格线以上但某一分项没达到最低要求的投标人，可予以淘汰或重新审查。

7.2.3.7 发售招标文件

招标人或者招标代理机构应按照招标公告或投标邀请书规定的时间、地点向资质审查合格的投标企业出售招标文件、设计图纸和有关技术资料。招标文件售出后不予退还。

7.2.3.8 招标人组织现场考察及答疑

招标文件发出后，招标人应按规定的日程，组织投标单位踏勘施工现场，介绍现场情况。设置这一程序的目的：一方面是让投标人了解工程项目的现场条件施工现场、自然条件、施工条件以及周围条件，以便于编制投标报价；另一方面也是要求投标人通过自己的实地考察，来确定投标原则和决定投标策略，避免合同履行过程中投标人以不了解现场情况为由推卸应承担的合同责任，从而不能顺利完成招标项目。为便于投标人提出问题并得到解答，现场考察一般安排在标前会议的前1~2天。招标人不得单独或者分别组织任何一个投标人进行现场踏勘。

招标人在组织现场考察过程中，一般不对投标人提出的有关问题作进一步的说明，以免干扰投标人的判断。投标人如有疑问，应在标前会议上以书面的形式向招标人提出。

标前会议也称投标预备会或交底会，是招标人在招标文件规定的日期，为解答投标人研究招标文件和现场考察中所提出的有关质疑问题而进行的会议。标前会议可安排在发出招标文件7日后举行。标前会议由招标人主持，除对工程概况、招标文件和现场情况作介绍外，还可对招标文件中的某些内容加以修改和补充说明，有针对性地解答投标人书面提出的各种问题，以及会议上投标人即席提出的有关问题，并对图纸进行交底和解释。会议结束后，招标人整理会议记录和解答内容，以书面补充通知的形式发送给所有获得招标文件的投标人，作为招标文件的组成部分，与其具有同等的效力。所有参加会议的投标人应签到登记，以证明出席会议。书面补充通知应在投标截止日期至少15日前发出，以便让投标人有时间做出反应。若补充通知对招标文件有重大改动，发出时间又较短，可能使投标人没有足够时间编制投标文件，投标截止日期应相应延长，招标人应当确定投标人编制投标文件所需要的合理时间。但是，依法必须进行招标的项目，自招标文件发出之日起至投标文件截止之日止最短不得少于20日。

标前会议应注意的问题：标前会议是招标过程中非常重要的一个环节，应该高度重视。招标人在会上所说的每一句话，都可能影响投标人的投标决策，以及投标人的报价。因此，召开标前会议之前，招标人应对投标人的书面质疑问题进行归类研究，列出解题提纲，选定口才较好、对项目比较了解的人员作为主答人。主答人要把握好节奏，对自己比较肯定的问题可以明确答复；对自己不敢肯定的问题可以宣布临时休会，待研究之后再复会答复；对与招标和现场考察无关的问题，一律拒绝回答。

7.2.3.9 接受投标单位递交的标书

投标书由投标单位编制，投标书编制完成后，必须盖有投标企业的印鉴，法人代表或法人代表委托人印鉴，密封后在投标截止日期前送达指定地点。

7.2.3.10 开标、评标、定标，签订承发包合同

按招标文件规定时间公开开标；当众启封，公布标底；评标小组依据评标办法提出中标单位建议；中标企业确定后，建设单位在规定时间内，发出中标或未中标通知书。

中标企业在接到中标通知书后，在规定时间内与建设单位及时签订合同。合同条款应与招标文件和投标书中已确定的内容相一致，合同价应与中标价相一致，不得任意修改和变更。

7.3 投　　标

投标是指投标人根据招标人的招标文件中提出的各项要求，向招标人提交满足这些要求的报价和各种与报价相关的投标文件，以期中标并签订合同的行为。建设工程投标并非单指报价，它还包括一系列建议和要求。投标是获得承包权的主要手段，也是对业主发出的要约。投标人一旦提交投标文件，就必须在规定的期限内信守自己的承诺，不得随意反悔或拒不认账。

7.3.1 投标的基本知识

7.3.1.1 投标人应具备的条件

投标人是响应招标、参加投标竞争的法人或者其他组织。招标人的任何不具独立法人资格的附属机构（单位），或者为招标项目的前期准备或者监理工作提供设计、咨询服务的任何法人及其任何附属机构（单位），都无资格参加招标项目的投标。依法招标的科研项目允许个人参加投标的，投标的个人也可成为投标人。招标公告或者投标邀请书发出后，所有对招标公告或投标邀请书感兴趣的并有可能参加投标的人成为潜在投标人。那些响应招标并购买招标文件，参加投标的潜在投标人称为投标人。这些投标人必须是法人或者其他组织。

投标人应当具备承担招标项目的能力。国家有关规定对投标人资格条件或者招标文件对投标人资格条件有规定的，投标人应当具备规定的资格条件。原国家计委 1997 年 8 月 18 日发布的《国家基本建设大中型项目实行招标投标的暂行规定》规定，参加项目主体工程的设计、建筑安装和建立以及主要设备、材料供应等投标单位，必须具备下列条件：

1. 具有招标文件要求的资质证书，并为独立的法人实体；
2. 承担过类似建设项目的相关工作，并有良好的工作业绩和履约记录；

3. 财务状况良好，没有处于被接管、破产或者其他关、停、并、转状态；

4. 在最近三年内没有与骗取合同有关以及其他经济方面的严重违法行为；

5. 近几年有较好的安全记录，投标当年内没有发生重大质量和特大安全事故。

两个以上法人或者其他组织可以组成一个联合体，以一个投标人的身份共同投标。联合体各方均应当具备承担招标项目的相应能力；国家有关规定或者招标文件对投标人资格条件有规定的，联合体各方均应当具备规定的相应资格条件。由同一专业的单位组成的联合体，按照资质等级较低的单位确定资质定级。联合体各方应当签订共同投标协议，明确约定各方拟承担的工作和责任，并将共同投标协议连同投标文件一并提交招标人。联合体中标的，联合体各方应当共同与招标人签订合同，就中标项目向招标人承担连带责任。联合体各方必须制定牵头人，授权其代表所有联合体成员负责投标和合同实施阶段的主办、协调工作，并应当向招标人提交由所有联合体成员法定代表人签署的授权书。另外，以联合体总牵头人的名义提交投标保证金的，对联合体各成员具有约束力。招标人不得强制投标人组成联合体共同投标，不得限制投标人之间的竞争。

7.3.1.2 投标人应当享有的合法权利

投标人应当享有下列的合法权利：

1. 凡持有营业执照和相应资质证书的企业或联合体，均可按招标文件的要求参加投标；

2. 投标人根据自己的经营状况和掌握的市场信息，有权确定自己的投标报价；

3. 投标人有权对要求高档的工程实行优质优价；

4. 投标人根据自己的经营状况有权决定参与或拒绝投标竞争。

5. 投标人在招标文件要求提交投标文件的截止时间前，可以补充、修改或者撤回已提交的投标文件，并书面通知招标人。补充、修改的内容为投标文件的组成部分。

7.3.1.3 投标人应当遵守的法定义务

《招标投标法》规定：投标人不得相互串通投标报价，不得排挤其他投标人的公平竞争，损害招标人或者其他投标人的合法权益。投标人不得与招标人串通投标，损害国家利益、社会公共利益或者他人的合法权益。禁止投标人以向招标人或者评标委员会成员行贿的手段谋取中标。投标人不得以低于成本的报价竞标，也不得以他人名义投标或者以其他方式弄虚作假，骗取中标。

2003年5月1日起实施的《工程建设项目施工招标投标办法》第46条规定下列行为均属投标人串通投标报价：

1. 投标人之间相互约定抬高或压低投标报价；

2. 投标人之间相互约定，在招标项目中分别以高、中、低价位报价；

3. 投标人之间先进行内部竞价，内定中标人，然后再参加投标；

4. 投标人之间其他串通投标报价的行为。

第47条规定下列行为均属招标人与投标人串通投标：

1. 招标人在开标前开启投标文件，并将投标情况告知其他投标人，或者协助投标人撤换投标文件，更改报价；

2. 招标人向投标人泄露标底；

3. 招标人与投标人商定，投标时压低或抬高标价，中标后再给投标人或招标人额外补偿；

4. 招标人预先内定中标人;

5. 其他串通投标行为。

1998年1月6日国家工商行政管理局发布的《关于禁止串通招标投标行为的暂行规定》中第四条规定了招标者和投标者之间不得实施下列排挤竞争对手的公平竞争的行为:

1. 招标者在公开开标前,开启标书,并将投标情况告知其他投标者,或者协助投标者撤换标书,更改报价;

2. 招标者向投标者泄露标底;

3. 投标者与招标者商定,在招标投标时压低或者抬高标价,中标后再给投标者或者招标者额外补偿;

4. 招标者预先内定中标者,在确定中标者时以此决定取舍;

5. 招标者和投标者之间其他串通招标投标行为。

7.3.2 投标的程序

对于投标单位而言,除了收集投标信息,做出投标决策,分析可能遇到的风险,确定投标对象,建立组织机构等投标前的准备工作外;还要经过报送投标申请书;参加资格预审;购买、研究招标文件;参加现场考察和标前会议;确定投标策略;制定施工技术与组织方案;确定报价;做出报价决策;编制及投送标书等程序。

7.3.2.1 报送投标申请书

施工企业决定参加投标时,须先向招标单位报送投标申请书,并在招标通告或投标邀请书规定的期间内送达招标人。申请书中应如实提供如下情况:企业名称、地址、法人代表姓名、所有制类型;营业执照复印件;企业简历;承担过的工程情况;技术力量;技术装备水平;自有资金;生产规模等情况。上述情况应如实提供,不得弄虚作假。

7.3.2.2 参加资格预审

凡是申请参加投标的单位,应按招标公告规定的日期报送资格预审申请表。申请表一般包括:申请人名称、地址;主要业务概况;组织机构;财务状况;人员情况;机械设备情况;工程业绩和履约情况等。只有通过资格预审的施工单位,才可正式投标。

7.3.2.3 购买、研究招标文件

资格审查合格后,投标单位应派人持公司营业执照、资质等级证书的复印件,法定代表人授权书等,在规定的时间、地点购买招标文件。取得招标文件后的首要的工作是仔细认真的研究招标文件。

研究招标文件,一般应做好以下几项工作:

1. 研究招标工程综合说明,熟悉工程全貌。

2. 研究设计文件,为制定施工方案和报价提供确切的依据。为此,须认真研读设计图纸,详细弄清楚各部位做法及对材料品种规格的要求,发现不清楚或互相矛盾之处,可在招标答疑会上提请招标单位解释或订正。

3. 研究合同条款,明确中标后的权利与义务。首先要掌握合同形式是总价合同还是单价合同,而且价格是否可以调整;其次;要分析工期拖延罚款,维修期的长短和维修保证金的额度;最后,研究付款方式、货币种类、违约责任等。

4. 研究评标办法。分析评标办法和授予合同标准,据以采取相应的投标策略。

5. 研究投标须知，提高工作效率，避免造成废标。

7.3.2.4 参加现场考察和标前会议

投标单位在研究分析招标文件后，接着就要对施工现场进行考察。通过考察，对那些影响承包工程方面的外在因素进行搜集整理和调查研究，对承接工程的前景进行可行性研究，对投标风险做出判断，并结合过去承包类似工程的历史经验，做出投标的最后判断。同时通过现场考察，还能发现成本较低、技术可行的施工办法，为编制投标报价和中标后履行合同打下基础。

7.3.2.5 编制投标文件

投标文件，也就是投标须知中规定的投标人必须提交的全部文件。投标人应当按照招标文件的要求编制投标文件。投标文件应当对招标文件提出的实质性要求和条件做出响应。"实质性要求和条件"是指招标文件中有关招标项目的价格、项目计划、技术规范、合同的主要条款等，投标文件必须对这些条款做出响应。这就要求投标人必须严格按照招标文件填报，不得对招标文件进行修改，不得遗漏或者回避招标文件中的问题，更不能提出任何附带条件。投标文件的主要内容包括标价、工期、施工组织设计或施工方案及三材用量等方面。通常可分为：

1. 商务文件。这类文件是用以证明投标人履行了合法手续及招标人了解投标人商业资信、合法性的文件。一般包括投标保函、投标人的授权书及证明文件、联合体投标人提供的联合协议、投标人所代表的公司的资信证明等，如有分包商，还应出具资信文件供招标人审查。

2. 技术文件。如果是建设项目，则包括全部施工组织涉及内容，用以评价投标人的技术实力和经验。技术复杂的项目对技术文件的编写内容及格式均有要求，投标人应当认真按照规定填写。

3. 价格文件。这是招标文件的核心。全部价格文件必须完全按照招标文件的规定格式编制，不允许有任何改动，如有漏填，则视为其已经包含在其他价格报价中。

为了保证投标人能够在中标后如期完成所承担的项目，有利于招标人控制工程发包以后所产生的风险，保证工程质量，《招标投标法》还规定"招标项目属于建设施工的，投标文件的内容应当包括拟派出的项目负责人与主要技术人员的简历、业绩和拟用于完成招标项目的机械设备等。"

投标人根据招标文件载明的项目实际情况，拟在中标后将中标项目的部分非主体、非关键性工作进行分包的，应当在投标文件中载明。分包是指工程建设施工承包合同的承包方将其承包的施工任务的一部分发包给另一施工单位承包。总包商或主包商一般规模较大，综合施工能力较强，具备较高的施工管理水平，选择适当的分包商有利于总包商或分包商将自身优势与不同专业分包商的优势结合起来，降低工程报价，提高竞争能力。项目的主体、关键性工作，是指一个整体项目中，影响其主要功能的或者独立发挥其功能的装备、设备、构建物主体结构的部分及相关的工作。

7.3.2.6 施工组织设计或施工方案

施工组织设计或施工方案是投标标价的一个前提条件，也是招标单位评标时考虑的因素之一。其主要包括总平面布置图，主要施工方法，机械选用，施工进度安排，保证工期、质量及安全的具体措施，拟投入的人力、关键人员、物力，并写明项目负责人，项目技术负责人的职务、职称、工作奖励等。为投标而编制的施工组织设计与具体指导施工的施工方案主要有两点不同：一是读者对象不同。投标中的施工组织设计主要是向招标单位或评标小组介绍施工能力、施工方案，应尽量简洁明了，突出重点和长处。二是作用不同。投标中的施工组织设计的目的是争取中标，因此应在技术措施、工期、质量、安全以及降低成本等方面对招标单位有合适的吸引力。

7.3.2.7 确定报价

报价是投标的关键性工作。投标报价是投标书的核心组成部分，招标人往往将投标人的报价作为标准来选择中标人，同时也是招标人与中标人就工程标价进行谈判的基础。

计算标价的主要依据有：

1. 《建设工程工程量清单计价规范》(GB 50500—2008)；
2. 国家或省级、行业建设主管部门颁发的计价办法；
3. 企业定额，国家或省级、行业建设主管部门颁发的计价定额；
4. 招标文件、工程量清单及其补充通知、答疑纪要；
5. 建设工程设计文件及相关资料；
6. 施工现场情况、工程特点及拟定的投标施工组织设计或施工方案；
7. 与建设项目相关的标准、规范等技术资料；
8. 市场价格信息或工程造价管理机构发布的工程造价信息；
9. 竞争态势的预测和盈利期望，投标企业的成功经验。
10. 其他相关资料。

定额模式下工程投标价主要由直接费、间接费、利润、税金以及不可预见费等组成。工程量清单模式下工程投标价的组成。工程投标价由分部分项工程费、措施项目费、其他项目费、规费和税金组成。

《建设工程施工发包与承包计价管理办法》第五条规定："施工图预算、招标标底和投标报价的编制可采用以下计价方法：①工料单价法：分部分项工程量的单价为直接费。直接费以人工、材料、机械的消耗量及其相应价格确定。间接费、利润、税金按有关规定另行计算。②综合单价法。分部分项工程量的单价为全费用单价。全费用单价综合计算完成分部分项工程量所发生的直接费、间接费、利润、税金。"实行定额计价的，投标价应采用工料单价法。工程量清单计价应采用综合单价法。

目前，国内投标工程的标价分为国内投资工程标价和"三资"工程标价两大类。国内投资工程的标价在计算工程量、套用定额、记取各项费用等方面与编制标底做法一样，但在某些项目的功效、材料消耗或摊销量、材料的询价、半成品的加工订货等方面，应结合本企业的实力及工程具体措施进行浮动。"三资"工程的标价可分为由国内编制招标文件及标底和由国外编制招标文件两种情况，因为"三资"工程不执行定额价格，且合同一般采用一次包死的总价合同，因此，所有工料、设备均须询价，所有单价均应调整，对各种包干系数、措施费及风险系数等，都应结合施工工期及现场条件认真确定。

需要指出的是，据此两种方法计算出的估算价还不能作为工程的最终投标报价，还需进行审核和调整。审核主要从两个方面，一是计算过程中的问题；二是将其与类似工程相比和分析，验证其合理性。调整就是在分析各个竞争对手的实力，对报价进行必要的调整。最后在充分考虑竞争对手可能采取的投标策略及其报价的基础上，制定本企业的投标策略和报价技巧，由企业的决策者做出最后的投标决策。

7.3.2.8 递交标书

标书编制完毕，应将正本和副本（两份）装入投标书袋内，在袋口加贴封条，并加盖两枚单位公章和法人代表印鉴，投标人应当在招标文件要求提交投标文件的截止时间前，将投标文件送达投标地点。因补充通知、修改招标文件而酌情延长投标截止日期的，招标和投标单位截止日期方面的全部权利、责任和义务，将适用延长后新的投标截止日期。在递交投标文件后到投标截止时间之前，投标人可以对所提交的投标文件进行修改或撤回，但所递交的修改或撤回通知必须按招标文件的规定进行编制、密封和标志。递交投标文件不宜过早，以防市场和竞争对手的变化。招标人收到投标书经检查确认密封无误后，应当签收保存，不得开启。投标人少于三个的，招标人应当依法重新招标。在招标文件要求提交投标文件的截止时间之后送达的投标文件，招标人应当拒收。

7.4 开标、评标和定标

7.4.1 开标

开标应公开进行，在符合平等竞争的原则下进行，使每位投标人都知道自己的报价处于何种位置，其他人的报价有何优势条件。《招标投标法》第34条明文规定："开标应在招标文件确定的提交投标文件截止时间的同一时间公开进行，开标地点应当为招标文件中预先确定的地点"。这实际上是对非公开开标的禁止。

开标的一般程序是：

1. 参加人员。在招标文件规定的日期、时间和地点，由招标单位的法人代表或其指定的代理人主持开标仪式，所有投标人参加，并邀请工程项目有关主管部门、当地计划部门、经办银行代表和公证机关，以及项目监理工程师出席。开标会议可邀请公证部门对开标全过程进行公证。

2. 开标、唱标。招标人宣布开标会议开始后，首先，由招标单位工作人员介绍各方到会人员，宣读会议主持人及招标单位法定代表证件或法定代表人委托书。其次，会议主持人检验投标企业法定代表人或其指定代理人证件、委托书。然后，主持人重申招标文件要点，宣布评标办法和评标小组成员名单。开标时，由投标人或者其推选的代表检查投标文件的密封情况，也可以由招标人委托的公证机构检查并公正；经确认无误后，由工作人员当众拆封，招标人根据招标文件的要求，核查投标文件的完整性、文件的签署、投标保证金等。其中属于无效标书，须经评标小组半数以上成员确认，并当众宣布。但提交合格的"撤回通知"和逾期送达的投标文件不予启封。然后开始唱标。招标人在招标文件要求提交投标文件的截止时间前收到的所有投标文件，开标时都应当众予以拆封、宣读。唱标顺序应按各投标人报送投标文件的先后逆顺序或以抽签方式进行。由唱标人逐一宣读开标一览表中的有关要点，并由记录人在预先准备好的表册上逐一登记。表册的内容一般包括：投标单位、投标总报价、总工期、主要材料用量、投标保证金、附加条件、补充说明、优惠条件，以及投标人认为有必要的其他内容。登记表册由读标人、记录人、公证人和投标企业的法人代表或其指定的代理人签名后作为开标的正式记录，由招标单位保存备查。

3. 公布标底。开标时是否公布标底，要根据招标文件中说明的评标原则而定。一般来说，标底作为评标定标的依据，与有效报价的算术平均数依据一定权重组成标底合成价。所以开标时必须公布标底，以使每位投标人知道自己标价的位置。但有些城市规定：当各投标书的报价均属无效报价时，标底价应暂不公布，并宣布招标失败。

4. 废标处理。开标时如果有下列情况之一，即为无效标书：

（1）标书未密封。合格的密封标书，应将标书装入公文袋内，除袋口粘贴外，在缝口处用白纸条张贴并加盖齐缝章；

（2）投标书（包括标书情况汇总表、密封签）未加盖法人印章和法定代表人或其委托代理人的印鉴；

（3）标书未按规定的时间、地点送达；

（4）未按规定格式填写，内容不全或关键字迹模糊辨认不清，无法评估；

（5）标书情况汇总表与标书相关内容不符；

（6）标书情况汇总表经涂改后未在涂改处加盖法定代表人或其委托代理人印鉴；

（7）招标文件要求提交投标保证金，但在开标前没有递交或投标保证金的金额、有效期少于招标文件规定的标书。

（8）投标人递交两分或多份内容不同的投标文件，或在一份投标文件中对同一招标项目报两个或多个报价，且未声明哪一个有效，按招标文件规定提交备选投标方案的除外；

（9）投标人名称或组织机构与资格预审时不一致的；

（10）联合体投标未附联合体各方共同投标协议的。

7.4.2 评标

评标是根据招标文件的规定和要求，对所有投标文件所进行的审查、评审和比较，以选出最满意的中标人。评标工作也是人为因素影响最大的一个环节。由依法组建的评标委员会进行，招标管理机构监督。

7.4.2.1 评标委员会的组建

《中华人民共和国招标投标法》规定，评标委员会由招标人的代表和有关技术、经济等方面的专家组成，成员人数为五人以上单数，其中技术、经济等方面的专家不得少于成员总数的2/3。为了避免投标人或招标人对评标工作施加不公正的影响，进入评标委员会的专家应当从事相关领域工作满八年并具有高级职称或具有同等专业水平，由招标人从国务院有关部门或省、自治区、直辖市人民政府有关部门提供的专家名册或招标代理机构的专家库内的相关专业的专家名单中确定。一般招标项目可以采取随机抽取方式，特殊招标项目可以由招标人直接确定。与投标人有利害关系的人不得进入相关项目的评标委员会；已经进入的应当更换。评标委员会的名单在中标结果确定前应当保密。2001年7月5日国家发展计划委员会、国家经济贸易委员会、建设部、铁道部、交通部、信息产业部、水利部第12号令《评标委员会和评标办法暂行规定》又对有关条件做出了具体规定。第十一条规定了评标专家的条件：

1. 从事相关领域工作满八年并具有高级职称或具有同等专业水平；
2. 熟悉有关招标投标的法律法规，并具有与招标项目相关的实践经验；
3. 能够认真、公正、诚实、廉洁的履行职责。

为了体现公正性，第十二条规定了不得担任评标委员会成员的几种情况：

1. 投标人或投标人主要负责人的近亲属；
2. 项目主管部门或者行政监督部门的人员；
3. 与投标人有经济利益关系，可能影响对投标公正评审的；
4. 曾因在招标、评标以及其他与招标投标有关活动中从事违法行为而受过行政处罚或刑事处罚的。评标委员会成员有前款规定情形之一的，应当主动提出回避。

7.4.2.2 评标办法和原则

评标办法由招标人依据《招标投标法》、《工程建设施工招标投标管理办法》和《评标委员会和评标办法暂行规定》制定，并经招标管理机构审查后编入招标文件。评标委员会应当按照招标文件确定的评标标准和方法，对投标文件进行评审和比较，设有标底的，应当参考标底。招标文件中没规定的标准和方法不得作为评标的依据。招标文件中规定的评标标准和评标办法应当合理，不得含有倾向或者排斥潜在投标人的内容，不得妨碍或者限制投标人之间的竞争。

评标活动应遵循公平、公正、科学、择优的原则。任何单位和个人不得非法干预、影响评标的过程和结果。如果投标人试图对评标过程或授标决定施加影响，则会导致其投标会被拒绝；如果投标人以他人名义投标、串通投标、以行贿手段中标或者以其他弄虚作假方式投标的，该投标人的投标应作为废标处理。招标人应当采取必要的措施，保证评标秘密进行，在宣布授予中标人合同之前，凡属于投标书的审查、澄清、评价和比较及有关授予合同的信息，都不得向投标人或与该过程无关的其他人透露。

7.4.2.3 评标程序

评标的过程一般要经过初评和详评两个阶段。初评又称作投标文件的符合性鉴定，详评又分为技术评估、商务评估、投标文件澄清、编制评标报告等几个步骤。

1. 初步评审。即投标文件的符合性审查。初审的目的，是为了从所有标书内筛选出符合最低要求标准的合格标书，淘汰那些基本不合格的标书，以免在详评阶段浪费时间和精力。初审的内容，是检查投标文件是否实质上响应招标文件的要求，标准是投标文件应该与招标文件的所有条款、条件规定相符，无显著差异或保留。初审一般包括如下内容：

（1）投标文件的完整性

投标文件是否包括了招标文件中规定应递交的全部文件，例如除报价单外，是否按要求提交了工作进度计划表、施工方案、合同付款计划表、主要施工设备清单等招标文件要求的所有材料。如果缺少一项内容，则无法进行客观、公正的评价，只能按废标处理。另外，如果招标文件要求提交工程量清单、施工人员以及必要的支持文件和资料的，应按要求提供。

（2）投标文件的有效性

评标过程中，以下情况为废标：

1）评标委员会发现投标人以他人的名义投标、串通投标、以行贿手段谋取中标或者其他弄虚作假方式投标的，该投标人的投标应作废标处理。

2）在评标过程中，评标委员会发现投标人的报价明显低于其他投标报价或者在设有标底时明显低于标底，使得其投标报价可能低于其成本的，应当要求该投标人做出书面说明并提供相关证明材料。投标人不能合理说明或者不能提供相关证明材料的，由评标委员会认定该投标人以低于成本报价竞标，其投标应作废标处理。

3）评标委员会应当审查每一投标文件是否对招标文件提出的所有实质性要求和条件做出响应。未能在实质上响应的投标，应作废标处理。评标委员会应当根据招标文件，审查并逐项列出投标文件的全部投标偏差。投标偏差分为重大偏差和细微偏差。

下列情况属于重大偏差：
a. 没有按照招标文件要求提供投标担保或者所提供的投标担保有瑕疵；
b. 投标文件没有投标人授权代表签字和加盖公章；
c. 投标文件载明的招标项目完成期限超过招标文件规定的期限；
d. 明显不符合技术规格、技术标准的要求；
e. 投标文件载明的货物包装方式、检验标准和方法等不符合招标文件的要求；
f. 投标文件附有招标人不能接受的条件；
g. 不符合招标文件中规定的其他实质性要求。

投标文件有上述情况之一的，为未能对招标文件做出实质性响应，并按规定作废标处理。招标文件对重大偏差另有规定的，从其规定。

细微偏差是指投标文件在实质上响应招标文件要求，但在个别地方存在漏项或者提供了不完整的技术信息和数据等情况，并且补正这些遗漏或不完整不会对其他投标人造成不公平的结果。细微偏差不影响投标文件的有效性。评标委员会应当书面要求存在细微偏差的投标人在评标结束前予以补正。局部补正的，在详细评审时可以对细微偏差做不利于该投标人的量化，量化标准应当在招标文件中规定。

总之，评标委员会可以书面方式要求投标人对投标文件含义不明确，对同类问题表述不一致或者有明显文字和计算错误的内容作必要的澄清、说明或者补正。澄清、说明或者补正应以书面方式进行并不得超出投标文件的范围或者改变投标文件的实质性内容。评标委员会不得向投标人提出带有暗示性或诱导性的问题，或向其明确投标文件中的遗漏和错误。投标人资格条件不符合国家有关规定和招标文件要求的，或者拒不按照要求对投标文件进行澄清、说明或者补正的，评标委员会可以否决其投标。

评标委员会根据规定否决不合格投标或者界定为废标后，因有效投标不足三个使得投标明显缺乏竞争的，评标委员会可以否决全部投标。投标人少于三个或者所有投标被否决的，招标人应当依法重新招标。

（3）报价计算的正确性

由于只是初评审标，不详细研究各项目报价金额是否合理、准确，仅审核报价是否有计算或累计上的算术错误。若出现的错误在规定的允许范围内，由评标委员会予以改正，并请投标人签字确认。经投标人确认同意后，改正后的报价对投标人起约束作用。如果投标人不接受改正后的投标报价，其投标将被拒绝，其投标保证金将被没收。当错误值超过允许范围时，按废标对待。修正计算错误的原则如下：投标文件中的用数字表示的数额和用文字表示的数额不一致的，以文字数额为准；总价金额与单价金额不一致的，以单价金额为准，但单价金额小数点有明显错误的，应以总价为准，并修改单价。对不同文字文本投标文件的解释发生异议的，以中文文本为准；副本与正本不一致的，以正本为准。

经过初审，只有合格的投标文件才有资格进入下一轮的详评。评标委员会应当按照投标报价的高低或者招标文件规定的其他方法对投标文件排序。以多种货币报价的，应当按照中国银行在开标日公布的汇率中间价换算成人民币。招标文件应当对汇率标准和汇率风险做出规定。未做规定的，汇率风险由投标人承担。一般情况下，评标委员会将对新名单中的前几名作为初步备选的潜在中标人，作为详评阶段的重点考虑对象。

2. 详细评审

经初步评审合格的投标文件，评标委员会应当根据招标文件确定的评标标准和方法，对其技术部分和商务部分作进一步评审、比较。详评的重点，是评定投标人准备如何实施招标工程，因此应该围绕投标文件中有关施工方案、计划，各项技术保障措施，对合同条件的响应程度，报价的合理性等方面进行详细评定和比较。

（1）技术评估

技术评估的目的，是确定和比较投标人完成本工程的技术能力，以及它的可靠性。因此，主要对他们的施工方案或施工组织设计、施工进度计划、施工人员和施工季节设备的配备，施工技术能力，以及履行合同的情况，临时设施的布局和临时用地情况等进行评估。

（2）商务评估

商务评估不仅是从工程成本、财务和经验等方面，对各标书进行报价数额的比较，还要对主要工作内容及主要工程量的单价进行分析，并对价格组成各部分比例的合理性进行评价。分析投标报价的目的在于鉴定各投标价的合理性、准确性、经济效益和风险等，并找出报价高与低的主要原因，比较授权给不同的投标人产生的不同后果。

（3）商务法律评审

这是对招标文件的响应程度的评定和比较。主要包括以下内容：

1）审查替代方案的可行性。根据招标文件的规定允许投标人投备选标的，评标委员会可以对中标人所投的备选标进行评审，既要审查其技术可行性，还要评价它的实用价值，即对工程总造价的影响，以决定是否采纳备选标。《工程建设项目施工招标投标办法》规定，对于投标人提交的优越于招标文件中技术标准的备选方案所产生的附加受益，不得考虑进评标中。符合招标文件的基本技术要求且评标价最低或综合评分最高的投标人，所提交的备选方案方可予以考虑。

2）审查商务优惠条件的实用价值。商务优惠条件主要包括：延期付款条件、垫资承包、技术协作、专利转让、协助业主采购工程急需而不宜采购的材料、设备等内容。分析如从优惠条件方面考虑授标给该投标单位，在其他方面可能存在的风险。对于划分有多个单项合同的招标项目，招标文件允许投标人为获得整个项目合同而提出优惠条件的，评标委员会可以对投标人提出的优惠进行审查，以决定是否将招标项目作为一个整体合同授予中标人。将招标项目作为一个整体合同授予的，整个合同中标人的投标应当最有利于招标人。投标文件中没有列入的价格和优惠条件在评标时不予以考虑。

3）对合同文件某些条款修改建议的采用价值。当承包商采用多方案报价时，审查采用所提出修改规定的双方某些权利义务条款后，能降低报价的经济价值和可能带来的风险。

（4）投标文件的澄清与补正

投标人对投标文件的澄清。提交投标文件截止时间以后，投标文件就不得被补充、修改，这是招标投标的基本规定。但评标时，若发现投标文件的内容有含义不明确、不一致或者明显打字（书写）错误或纯属计算上的错误的情形，评标委员会则应通知投标人作出澄清或说明，以确认其正确的内容。对明显的打字（书写）错误或纯属计算上的错误，评标委员会应允许投标人补正。澄清的要求和投标人的答复均应采取书面的形式。投标人的答复必须经法定代表人或授权代理人签字，作为投标文件的组成部分。

但是，投标人的澄清或说明，仅仅是对上述情形的解释和补正，不得超出投标文件的范围，不得改变或谋求、提议改变投标文件中的实质性内容。另外，投标人借澄清的机会提出的任何修正声明或优惠条件不得作为评标定标的依据。投标人也不得借澄清机会提出招标文件内容之外的附加要求。

（5）编写评标报告

评标委员会完成评标后，应当向招标人提出书面评标报告，并推荐合格的中标候选人。评标报告是指评标委员会经过对各投标书评审后向招标人提出的结论性报告，作为定标的主要依据。评标委员会完成评标后，应当向招标人提出书面评标报告，并抄送有关行政监督部门。

评标报告应当如实记载以下内容：

1）基本情况和数据表；

2）评标委员会成员名单；

3）开标记录；

4）符合要求的投标一览表；

5）废标情况说明；

6）评标标准、评标方法或者评标因素一览表；

7）经评审的价格或者评分比较一览表；

8）经评审的投标人排序；

9）推荐的中标候选人名单与签订合同前要处理的事宜；

10）澄清、说明、补正事项纪要。

评标报告由评标委员会全体成员签字。对评标结论持有异议的评标委员会成员可以书面方式阐述其不同意见和理由。评标委员会成员拒绝在评标报告上签字且不陈述不同意见和其理由的，视为同意评标结论。评标委员会应当对此做出书面记录在案。向招标人提交书面评标报告后，评标委员会即告解散。评标过程中使用的文件、表格以及其他资料应当即日归还招标人。评标委员会推荐的中标候选人应当限定在一至三人，并标明排列顺序。

招标文件应当载明投标有效期。投标有效期从提交投标文件截止日期计算。评标和定标应当在投标有效期结束日 30 个工作日前完成。不能在投标有效期结束日 30 个工作日前完成评标定标的，招标人应当通知所有投标人延长有效期。拒绝延长投标有效期的投标人有权收回投标保证金。同意延长投标有效期的投标人应当相应延长其投标担保的有效期，但不得修改投标文件的实质性内容。因延长投标有效期造成投标人损失的，招标人应当给予补偿，但因不可抗力因素需延长投标有效期的除外。

7.4.2.4 详审的评标方法

评标的方法很多，方法有简有繁，究竟采用哪种方法要根据招标项目的复杂程度、专业特点等来决定。目前，施工招标的评标方法多采用以下几种方法：

1. 专家评议法

由评标委员会预先确定拟评定的内容，如工程报价、施工方案、合理工期、主要材料消耗、工程质量等项目，经过对共同分项的定性分析、风险比较和调查后进行综合评议，最后通过协商，选择在各项指标中都比较优良的投标人作为中标的候选人推荐给招标单位，也可以表决的方式确定中标人。这是一种定性的优选方法，由于没有进行量化的评定和比较，评标的科学性较差。其优点是评标过程简单、在较短时间内即可完成，一般仅适用于小型工程或规模较小的改建项目。

2. 经评审的最低投标价法

此方法一般适用于具有通用技术、性能标准或者招标人对其技术、性能没有特殊要求的招标项目。根据经评审的最低投标价法，能够满足招标文件的实质性要求，并且经评审的最低投标价的投标，应当推荐为中标候选人。采用此方法的，评标委员会应当根据招标文件中规定的评标价格调整方法，对所有投标人的投标报价以及投标文件的商务部分作必要的价格调整。且中标人的投标应当符合招标文件规定的技术要求和标准，但评标委员会无需对投标文件的技术部分进行价格折算。经此法完成详细评审后，评标委员会应当拟定一份"标价比较表"，连同书面评标报告提交招标人。"标价比较表"应当载明投标人的投标报价、对商务偏差的价格调整和说明以及经评审的最终投标价。

3. 综合评估法

不宜采用经评审的最低投标价法的招标项目，一般应当采取综合评估法进行评审。根据综合评估法，最大限度地满足招标文件中规定的各项综合评价标准的投标，应当推荐为中标候选人。衡量投标文件是否最大限度地满足招标文件中规定的各项评价标准，可以采取折算为货币的方法、打分的方法或者其他方法。需量化的因素及其加权应当在招标文件中明确规定。评标委员会对各个评审因素进行量化时，应当将量化指标建立在同一基础或者同一标准上，使各投标文件具有可比性。对技术部分和商务部分进行量化后，评标委员会应当对这两部分的量化结果进行加权，计算出每一投标的综合评估价或者综合评估分。根据综合评估法完成评标后，评标委员会应当拟定一份"综合评估比较表"，连同书面评标报告提交招标人。"综合评估比较表"应当载明投标人的投标报价，所作的任何修正，对商务偏差的调整，对技术偏差的调整，对各评审因素的评估以及对每一投标的最终评审结果。

7.4.3 定标和授标

招标人根据评标委员会提出的书面评标报告和推荐的中标候选人确定中标人，招标人也可以授权评标委员会直接确定中标人。

7.4.3.1 中标人的条件

中标人的投标应当符合下列条件之一：

1. 能够最大限度的满足招标文件中规定的各项综合评价标准；
2. 能够满足招标文件的实质性要求，并且经评审的投标价格最低；但是投标价格低于成本的除外。

7.4.3.2 定标和授标的程序

1. 决标前谈判

在评标委员会提交评标报告后，招标人通常还要与评标报告推荐的几名潜在中标人就工程实施过程中的有关问题谈判，然后再决定将合同授给哪位投标人。虽然招标文件已经对招标文件内容作了明确规定，投标人也在投标文件中表示愿意遵守，但双方都愿意有个谈判的过程来进一步阐述各自的观点。从招标人方面看，一般出于两个原因希望谈判：一是发现标书中某些建议（包括技术建议和商务建议）是可以采纳的，有些也可能是其他投标人的建议，招标人希望备选的中标人也能接受，需要同他讨论这些建议的实施方案；二是为进一步了解和审查备选中标人的施工规划和各项技术措施是否能保证工程的质量和工期要求。在实际中，有些招标人在认为总体可以接受投标报价，但仍发现有不够合理的地方，希望通过谈判来压低报价额使之成为正式的合同报价。但是，根据《招标投标法》第 43 条的规定，在确定中标人前，招标人不得与投标人就投标价格、投标方案等实质性内容进行谈判。因此，这种谈判是不允许的。

2. 确定中标人

使用国有资金投资或者国家融资的项目，招标人应当确定排名第一的中标候选人为中标人。排名第一的中标候选人放弃中标，因不可抗力因素提出不能履行合同，或者招标文件规定应当提交履约保证金而在规定的期限内未能提交的，招标人可以确定排名第二的中标候选人为中标人。排名第二的中标候选人应前款规定的同样原因不能签订合同的，招标人可以确定排名第三的中标候选人为中标人。国务院对中标人的确定另有规定的，服从其规定。

对于当日定标的工程项目，可在开标会议复会后，宣布经审定的标底、中标单位名称、中标标价、工期、质量、主要材料用量、优惠条件等。对于当日不能定标的工程项目，自开标之日起的定标期限，小型工程不超过 14 天，大中型工程不超过 28 天。特殊情况下经招标监督管理机构同意可适当延长。

3. 发出中标通知书

中标人确定后，招标人应当向中标人发出中标通知书，同时将中标结果通知所有未中标的投标人。中标通知书对招标人和中标人都有法律效力，中标通知书发出后，招标人改变中标结果的，或者中标人放弃中标项目的，应当承担法律责任。

4. 招标人与中标人签订合同

中标人接到中标通知书后，就成为该项工程的施工承包商，应在自中标通知书发出之日后 30 日内，按照招标文件和中标人的投标文件订立书面合同，不得再行订立背离合同实质内容的其他协议。招标文件要求中标人提交履约保证金的，中标人应当提交。招标人与中标人签订合同后 5 个工作日内，应当向中标人和未中标人退还投标保证金。招标人全部或者部分使用非中标单位投标文件中的技术成果或技术方案时，须征得其书面同意，并给予一定的经济补偿。

5. 如果项目属于依法必须进行招标的项目，招标人应当自确定中标人之日起 15 日内，向有关行政监督部门提交招标投标情况的书面报告。

书面报告至少应包括下列内容：招标范围；招标方式和发布招标公告的媒介；招标文件中投标人须知、技术条款、评标条款、评标标准和办法、合同主要条款等内容；评标委员会的组成和评标报告；中标结果等。

7.4.3.3 中标人的法定义务

我国《招标投标法》规定，中标人在中标后应履行以下义务：

1. 中标后，中标人不得和招标人再行订立违反合同实质性内容的其他协议。
2. 招标文件要求中标人提交履约保证金的，中标人应当提交。

招标人和中标人不按照招标文件和中标人的投标文件订立合同的，或者招标人、中标人订立违背合同实质内容的协议的，责令改正，可以处中标项目千分之五到千分之十以下的罚款；

3. 中标人应当按照合同的约定履行义务，完成中标项目。

这是与我国《中华人民共和国合同法》第60条关于"当事人应当按照约定全面履行自己的义务"的规定是一致的。根据这一要求，中标人必须全面履行合同，不得部分履行、拒绝履行、履行延迟、瑕疵履行，不得撕毁合同。

4. 中标人不得向他人转让中标项目，也不得将中标项目肢解后分别向他人转让。

广义的转包合同，包括债权让与、债务承担、债权债务的概括移转。此处所指的转让中标项目，仅指全部债权债务的概括移转，是指当事人一方将自己在合同中的权利和义务一并转让归第三人，其实质为转包。根据合同法的有关规定，转让合同须经对方当事人同意，但有下列情形之一的，不得转让合同：①根据合同性质不得转让；②按照当事人约定不得转让；③按照法律规定不得转让。由于招标人通过招标方式确定中标人时，除价格因素外，主要考虑的是中标人的个人履约能力，同时为了防止中标人通过层层转让合同坐收渔利，确保工程质量，因而作此规定。将中标项目肢解成小部分后分别向他人转让，只是转包的一种"零售"形式，本质上仍属转包，因而也在禁止之列。

5. 关于分包中标项目对中标人所做出的限制。

所谓分包，是指当事人一方将自己在合同中的一部分权利义务转让给第三人，即部分债权债务的概括转移。由于中标人并不一定对完成某部分工作具有一定优势，如将该部分分包给有优势的第三人，对招标人不仅无害反而有利，所以经招标人同意或者按照合同约定的分包合同法律一般不予禁止。不过，对中标人的分包合同作了如下一些限制：

（1）中标人按照合同约定或者经招标人同意，只能将中标项目的部分非主体、非关键性工作分包给他人完成。

（2）接受分包的人应当具备相应的资格条件。

（3）接受分包的人不得再次分包。

（4）接受分包的人应就分包项目承担连带责任。

7.5 招标投标的法律责任

所谓法律责任，是指行为人因违反法律规定的或合同约定的义务而应当承担的强制性的不利后果。《招标投标法》同时规定了民事责任，如损害赔偿；刑事责任，如因犯玩忽职守罪、徇私舞弊罪而应当承担的拘役、有期徒刑；行政责任，如责令改正、警告、记过、记大过等。

7.5.1 招标人违法行为应承担的法律责任

7.5.1.1 规避招标及应承担的法律责任

规避招标的行为主要有：

1. 必须进行招标的项目而不招标的。《招标投标法》第3条规定了必须进行招标项目的范围。法律之所以如此规定是为了达到"保护国家利益、社会公共利益和招标投标活动当事人的合法权利，提高经济效益，保证项目质量"的立法目的。

2. 将必须进行招标的项目化整为零以规避招标的。对于法律规定范围内的招标项目，必须达到一定的招标限额才须进行强制招标。法律并不要求限额以下的项目必须进行招标。

所以现实生活中，某些项目单位采取拆分、肢解等方式将单项合同项目化整为零，从而使其低于招标限额，达到规避招标的目的。

3. 采取其他方法规避招标的。如隐瞒事实真相，故意混淆资金和建设项目性质，或者利用各种手段提供假信息，以项目技术复杂，供应商和承包商有限为借口等以达到规避公开招标的目的。这是为避免出现法律漏洞而规定的"兜底"条款。

行为人规避招标的，应当承担如下责任：责令限期改正，可以处项目合同金额千分之五以上千分之十以下的罚款；对全部或者部分使用国有资金的项目，可以暂停项目执行或者暂停资金拨付；对单位直接负责的主管人员和其他直接责任人员依法给予处分。

7.5.1.2 招标人限制、排斥投标竞争的违法行为及其应承担的法律责任

招标人限制、排斥投标竞争的违法行为主要有：

1. 以不合理的条件限制或者排斥潜在投标人。招标人为了达到排斥或限制潜在投标人的目的，往往在资格预审文件或招标文件中提出不合理的条件和要求，使得一些潜在投标人丧失了参与投标的机会。这与公平、公正原则相违背。

2. 对潜在投标人实行歧视待遇。实践中实行歧视待遇的情况有：在投标报价上对某一产品、设备实行优惠；明示或暗示在同一条件下优先选择的供应商等。这种做法显然违背了招标投标法的基本原则和法律的禁止性规定。

3. 强制要求投标人组成联合体共同投标。组成联合体投标可以集中联合体内各个法人或组织的不同优势，增加中标的可能性。但组成联合体投标必须出于各个投标人的自愿而不能强求。原因有二：一是由于组成联合体的各个投标人应当就中标项目向招标人负连带责任，因此要求组成联合体的各投标人之间具有较强的信赖关系。二是强制各个投标人组成联合体会使投标人的数量减少，限制和减少了投标人之间的竞争，达不到通过招标方式以促进竞争的目的。

4. 限制投标人之间竞争。实践中，招标人还可能用下列手段以限制投标人之间的竞争：将招标项目肢解，在各个投标人之间进行"分配"；故意限制招标信息的发布范围，使潜在投标人无法知悉招标信息；不合理的提高技术规范或者将技术规范规定的只有少量投标人才能满足要求等。这些控制投标人的数量、人为造成投标人之间竞争的不平等的做法严重妨碍了招标投标制度目的的实现，即通过充分有效的竞争来达到节约资金、提高采购质量。

招标人从事以上违法行为的，应当承担如下法律责任：责令改正，可以处1万元以上5万元以下的罚款。

7.5.1.3 招标人泄露应当保密的行为及其应当承担的法律责任

招标人泄露应当保密的行为有：

1. 向他人泄露已获得招标文件的潜在投标人的名称，数量或可能影响公平竞争的有关招标投标的其他情况。

2. 泄露标底。设立标底是具有中国特色的招标投标制的一个具体表现。标底往往作为衡量投标报价的基准，直接影响着投标者是否中标。因此，开标前标底是保密的，任何人不得透露标底。

招标人从事上述行为应当承担以下法律责任：警告，可以并处1万元以上10万元以下的罚款；对单位直接负责的主管人员和其他直接责任人员依法给与处分；构成犯罪的，依法追究其刑事责任。上述行为影响中标结果，并且中标人为上述行为的受益人的，中标无效。

7.5.1.4 招标人违规定标的行为及其应承担的法律责任

招标人违规定标的行为主要有：

1. 招标人对其在评标委员会推荐的中标候选人以外确定中标人。为了防止招标人因为人情、利害关系等原因而不能保证评标结果的公正，招标人只能在评标委员会推荐的中标候选人中选定中标人。如果招标人在评标委员会推荐的中标候选人以外确定中标人的话，就会使评标委员会的工作失去意义，难以保证招标结果的公正性。

2. 所有投标被否决后自行确定中标人的行为。所有投标被否决意味着招标失败，招标人应当依法重新招标，而不能出于简便、节约成本等考虑，自行确定中标人。否则的话，招标将流于形式，不能实现招标制度的价值，也有违法律对强制招标的要求。

招标人从事以上违法行为的，应当承担如下法律责任：中标无效，责令改正，可以处中标金额千分之五以上千分之十以下的罚款；对单位直接负责的主管人员和其他直接负责人员依法给予处分。

7.5.2 投标人和中标人违法行为应承担的法律责任

7.5.2.1 投标人骗取中标的方式及其应负的法律责任

投标人骗取中标的方式有：

1. 投标人以他人名义投标。《招标投标法》规定，投标人应当具备承担招标项目的能力；国家有关规定对投标人的资格条件或者招标文件对投标人资格条件有规定的，投标人应当具备规定的资格条件。投标人如果不具备承担招标项目的能力或者没有应当具备的资格条件而以其他有能力或者有资格条件的投标人的名义投标以骗取中标的，即属违法。

2. 以其他方式弄虚作假，骗取中标的。包括伪造资质证书、营业执照，在递交的资格审查材料中弄虚作假等一切以弄虚作假方式骗取中标的行为。

投标人从事以上违法行为的，应当承担如下法律责任：

1. 赔偿损失。给招标人造成损失的，依法承担赔偿责任。一般说来，投标人的赔偿责任仅限于财产损失，而不包括精神损害。

2. 依法追究刑事责任。投标人弄虚作假骗取中标的行为情节严重构成犯罪的，应当由司法机关追究投标人的刑事责任。对单位构成犯罪的，对单位处以罚金，对直接责任的主管人员和其他直接责任人员处以相应的刑罚。

3. 罚款。依法必须进行招标的项目的投标人有以上行为尚未构成犯罪的，处中标金额千分之五以上千分之十以下的罚款，对单位直接负责的主管人员和其他直接责任人员处单位罚款数额百分之五以上百分之十以下的罚款。

4. 并处没收违法所得。没收违法所得是由行政主体实施的将行政违法行为人的部分或者全部违法收入、物品或者其他非法占有的财务收归国家所有的处罚方式。没收可以视情节轻重而决定部分或全部没收。没收的物品，除应当予以销毁及存档备查外，均应当上交国库或交由法定专管机关处理。

5. 取消投标资格。情节严重的，取消其一年至三年内参加依法必须进行招标的项目的投标资格并予以公告。所谓情节严重是指骗取中标的行为所导致的后果严重、投标人多次实施了骗取中标的行为、骗取中标的手段较为恶劣等。

6. 吊销营业执照。情节严重的，取消其投标资格不足以达到制裁的目的的，工商行政管理机关应该其吊销营业执照。

7.5.2.2 投标人对于其串通投标和为了中标而行贿的行为及其应负的法律责任

投标人串通投标的行为包括两种情况：投标人之间进行串通和投标人与招标人进行串通。投标人相互串通投标的行为表现为：各个投标人之间彼此达成协议，轮流获取中标等。这种行为限制了竞争，使招标徒具形式。由于必须进行招标的项目资金大多来源于国家投资或者来源于外国政府或国际组织的贷款，所以实践中除了投标人相互串通投标以获取合同外，在某些情况下，还存在投标人与招标人彼此间进行串通投标，损害国家利益或社会公共利益的可能。

在某些情况下，投标人为了获取中标，甚至采取向招标人和评标委员会成员行贿。行贿受贿既是一种腐败行为，同时也造成了平等竞争基础的消失，不利于评标的客观进行。

投标人从事以上违法行为的，应当承担如下法律责任：中标无效，处中标金额千分之五以上千分之十以下的罚款，对单位直接负责的主管人员和其他直接责任人员处单位罚款数额百分之五以上百分之十以下的罚款；有违法所得的，并处没收违法所得；情节严重的，取消其一年至三年内参加依法必须进行招标项目的投标资格并予以公告，直至由工商行政管理机关吊销营业执照；构成犯罪的，依法追究刑事责任；给他人造成损失的，依法承担赔偿责任。

7.5.2.3 中标人转让中标项目以及分包人再次分包的行为及其应负的法律责任

招标人与中标人之间签订的合同具有较强的信赖性质，中标人应当亲自履行，否则构成违约。另外，如果中标人在获取中标项目后倒手转让给他人，将会使招标程序失去意义。最后，由于中标项目每转让一次，实际用于该项目的资金就会减少一次，将严重影响招标项目的质量。有鉴于此，《招标投标法》第48条规定，招标人不得向他人转让中标项目，也不得将中标项目肢解后分别向他人转让。

中标人除了不得将中标项目转让给他人完成外，还不得将中标项目的主体、关键性工作分包给他人完成。但是允许中标人在取得招标人同意的前提下将某些非主体、非关键性工作分包给具有相应资质条件的人完成。但这并不意味着允许分包人再次分包，否则将会造成工程项目资金的层层盘剥，最终影响工程的质量。

中标人或者分包人有前述违法行为的，应当承担以下法律责任：转让、分包无效，并处转让、分包项目金额千分之五以上千分之十以下的罚款，有违法所得的，并处没收违法所得，可以责令停业整顿；情节严重的，由工商行政管理机关吊销营业执照。

构成以上法律责任，行为人在主观上必须有进行违法行为的故意，即对其转让或分包行为有充分的认识或理解。在客观上，无需行为人的违法行为造成实际的损害后果，只要行为人主观上有过错且实施了上述违法行为就应当承担法律责任。

7.5.2.4 中标人的违约行为及其应负的法律责任

中标人的违约行为大致可以分为以下几类：

1. 不履行。所谓不履行是指合同到了履行期而没有履行的行为。不履行行为可分为拒绝履行和履行不能。对于因中标人主管过错原因而导致的履行不能，中标人仍应负法律责任。

2. 不完全履行，即中标人没有完全按照合同的约定履行义务，也叫不适当履行或不正当履行。不完全履行分两种情况：一是给付有缺陷，就工程项目而言，就是指中标人完成的工程项目存在质量问题；二是加害给付，就招标项目而言，是指中标人完成的工程项目不仅不符合质量要求，而且还因为该质量问题造成了他人人身、财产损害。

3. 迟延履行。即中标人能够履行而不按照法定或约定的时间履行合同义务，如中标人不能按时完成招标项目。

4. 毁约行为，即中标人无任何正当理由和法律根据而单方撕毁合同。

中标人不履行与招标人订立的合同的，应当承担以下法律责任：履约保证金不予退还，给招标人造成的损失超过履约保证金数额的，还应当对超过部分予以赔偿；没有提交履约保证金的，应当对招标人的损失承担赔偿责任。中标人不按照与招标人签订的合同履行义务，情节严重的，取消其二年至五年内参加依法必须进行招标项目的投标资格并予以公告，直至由工商行政管理机关吊销营业执照。

以上法律责任的主体是已经与招标人签订合同的中标人。行为人主观上无需具有过错，只要行为人实施了违约行为，就应对该违约行为负责。

中标人因不可抗力不能履行合同的，可以免除责任。所谓不可抗力是指不能预见、不能避免、不能克服的情况。包括自然灾害和某些社会现象。但是，如果不可抗力发生在债务履行延迟期间，债务人则不能以不可抗力为由拒绝承担违反债务的民事责任。根据《合同法》规定，中标人因不可抗力不能履行合同的，应当及时通知招标人，以减轻可能给招标人造成的损失，并应当在合理期限内提供发生了不可抗力的证明。

7.5.3 招标人与投标人或中标人共同违法行为应承担的法律责任

7.5.3.1 招标人与投标人违法进行谈判的行为及其应负的法律责任

招标的目的在于从众多的投标人中选择最佳的合同相对方。如果允许招标人与投标人在中标人确定前就投标价格、投标方案等实质性内容进行磋商、谈判，就与"三公"原则背道而驰，也势必使有关招标程序失去意义。所以《招标投标法》第43条做出了禁止性的规定。依法必须进行招标项目的招标人，在确定中标人之前就投标价格、投标方案等实质性内容进行磋商、谈判的，应负以下法律责任：给予警告，对单位直接负责的主管人员和其他直接责任人员依法给予处分。若该行为影响中标结果的，中标无效。

7.5.3.2 招标人与中标人订立合同时的违法行为及其应负的法律责任

根据《合同法》的规定，招标人的招标文件属于要约邀请，投标人的文件属于要约，招标人发出的中标通知书属于承诺，承诺生效时合同成立。据此，自招标人向中标人发出中标通知书起当事人之间的合同就已经成立。考虑到招标项目的重要性、复杂性，《招标投标法》对合同的形式和生效时间提出了要求，即签订书面合同成为合同的生效要件。招标人与中标人不按照招标文件和投标文件订立合同，一方面违反了法律的强制性规定，另一方面使为了招标而进行的一系列活动失去意义。因此，《招标投标法》规定，招标人和中标人应当自中标通知书发出之日起三十日内，按照招标文件和中标人的投标文件订立书面合同。

除了上述方法外，招标人和中标人还可能通过更为隐蔽的方法来达到规避招标的目的，如招标人和中标人可能在形式上按照招标文件和中标人的投标文件订立合同，但却在合同之外订立背离合同实质性内容的协议。所谓合同实质性内容是指投标人的报价、招标方案、技术规格等合同主要条款。这已成为《招标投标法》中的禁止性规定。

招标人与中标人从事以上违法行为的，应当承担如下法律责任：责令改正，可以处中标项目金额千分之五以上千分之十以下的罚款。

7.5.4 招标代理机构违法行为应承担的法律责任

招标代理机构不得从事的行为有：

1. 违反《招标投标法》规定，泄露应当保密的与招标投标活动有关的情况和资料的。

2. 违反《招标投标法》规定，与招标人、投标人串通损害国家利益、社会公共利益或者他人合法权益。《民法通则》规定，代理人和第三人串通，损害被代理人的利益的，由代理人和第三人负连带责任；代理人知道被委托代理的事项违法仍然进行代理活动的，或者被代理人知道代理人的代理行为违法不表示反对的，由被代理人与代理人负连带责任。

招标代理机构从事以上违法行为的，应当承担如下法律责任：处5万元以上25万元以下的罚款，对单位直接负责的主管人员和其他直接责任人员处单位罚款数额百分之五以上百分之十以下的罚款；有违法所得的，并处没收违法所得；情节严重的，暂停直至取消招标代理资格；构成犯罪的，依法追究刑事责任。给他人造成损失的，依法承担赔偿责任；若该行为影响中标结果的，中标无效。

承担上述法律责任的主体必须在实施违法行为时在主观上具有过错，包括故意和过失。其承担法律责任不以违法行为造成了实际的损害后果为必要条件。

7.5.5 评标委员会违法行为应承担的法律责任

评标委员会的成员可能从事下列违法行为：

1. 评标委员会的成员接受投标人的财物或者其他好处。

2. 评标委员会的成员或者参加评标的有关工作人员向他人透露对投标文件的评审和比较、中标候选人的推荐及与评标有关的其他情况的。

评标委员会的成员有以上违法行为的，应当承担以下法律责任：给予警告，没收收受的财物，可以并处3000元以上5万元以下的罚款，对有所列违法行为的评标委员会成员取消担任评标委员会成员的资格，不得再参加任何依法必须进行招标的项目的评标；构成犯罪的，依法追究刑事责任。

7.5.6 其他情况

其他违反《招标投标法》规定的情况包括：

1. 任何单位违反《招标投标法》规定，限制或者排斥本地区、本系统以外的法人或者其他组织参加投标的，为招标人指定招标代理机构的，强制招标人委托招标代理机构办理招标事宜的，或者以其他方式干涉招标投标活动的，责令改正；对单位直接负责的主管人员和其他直接责任人员依法给予警告、记过、记大过的处分；情节严重的，依法给予降级、撤职、开除的处分。

2. 对招标投标活动依法负有行政监督职责的国家机关工作人员徇私舞弊、滥用职权或者玩忽职守，构成犯罪的，依法追究刑事责任；不构成犯罪的，依法给予行政处分。

3. 依法必须进行招标的项目违反《招标投标法》规定，中标无效的，应当依照《招标投标法》规定的中标条件从其他投标人中重新确定中标人或者依照《招标投标法》重新进行招标。

本章小结

本章全面介绍了招标投标法律法规的基础理论和基本知识。通过该章的学习，应掌握招标投标的概念和特点、招标投标的适用范围和基本原则，熟悉招标项目、招标人、投标人、招标代理机构的条件；熟悉招标方式、招标程序、开标和评标程序、废标的情况、中标的条件、评标的办法和原则；了解投标人的权利和义务、法律责任等内容。

学习本章的目的，是使学生通过相关基础理论的学习和掌握，为进一步学习和掌握建设相关法律法规的学习提供支持。

【案例实训】

中标通知发出后还能废标吗？

——兼议"海之贝"方案被废是否违法

2008年3月30日，深圳南山区政府向媒体通报：深圳湾体育中心的设计由招标确定的"海之贝"方案改为"春茧"方案，并表示愿意承担法律责任。当地政府称"春茧"方案在设计、创新方面具有优势，可满足深圳各项需求。对已中标者，将依法进行补偿。

深圳湾体育中心位于后海中心区，区域位置极其重要。为了高标准地建设，南山区政府于2007年7月初组织开展了设计方案国际咨询发标工作。2007年11月24日、25日，在南山区政府召开的专家评审会上，13位国内外知名专家经过认真讨论和评议，采用打分法确定了获奖方案排名：第一名是4号设计方案"春茧"（株式会社AXS佐藤综合计画和北京建筑设计研究院联合体）；第二名为5号设计方案（HOK体育建筑设计公司）；中国建筑设计研究院的2号设计方案"海之贝"排第三名。

2007年11月26日至30日，南山区政府经过公众展示后，综合考虑了排名、工期、造价、建设标准等各方面的因素，确定"海之贝"中标，并发出中标通知书。当初各媒体都对此事进行了报道。

2008年1月30日，市规划局作为深圳市城市规划管理和勘察设计行业管理的职能部门向市政府提出，"春茧"方案在创新性、公共空间组织方面具有突出优势，且政府投资项目的招标应当遵守国家相关规定，一般情况下应以第一名作为中标方案。市政府高度重视这一项目建设，在听取相关部门意见后，要求对"春茧"和"海之贝"方案进行深化比较。后来南山区政府向媒体通报，经过慎重考虑和研究，深圳湾体育中心建设指挥部决定改变中标结果，将中标方案确定为"春茧"。根据《招标投标法》第45条第二款的规定，指挥部愿意依法承担由此所产生的法律责任。针对该案例，有这样几个问题值得思考和讨论：

（1）当初为何弃用排名第一的"春茧"？

（2）中标通知发出后还能再废标吗？

（3）对已中标者是否公平？

【法理分析】

根据合同法规定，当事人订立合同采取要约、承诺方式。招标采购中，招标公告（招标邀请）为要约邀请，投标为要约，定标为承诺，中标通知为承诺通知。因此，从法律性质上说，中标通知为承诺的载体，承诺的外在表现。因此中标通知只是政府采购合同订立前的一个环节。

另外，政府采购合同由于其特殊性，法律对政府采购合同自由作出了特别限制，所以，政府采购合同成立生效，不单取决于采购人与投标人的意思自治，相反，合同成立生效更多地取决于政府采购招标过程是否依法进行，中标结果是否依法产生。只有依据合法产生的中标结果作出的中标通知，才真正具有约束采购人与中标人的法律效力。

正因为中标通知的效力并不是孤立存在，而是取决于合法的招标过程、取决于合法的定标结果，所以，政府采购法、招标投标法均对招标过程、评标、定标作出了严格、专门的规定，而这些规定也正是中标通知书法律效力的核心所在，缺一不可。

由上，那么判断深圳湾体育中心设计项目"海之贝"被废标是否违法，显然就不能孤立的仅从中标通知书是否发出来予以判断，而应当立足于"海之贝"整个中标过程是否合法来加以判断。

第一，不论是招标投标法还是政府采购法都规定了中标人的确定是一个完整的过程，该过程至少包括依法评标标准和方法、依法组建评标委员会、依法评标并推荐中标候选人、依法从推荐中标候选人中确定中标人。第二，不论是招标投标法还是政府采购法都规定了中标无效情形，也就是说，中标人确定过程如果违法，则中标结果违法，即使发出中标通知也不能改变中标无效之结果。

根据《建设工程勘察设计管理条例》，设计方案招标的，应采用综合评标法。招标投标法还进一步规定，采用综合评标法的，中标人的投标要能够最大程度地满足招标文件中标定的各项综合评标标准。得分最高的自然是最大限度地满足招标文件中规定的各项综合评价标准，应确定为中标人。排名第一（得分最高）的自然总是优于排名在后的投标人。

所以，确定排名第一的投标为中标人是招标法应有之义。

【复习思考】

1. 定义招标投标的概念，实际上有4个核心问题需要思考：
（1）是否需要强调招标投标是一种采购活动；
（2）招标投标活动是否一定形成合同；
（3）招标投标是一种意思表示还是一种法律行为；
（4）招标投标这种竞争活动的基本特点。
2. 对比公开招标、邀请招标、议标，找出不同之处。
3. 工程项目、招标人、招标代理机构进行招标应具备哪些条件？
4. 开标和评标的程序是怎样的？
5. 评标委员会的人员组成有何要求？
6. 评标常用的具体方法有哪几种？

第8章 建筑勘察设计法律制度

【学习提要】 本章主要阐述了下列内容:
1. 工程勘察设计法律制度的概念、立法概况以及效力范围。
2. 建设工程设计和建筑工程勘察设计文件的编制与审批法律制度与法律责任。
3. 施工图设计文件的审查制度、审查机构以及施工图审查的报送和要求。
4. 工程建设标准设计法律制度。

【关键词】 建筑工程勘察　施工图设计　建筑工程标准设计

8.1 建筑工程勘察设计法律制度概述

8.1.1 工程勘察设计法律制度的概念

建筑工程勘察设计是建筑工程勘察和建筑工程设计的总称。建筑工程勘察是指为工程建设的规划、设计、施工、运营及综合治理等的需要,对地。形、地质及水文等要素进行测绘、勘探测试及综合评定,并提供相应成果和资料的活动。建筑工程设计则是指运用工程技术理论和方法对工程所需要的技术、经济、资源环境等条件进行综合分析、论证,并编制建设工程设计文件的活动。建设工程法律制度是指调整工程勘察设计活动所产生的各种社会关系的法律规范的总称。为此,建设工程法律制度的调整对象有以下几种形式:①勘察设计主管部门对从事建筑工程勘察设计活动的单位和个人实施许可制度而发生的资格认证行政管理关系。②勘察设计主管部门与建设单位(业主)和勘察设计单位之间,因编制、审批、执行勘察设计文件、资料而发生的行政审批管理关系。③工程建设实施过程中,发生与工程建设单位与工程勘察设计单位之间的经济协作关系。④建设工程勘察设计单位在以各种技术规范、执业制度、操作规程实施勘察设计单位内部的计划、技术、质量等管理过程中,以及实施各种形式的经济责任制过程中形成的内部管理关系。

8.1.2 工程建设勘察设计的要求

1. 市场准入

为保证工程建设勘察设计的质量,国家对从事工程建设勘察设计活动的单位实行资质管理制度,并对从事工程建设勘察、设计活动的专业技术人员实行职业资格注册管理制度。任何单位和个人都必须在法律允许的范围内从事工程建设勘察设计活动。

2. 科学设计的要求

工程建设勘察设计应当与社会、经济发展水平相适应,做到经济效益、社会效益和环境效益相统一。为此,必须坚持先勘察、后设计、再施工的原则,并鼓励在工程建设勘察设计活动中采用先进技术、先进工艺、先进设备、新型材料和现代化的管理方法。

3. 依法设计的要求

从事工程建设勘察设计活动的单位和个人必须依法勘察、设计,严格执行工程建设的相关强制性标准，并对工程建设勘察设计的质量负责。

8.1.3 建设工程勘察设计法律制度的立法概况

在我国，建设工程勘察设计的立法工作，最早的是建国初期，国务院于1951年3月颁布的《基本建设工作程序暂行办法》。随着社会主义经济建设发展的需要，到1956年5月国务院发布了《关于加强设计工作的决定》。这些与工程勘察设计有关的法律规范的实施，属于建设工程勘察设计立法的起步阶段。

1978—1995年，属于我国社会经济的发展时期，建设工程作为社会经济发展的支柱产业也得到了相应的高速发展。为保证工程建设的科学和规范，国家对建设工程的基础工作——勘察设计，从法律上进行了进一步的规范和约束，该期颁布的建设工程勘察设计法律法规如下：

1978年9月国家建设委员会颁布了《设计文件的编制和审批办法》；

1980年国家建设委员会颁发了《工程建设标准规范管理办法》；

1981年国家建设委员会颁发了《全国工程建设标准设计管理办法》；

1983年7月国家计划委员会、财政部、劳动人事部联合发布了《关于勘察设计单位试行技术经济责任制的若干规定》。同年的8月国务院发布了《建设工程勘察设计合同条例》。这一年关于建设工程勘察设计的立法还有国家计划委员会颁布的《基本建设设计工作管理暂行办法》和《基本建设勘察管理暂行办法》；

1984年11月国务院批转了国家计划委员会《关于工程设计改革的几点意见》；

1986年国家计划委员会颁发了《优秀工程设计奖评选办法》和《优秀工程勘察奖评选办法》；

1991年7月建设部发布了《工程勘察和工程设计单位资格管理办法》；

1992年，建设部和对外经济贸易部联合颁发了《成立中外合营工程设计机构审批管理的规定》以及建设部颁发了《工程建设国家标准管理办法》和《工程建设行业标准管理办法》等；

1995年10月国务院发布了184号国务院令《中华人民共和国注册建筑师条例》；

2000年2月建设部下发了《建筑工程施工图设计文件审查暂行办法》；

2000年9月国务院颁布了《建设工程勘察设计管理条例》，这是《中华人民共和国建筑法》颁布实施后制定的又一部配套行政法规，也是一部非常重要的建设工程勘察设计条例。《建设工程勘察设计管理条例》的颁布和实施，对于加强建设工程勘察、设计活动的管理，保证建设工程勘察、设计质量，保证人民生命和财产安全，具有十分重要的意义。

以上建设工程法规的颁布和实施，标志着我国建设工程勘察设计的立法工作在该期处于不断完善和高速发展的时期。到目前为止，在建设工程勘察设计活动的管理中，所依据的文件主要有《基本建设设计工作管理暂行办法》、《建筑工程施工图设计文件审查暂行办法》和《建设工程勘察设计管理条例》。

8.1.4 建设工程勘察设计法律规范的效力范围

建设工程勘察设计法律规范的效力范围决定了建设工程勘察设计活动的时空范围和活动的自由度。从现行相关规定来看，建设工程勘察设计的法律规范有以下几种情况：①建设工程勘察设计的地域效力范围,即中华人民共和国境内;②建设工程勘察设计行为的效力范围,即在中华人民共和国境内进行建设工程勘察设计活动的行为;③建设工程勘察设计的人的效力范围,即从事建设工程勘察设计活动的行为人;④建设工程勘察设计的时间效力范围,即建设工程勘察设计各项相关法律法规的实施之日到终止之日。

8.2 建筑工程的勘察制度

8.2.1 勘察设计文件审批的法律依据

勘察设计文件审批的法律依据主要有:1986年国家计划委员会发布的137号文件《关于颁发〈全国工程勘察、资格认证管理暂行办法〉的通知》;1991年建设部发布的建设(1991)504号《关于印发〈工程勘察和工程设计单位资格管理办法〉的通知》、建设部(1991)408号《关于印发〈工程勘察设计单位实行收费资格证书的规定〉的通知》和国家工商行政管理局发布的建设(1991)483号《关于印发〈工程勘察设计单位登记管理暂行办法〉的通知》;1992年建设部发布的《关于印发〈关于勘察设计单位资格管理的补充规定〉的通知》;2000年9月国务院颁布的《建设工程勘察设计管理条例》。

8.2.2 勘察设计资格分级标准

工程勘察设计分四个专业,即工程地质勘察专业、水文地质勘察专业、岩土工程专业和工程测量专业。

勘察设计资格证书分为两种,即《工程勘察证书》和《工程设计证书》,由建设部统一印制。

勘察设计资格分为四级,即甲级、乙级、丙级和丁级。资格分级标准制定考虑的主要因素有:技术力量、技术人员、工作条件、工程成果、技术专长和社会信誉等。具体制定原则如下:

甲级:技术力量雄厚、专业配备齐全,有同时承担两项复杂地质条件工程项目的勘察任务或者两项大型项目设计任务的技术骨干;具有本行业的技术专长和计算机软件开发的能力;独立承担过本行业两项以上大型复杂地质条件工程项目的勘察或者两项大型项目的设计任务,并已建成投产取得较好效果;在近五年内有两项以上工程获得过全国或者省、部级优秀工程勘察、设计工程设计奖;参加过国家和部门、地方工程建设标准规范的编制工作;建立了一套有效的全面质量管理体系;有较先进、齐全的技术装备和固定的工作场所以及好的社会信誉。

乙级:技术力量强,专业配备齐全,有同时承担两项比较复杂地质条件工程项目勘察任务或两项中型项目设计任务的技术骨干;有相应的技术专长,能够利用国内外本行业的软件,作出比较先进的勘察、设计成果;独立承担过本行业两项以上中型较复杂地质条件工程项目的勘察或两项中型项目的设计任务,并建成投产取得较好效果;近五年内有一项以上的工程获得过省、部级优秀工程勘察、优秀工程设计奖;建立了一套有效的全面质量管理体系;有相应配套的技术装备和固定的工作场所以及好的社会信誉。

丙级:有一定的技术力量,专业齐全,有同时承担两项小型工程勘察或设计任务的技术骨干；独立承担过本行业两项以上小型工程项目的勘察或设计任务，并已建成投产效果良好；有较健全的管理制度；有必须的技术装备和固定的工作场所。

丁级：有一定的技术力量，有承担小型工程勘察或设计任务的技术骨干；能承担本行业小型工程项目的勘察或设计任务；有较健全的管理制度；有必须的技术装备和固定的工作场所。

8.2.3 业务范围

甲级：持有甲级证书的勘察设计单位，可以在全国范围内承担证书规定的行业大、中、小型工程建设项目的工程勘察或工程设计任务。

乙级：持有乙级证书的勘察设计单位，可以在本省、自治区、直辖市范围内承担证书规定的行业，中、小型工程建设项目的勘察或工程设计任务。跨省、自治区、直辖市承担任务的，需经项目所在地的省、自治区、直辖市勘察设计主管部门批准。

丙级：持有丙级证书的勘察设计单位，可以在本省、自治区、直辖市承担证书规定的行业小型工程建设项目的工程勘察或工程设计任务。铁道行业持有丙级证书的单位，可以在本路局内承担本专业相应的工程勘察或工程设计任务。其他行业持有丙级证书的单位需要跨省、自治区、直辖市承担任务的，应当持项目主管部门出具的证明，经项目所在地的省、自治区、直辖市勘察设计主管部门批准。

丁级：持有丁级证书的勘察设计单位，可以在确定的行业内承担证书规定的行业小型工程建设项目的工程勘察或工程设计任务。

8.2.4 建设工程勘察设计的发包与承包

除有特定要求的一些项目在经有关主管部门批准后可以直接发包外，建设工程勘察设计任务都必须依照《中华人民共和国招标投标法》的规定，采用招标发包方式进行。国务院颁发的《建设工程勘察设计管理条例》规定，可以直接发包的工程建设勘察设计项目有：

1. 采用特定的专利或者专有技术的；
2. 建筑艺术造型有特殊要求的；
3. 国务院规定的其他建设工程的勘察、设计。

发包方可以将整个建设工程的勘察、设计发包给一个勘察、设计单位，也可以将建设工程的勘察、设计分别发包给几个勘察、设计单位。发包方不得将建设工程勘察、设计业务发包给不具有相应勘察、设计资质等级的建设工程勘察、设计单位。除建设工程主体部分的勘察、设计外，经发包方书面同意，承包方可以将建设工程其他部分的勘察、设计再分包给其他具有相应资质等级的建设工程勘察、设计单位。

8.2.5 申请与审批

1. 审批机构

工程勘察、设计单位的资格，实行国家和地方两级审批制度。甲、乙级单位的资格，由全国工程勘察设计资格审定委员会审批，其办事机构设在建设部。其中，乙级单位的资格在全国工程勘察设计资格审定委员会宏观控制的数量范围内，由国务院有关行业主管部门或地方省级工程勘察设计资格审定委员会审批，并颁发建设部统一盖章的证书；丙级单位的资格，由省、自治区、直辖市工程勘察设计资格审定委员会审批，其办事机构在各省、自治区、直辖市人民政府授权的综合管理勘察设计工作的行政主管部门。计划单列市勘察设计主管部门，管理力量较强，机构较健全的，经建设部批准后，享有与省级相同的资格。

2. 审批程序

申请证书的单位，需填写申请表，其办理程序根据申请级别的不同而有一定的差别，具体如下：

申请甲、乙级证书的单位，按照隶属关系报国务院主管部门或省、自治区、直辖市主管勘察设计工作的部门进行初审；然后，由初审部门报送所申请行业归口管理的国务院主管部门，经行业管理部门组织专家审查，并签署意见后，报全国工程勘察设计资格审定委员会审定。对审定合格的单位，由建设部颁发资格证书。

申请丙、丁级证书的单位，其申请表统一送单位所在地的市一级人民政府建设行政主管部门审查，经审查后上报省、自治区、直辖市主管勘察设计工作的部门颁发资格证书，并将取得证书单位名单抄送建设部和国务院有关行业主管部门备案。

8.3 建筑工程的设计制度

8.3.1 设计文件的编制与审批法律制度

8.3.1.1 设计文件的编制与审批的法律依据

在我国，关于设计文件编制与审批的法律依据主要有：1978年国家建设委员会颁布的《设计文件的编制和审批办法》，1984年8月国家计划委员会在《关于简化基本建设项目审批手续的通知》，1992年建设部关于批准《建筑工程设计文件编制深度的规定》，2000年2月建设部下发的《建筑工程施工图设计文件审查暂行办法》，2000年9月国务院颁布的《建设工程勘察设计管理条例》等。

8.3.1.2 工程设计的原则

1. 贯彻经济、社会发展规划、城乡规划和产业政策

经济、社会发展规划及产业政策是国家某一时期的建设目标和指导方针，工程设计必须贯彻其精神。城乡规划、村庄和集镇规划一经批准公布，即成为工程建设必须遵守的规定，工程设计活动也必须符合其要求。

2. 综合利用资源

工程设计中，要充分考虑矿产、能源、水、农、林、牧、渔等资源的综合利用。要因地制宜，提高土地利用率。要尽量利用荒地、劣地，不占或少占耕地。在工业建设项目设计中，要选用耗能少的生产工艺和设备；在民用建设项目中，也要采取节约能源措施。要提倡区域性供热，重视余热利用。城市的新建、扩建和改建项目，应配合建设节约用水设施。

3. 满足环保要求

在进行各类工程设计时，应积极改进工艺，采用行之有效的技术措施，防止粉尘、毒

物、废水、废气、废渣、噪声、放射性物质及其他有害因素对环境的污染，并进行综合治理和利用，使设计符合国家规定的标准。

4. 遵守工程建设技术标准

工程建设中有关安全、卫生和环境保护等方面的标准都是强制性标准，工程设计时必须严格遵守。

5. 采用新技术、新工艺、新材料、新设备

工程设计应当广泛吸收国内外先进的科研和技术成果，结合我国的国情和工程实际情况，积极采用新技术、新工艺、新设备、新材料，以保证工程建设的先进性和可靠性。

6. 重视技术和经济效益的结合

采用先进的技术，可以提高生产效率，增加产量，降低成本，但往往会增加建设成本和建设工期。因此，要注重技术和经济效益的结合，从总体上全面考虑工程的经济效益、社会效益和环境效益。

7. 公共建设和住宅要注意美观、实用和协调

建筑既要有实用功能，又要能美化城市，给人们提供精神享受。公共建筑和住宅设计应巧于构思，使其造型新颖、独具特色，但又与周围环境相协调，保护自然景观。同时还要满足功能使用、结构合理的要求。

8.3.1.3 工程设计的依据

为使设计文件的编制能符合工程建设的实际要求和实际情况，设计单位必须参加设计任务书的编制、建设地址的选择、建设规划等方面的设计等前期工作，为编制设计文件做好准备。《建设工程勘察设计管理条例》规定，编制工程建设勘察设计文件，应当以下列规定为依据：

1. 项目批准文件；
2. 城市规划；
3. 工程建设强制性标准；
4. 国家规定的建设工程勘察、设计深度要求。

铁路、交通、水利等专业建设工程，还应当以专业规划的要求为依据。

8.3.1.4 设计阶段的内容和深度

根据工程建设的规模、技术程度以及建设思路建设项目设计有不同形式。一般建设项目按两个阶段进行设计，即初步设计和施工图设计。对技术上复杂而又缺乏技术设计经验的项目，可增加技术设计阶段。为解决开发方案和建设的总体部署等重大问题，可进行总体规划设计或总体设计。不同设计的内容和深度如下：

1. 总体设计的内容和深度

总体设计一般应包括以下文字说明和必要的图纸：建设规模和占地面积、产品方案、原料来源、工艺流程概况、主要设备配置、主要建筑物和构筑物、公共辅助工程"三废"治理和环境保护方案、总图布置及运输方案、生产组织概况和劳动定员估计、生产区规划设想、施工基础布置和地方材料来源、建设总进度和各项工程进度配合要求、投资估算等。

总体设计深度应满足开展以下工作的要求：初步设计的开展；主要大型设备、材料的预先安排；占用土地有关事宜的谈判。

2. 初步设计的内容和深度

初步设计一般包括以下文字说明和必要的图纸：设计依据、设计指导思想、建设规模、产品方案、各类资源和原料的来源和用量、工艺流程、主要设备选型及配置、总图运输、主要建筑物和构筑物、公用及辅助设施、新技术采用情况、主要材料用量、外部协作条件、占地面积和土地利用情况、综合利用和"三废"治理方案、生活区建设、抗震和人防措施、生产组织和劳动定员、各项技术经济指标、建设顺序和期限、总概算等。

初步设计的深度应满足以下要求：设计方案的比选和确定、主要设备材料的定货、土地使用、基建投资的控制、施工图设计的编制、施工准备和生产准备等。

3. 技术设计的内容和深度

技术设计的内容一般根据工程的特点和需要由有关部门自行指定。技术设计的深度应能满足确定设计方案中重大问题和有关试验、设备制造等方面的要求。

4. 施工图设计的内容和要求

施工图设计的内容应根据批准的初步设计进行编制。其深度应能满足设备材料的安排、非标准设备的制作、施工图预算的编制和施工的要求等。

8.3.1.5 设计文件的审批

在我国，设计文件的审批实行分级管理和分级审批。大中型建设项目初步设计的审批权，按隶属关系由国务院主管部门或省、自治区、直辖市审批；小型建设项目的初步设计的审批权，由主管部门或省、自治区、直辖市自行规定；技术设计按隶属关系由有关部门或省、自治区、直辖市审批；总体设计的审批权限，与初步设计的审批权限相同。施工图纸的设计除主管部门指定要审查外，一般不再审批。

8.3.2 施工图设计文件审查制度

8.3.2.1 施工图设计文件审查的概念

施工图设计文件（简称施工图）审查实质国务院建设行政主管部门和省、自治区、直辖市人民政府建设行政主管部门依法认定的设计审查机构。根据国家的法律、法规、技术标准与规范，对施工图进行结构安全和强制性标准、规范执行情况等的独立审查。它是政府主管部门对建筑工程勘察设计质量监督管理的重要环节，是基本建设必不可少的程序，工程建设各方必须认真贯彻执行。

建设部（现为"住房和城乡建设部"）于 2000 年 2 月下发了《建筑工程施工图设计文件审查暂行办法》，对具体事项作出了相关规定。

8.3.2.2 施工图审查的范围和内容

《建筑工程施工图设计文件审查暂行办法》规定，建筑工程设计等级分级标准中的各类新建、改建、扩建的建筑工程项目均属审查范围。省、自治区、直辖布人民政府建设行政主管部门，可结合本地的实际，确定具体的审查范围。

按照《建筑工程施工图设计文件审查暂行办法》规定，施工图审查的主要内容包括：

1. 建筑物的稳定性、安全性审查，包括地基基础和主体结构体系是否安全、可靠；
2. 是否符合消防、节能、环保、抗震、卫生、人防等有关强制性标准、规范；
3. 施工图是否达到规定的深度要求；
4. 是否损害公众利益。

8.3.2.3 施工图审查机构

《建筑工程施工图设计文件审查暂行办法》规定，符合下列条件的机构方可承担施工图审查工作：

1. 具有符合设计审查条件的工程技术人员组成的独立法人实体；
2. 有固定的工作场所，注册资金不少于20万元；
3. 有健全的技术管理和质量保证体系；
4. 地级以上城市（含地级市）的审查机构，具有符合条件的结构审查人员不少于6人；勘察、建筑和其他配套专业的审查人员不少于7人。县级城市的设计审查机构应具备的条件，由省级人民政府建设行政主管部门规定；
5. 审查人员应当熟练掌握国家和地方现行的强制性标准、规范；
6. 设计审查人员必须具备的条件如下：

（1）具有10年以上结构设计工作经历，独立完成过五项二级以上（含二级）项目工程设计的一级注册结构工程师、高级工程师，年满35周岁，最高不超过65周岁；

（2）有独立工作能力，并有一定语言文字表达能力；

（3）有良好的职业道德。

凡符合上述规定的直辖市、计划单列市、省会城市的设计审查机构，由省、自治区、直辖市建设行政主管部门初审后，报国务院建设行政主管部门审批，并颁发施工图设计审查许可证；其他城市的设计审查机构由省级建设行政主管部门审批，并颁发施工图设计审查许可证。取得施工图设计审查许可证的机构，方可承担审查工作。

8.3.2.4 施工图审查的报送

施工图完成后，建设单位应当将施工图报送建设行政主管部门，由建设行政主管部门委托有关审查机构，进行结构安全和强制性标准、规范执行情况等内容的审查。建设单位将施工图报建设行政主管部门审查时，还应同时提供下列资料：

1. 批准的立项文件或初步设计批准文件；
2. 主要的初步设计文件；
3. 工程勘察成果报告；
4. 结构计算书及计算软件名称。

为简化手续，提高办事效率，凡需进行消防、环保、抗震等专项审查的项目，应当逐步做到有关专业审查与结构安全性审查统一报送、统一受理；通过有关专项审查后，由建设行政主管部门统一颁发设计审查批准书。

8.3.2.5 施工图审查的要求

1. 审查机构审查结束后，应向建设行政主管部门提交书面的项目施工图审查报告，报告应由审查人员签字、审查机构盖章。
2. 对于审查合格的项目，审查机构向建设行政主管部门提交项目施工图审查报告，由建设行政主管部门向建设单位通报审查结果，并颁发施工图审查批准书。对审查不合格的项目，提出书面意见后，由审查机构将施工图退回建设单位，并由原设计单位修改，重新送审。
3. 审查机构应当在收到审查材料后20个工作日内完成审查工作，并提出审查报告；特级和一级项目应当在30个工作日内完成审查工作，并提出审查报告，其中重大及技术复杂项目的审查时间可适当延长。

4. 施工图一经审查批准，不得擅自进行修改。如遇特殊情况需要进行涉及审查主要内容的修改时，必须重新报请原审批部门，由原审批部门委托审查机构审查后再批准实施。

5. 施工图审查所需经费由施工图审查机构向建设单位收取。

8.4 违反建设工程勘察设计的法律责任

8.4.1 建设工程勘察设计监督管理

8.4.1.1 建设工程勘察设计监督管理机构

根据《建设工程勘察设计管理条理》的规定，建设工程勘察设计的监督管理有不同的分工，即根据建设工程的专业性质进行分工和根据行政管辖级别的不同进行分工。具体如下：

国务院建设行政主管部门对全国的建设工程勘察、设计活动实施统一的监督管理。县级以上人民政府的建设行政主管部门对本行政区域内的建设工程勘察、设计活动实施监督管理。

国务院铁路、交通、水利等有关部门按照国务院规定的职责分工，负责全国的有关专业建设工程勘察、设计活动的监督管理。县级以上各交通、水利等有关部门在各自的职责范围内，负责本行政区域内有关专业的建设工程勘察、设计活动的监督管理。

任何单位和个人对建设工程勘察、设计活动中的违法行为都有权检举、控告、投诉。

8.4.1.2 建设工程勘察设计监督的内容

县级以上人民政府行政主管部门或交通、水利部门应对建设项目勘察设计有关文件中涉及公共利益、公众安全、工程建设强制性标准的内容进行审核。未经审查批准的建设工程勘察设计文件不得使用。

建设工程勘察、设计单位在其勘察、设计资质证书规定的业务范围内跨部门、跨地区承揽勘察设计任务的，有关地方人民政府不得设置障碍，不得违反国家规定收取任何费用。

8.4.2 法律责任

法律责任对责任主体而言，涉及的是责任关系；如对责任结果而言涉及的则是责任方式。我们在此讨论的法律责任，主要是从法律规范领域，行为人形成违法行为时所得到的法律制裁而言，因此，着重于责任方式。这种责任方式必定以法律规范的责任关系为前提，即因损害法律上的义务关系所产生的对相关主体所应承担的法定强制的不利后果。根据《建设工程勘察设计管理条理》的规定，建设工程勘察设计的法律责任根据违法行为人的身份、违法行为的性质、违法后果的程度的不同而不同。

8.4.2.1 行政违法责任与刑事违法责任

行政违法责任，即建设工程勘察设计国家行政管理机关及其国家行政管理机关的工作人员在行使行政职务过程中形成的违法行为所应承担的法律责任。刑事违法责任，即依照刑法的规定就其犯罪人犯罪行为应承担的法律责任。

《建设工程勘察设计管理条理》对行政违法责任和刑事违法责任的规定，主要有国家机关工作人员在建设工程勘察设计的监督管理工作中玩忽职守、滥用职权、徇私舞弊，构成犯罪的，依法追究刑事责任；尚不构成犯罪的，依法给予行政处分。

根据一般法理学的理论，责任主体（违法主体或承担法律责任的主体）名义不同，责任的形式也不同，根据行为主体的名义，可分为职务责任和个人责任。所谓职务责任是指行为主体以职务的身份或名义从事活动时所引起的法律责任，它是由该行为主体所属的组织来承担。所谓个人责任，是指行为主体以个人的身份或名义从事活动中违法所引起的法律责任它是由该行为主体个人来承担的责任。《建设工程勘察设计管理条理》在此的规定，对国家机关工作人员个人承担责任认定的主要依据是，"玩忽职守、滥用职权、徇私舞弊"不是法律要求的依法行政的法定职责范围，而是个人意志在工作中的体现带来的后果，这种后果连带的责任应由个人承担。

8.4.2.2 民事违法责任

民事违法责任，即建设工程勘察设计活动的参加者以民事主体的身份参加建设工程勘察设计活动中形成的违法行为所应承担的法律责任。民事法律责任的承担根据民事违法行为人身份的不同有几种情况：

1. 建设单位的违法责任。建设单位作为发包方将建设工程勘察设计业务发包给不具有相应资质等级的建设工程勘察设计单位的，责令改正，处以50万元以上100万元以下的罚款。

2. 勘察设计单位的违法责任。勘察设计单位的违法责任有几种情况：

一是非法承揽任务的责任。建设工程勘察设计单位未取得资质证书承揽工程的，予以取缔。以欺骗手段取得资质证书承揽工程的，吊销其资质证书。超越资质等级许可的范围，或以其他勘察设计单位的名义承揽勘察设计业务、或允许其他单位和个人以本单位的名义承揽勘察设计业务的建设工程勘察设计单位，可责令其停业整顿，降低资质等级；情节严重的，吊销其资质证书。并且，对于有上述各种行为的勘察设计单位，还应处合同约定的勘察设计费1倍以上2倍以下的罚款，并没收其非法所得。

二是非法转包的责任。建设工程勘察设计单位将所承揽的工程进行转包的，责令改正，没收违法所得，处以合同约定的勘察设计费25%以上50%以下的罚款。还可责令其停业整顿，降低其资质等级。情节严重的，吊销其资质证书。

三是不按规定设计的违法责任。对于不按工程建设强制性标准进行勘察设计的勘察设计单位；不按勘察设计成果进行设计、或指定生产厂、供应商的建筑材料、建筑构配件进行设计的单位，责令其改正，并处10万元以上30万元以下的罚款。因上述行为造成工程事故的，责令停业整顿，降低资质等级；情节严重的，吊销资质证书；造成损失的，依法承担赔偿责任。

8.4.2.3 勘察设计执业人员的违法责任

未经注册、擅自以勘察设计人员的名义从事建设工程勘察设计活动的，责令停止违法行为；已经注册的执业人员和其他专业技术人员，但未聘于一个建设工程勘察设计单位或同时聘于两个以上建设工程勘察设计单位从事有关业务活动的，可责令停止执行业务或吊销资格证书。对上述人员，还要没收其非法所得，处非法所得2倍以上5倍以下罚款，给他人造成损失的，依法承担赔偿责任。

8.5 工程建设标准设计法律制度

工程建设标准设计是指建设工程设计、施工方法和安全保护的统一的技术要求及有关工程建设的技术术语、符号、代号、制图方法的一般准则。《中华人民共和国标准化法》第二条规定：对建设工程的设计、施工方法和安全要求应当制定标准。该规定不仅为工程建设标准的制定确立了法律依据，也为工程建设标准设计提出了规范的要求。

8.5.1 工程建设标准设计的分类

工程建设标准设计的分类，根据不同的划分性质有不同性质的类型。

8.5.1.1 根据工程建设标准设计的约束性划分

根据标准的约束性划分可分为强制性标准和推荐性标准。

强制性标准是保障人体健康，人身财产安全的标准和法律、行政法规规定的强制性执行的标准。所谓强制性执行标准是必须以国家强制力保障严格执行的标准。主要包括：①工程建设勘察、规划、设计、施工（包括安装）及验收等通用的综合标准和重要的通用的质量标准；②工程建设通用的有关安全、卫生和环境保护的标号；③工程建设重要的术语、符号、代号、量与单位、建筑模数和制图方法标准；④工程建设重要的通用的试验、检验和评定标准；⑤工程建设重要的通用的信息技术标准；⑥国家需要控制的其他工程建设通用的标准。

推荐性标准是强制性标准以外的标准。推荐性标准是国家推荐并鼓励企业自愿采用的标准。

8.5.1.2 根据工程建设标准设计的内容性质划分

根据标准的内容性质划分可分为设计标准设计、施工及验收标准和建设定额标准。

1. 设计标准，即从事工程设计所依据的技术文件。一般分为建筑设计标准、结构设计标准和防火设计标准。

2. 施工及验收标准，即施工操作程序及其施工技术的标准。施工标准一般分为建筑工程施工标准和安装工程施工标准。验收标准是指检验、接受竣工工程项目的规程、办法与标准。

3. 建设定额标准，即国家规定的消耗在单位建筑产品上活劳动和物化劳动的数量标准，以及用货币表现的某些必要费用的额度。

8.5.1.3 根据工程建设标准设计的属性划分

根据标准属性划分可分为技术标准、管理标准和工作标准。

1. 技术标准，即对标准化领域中需要协调统一的技术事项所制定的标准。技术标准一般是对标准化特征加以规范的标准，它是从事生产建设及商品流通的一种共同遵守的技术依据。

2. 管理标准，即对标准化领域中需要协调统一的管理事项所制定的标准。管理事项主要指在营销、设计、采购、工艺、生产、检验、能源、安全、卫生、环保等管理中与实施技术标准有关的重复性事物与概念。

3. 工作标准，即对标准化领域中需要协调统一的工作事项所制定的标准。工作事项主要指在执行相应管理标准和技术标准时与工作岗位的职责、人员的基本技能、工作内容、要求与方法、检查与考核有关的重复性事物和概念。

8.5.1.4 我国标准的工程建设标准设计的划分

我国工程建设标准设计分为国家标准、行业标准、地方标准和企业标准四级。

1. 国家标准，即工程建设具有重要作用的、跨行业、跨地区在全国范围内统一并通用的标准设计。
2. 行业标准，即在全国某行业内统一并通用的标准设计。
3. 地方标准，即在某个或若干个省、自治区、直辖市范围内统一并通用的标准设计。
4. 企业标准，即在某企业范围内统一并通用的标准设计。

8.5.2 工程建设标准设计的作用

工程建设标准设计，是工程建设标准化工作的重要组成部分，它是组织工程建设标准的规范和实施的主要手段，对促进工程技术进步，保证工程质量和安全，节约工程建设投资，缩短设计和建设周期，节约原材料和自然资源，提高工程综合经济效益具有重要的作用。概括有以下几方面的作用。

8.5.2.1 工程建设标准设计是衡量建设工程质量的尺度

工程质量是工程建设的生命，保证工程质量的好坏关键，是对工程建设全过程的监控力度。所以从可行性研究到勘察、设计等各个阶段，都需要一系列的原则要求和技术指标，来控制和判断所建工程的质量和安全。在整个工程建设过程中，所需要的控制和判断工程质量的原则要求以及技术指标，都是来自于建设活动中长期经验的积累和科技成果的应用编制而成的工程建设标准提供的。因此，执行这些标准的严格程度，在一定程度上反映了工程质量的实际状况。

8.5.2.2 工程建设标准设计是保证工程质量的基础

工程建筑领域，一项工程的完成水平，往往取决于承担任务的人员的水平。但作为"百年大计"的建设工程，如果在质量上出现隐患的话，就有可能给国家和对人民的生命财产带来重大的、甚至是无可估量的损失。因此，工程建设不允许在质量和安全上出现差别，否则影响到的不仅是工程的使用寿命。那么，建设工程标准作为统一的技术要求，就是保证工程质量安全的基础，只要从事工程建设活动的人员严格执行建设工程标准，工程的质量和安全就能得到基本保障。

8.5.2.3 提高劳动生产率，加快建设速度

建设工程标准化设计的目的是通过建设工程设计统一的实施和执行，以获得最佳的建设秩序、工程质量和社会经济效益。建设标准是根据人们在生产和建设活动中长期实践经验的积累和研究的科学总结，通过归纳、提高、协调、择优的不断选择编制而成的。因此，工程建设标准设计，经验的应用各种设计手册、计算图表、或者标准设计图纸，即可减少工作量、缩短建设周期，从而提高劳动生产率和加快建设速度。

8.5.2.4 推广先进经验、促进科技进步

一项科研成果和科学，如果它仅仅是作为技术的话，不具有强制性和权威性，那么它的推广和应用只能是不断扩大范围和影响。一旦纳入标准，就具有一定的强制性和权威性，它的应用就能够迅速地在规定范围内得到大面积的推广和应用。工程建设标准也相同，这种标

准的推广应用,使科技成果很快地转化为社会生产力,有效地促进技术进步。

8.5.3 工程建设标准设计的程序及管理

8.5.3.1 工程建设标准设计的编制和修订的程序

标准设计编制与修订的程序根据项目规模、来源的不同而不同,一般项目分两个阶段进行,即初步设计阶段和施工图设计阶段;经标准设计主管部门认定的重大或技术复杂的项目则分为三个阶段进行,即技术文件编制阶段、初步设计阶段和施工图设计阶段。

为加快标准设计图集的编制和不断更新,保证标准设计的先进性,标准设计一般每5年复查一次,通过复查对现行标准设计图集分别予以延用、修订或废止。

标准设计工作要把质量放在首位,要建立标准设计质量体系,在应用新的科学技术成果时要通过试验慎重应用。标准设计文件的编制深度,应符合《建设工程设计文件编制深度的规定》和各部门的有关规定。

8.5.3.2 建筑工程标准设计的管理

建筑工程标准设计实行分级管理制度。国家建设行政主管部门负责实施全国工程建设强制性标准的监督管理工作。国务院有关行政主管部门按照国务院的职能分工负责实施工程建设强制性标准的监督管理。县级以上地方人民政府建设行政主管部门负责本行政区域内实施工程建设强制性标准的监督管理工作。

国家建设行政主管部门在负责实施全国建设工程标准的监督管理工作中的主要职责是:制定和颁发全国工程建设标准设计管理办法和有关规定;制定和下达国家标准的规划和计划;审批和颁布国家通用标准设计图集;指导和协调国务院有关部门和省、自治区、直辖市建设行政主管部门的标准设计工作;组织国家标准设计的技术审查;组织标准设计工作的经验交流和优秀标准设计的评选。

国务院有关部门和省、自治区、直辖市建设行政主管部门的职责是负责管理本部门、本地区的标准设计工作。各省、自治区、直辖市建设标准设计机构协助管理部门进行具体实施。其主要职责是:承担国家标准设计的编制和研究工作;制定和下达行业标准设计和地方标准设计的规划和计划等工作。

8.5.3.3 违反工程建设强制性标准的法律责任

1. 工程建设强制性标准执法检查

工程建设强制性标准实行执法检查制度,通过执法检查发现违法行为,并对违法行为实行法律制裁。

工程建设标准批准部门应当对工程建设强制性标准的执行情况进行监督检查。监督检查一般采取重点检查、抽查和专项检查的方式进行。强制性监督检查的主要内容包括:有关工程技术人员是否熟悉、掌握强制性标准;工程项目的规划、勘察、设计、施工、验收等是否符合强制性标准的规定;工程项目采用的材料、设备是否符合强制性标准的规定;工程项目的安全、质量是否符合强制性标准的要求等。任何单位和个人对违反工程建设强制性标准的行为有权向建设行政主管部门或者有关部门检举、控告、投诉。

2. 违反工程建设强制性标准的法律责任

违反工程建设强制性标准的法律责任有几种:第一,明示或暗示施工单位使用不合格建筑材料、建筑构配件和不合格材料的;明示或暗示设计单位或施工单位违反工程建设强制性标准，降低工程质量的，责令建设单位改正，并处以20万元以上50万元以下罚款。第二，勘察设计单位违反工程建设强制性标准进行勘察、设计的责令改正，并处以10万元以上30万元以下的罚款。如果因此造成工程质量事故的，责令停业整顿，降低资质等级；情节严重的，吊销资质证书；造成损失的，依法承担赔偿责任。第三，施工单位违反工程建设强制性标准的，责令改正，处工程合同约定价款2%以上4%以下的罚款；造成建设工程质量不符合规定的质量标准的，负责返工、修理，并赔偿造成的损失；情节严重的，责令停业整顿，降低资质等级或者吊销资质证书。第四，工程监理单位违反强制性标准规定，将不合格的建设工程以及建筑材料、建筑构配件和设备按照合格签字，责令改正，处以50万元以上100万元以下的罚款，降低资质等级或吊销资质证书；有违法所得的，予以没收；因此造成损失的，承担连带赔偿责任。违反工程建筑强制性标准造成工程质量、安全隐患或者工程事故的，按照《建设工程质量管理条例》的有关规定，对事故责任单位和责任人进行处罚。

本章小结

本章包括四部分内容，第一部分介绍了建设工程勘察设计法律制度的概念、立法概况以及建设工程勘察设计法律规范的效力范围；第二部分介绍了建设工程勘察设计文件审批的法律依据和法律制度；第三部分介绍了我国现行建设工程设计文件的编制与审批法律制度；第四部分介绍了工程标准设计的分类、作用程序及管理。

通过本章的学习，使学生能正确把握从事建设工程设计、勘察活动应遵循的法定程序和步骤，以及不合法行为所带来的法律后果和应承担的法律责任。

【案例实训】

第一原告：宋某

第二原告：上海某房地产开发公司

被告：上海某区建设行政主管部门

1999年3月15日，被告上海某区建设行政主管部门收到第二原告举报，称其正在进行施工的建筑施工图纸存在严重质量问题，希望被告对该图纸的设计单位进行查处。被告经调查后发现，该项目施工图纸是由第一原告宋某组织无证设计人员私自安排绘制，并使用本应当是由市建委统一管理发放的施工出图专用章，且以蚌埠某建筑设计院上海分院的名义设计。据此，被告于1999年11月7日对第一原告作出了"责令停止建筑活动并处以5万元罚款"的行政处罚。同时，上述项目的开发单位第二原告在未验明设计单位的资质的情况下，将工程设计发包给事实上是个人的第一原告，并将无证人员设计的施工图纸交给施工单位使用，被告因此对第二原告也作出了"责令改正，并处罚款3万元"的行政处罚。处罚决定书下达后，两原告均不服上述行政处罚，遂于2000年1月6日向法院提起行政诉讼，要求撤销被告的上述行政处罚，第一原告认为其在设计活动中的一切行为均代表蚌埠某建筑设计院上海分院，施工出图专用章系由该设计院的管理机关领取，是由上海建筑设计院从事建筑设计活动，不应该由其承担无证设计的法律后果；同时，委托设计合同是在1996年上半年签订的，被告援引1997年10月颁布实施的地方性法规和《上海市建筑市场管理条例》对其进行处罚，在法律适用上也是错误的。第二原告则认为其所委托的设计单位是有设计资质和入沪许可的蚌埠某建筑设计院上海分院，从未委托过第一原告个人；工程设计发包行为发生在1996年，1997年经上海市建设工程招标投标办公室统一补办了招标手续。被告援引1999年3月颁布实施的法规对其进行处罚，显然是运用法律不当。

而被告方则以大量证据材料证明：

（1）第一原告和第二原告签订委托设计合同时使用的"合同章"，蚌埠某建筑设计院并未认可，该院从未有此合同章，不可能同意第一原告使用；

（2）第一原告及其雇用的在施工设计图纸上签字的人员均不具有国家规定的相应从业资格；

（3）第一原告私自安排刻制了应由上海市建委颁发的"工程建设施工图出图专用章"。并在其组织无证人员设计的图纸上使用了该出图专用章，没有证据证明蚌埠某建筑设计院在此事上有授权或共同行为；

（4）第二原告在与第一原告签订合同时没有验证设计单位有效的证明文件；

（5）第二原告签订委托设计合同时，看了第一原告出示的无效营业执照后，仍与第一原告签订合同，且在施工过程中委托第一原告担任项目经理，将工程全权委托其管理。因此，第一原告代表第二原告接受无证人员设计的施工图纸所引起的法律后果应追责至第二原告；

（6）第二原告所称的1997年补办招标手续时，提交的设计合同为1994年的，当时蚌埠某建筑设计院尚未进沪，第二原告也尚未成立，招标手续系欺骗所得；

（7）第一原告的无证设计活动自1996年至被告对其进行查处的过程中，一直处于持续状态；而第二原告委托第一原告涉及的行为，自双方委托设计合同签订之日起至第二原告重新委托设计之日止从未间断；且该工程一直没有竣工。因此，被告援引违法行为继续期间颁布实施的法律、法规对其予以处罚，在法律适用上是正确的。

【法理分析】

法庭对被告方提供的证据和法律依据逐项进行了审查，认为这些证据内容真实、与被诉行政处罚决定认定的事实相关且合法，具有证明效力，法院全部予以采信，并据此确认：

（1）第一原告在进行工程项目设计时，组织没有本市建筑设计从业资格的设计人员进行设计，并在设计图纸上加盖了自行刻制的施工图出图章和施工图发图负责人章，其主观上违法的故意十分明显。被告认定其无证从事建筑设计活动的事实清楚、证据充分；

（2）第二原告在将设计这一工程重要环节发包给设计单位时，理应验明设计单位的资质证书和勘察设计临时许可证。以第二原告的行为能力，应当能够验明第一原告提供的注册税务登记证、企业法人代码证书、企业法人营业执照、进沪许可证已经全部失效；

（3）第一原告和第二原告于1997年4月18日签订设计合同，委托设计行为自此开始，并一直持续到1999年9月1日第二原告将工程重新委托给其他设计所设计时止。其间，双方并未发生终止、解除合同的情形。故对违法行为的追责，应当从行为终了之日起计算。因此，被告使用法律正确。

【复习思考】

1. 什么是建设工程勘察设计？建设工程勘察设计包括哪些内容？
2. 我国关于建设工程勘察设计的立法有哪些？
3. 工程建设设计的基本原则是什么？
4. 试述建设工程设计文件编制与审批的依据和内容。
5. 试述建设工程勘察设计资格的分级标准以及业务范围。
6. 施工图审查中各方的责任是什么？

第 9 章 建设工程合同法律制度

【学习提要】 本章主要阐述了下列内容:
1. 合同的概念、订立、效力、履行、变更、转让、终止、违约责任。
2. 建设工程合同及相关合同的概念、订立、履行与违约责任。
3. 建设工程施工合同的索赔与法律解释。
4. 建设工程合同示范文本。

【关键词】 建设工程合同 建设工程勘察设计合同 建设工程施工合同 施工合同索赔

9.1 合同法概述

9.1.1 合同的概念

合同是一种法律行为,是当事人各方在平等、自愿的基础上产生的民事法律行为。

我国民法理论在合同定义上,基本接受了大陆法的概念。《民法通则》第八十五条规定:"合同是当事人之间设立、变更、终止民事关系的协议。"《合同法》第二条规定:"本法所称合同是平等主体的自然人、法人、其他组织之间设立、变更、终止民事权利义务关系的协议。"

9.1.2 我国的合同立法

改革开放以来,我国于 1981 年、1985 年和 1987 年先后制定了三部合同法,即《经济合同法》、《涉外经济合同法》和《技术合同法》。这三部合同法对于保护合同当事人的合法权益,维护社会经济秩序,保证社会主义建设事业的顺利进行,发挥了重要的作用。但随着改革开放的不断深入和社会经济的不断发展,这三部合同法暴露出越来越多的问题和弊端,已远远不能适应客观实际的需要。比如调整范围过窄,缺乏规范合同关系的最基本的制度与规则,且三足鼎立的合同立法使交易规则不统一,人为地割裂了全国统一的大市场,与发展社会主义市场经济的要求极不相适应。因此制定一部统一的、内容完备的合同法十分迫切和必要。

1999 年 3 月 15 日,第九届全国人民代表大会审议通过了《中华人民共和国合同法》(以下简称《合同法》)。《合同法》共 23 章,428 条,分为总则、分则和附则三个部分。总则包括合同法的基本原则、合同的订立、合同的效力、合同的履行以及合同的变更转让和违约责任等;分则对十五种合同即买卖合同、供用电(水、气、热力)合同、赠与合同、借款合同、租赁合同、融资租赁合同、承揽合同、建设工程合同、运输合同、技术合同、保管合同、仓储合同、委托合同、行纪合同和居间合同作出了具体规定;附则是关于合同法在时间上的适用,即该合同法自 1999 年 10 月 1 日起施行,原来的三部关于合同的法律同时废止。

9.1.3 合同的订立

9.1.3.1 合同的订立方式

《合同法》第十三条规定:"当事人订立合同,采取要约、承诺方式。"

要约是希望和他人订立合同的意思表示,该意思表示应当符合下列规定:第一,内容具体确定;第二,表明经受要约人承诺,要约人即受该意思表示约束。发出要约的当事人称为要约人,接受要约的人则称为受要约人。

要约邀请是一方当事人邀请或是引诱他人向自己发出订立合同的意思表示,所以又称要约引诱。例如在现实生活中,寄送的商品价目表、招标拍卖公告、商业广告等均为要约邀请。但商业广告的内容符合要约规定的,视为要约。

要约到达受要约人时生效。要约可以撤回、撤销。撤回要约的通知应当在要约到达受要约人之前或者与要约同时到达受要约人;撤销要约的通知应当在受要约人发出承诺通知前到达受要约人。但有下列情形之一的,要约不得撤销:一是要约人确定了承诺期限或者以其他形式明示要约不可撤销;二是受要约人有理由认为要约是不可撤销的,并已经为履行合同作了准备工作。

当要约有下列情形之一时丧失其法律效力:

1. 拒绝要约的通知到达要约人;
2. 要约人依法撤销要约;
3. 承诺期限届满,受要约人未作出承诺;
4. 受要约人对要约的内容作出实质性变更。

承诺是受要约人同意要约的意思表示。除根据交易习惯或者要约表明可以通过行为作出承诺外,承诺应当以通知的方式作出。承诺通知到达要约人时生效;承诺不需要通知的,根据交易习惯或者要约的要求作出承诺的行为时生效。

承诺同要约一样可以撤回。撤回承诺的通知应当在承诺通知到达要约人之前或者与承诺通知同时到达要约人。

承诺的内容应当与要约的内容一致。受要约人对要约的内容作出实质性变更,即合同标的、数量、质量、价款或者报酬、履行期限、履行地点和方式、违约责任和解决争议方法等的变更的,为新要约;承诺对要约的内容作出非实质性变更的,除要约人及时表示反对或者要约表明承诺不得对要约的内容作出任何变更的以外,该承诺有效,合同的内容以承诺的内容为准。

9.1.3.2 合同的成立

合同的成立,就是双方当事人完成了签订合同的全过程,并达到了签订合同的预期目的。也即要约最终得到了承诺,在双方当事人之间产生了合同法律关系。

1. 合同成立的时间。《合同法》第二十五条规定:"承诺生效时合同成立。"而承诺生效的时间又以承诺通知到达要约人或根据交易习惯及要约的要求作出承诺的行为为准。因此确立合同成立的时间主要有两个标准:一是有效承诺的通知到达要约人的时间,此时,承诺生效,合同即告成立;二是根据交易习惯或者要约要求通过行为作出承诺的,受要约人作出该承诺行为时,承诺生效,合同即告成立。

2. 合同成立的地点。《合同法》第三十四条规定:"承诺生效的地点为合同成立的地点。

采用数据电文形式订立合同的，收件人的主营业地为合同成立的地点；没有主营业地的，其经常居住地为合同成立的地点。"第三十五条规定："当事人采用合同书形式订立合同的，双方当事人签字或者盖章的地点为合同成立的地点。"

9.1.3.3 合同的形式

合同的形式是合同内容的外在体现，是合同内容的载体，它有多种形式。《合同法》第十条规定："当事人订立合同，有书面形式、口头形式和其他形式。"它们都是合同的法定形式，具有相同的法律效力，当事人在订立合同时可根据需要自主选择。但在法律作出强制性规定和当事人作出约定的情况下，应依法律的规定和当事人的约定。

法律、行政法规规定采用书面形式或当事人约定采用书面形式的，应当采用书面形式。书面形式是指合同书、信件和数据电文（包括电报、电传、传真、电子数据交换和电子邮件）等可以有形地表现所载内容的形式。

9.1.3.4 合同的内容

根据《合同法》第十二条的规定，合同的内容由当事人约定，一般包括以下条款：

1. 当事人的名称或者姓名和住所；
2. 标的；
3. 数量；
4. 质量；
5. 价款或者报酬；
6. 履行期限、地点和方式；
7. 违约责任；
8. 解决争议的办法等。

当事人可以参照各类合同的示范文本订立合同。

9.1.4 合同的效力

合同的效力，又称合同的法律效力，是指法律赋予依法成立的合同具有对当事人各方的约束力。合同成立后，符合法律规定的生效要件，是一个有效合同；不符合法律规定的生效要件，是一个无效合同、可撤销合同或效力待定合同。

9.1.4.1 合同的生效要件

生效要件是指使已经成立的合同发生法律效力所应具备的法律条件。合同的生效一般应具备以下要件：

1. 同当事人具有相应的民事行为能力；
2. 意思表示真实；
3. 合同内容不违反法律和社会公共利益；
4. 具备法律法规所要求的形式。

9.1.4.2 无效合同

无效合同是指严重欠缺合同的生效要件，不为法律所承认和保护，不具有法律效力的合同。

《合同法》第五十二条规定，有下列情形之一的，合同无效：

1. 一方以欺诈、胁迫手段订立合同，损害国家利益的；

2. 恶意串通，损害国家、集体或者第三人利益的；
3. 以合法形式掩盖非法目的的；
4. 损害社会公共利益的；
5. 违反法律、行政法规强制性规定的。

此外，《合同法》第五十三条规定，合同中如有以造成对方人身伤害、因故意或者重大过失造成对方财产损失作为免责条款的，该部分内容无效。

无效合同，自成立时起就不具有法律效力。合同部分无效，不影响其他部分效力的，其他部分仍然有效。合同无效也不影响合同中独立存在的有关解决争议方法的条款的效力。

无效合同同样能引起法律后果，行为人应承担法律责任。合同被确认无效后，当事人根据该合同所取得的财产，应返还对方；不能返还或者没有必要返还的，应当折价补偿。有过错的一方应赔偿对方所受的损失。双方都有过错的，应当各自承担相应的责任。当事人恶意串通，损害国家、集体或者第三人利益的，因此取得的财产收归国家所有或者返还集体、第三人。

9.1.4.3 可撤销合同

可撤销合同即可以撤销的合同。所谓"撤销"是指因意思表示不真实，通过撤销权人行使撤销权，使已经生效的合同归于无效的行为。因此可撤销合同又称相对无效合同。

《合同法》第五十四条规定，有下列情形之一的，当事人一方有权请求人民法院或者仲裁机构变更或撤销合同：①重大误解订立的合同；②订立合同时显失公平的；③一方以欺诈、胁迫的手段或者乘人之危，使对方在违背真实意思的情况下订立的合同。

可撤销合同一旦被撤销，合同自始就不具有法律效力，它与无效合同有着大致相同的法律后果。可撤销合同与无效合同的主要区别是，可撤销合同在未被撤销以前仍然是有效的，而且根据我国合同法的规定，对于可撤销合同，如果当事人请求变更的，人民法院或仲裁机构不得撤销；而无效合同自成立之时就是无效的，当事人不得在变更与要求确认无效之间随意作出选择。

9.1.4.4 效力待定合同

效力待定合同是指合同虽已成立，但因不完全符合有关生效要件的规定，其效力能否发生尚待确定的合同。这种合同需由作为权利人的第三人作出追认或者拒绝的意思表示才能确定自身的效力。第三人对此追认，合同有效；对此拒绝，合同无效。在第三人追认或者拒绝前，该合同效力处于待定状态。

效力待定合同包括以下几种：

1. 限制民事行为能力人订立的合同。如果限制民事行为能力人未经其法定代理人许可，与相对人订立了与自己年龄、智力或者精神健康状况不相适应的合同，其法定代理人追认的，该合同自始有效；未追认的，该合同自始无效。

2. 无权代理人订立的合同。无权代理人与相对人订立的合同，若被代理人追认，该合同自始有效；代理人拒绝追认，该合同自始无效，由无权代理人与相对人承担无效合同的法律后果。无权代理包括根本没有代理权、超越代理权限和代理权终止以后的代理。

3. 法人或者其他组织的法定代表人、负责人越权订立的合同。《合同法》第五十条规定："法人或者其他组织的法定代表人、负责人超越权限订立的合同，除相对人知道或者应当知道其超越权限的以外，该代表行为有效。"

4. 无处分权人订立的处分权利人财产的合同。当事人通过合同处分财产，应当对该财产享有处分权。法律不允许将不具有处分权的财产作为合同的标的，这样的合同通常为无效合同。但在合同订立后，得到权利人追认的或者取得处分权的，合同有效。

9.1.5 合同的履行

9.1.5.1 合同履行的原则

合同履行的原则，是合同当事人在履行合同义务时所必须遵守的基本准则。《合同法》第六十条规定："当事人应当按照约定全面履行自己的义务。当事人应当遵守诚实信用原则，根据合同的性质、目的和交易习惯履行通知、协助、保密等义务。"

1. 全面履行原则。全面履行原则是指合同当事人按照合同规定的标的、质量、数量、价款或报酬、履行期限、履行地点及履行方式等，全面完成合同义务的原则。这一原则的意义在于约束和督促当事人及时地、保质保量地完成合同约定的义务，防止违约的发生。

2. 诚实信用原则。合同履行要遵循诚实信用原则，是指合同当事人在履行合同时，要诚实守信、以善意的方式履行义务，不得滥用权利、规避法律和曲解合同条款等。以诚实信用作为合同履行的原则之一，其核心思想在于将合同完全建立在当事人双方相互信赖的基础之上，维护和平衡当事人之间的利益，使当事人更好地行使合同权利，履行合同义务，从而实现合同的目的。

9.1.5.2 合同履行中的抗辩权

抗辩权是指对抗请求权或否认对方权利的权利。合同法设立抗辩权的目的在于保证合同的履行对双方当事人的法律效力，防止或者避免单方不履行合同的情况发生。我国《合同法》规定了同时履行抗辩权、后履行抗辩权和不安抗辩权。

1. 同时履行抗辩权。同时履行抗辩权是指在双务合同中应当同时履行的一方当事人在对方不履行或不适当履行时，其享有不履行或者部分履行的权利。《合同法》第六十六条规定："当事人互负债务，没有先后履行顺序的，应当同时履行。一方在对方履行之前有权拒绝其履行要求。一方在对方履行债务不符合约定时，有权拒绝其相应的履行要求。"

2. 后履行抗辩权。后履行抗辩权是指在双务合同中应当先履行的一方当事人未履行或者不适当履行，到履行期时对方当事人享有不履行或者部分履行的权利。《合同法》第六十七条规定："当事人互负债务，有先后履行顺序，先履行一方未履行的，后履行一方有权拒绝其相应的履行要求。先履行一方履行债务不符合约定的，后履行一方有权拒绝其相应的履行要求。"

3. 不安抗辩权。不安抗辩权是指应当先履行的一方当事人有证据证明对方在合同订立后丧失或者有可能丧失履行能力时，则自己可以中止履行的权利。所谓中止履行，也就是暂时停止合同的履行。《合同法》六十八条规定：应当先履行债务的当事人，有确切证据证明对方有下列情形之一的，可以中止履行：经营状况严重恶化；转移财产、抽逃资金，以逃避债务；丧失商业信誉；有丧失或者可能丧失履行债务能力的其他情形。

9.1.5.3 合同履行中的保全措施

合同履行中的保全措施，是指为防止债务人财产的减少而给债权人的债权带来危害，允许债权人为保全其债权的实现而采取的法律措施。我国《合同法》规定的保全措施有代位权和撤销权两种：

1. 代位权。《合同法》第七十三条规定："因债务人怠于行使其到期债权，对债权人造成损害的，债权人可以向人民法院请求以自己的名义代为行使债务人的债权，但该债权专属于债务人自身的除外。代位权的行使范围以债权人的债权为限。债权人行使代位权的必要费用，由债务人负担。"

2. 撤销权。《合同法》第七十四条规定："因债务人放弃其到期债权或者无偿转让财产，对债权人造成损害的，债权人可以请求人民法院撤销债务人的行为。债务人以明显不合理的低价转让财产，对债权人造成损害，并且受让人知道该情形的，债权人也可以请求人民法院撤销债务人的行为。撤销权的行使范围以债权人的债权为限。债权人行使撤销权的必要费用，由债务人负担。"

9.1.6 合同的变更、转让和终止

9.1.6.1 合同的变更

《合同法》第七十七条规定："当事人协商一致，可以变更合同。"这里的变更是指在合同成立后，尚未履行或尚未完全履行以前，当事人对合同内容所作的某些修改或补充，它表现为标的物数量的增减、履行期限以及履行地点和方式的改变等。合同的变更是在保持原合同效力的基础上进行的，因此变更后的合同内容应包括原合同的实质内容，否则就不属于合同的变更，而是合同消灭后订立的一个新合同。

9.1.6.2 合同的转让

合同的转让，是指合同当事人一方依法将其合同的权利和义务全部或部分地转让给第三人的行为，即合同主体的变更。合同转让有合同债权的转让、合同债务的转让及合同债权和债务一并转让三种形态。

1. 债权转让。《合同法》第七十九条规定："债权人可以将合同的权利全部或者部分转让给第三人，但有下列情形之一的除外：（一）根据合同性质不得转让；（二）按照当事人约定不得转让；（三）依照法律规定不得转让。"债权人转让权利，应当通知债务人。未经通知，该转让对债务人不发生效力。债务人接到债权转让通知后，债务人对让与人的抗辩，可以向受让人主张。

2. 债务转让。债务转让是指合同债务人将合同的义务全部或部分转让给第三人的行为。债务人转让债务应经债权人同意。《合同法》第八十四条规定："债务人将合同的义务全部或者部分转移给第三人的，应当经债权人同意。"合同债务转让后，新债务人可以主张原债务人对债权人的抗辩；新债务人承担与主债务有关的从债务，但该从债务专属于原债务人自身的除外。

3. 债权债务一并转让。《合同法》第八十八条规定："当事人一方经对方同意，可以将自己在合同中的权利和义务一并转让给第三人。"这属于合同承受的情形。所谓合同承受是指一方当事人与他人订立合同后，依照其与第三人的约定，由第三人取代自己在合同关系中的法律地位，承受合同中规定的权利和义务。债权债务一并转让还有另外一种情形，即当事人的合并分立。当事人合并后，因合并而消灭的企业或组织对于第三人的一切债权债务，依法由合并后的企业或组织承受。对于当事人分立的，除当事人另有约定的以外，由分立的企业或组织对合同的权利和义务享有连带债权，承担连带债务。

9.1.6.3 合同的终止

合同的终止，是指合同关系在客观上不复存在，合同的权利和义务归于消灭的状态。根据《合同法》第九十一条的规定，有下列情形之一的，合同的权利义务终止：

1. 债务已经按照约定履行。债务依合同的约定履行完毕，合同的目的实现，合同终止。

2. 合同解除。当事人协商一致，可以解除合同。当事人可以约定一方解除合同的条件。解除合同的条件成就时，解除权人可以解除合同。《合同法》第九十四条规定："有下列情形之一的，当事人可以解除合同：（一）因不可抗力致使不能实现合同目的；（二）在履行期限届满之前，当事人一方明确表示或者以自己的行为表明不履行主要债务；（三）当事人一方迟延履行主要债务，经催告后在合理期限内仍未履行；（四）当事人一方迟延履行债务或者有其他违约行为致使不能实现合同目的；（五）法律规定的其他情形。"

3. 债务相互抵消。两人互负债务，彼此债务在对等数额内相互清偿，致使双方债权同时消灭，从而使合同终止。《合同法》第九十九条规定："当事人互负到期债务，该债务的标的物种类、品质相同的，任何一方可以将自己的债务与对方的债务抵消，但依照法律规定或者按照合同性质不得抵消的除外。"第一百条规定："当事人互负债务，标的物种类、品质不相同的，经双方协商一致，也可以抵消。"

4. 债务人依法将标的物提存。提存是指由于债权人的原因而无法向其交付合同标的物时，债务人将该标的物提交给提存机关而消灭债务的行为。债务人提存后其债务归于消灭，合同即告终止。《合同法》第一百零一条规定："有下列情形之一，难以履行债务的，债务人可以将标的物提存：（一）债权人无正当理由拒绝受领；（二）债权人下落不明；（三）债权人死亡未确定继承人或者丧失民事行为能力未确定监护人；（四）法律规定的其他情形。"

5. 债权人免除债务。免除是指债权人向债务人作出免除其债务的意思表示，从而发生债务消灭效力的行为。《合同法》第一百零五条规定："债权人免除债务人部分或者全部债务的，合同的权利义务部分或者全部终止。"

6. 债权债务同归于一人。债权债务同归于一人时，此人既是债权人又是债务人，而自己不能向自己行使债权履行债务，因此它也使合同关系消灭。《合同法》第一百零六条规定："债权和债务同归于一人的，合同的权利义务终止，但涉及第三人利益的除外。"

9.1.7 违约责任

合同依法成立后即具有法律约束力，当事人必须按照合同的约定履行自己的义务，否则就要承担违约责任。所谓违约责任，是指合同当事人因违反合同约定的义务而应承担的法律后果，也就是合同当事人对其违约行为所应承担的责任。

9.1.7.1 违约责任的承担方式

《合同法》第一百零七条规定："当事人一方不履行合同义务或者履行合同义务不符合约定的，应当承担继续履行、采取补救措施或者赔偿损失等违约责任。"由此可见，违约责任的承担方式主要有以下几种。

1. 继续履行。继续履行在英美法中被称为强制履行，它是法律规定的对违约方的一种强制措施，也即不论违约方是否愿意，都必须对合同未履行部分按照要求继续履行，直至达到守约方的订约目的。但有下列情形之一的除外：法律上或者事实上不能履行的，如标的物已灭失；债务的标的不适于强制履行或者履行费用过高的；债权人在合理期限内未要求履行的。

2. 采取补救措施。它是指在违约发生后，违约方依法律规定或当事人约定采取的修理、更换、重做、退货、减少价款或者报酬等措施的责任方式。一般在标的质量不符合合同约定的情况下运用采取补救措施这种责任方式。

3. 赔偿损失。合同当事人一方不履行合同义务或者履行合同义务不符合约定，给对方造成损失的应当赔偿损失。赔偿损失也称损害赔偿，其基本功能在于以赔偿的方式补救受害方的损失，使其得到如同合同义务在正常履行情况下一样的利益。作为承担违约责任的方式之一，赔偿损失具有补偿性，不具有惩罚性，它只是弥补非违约方所遭受的损失。因此合同法规定，损失赔偿额应相当于因违约所造成的损失，包括合同履行后可以获得的利益，但不得超过违反合同一方订立合同时预见到或者应当预见到的因违反合同可能造成的损失。

4. 支付违约金。违约金是指合同当事人一方违约时依据约定或法律规定应向对方支付一定数额的货币。支付违约金是较为常见的一种承担违约责任的方式。我国合同法规定的违约金具有补偿性和惩罚性双重属性，也即当约定的违约金低于造成的损失的，当事人可以请求人民法院或者仲裁机构予以增加，以达到弥补受害人损失的目的，这体现了违约金的补偿性；当事人一方违约时即使没有给对方造成损失也必须按照合同的约定支付违约金，同时如果约定的违约金不是过分高于实际造成的损失，则违约方不能请求人民法院或者仲裁机构予以减少，这就体现了一定的惩罚性。

5. 执行定金罚则。定金是指合同一方当事人根据合同的约定预先付给另一方当事人一定数额的货币，以保证合同的履行。若付定金的一方不履行约定的债务的，无权请求返还定金；收受定金的一方不履行约定的债务的，应双倍返还定金。

9.1.7.2 违约责任的免除

合同有效成立后，当事人必须按照合同的约定履行自己的义务，否则就要承担违约责任。但这并不意味着当事人在任何情况下对不履行合同的行为都要承担违约责任。当法定的和合同约定的免责条件出现时，当事人可不承担或部分承担违约责任。

《合同法》第一百一十七条规定，因不可抗力不能履行合同的，根据不可抗力的影响，可以部分或者全部免除责任，但法律另有规定的除外。因此法定的违约责任的免除条件是不可抗力。所谓不可抗力是指不能预见、不能避免并且不能克服的客观情况。

当事人一方因不可抗力不能履行合同的，应当及时通知对方，以减轻可能给对方造成的损失，并在合理的期限内提供证明。当事人若迟延履行合同后发生不可抗力的，不能免除责任。

9.2 建设工程合同的主要内容

9.2.1 建设工程合同的概念

依据《合同法》，建设工程合同是承包人进行工程建设，发包人支付价款的合同，包括工程勘察、设计、施工合同。这里所说的"发包人"是指在建设工程合同中委托勘察、设计、施工任务的建设单位，即业主单位；而"承包人"是指在建设工程合同中接受委托进行勘察、设计、施工的单位。

发包人可以与总承包人订立建设工程合同,也可以分别与勘察人、设计人、施工人订立勘察、设计、施工承包合同。

在工程建设中,习惯上把工程建设合同称为工程承包合同,它比《合同法》中建设工程合同的概念要宽泛得多。另外,除勘察、设计和施工合同外,工程项目建设还会涉及多种合同关系,如承揽合同、委托合同、买卖合同、运输合同以及保险合同等。本节除了对勘察、设计和施工合同的主要内容进行介绍外,还要简单介绍一下委托合同和承揽合同。

9.2.2 建设工程勘察设计合同

凡在国家建设工程设计资质分级标准规定范围内的建设工程项目,均应当委托勘察设计业务。工程勘察设计业务的委托方与承接方必须依法签订合同,明确双方的权利和义务。

1983年国务院根据《中华人民共和国经济合同法》的有关规定,结合实行建设工程勘察设计合同制的经验,制定了《建设工程勘察设计合同条例》。但随着我国《建筑法》、《合同法》以及《建设工程勘察设计管理条例》等法律法规的颁布实施,该条例现已被取代。

9.2.2.1 建设工程勘察设计合同的订立

1. 合同的订立

进行工程勘察、设计活动,工程勘察设计业务的委托方与承接方必须依法签订勘察、设计合同,明确双方的权利和义务。

勘察、设计合同的内容应包括:

(1) 提交合同文件的期限

勘察、设计合同承包人应向发包人提交的合同文件包括基础资料、设计文件(含概预算)等。

(2) 设计的质量要求

承包人编制设计文件要做到:贯彻执行国家建设方针、政策以及有关技术标准,符合批准的初步设计文件;设计方案合理,满足功能要求,运行安全可靠,技术经济指标适度;计算完整、精确、使用标准恰当,构造措施合理,便于施工、维修和管理;符合设计深度,正确表达设计意图,设计文件完整,图面质量好。

(3) 勘察设计费用

根据建设部于2002年制定发布的《工程勘察设计收费管理规定》,工程勘察和工程设计收费根据建设项目投资额的不同情况,分别实行政府指导和市场调节价。建设项目总投资估算额500万元及以上的工程勘察和工程设计收费实行政府指导价;建设项目总投资估算额500万元以下的工程勘察和工程设计收费实行市场调节价。

实行政府指导价的工程勘察和工程设计收费,其基准价根据《工程勘察收费标准》或者《工程设计收费标准》计算,除另有规定外,浮动幅度为上下20%。发包人和勘察人、设计人应当根据建设项目的实际情况在规定的浮动幅度内协商确定收费额。

实行市场调节价的工程勘察和工程设计收费,由发包人和勘察人、设计人协商确定收费额。

工程勘察费和工程设计费的金额以及支付方式,由发包人和勘察人、设计人在《工程勘察合同》或者《工程设计合同》中约定。

（4）其他协作条款

合同双方当事人根据勘察设计任务的具体情况，为了便于配合而商定的一些条款。

2. 合同示范文本

签订勘察设计合同，应当采用书面形式，可以使用或对照使用由国家工商行政管理局和建设部制定的示范文本：

建设工程勘察合同（一）（GF—2000—0203），适用于岩土工程勘察、水文地质勘察（含凿井）工程测量、工程物探；

建设工程勘察合同（二）（GF—2000—0204），适用于岩土工程设计、治理、监测；

建设工程设计合同（一）（GF—2000—0209），适用于民用建设工程设计；

建设工程设计合同（二）（GF—2000—0210），适用于专业建设工程设计。

9.2.2.2 建设工程勘察设计合同的履行与违约责任

1. 勘察、设计合同当事人的主要义务

一般的建设工程勘察、设计合同中，当事人的主要义务为：

（1）委托方的义务

1）向承包方提供开展勘察设计工作所需的有关基础资料，并对提供的时间、进度和资料的可靠性负责。

2）在勘察设计人员进入现场作业或配合施工时，应负责提供必要的工作和生活条件。

3）按照国家有关规定给付勘察设计费。

4）维护承包方的勘察成果和设计文件，不得擅自修改，不得转让给第三方重复使用。

（2）承包方的义务

1）勘察单位应按照现行的标准、规范、规程和技术条例，进行工程测量、工程地质、水文地质等勘察工作，并按合同规定的进度、质量提交勘察成果。

2）设计单位要根据批准的设计任务书或上一阶段设计的批准文件，以及有关设计技术标准、技术规范、规程、定额等提出勘察技术要求进行设计，并按合同规定的进度和质量提交设计文件。

3）勘察设计单位对所承担勘察设计任务的建设项目应配合施工，进行勘察设计技术交底，解决施工过程中出现的有关问题。

2. 违约责任

勘察、设计任务的委托方和承接方应全面履行合同约定的义务，不按合同约定履行义务的，依法承担违约责任。

（1）勘察、设计的质量不符合要求或者未按照期限提交勘察、设计文件拖延工期，造成发包人损失的，勘察人、设计人应当继续完善勘察、设计，减收或者免收勘察、设计费并赔偿损失。

（2）因发包人变更计划，提供的资料不准确，或者未按照期限提供必需的勘察、设计工作条件而造成勘察、设计的返工、停工或者修改设计，发包人应当按照勘察人、设计人实际消耗的工作量增付费用。

9.2.2.3 建设工程勘察设计文件的实施

建设单位、施工单位、监理单位不得修改建设工程勘察、设计文件；确需修改建设工程勘察、设计文件的，应当由原建设工程勘察、设计单位修改。经原建设工程勘察、设计单位书面同意，建设单位也可以委托其他具有相应资质的建设工程勘察、设计单位修改。修改单位对修改的勘察、设计文件承担相应责任。

施工单位、监理单位发现建设工程勘察、设计文件不符合工程建设强制性标准、合同约定的质量要求的，应当报告建设单位，建设单位有权要求建设工程勘察、设计单位对建设工程勘察、设计文件进行补充、修改。

建设工程勘察、设计单位应当在建设工程施工前，向施工单位和监理单位说明建设工程勘察、设计意图，解释建设工程勘察、设计文件，并及时解决施工中出现的勘察、设计问题。

9.2.3 建设工程施工合同

建设工程施工合同是发包方和承包方为完成商定的建筑安装工程，明确双方权利义务关系的协议。建设工程施工合同是建筑、安装合同的合称。在该合同法律关系中，发包人是业主或业主授权委托的管理机构，承包人是承担施工任务的建筑、安装企业。

9.2.3.1 建设工程施工合同的订立

实行招标投标的建设工程，施工招标人与中标人应当根据中标价订立建设工程施工合同；不实行招标投标的工程，在承包方编制的施工图预算的基础上，由发承包双方协商订立合同。

1. 建设工程施工合同的计价类型

根据《建筑工程施工发包与承包计价管理办法》，施工合同价可以采用以下方式：一是固定价，即合同总价或者单价在合同约定的风险范围内不可调整；二是可调价，即合同总价或者单价在合同实施期内，根据合同约定的办法调整；三是成本加酬金。

2. 建设工程施工合同的内容

工程施工合同是建设合同中最为复杂的合同，依据《合同法》第二百七十五条规定，建设工程施工合同的内容应包括：

(1) 工程范围；

(2) 建设工期；

(3) 中间交工工程的开工和竣工时间；

(4) 工程质量；

(5) 工程造价技术资料交付时间；

(6) 材料和设备供应责任；

(7) 拨款和结算；

(8) 竣工验收；

(9) 质量保修范围和质量保证期；

(10) 相互协作等条款。

9.2.3.2 建设工程施工合同中当事人的义务

施工承包合同依法签订后，即具有法律约束力，发承包双方都必须在享有权利的同时履行合同义务。

1. 发包人的主要义务

(1) 开工前的主要义务

发包人应当按照合同的约定做好施工前的准备工作。施工前的准备工作，是保证工程建设按期开工和保证工程质量的一个重要环节，主要包括：

1）办理土地征用、拆迁补偿以及临时用地许可等手续。

2）办理施工执照。

3）确定施工标识。

4）搞好三通一平，是开工前对施工现场的基本要求。

5）组织进行图纸会审和技术交底。

6）按照合同约定的时间和数额支付备料款项。

如果合同中约定由发包人提供材料、设备和技术资料的，发包人应按照约定的范围和时间向承包人提供。

（2）开工以后的主要义务

1）及时供应建筑材料、设备和支付工程进度款。

2）履行协作义务和监督职责。发包方要及时检查工程质量和进行隐蔽工程、中间工程的验收，及时办理各项签证手续。

3）及时进行竣工验收。无论是分项工程还是全部工程竣工，发包方接到施工单位关于工程竣工要求组织验收的通知后，应当在合同约定的时间内提请工程质量质监部门对工程进行验收。

4）及时办理竣工结算手续。竣工工程经检验合格后，建设单位及时对施工单位提出的竣工结算报告进行审查，然后在此基础上按合同规定的时间支付应付款项。

2. 承包人的主要义务

（1）开工前的主要义务

1）施工场地的清理以及施工界区内的用水、用电、用路以及临时设施的修建。

2）熟悉图纸设计要求，编制、完善施工组织设计或施工方案，确保施工有序进行。

3）根据合同的约定，做好材料和设备的采购、供应和管理。

4）按约定做好施工场地地下管线和邻近建筑物、构筑物等的保护工作以及施工场地的安全保卫等。

（2）开工以后的主要义务

1）严格按照施工图及说明书进行施工，确保工程质量。

2）接受发包人的必要监督。承包人应当按照合同的约定及时向发包人提供工程进度计划及相应进度统计报表；在隐蔽工程隐蔽以前及时通知发包人检查；保证施工场地的卫生符合环境卫生管理的有关规定等。

3）按质按期完成施工任务并及时通知发包人对工程进行竣工验收。

4）及时提出竣工结算报告，配合发包人办理竣工结算和财务结算手续。

5）在保修期内，对由于施工不当造成的所有质量问题，负有修缮责任。

9.2.3.3 建设工程施工合同履行中的违约责任

根据《合同法》，建设工程施工合同履行中的违约责任主要有以下几种情况：

1. 发包人未按照约定的时间和要求提供原材料、设备、场地、资金、技术资料的，承包人可以顺延工程日期，并有权要求赔偿停工、窝工等损失。

2. 施工中，发包人对作业进度、质量或隐蔽工程没有及时检查的，承包人可以顺延工程日期，并有权要求赔偿停工、窝工等损失。

3. 因发包人的原因致使工程中途停建、缓建的，发包人应当采取措施弥补或者减少损失，赔偿承包人因此造成的停工、窝工、倒运、机械设备调迁、材料和构件积压等损失和实际费用。

4. 因发包人变更计划，提供的资料不准确，或者未按照期限提供必需的勘察、设计工作条件而造成勘察、设计的返工、停工或者修改设计，发包人应当按照勘察人、设计人实际消耗的工作量增付费用。

5. 发包人未按照约定支付价款的，承包人可以催告发包人在合理期限内支付价款。发包人逾期不支付的，除按照建设工程的性质不宜折价、拍卖的以外，承包人可以与发包人协议将该工程折价，也可以申请人民法院将该工程依法拍卖。建设工程的价款就该工程折价或者拍卖的价款优先受偿。

6. 因施工人的原因致使建设工程质量不符合约定的，发包人有权要求施工人在合理期限内无偿修理或者返工、改建；经过修理或者返工、改建后，造成逾期交付的，施工人应当承担违约责任。

7. 因承包人的原因致使建设工程在合理使用期限内造成人身和财产损害的，承包人应当承担损害赔偿责任。

9.2.4 委托合同

《合同法》第二百七十六条："建设工程实行监理的，发包人应当与监理人采用书面形式订立委托监理合同。发包人与监理人的权利和义务以及法律责任，应当依照本法委托合同以及其他有关法律、行政法规的规定。"

9.2.4.1 委托合同概述

1. 委托合同的概念

委托合同是委托人和受托人约定，由受托人处理委托人事务的合同。

委托人可以特别委托受托人处理一项或者数项事务，也可以概括委托受托人处理一切事务。

2. 委托合同的履行

受托人应当亲自处理委托事务。

经委托人同意，受托人可以转委托。转委托经同意的，委托人可以就委托事务直接指示转委托的第三人，受托人仅就第三人的选任及其对第三人的指示承担责任。转委托未经同意的，受托人应当对转委托的第三人的行为承担责任，但在紧急情况下受托人为维护委托人的利益需要转委托的除外。

受托人应当按照委托人的指示处理委托事务。需要变更委托人指示的，应当经委托人同意；因情况紧急，难以和委托人取得联系的，受托人应当妥善处理委托事务，但事后应当将该情况及时报告委托人。

受托人完成委托事务的，委托人应当向其支付报酬。因不可归责于受托人的事由，委托合同解除或者委托事务不能完成的，委托人应当向受托人支付相应的报酬。当事人另有约定的，按照其约定。

委托人或者受托人可以随时解除委托合同。因解除合同给对方造成损失的，除不可归责于该当事人的事由以外，应当赔偿损失。

委托人或者受托人死亡、丧失民事行为能力或者破产的，委托合同终止，但当事人另有约定或者根据委托事务的性质不宜终止的除外。

3. 违约责任

有偿的委托合同，因受托人的过错给委托人造成损失的，委托人可以要求赔偿损失。无偿的委托合同，因受托人的故意或者重大过失给委托人造成损失的，委托人可以要求赔偿损失。受托人超越权限给委托人造成损失的，应当赔偿损失。

受托人处理委托事务时，因不可归责于自己的事由受到损失的，可以向委托人要求赔偿损失。委托人经受托人同意，在受托人之外委托第三人处理委托事务而给受托人造成损失的，受托人可以向委托人要求赔偿损失。

9.2.4.2 建设工程委托监理合同

工程建设监理是国际上通行的一种做法。在我国，根据《建设工程质量管理条例》和《建设工程监理范围和规模标准规定》，下列建设工程必须实行监理：①国家重点建设工程；②大中型公用事业工程；③成片开发建设的住宅小区工程；④利用外国政府或者国际组织贷款、援助资金的工程；⑤国家规定必须实行监理的其他工程，如项目总投资额在 3000 万元以上关系社会公共利益、公众安全的基础设施项目，学校、影剧院、体育场馆项目等。

建设工程需要实行监理时，发包人与监理人订立书面委托监理合同。

1995 年建设部、国家工商行政管理局联合颁布了《工程建设监理合同（示范文本）》（GF—95—0202），2000 年在修订原示范文本的基础上，发布了《建设工程委托监理合同（示范文本）》（GF—2000—0202）。该示范文本包括建设工程委托监理合同、标准条件和专用条件三部分。

9.2.4.3 监理人与委托人的义务、权利和责任

1. 监理人义务

（1）监理人按合同约定派出监理工作需要的监理机构及监理人员，向委托人报送委派的总监理工程师，及其监理机构主要成员名单、监理规划，完成监理合同专用条件中约定的监理工程范围内的监理业务。在履行合同义务期间，应按合同约定定期向委托人报告监理工作。

（2）监理人在履行本合同的义务期间，应认真、勤奋地工作，为委托人提供与其水平相适应的咨询意见，公正维护各方面的合法权益。

（3）监理人使用委托人提供的设施和物品属委托人的财产。在监理工作完成或中止时应将其设施和剩余的物品按合同约定的时间和方式移交给委托人。

（4）在合同期内或合同终止后，未征得有关方同意，不得泄露与本工程、本合同业务有关的保密资料。

2. 委托人义务

（1）委托人在监理人开展监理业务之前应向监理人支付预付款。

（2）委托人应当负责工程建设的所有外部关系的协调，为监理工作提供外部条件。根据需要，如将部分或全部协调工作委托监理人承担，则应在专用条件中明确委托的工作和相应的报酬。

（3）委托人应当在双方约定的时间内免费向监理人提供与工程有关的为监理工作所需要的工程资料。

(4) 委托人应当在专用条款约定的时间内就监理人书面提交并要求作出决定的一切事宜作出书面决定。

(5) 委托人应当授权一名熟悉工程情况、能在规定时间内作出决定的常驻代表负责与监理人联系。更换常驻代表，要提前通知监理人。

(6) 委托人应当将授予监理人的监理权利，以及监理人主要成员的职能分工、监理权限及时书面通知已选定的承包合同的承包人，并在与第三人签订的合同中予以明确。

(7) 委托人应在不影响监理人开展监理工作的时间内提供如下资料：与本工程合作的原材料、构配件、机械设备等生产厂家名录；与本工程有关协作单位、配合单位的名录。

(8) 委托人应免费向监理人提供办公用房、通信设施、监理人员工地住房及合同专用条件约定的设施，对监理人自备的设施给予合理的经济补偿（补偿金额 = 设施在工程使用时间占折旧年限的比例 × 设施原值 + 管理费）。

(9) 根据情况需要，如果双方约定，由委托人免费向监理人提供其他人员，应在监理合同专用条件中予以明确。

3. 监理人权利

(1) 监理人在委托人委托的工程范围，享有以下权利：

1) 选择工程总承包人的建议权。

2) 选择工程分包人的认可权。

3) 对工程建设有关事项包括工程规模、设计标准、规划设计、生产工艺设计和使用功能要求，向委托人的建议权。

4) 对工程设计中的技术问题，按照安全和优化的原则，向设计人提出建议；如果拟提出的建议可能会提高工程造价，或延长工期，应当事先征得委托人的同意。当发现工程设计不符合国家颁布的建设工程质量标准或设计合同约定的质量标准时，监理人应当书面报告委托人并要求设计人更正。

5) 审批工程施工组织设计和技术方案，按照保质量、保工期和降低成本的原则，向承包人提出建议，并向委托人提出书面报告。

6) 主持工程建设有关协作单位的组织协调，重要协调事项应当事先向委托人报告。

7) 征得委托人同意，监理人有权发布开工令、停工令、复工令，但应当事先向委托人报告。如在紧急情况下未能事先报告时，则应在24小时内向委托人作出书面报告。

8) 工程上使用的材料和施工质量的检验权。对于不符合设计要求和合同约定及国家质量标准的材料、构配件、设备，有权通知承包人停止使用；对于不符合规范和质量标准的工序、分部分项工程和不安全施工作业，有权通知承包人停工整改、返工。承包人得到监理机构复工令后才能复工。

9) 工程施工进度的检查、监督权，以及工程实际竣工日期提前或超过工程施工合同规定的竣工期限的签认权。

10) 在工程施工合同约定的工程价格范围内，工程款支付的审核和签认权，以及工程结算的复核确认权与否决权。未经总监理工程师签字确认，委托人不支付工程款。

(2) 监理人在委托人授权下，可对任何承包人合同规定的义务提出变更。如果由此严重影响了工程费用或质量、或进度，则这种变更须经委托人事先批准，因在紧急情况下未能事先报委托人批准时，监理人所做的变更也应尽快通知委托人。在监理过程中如发现工程承包人人员工作不力，监理机构可要求承包人调换有关人员。

（3）在委托的工程范围内，委托人或承包人对对方的任何意见和要求（包括索赔要求），均必须首先向监理机构提出，由监理机构研究处置意见，再同双方协商确定。当委托人和承包人发生争议，监理机构应根据自己的职能，以独立的身份判断，公正地进行调解。当双方的争议由政府建设行政主管部门调解或仲裁机关仲裁时，应当提供作证的事实材料。

4. 委托人权利

（1）委托人有选定工程总承包人，以及与其订立合同的权利。

（2）委托人有对工程规模、设计标准、规划设计、生产工艺设计和设计使用功能要求的认定权，以及对工程设计变更的审批权。

（3）监理人调换总监理工程师须事先经委托人同意。

（4）委托人有权要求监理人提交监理工作月报及监理业务范围内的专项报告。

（5）当委托人发现监理人员不按监理合同履行监理职责，或承包人串通给委托人或工程造成损失的，委托人有权要求监理人更换监理人员，直到终止合同并要求监理人承担相应的赔偿责任或连带赔偿责任。

5. 监理人责任

（1）监理人的责任期即委托监理合同有效期。在监理过程中，如果因工程建设进度的推迟或延误而超过书面约定的日期，双方应进一步约定相应延长的合同期。

（2）监理人在责任期内，应当履行约定的义务。如果因监理人过失而造成了委托人的经济损失，应当向委托人赔偿。累计赔偿总额不应超过监理报酬总额（除去税金）。

（3）监理人对承包人违反合同规定的质量要求和完工（交图、交货）时限，不承担责任。因不可抗力导致委托监理合同不能全部或部分履行，监理人不承担责任。但对违反第五条规定引起的与之有关的事宜，向委托人承担赔偿责任。

（4）监理人向委托人提出赔偿要求不能成立时，监理人应当补偿由于该索赔所导致委托人的各种费用支出。

6. 委托人责任

（1）委托人应当履行委托监理合同约定的义务，如有违反则应当承担违约责任，赔偿给监理人造成的经济损失。

监理人处理委托业务时，因非监理人原因的事由受到损失，可以向委托人要求补偿损失。

（2）委托人如果向监理人提出补偿的要求不能成立，则应当补偿由该索赔所引起的监理人各种费用支出。

9.2.5 承揽合同

《合同法》第二百八十七条，"本章（第十六章 建设工程合同）没有规定的，适用承揽合同的有关规定。"

9.2.5.1 承揽合同的概念

承揽合同是承揽人按照定作人的要求完成工作，交付工作成果，定作人给付报酬的合同。承揽包括加工、定作、修理、复制、测试、检验等工作。

建设工程合同从合同理论上来说，属于广义承揽合同的一种。但由于建设工程合同在经济活动和社会生活中的重要作用以及在管理中有别于一般的承揽合同，我国一直把建设工程合同列为单独的一类。正因为如此，所以《合同法》规定：建设工程合同中没有规定的，适用承揽合同的有关规定。

9.2.5.2 承揽合同的内容

承揽合同的内容包括：

1. 标的；
2. 数量；
3. 质量；
4. 报酬；
5. 承揽方式；
6. 材料的提供；
7. 履行期限；
8. 验收标准和方法等条款。

9.2.5.3 承揽合同的履行

定作人与承揽人签订承揽合同后，承揽人应当按照合同的约定，以自己的设备、技术和劳力，完成主要工作。承揽人经定作人同意也可将其承揽的主要工作交由第三人完成，但就该第三人完成的工作成果要向定作人负责；未经定作人同意的，定作人可以解除合同。承揽人也可以将其承揽的辅助工作交由第三人完成，并就该第三人完成的工作成果向定作人负责。

承揽合同约定由承揽人提供材料的，承揽人应当按照约定选用材料，并接受定作人检验；由定作人提供材料的，定作人应当按照约定提供材料。承揽人对定作人提供的材料，应当及时检验，发现不符合约定时，应当及时通知定作人更换、补齐或者采取其他补救措施。承揽人不得擅自更换定作人提供的材料，不得更换不需要修理的零部件。

承揽人发现定作人提供的图纸或者技术要求不合理的，应当及时通知定作人。

承揽工作需要定作人协助的，定作人有协助的义务。定作人不履行协助义务致使承揽工作不能完成的，承揽人可以催告定作人在合理期限内履行义务，并可以顺延履行期限；定作人逾期不履行的，承揽人可以解除合同。

承揽人在工作期间，应当接受定作人必要的监督检验。定作人不得因监督检验妨碍承揽人的正常工作。

承揽人完成工作的，应当向定作人交付工作成果，并提交必要的技术资料和有关质量证明。定作人应当验收该工作成果；承揽人应当按照定作人的要求保守秘密，未经定作人许可，不得留存复制品或者技术资料。

定作人应当按照约定的期限支付报酬。对支付报酬的期限没有约定或者约定不明确，依照《合同法》第六十一条的规定仍不能确定的，定作人应当在承揽人交付工作成果时支付；工作成果部分交付的，定作人应当相应支付。

9.2.5.4 违约责任

承揽人应当妥善保管定作人提供的材料以及完成的工作成果，因保管不善造成毁损、灭失的，应当承担损害赔偿责任；承揽人交付的工作成果不符合质量要求的，定作人可以要求承揽人承担修理、重做、减少报酬、赔偿损失等违约责任。

当承揽人发现定作人提供的图纸或者技术要求不合理而及时通知定作人时，因定作人怠于答复等原因造成承揽人损失的，应当赔偿损失；定作人中途变更承揽工作的要求，造成承揽人损失的，也应当赔偿损失；由于定作人解除承揽合同，造成承揽人损失的，应当赔偿损失。

定作人未向承揽人支付报酬或者材料费等价款的，承揽人对完成的工作成果享有留置权，但当事人另有约定的除外。

9.3 建设工程施工合同的索赔

9.3.1 施工合同索赔

9.3.1.1 索赔的概念

广义地说，在合同履行过程中，合同当事人的一方，由于不应归他负责的某种原因造成合同规定的责任和义务以外的费用支出，通过一定的合法途径和程序，向对方要求补偿，这种活动就叫做索赔。

工程承包单位在履行施工合同的过程中发生了额外的费用支出，而这种支出又不属于承包合同规定应由承包人承担的责任和义务，即可根据合同中有关条款的规定，通过一定程序，要求业主（发包人）给予补偿，这种活动就叫做施工索赔。

在工程项目实践中，索赔是经常发生的现象。它一般由承包商提出，通过监理工程师向业主要求延长工期或增加额外工程费用。索赔是承包人与业主（发包人）之间承担工程风险比例的合理再分配。

9.3.1.2 发生索赔的原因

施工承包过程中，发生索赔的原因很多，归纳起来主要有：

1. 施工条件变化。如在工程施工过程中发现原设计和标书规定的施工方法、施工条件不适当，必须改变。

2. 工程量变化太大。由于设计考虑不周，或标书中的工程量清单数量不准确，施工过程中出现较大工程量变化。如应监理工程师的要求，钻设工程量清单未列出的探孔或开挖探坑而支付的费用。

3. 施工进度拖延。在施工过程中，由于不可抗力的影响或由于业主的原因而导致工程进度拖延，从而增加了施工费用。如由于承包商所不能预见并为监理工程师确认的不利的自然条件（如山洪暴发、地震）和人为障碍所造成的额外费用支出。

4. 业主违反合同。如建设单位未能根据合同规定，按承包人提交监理工程师的施工进度计划的安排，及时提供施工场地，由此而延误工期或增加费用。又如在施工过程中，业主临时提出超出合同范围的要求，使承包人的费用增加。

9.3.1.3 施工索赔的种类

1. 按索赔的目的分类

（1）延长工期索赔。即要求监理工程师和业主延长施工时间，拖后竣工日期。根据具体情况，将工期拖延又分为：可原谅的拖期，即不是由于承包商一方的原因而引起的工程拖期，如异常的天气、罢工、人力不可抗拒的天灾、业主改变设计、地质条件恶劣等所引起的工程拖期；不可原谅的拖期，即由于承包商的原因而引起的工期延误，如施工组织协调不好、人力不足、劳动生产率低、工程量不符合施工规程的要求而造成返工等。

（2）经济索赔。承包人由于施工客观条件改变而增加了自己费用时，向业主和监理工程师要求弥补自己的额外开支。经济索赔可进一步分为三类：一为合同规定索赔，即以合同条款为依据，在合同中有明文规定的索赔，如工期延误、工程变更、工程师提供的放线资料有误、业主不按合同规定支付进度款等。二是非合同规定索赔，此种索赔在合同文件中没有明确的叙述，但可以根据合同文件的某些内容合理推断出可以进行此类索赔，而且此索赔并不违反合同文件的其他任何内容。例如在国际工程承包中，当地货币贬值可能给承包商造成损失，对于合同工期较短的，合同条件中可能没有规定如何处理。当由于业主原因使工期拖延，而又出现汇率大幅度下跌时，承包商可以提出这方面的补偿要求。三是道义索赔，此种索赔无合同和法律依据，是承包商认为自己在施工中确实遭受很大损失，而向业主寻求优惠性质的额外付款。如承包商克服了巨大困难，使工程获得圆满成功，然而自己却蒙受了重大损失，于是承包商提出索赔要求。

在具体实践中，大多数情况是承包人既提出工期索赔，又提出经济索赔。

2. 按索赔的处理时间和方式分类

（1）单项索赔。它是指在工程实施过程中出现了干扰原合同规定的事件，承包商为此一事件提出的索赔。如业主发出设计变更指令，造成承包商成本增加，工期延长，承包商为此提出索赔要求。单项索赔涉及的合同事件比较简单，责任分析和索赔值计算比较简单，双方容易达成协议。

（2）总索赔。又称一揽子索赔。它是指承包商在工程竣工前后，将施工过程中已提出但未解决的索赔汇总在一起，向业主提出一份总的索赔报告的索赔。

发生这种索赔的原因，一是在合同实施过程中，由于一些单项索赔问题比较复杂，不能立即解决，双方协商同意后，留待以后解决；二是业主对索赔迟迟不作答复，使索赔谈判旷日持久；三是有的承包商的合同管理水平差，平时没有注意对索赔的管理，当工程快完工时，发现自己亏了本，或业主不付款时，才提出索赔。

由于以上原因，在处理一揽子索赔时，因许多干扰事件交织在一起，影响因素比较复杂，有些证据，事过境迁，使责任分析和索赔值的计算发生困难，加之一揽子索赔的金额较大，往往需要承包商作出较大的努力或让步才能解决。

3. 按索赔发生的原因分类

（1）工程拖期索赔。即由于施工进度落后于计划而引起的有关事项的索赔。造成进度落后的原因应该是业主的责任，或是按合同规定应该由业主承担的风险，在此条件下承包商可以提出索赔。

（2）工程变更索赔。即由于业主或工程师指令增加或减少工程量，或是进行合同范围以外的工作，或是改变工程顺序而引起的索赔。几乎所有的建筑工程都会发生变更，工程变更也往往会影响其他相关工作，产生连锁反应。因此工程变更索赔很少能独立于其他类型的索赔。

（3）加速施工索赔。加速施工索赔经常是工程拖期索赔或工程变更索赔的相关索赔。如果业主要求承包商比合同规定的工期提前竣工，或因承包商前段进度拖延（非承包商的责任），要求后一阶段弥补已损失的工期，这样，承包商可以因施工加速使成本超支而提出索赔，索赔的费用一般包括加班工资，雇佣额外劳动力，采用额外设备，改变施工方法，提供额外监督管理人员等所引起的费用的增加。

（4）施工条件变化索赔。此类索赔包括水文地质条件变化、人为障碍、不利天气条件、合同文件模糊或错误、不可抗力、业主方造成的风险等事件。进行此类索赔，承包商必须在索赔报告中充分说明：此事件是一个有经验的承包商无法预料的；承包商在此事件中没有责任。

9.3.1.4 施工索赔的依据

索赔的成功很大程度上取决于承包商对索赔作出的解释和所提供的强有力的证明材料。因此，承包商在正式提出索赔报告前的资料准备工作极为重要。

施工索赔的依据主要有三种：一是工程合同；二是工程项目资料；三是有关法律、法规。其中合同是双方事先签订的，法律法规是国家主管部门统一制定颁发的，索赔人员只要熟悉其内容，能够运用自如即可，只有资料是动态的，随着施工活动的进展随时发生变化。因此，建立科学的工程项目数据管理体系，随时注意有关资料的搜集、整理、登记和归档，就成为项目经理不可忽视的一项重要的经常性的工作。这些资料主要有：施工日志、来往函电、施工备忘录、会议记录、工程进度计划、工程照片和工程声像资料、工程核算资料、工程报告、工程图纸以及招标投标阶段有关现场考察和编标的资料、各种原始单据、证书证明等。

9.3.1.5 反索赔

在国际工程承包中，一般把承包商提出的索赔称为索赔，而把业主向承包商提出的索赔称为反索赔。

承包人要求索赔在工程承包中是经常发生的事，业主也经常用反索赔维护自己的利益。业主往往针对承包商在实施合同中的缺陷，向承包商提出索赔要求。

常见的反索赔：

1. 工程拖期索赔。如果工程拖期的责任在承包人一方，则业主有权向承包人提出索赔。如承包人由于施工组织不善而导致工程拖期。

2. 施工缺陷索赔。由于承包人在施工中的缺陷而提出的索赔。如工程质量不符合施工技术规程的规定，导致业主蒙受经济损失。

9.3.2 建设工程施工合同纠纷的司法解释

为了贯彻执行《民法通则》、《合同法》、《招标投标法》等法律规定，最高人民法院审判委员会第1327次会议讨论通过了《关于审理建设工程施工合同纠纷案件适用法律问题的解释》（以下简称《解释》）。该解释的目的主要有两个：一是为了给国家关于清理工程拖欠款和农民工工资重大部署的实施提供司法保障；二是由于人民法院在审理建设工程施工合同纠纷案件时，对某些法律问题在具体适用上认识不统一。因此，为了配合国家专项措施的实施，统一人民法院的执法尺度，公平保护各方当事人的合法权益，维护建筑市场的正常之需，促进建筑行业的健康发展，最高人民法院决定制定该司法解释。

9.3.2.1 合同效力问题

1. 建设工程施工合同无效的情形

《解释》第1条规定：建设工程施工合同具有下列情形之一的，应当根据合同法第五十二条第（五）项的规定，认定无效：
(1) 承包人未取得建筑施工企业资质或者超越资质等级的；
(2) 没有资质的实际施工人借用有资质的建筑施工企业名义的；
(3) 建设工程必须进行招标而未招标或者中标无效的。

《解释》第4条规定：承包人非法转包、违法分包建设工程或者没有资质的实际施工人借用有资质的建筑施工企业名义与他人签订建设工程施工合同的行为无效。人民法院可以根据民法通则第一百三十四条规定，收缴当事人已经取得的非法所得。

2. 合同无效的处理原则

《解释》第2条规定：建设工程施工合同无效，但建设工程经竣工验收合格，承包人请求参照合同约定支付工程价款的，应予支持。

《解释》第3条规定：建设工程施工合同无效，且建设工程经竣工验收不合格的，按照以下情形分别处理：
(1) 修复后的建设工程经竣工验收合格，发包人请求承包人承担修复费用的，应予支持；
(2) 修复后的建设工程经竣工验收不合格，承包人请求支付工程价款的，不予支持。因建设工程不合格造成的损失，发包人有过错的，也应承担相应的民事责任。

9.3.2.2 合同的解除问题

1. 发包人的解除权

《解释》第8条规定：承包人具有下列情形之一，发包人请求解除建设工程施工合同的，应予支持：
(1) 明确表示或者以行为表明不履行合同主要义务的；
(2) 合同约定的期限内没有完工，且在发包人催告的合理期限内仍未完工的；
(3) 已经完成的建设工程质量不合格，并拒绝修复的；
(4) 将承包的建设工程非法转包、违法分包的。

2. 承包人的解除权

《解释》第9条规定：发包人具有下列情形之一，致使承包人无法施工，且在催告的合理期限内仍未履行相应义务，承包人请求解除建设工程施工合同的，应予支持：
(1) 未按约定支付工程价款的；
(2) 提供的主要建筑材料、建筑构配件和设备不符合强制性标准的；
(3) 不履行合同约定的协助义务的。

9.3.2.3 施工质量问题

1. 承包人的质量责任

《解释》第11条规定：因承包人的过错造成建设工程质量不符合约定，承包人拒绝修理、返工或者改建，发包人请求减少支付工程价款的，应予支持。

2. 发包人的质量责任

《解释》第12条规定：发包人具有下列情形之一，造成建设工程质量缺陷，应当承担过错责任：
(1) 提供的设计有缺陷；
(2) 提供或者指定购买的建筑材料、建筑构配件、设备不符合强制性标准；
(3) 直接指定分包人分包专业工程。

承包人有过错的，也应当承担相应的过错责任。

3. 竣工日期的确定

《解释》第 14 条规定：当事人对建设工程实际竣工日期有争议的，按照以下情形分别处理：

（1）建设工程经竣工验收合格的，以竣工验收合格之日为竣工日期；

（2）承包人已经提交竣工验收报告，发包人拖延验收的，以承包人提交验收报告之日为竣工日期；

（3）建设工程未经竣工验收，发包人擅自使用的，以转移占有建设工程之日为竣工日期。

《解释》第 15 条规定：建设工程竣工前，当事人对工程质量发生争议，工程质量经鉴定合格的，鉴定期间为顺延工期期间。

9.3.2.4 工程价款问题

1. 计价标准和方法

《解释》第 16 条规定：当事人对建设工程的计价标准或者计价方法有约定的，按照约定结算工程价款。

因设计变更导致建设工程的工程量或者质量标准发生变化，当事人对该部分工程价款不能协商一致的，可以参照签订建设工程施工合同时当地建设行政主管部门发布的计价方法或者计价标准结算工程价款。

建设工程施工合同有效，但建设工程经竣工验收不合格的，工程价款结算参照本解释第三条规定处理。

2. 工程欠款利息计算标准及时间

《解释》第 17 条规定：当事人对欠付工程价款利息计付标准有约定的，按照约定处理；没有约定的，按照中国人民银行发布的同期同类贷款利率计息。

《解释》第 18 条规定：利息从应付工程价款之日计付。当事人对付款时间没有约定或者约定不明的，下列时间视为应付款时间：

（1）建设工程已实际交付的，为交付之日；

（2）建设工程没有交付的，为提交竣工结算文件之日；

（3）建设工程未交付，工程价款也未结算的，为当事人起诉之日。

3. 发包人收到结算报告后逾期不答复的法律后果

《解释》第 20 条规定：当事人约定，发包人收到竣工结算文件后，在约定期限内不予答复，视为认可竣工结算文件的，按照约定处理。承包人请求按照竣工结算文件结算工程价款的，应予支持。

《解释》第 21 条规定：当事人就同一建设工程另行订立的建设工程施工合同与经过备案的中标合同实质性内容不一致的，应当以备案的中标合同作为结算工程价款的根据。

9.3.2.5 施工合同纠纷的诉讼程序规定

《解释》第 24 条规定：建设工程施工合同纠纷以施工行为地为合同履行地。

《解释》第 25 条规定：因建设工程质量发生争议的，发包人可以以总承包人、分包人和实际施工人为共同被告提起诉讼。

《解释》第 26 条规定：实际施工人以转包人、违法分包人为被告起诉的，人民法院应当依法受理。

实际施工人以发包人为被告主张权利的,人民法院可以追加转包人或者违法分包人为本案当事人。发包人只在欠付工程价款范围内对实际施工人承担责任。

9.4 建设工程合同示范文本

9.4.1 建设工程勘察设计合同示范文本

建设工程勘察合同(一)
(适用于岩土工程勘察、水文地质勘察、工程测量、工程物探)

工程名称:_____
工程地点:_____
合同编号:_____
(由勘察人编填)
勘察证书等级:_____
发包人:_____
勘察人:_____
签订日期:_____

发包人_____
勘察人_____
发包人委托勘察人承担_____任务。
根据《中华人民共和国合同法》及国家有关法规规定,结合本工程的具体情况,为明确责任,协作配合,确保工程勘察质量,经发包人、勘察人协商一致,签订本合同,共同遵守。

第一条 工程概况
1.1 工程名称:_____
1.2 工程建设地点:_____
1.3 工程规模、特征:_____
1.4 工程勘察任务委托文号、日期:_____
1.5 工程勘察任务(内容)与技术要求:_____
1.6 承接方式_____
1.7 预计勘察工作量:_____

第二条 发包人应及时向勘察人提供下列文件资料,并对其准确性、可靠性负责。
2.1 提供本工程批准文件(复印件),以及用地(附红线范围)、施工、勘察许可等批件(复印件)。
2.2 提供工程勘察任务委托书、技术要求和工作范围的地形图、建筑总平面布置图。
2.3 提供勘察工作范围已有的技术资料及工程所需的坐标与标高资料。
2.4 提供勘察工作范围地下已有埋藏物的资料(如电力、电讯电缆、各种管道、人防设施、洞室等)及具体位置分布图。

2.5 发包人不能提供上述资料,由勘察人收集的,发包人需向勘察人支付相应费用。

第三条 勘察人向发包人提交勘察成果资料并对其质量负责。

勘察人负责向发包人提交勘察成果资料四份,发包人要求增加的份数另行收费。

第四条 开工及提交勘察成果资料的时间和收费标准及付费方式

4.1 开工及提交勘察成果资料的时间

4.1.1 本工程的勘察工作定于_____年_____月_____日开工,_____年_____月_____日提交勘察成果资料,由于发包人或勘察人的原因未能按期开工或提交成果资料时,按本合同第六条规定办理。

4.1.2 勘察工作有效期限以发包人下达的开工通知书或合同规定的时间为准,如遇特殊情况(设计变更、工作量变化、不可抗力影响以及非勘察人原因造成的停、窝工等)时,工期顺延。

4.2 收费标准及付费方式

4.2.1 本工程勘察按国家规定的现行收费标准_____计取费用;或以"预算包干"、"中标价加签证"、"实际完成工作量结算"等方式计取收费。国家规定的收费标准中没有规定的收费项目,由发包人、勘察人另行议定。

4.2.2 本工程勘察费预算为_____元(大写_____),合同生效后3天内,发包人应向勘察人支付预算勘察费的20%作为定金、计_____元(本合同履行后,定金抵作勘察费);勘察规模大、工期长的大型勘察工程,发包人还应按实际完成工程进度_____%时,向勘察人支付预算勘察费的_____%的工程进度款,计_____元;勘察工作外业结束后_____天内,发包人向勘察人支付预算勘察费的_____%,计_____元;提交勘察成果资料后10天内,发包人应一次付清全部工程费用。

第五条 发包人、勘察人责任

5.1 发包人责任

5.1.1 发包人委托任务时,必须以书面形式向勘察人明确勘察任务及技术要求,并按第二条规定提供文件资料。

5.1.2 在勘察工作范围内,没有资料、图纸的地区(段),发包人应负责查清地下埋藏物,若因未提供上述资料、图纸,或提供的资料图纸不可靠、地下埋藏物不清,致使勘察人在勘察工作过程中发生人身伤害或造成经济损失时,由发包人承担民事责任。

5.1.3 发包人应及时为勘察人提供并解决勘察现场的工作条件和出现的问题(如:落实土地征用、青苗树木赔偿、拆除地上地下障碍物、处理施工扰民及影响施工正常进行的有关问题、平整施工现场、修好通行道路、接通电源水源、挖好排水沟渠以及水上作业用船等),并承担其费用。

5.1.4 若勘察现场需要看守,特别是在有毒、有害等危险现场作业时,发包人应派人负责安全保卫工作,按国家有关规定,对从事危险作业的现场人员进行保健防护,并承担费用。

5.1.5 工程勘察前,若发包人负责提供材料的,应根据勘察人提出的工程用料计划,按时提供各种材料及其产品合格证明,并承担费用和运到现场,派人与勘察人的人员一起验收。

5.1.6 勘察过程中的任何变更,经办理正式变更手续后,发包人应按实际发生的工作量支付勘察费。

5.1.7 为勘察人的工作人员提供必要的生产、生活条件,并承担费用;如不能提供时,应一次性付给勘察人临时设施费_____元。

5.1.8 由于发包人原因造成勘察人停、窝工，除工期顺延外。发包人应支付停、窝工费（计算方法见6.1）；发包人若要求在合同规定时间内提前完工（或提交勘察成果资料）时，发包人应按每提前一天向勘察人支付_____元计算加班费。

5.1.9 发包人应保护勘察人的投标书、勘察方案、报告书、文件、资料图纸、数据、特殊工艺（方法）、专利技术和合理化建议，未经勘察人同意，发包人不得复制、不得泄露、不得擅自修改、传送或向第三人转让或用于本合同外的项目；如发生上述情况，发包人应负法律责任，勘察人有权索赔。

5.1.10 本合同有关条款规定和补充协议中发包人应负的其他责任。

5.2 勘察人责任

5.2.1 勘察人应按国家技术规范、标准、规程和发包人的任务委托书及技术要求进行工程勘察，按本合同规定的时间提交质量合格的勘察成果资料，并对其负责。

5.2.2 由于勘察人提供的勘察成果资料质量不合格，勘察人应负责无偿给予补充完善使其达到质量合格；若勘察人无力补充完善，需另委托其他单位时，勘察人应承担全部勘察费用；或因勘察质量造成重大经济损失或工程事故时，勘察人除应负法律责任和免收直接受损失部分的勘察费外，并根据损失程度向发包人支付赔偿金，赔偿金由发包人、勘察人商定为实际损失的_____%。

5.2.3 在工程勘察前，提出勘察纲要或勘察组织设计，派人与发包人的人员一起验收发包人提供的材料。

5.2.4 勘察过程中，根据工程的岩土工程条件（或工作现场地形地貌、地质和水文地质条件）及技术规范要求，向发包人提出增减工作量或修改勘察工作的意见。并办理正式变更手续。

5.2.5 在现场工作的勘察人的人员，应遵守发包人的安全保卫及其他有关的规章制度，承担其有关资料保密义务。

5.2.6 本合同有关条款规定和补充协议中勘察人应负的其他责任。

第六条 违约责任

6.1 由于发包人未给勘察人提供必要的工作生活条件而造成停、窝工或来回进出场地，发包人除应付给勘察人停、窝工费（金额按预算的平均工日产值计算），工期按实际工日顺延外，还应付给勘察人来回进出场费和调遣费。

6.2 由于勘察人原因造成勘察成果资料质量不合格，不能满足技术要求时，其用工勘察费用由勘察人承担。

6.3 合同履行期间，由于工程停建而终止合同或发包人要求解除合同时，勘察人未进行勘察工作的，不退还发包人已付定金；已进行勘察工作的；完成的工作量在50%以内时，发包人应向勘察人支付预算额50%的勘察费计_____元；完成的工作量超过50%时，则应向勘察人支付预算额100%的勘察费。

6.4 发包人未按合同规定时间（日期）拨付勘察费，每超过一日，应偿付未支付勘察费的千分之一逾期违约金。

6.5 由于勘察人原因未按合同规定时间（日期）提交勘察成果资料，每超过一日，应减收勘察费千分之一。

6.6 本合同签订后,发包人不履行合同时,无权要求退还定金;勘察人不履行合同时,双倍返还定金。

第七条 本合同未尽事宜,经发包人与勘察人协商一致,签订补充协议,补充协议与本合同具有同等效力。

第八条 其他约定事项:
_____
_____

第九条 本合同发生争议,发包人、勘察人应及时协商解决,也可由当地建设行政主管部门调解,协商或调解不成时,发包人、勘察人同意由_____仲裁委员会仲裁。发包人、勘察人未在本合同中约定仲裁机构,事后又未达成书面仲裁协议的,可向人民法院起诉。

第十条 本合同自发包人、勘察人签字盖章后生效;按规定到省级建设行政主管部门规定的审查部门备案;发包人、勘察人认为必要时,到项目所在地工商行政管理部门申请鉴证。发包人、勘察人履行完合同规定的义务后,本合同终止。

本合同一式_____份,发包人_____份、勘察人_____份。

发包人名称: 勘察人名称:

（盖章）   （盖章）

法定代表人:（签字）   法定代表人:（签字）
委托代理人:（签字）   委托代理人:（签字）
住 所: 住 所:
邮政编码: 邮政编码:
电 话: 电 话:
传 真: 传 真:
开户银行: 开户银行:
银行账号: 银行账号:
建设行政主管部门备案: 鉴证意见:

（盖章）   （盖章）

备案号: 经办人:
备案日期: 年   月   日   鉴证日期: 年   月   日

建设工程勘察合同（二）
（适用于岩土工程设计、治理、监测）

工程名称:_____
工程地点:_____
合同编号:_____

（由承包人编填）
勘察证书等级：＿＿＿＿＿＿＿＿＿＿＿＿＿＿＿＿＿＿
发包人：＿＿＿＿＿＿＿＿＿＿＿＿＿＿＿＿＿＿＿＿＿
承包人：＿＿＿＿＿＿＿＿＿＿＿＿＿＿＿＿＿＿＿＿＿
签订日期：＿＿＿＿＿＿＿＿＿＿＿＿＿＿＿＿＿＿＿＿

发包人：＿＿＿＿＿＿＿＿＿＿＿＿＿＿＿＿＿＿＿＿＿＿＿＿＿＿＿＿＿＿＿＿＿＿＿
承包人：＿＿＿＿＿＿＿＿＿＿＿＿＿＿＿＿＿＿＿＿＿＿＿＿＿＿＿＿＿＿＿＿＿＿＿
发包人委托承包人承担＿＿＿＿＿＿＿＿＿＿＿＿＿＿＿＿＿＿＿＿＿＿＿＿＿＿＿＿
工程项目的岩土工程任务，根据《中华人民共和国合同法》及国家有关法规，经发包人、承包人协商一致签订本合同。

第一条 工程概况

1.1 工程名称：＿＿＿＿＿＿＿＿＿＿＿＿＿＿＿＿＿＿＿＿＿＿＿＿＿＿＿＿＿
1.2 工程地点：＿＿＿＿＿＿＿＿＿＿＿＿＿＿＿＿＿＿＿＿＿＿＿＿＿＿＿＿＿
1.3 工程立项批准文件号、日期：＿＿＿＿＿＿＿＿＿＿＿＿＿＿＿＿＿＿＿＿
1.4 岩土工程任务委托文号、日期：＿＿＿＿＿＿＿＿＿＿＿＿＿＿＿＿＿＿＿
1.5 工程规模、特征：＿＿＿＿＿＿＿＿＿＿＿＿＿＿＿＿＿＿＿＿＿＿＿＿＿
1.6 岩土工程任务（内容）与技术要求：＿＿＿＿＿＿＿＿＿＿＿＿＿＿＿＿＿
1.7 承接方式：＿＿＿＿＿＿＿＿＿＿＿＿＿＿＿＿＿＿＿＿＿＿＿＿＿＿＿＿＿
1.8 预订的岩土工程工作量：＿＿＿＿＿＿＿＿＿＿＿＿＿＿＿＿＿＿＿＿＿＿

序　号	资料文件名称	份　数	内容要求	提交时间

第二条 发包人向承包人提供的有关资料文件
第三条 承包人应向发包人交付的报告、成果、文件

序　号	资料文件名称	份　数	内容要求	提交时间

第四条 工期

本岩土工程自_____年_____月_____日开工至_____年_____月_____日完工，工期为_____天。由于发包人或承包人的原因，未能按期开工、完工或交付成果资料时，按本合同第八条规定执行。

第五条 收费标准及支付方式

5.1 本岩土工程收费按国家规定的现行收费标准_____计取；或以"预算包干"、"中标价加签证"、"实际完成工作量结算"等方式计取收费。国家规定的收费标准中没有规定的收费项目，由发包人、承包人另行议定。

5.2 本岩土工程费总额为_____元（大写_____），合同生效后3天内，发包人应向承包人支付预算工程费总额的20%，计_____元作为定金（本合同履行后，定金抵作工程费）。

5.3 本合同生效后，发包人按下表约定分_____次向承包人预付（或支付）工程费，发包人不按时向承包人拨付工程费，从应拨付之日起承担应拨付工程费的滞纳金。

拨付工程费时间（工程进度）	占合同总额百分比	金额人民币（元）

第六条 变更及工程费的调整

6.1 本岩土工程进行中，发包人对工程内容与技术要求提出变更，发包人应在变更前_____天向承包人发出书面变更通知，否则承包人有权拒绝变更；承包人接通知后于_____天内，提出变更方案的文件资料，发包人收到该文件资料之日起_____天内予以确认，如不确认或不提出修改意见的，变更文件资料自送达之日起第_____天自行生效，由此延误的工期顺延外，因变更导致承包人经济支出和损失，由发包人承担。

6.2 变更后，工程费按如下方法（或标准）进行调整：_____

第七条 发包人、承包人责任

7.1 发包人责任

7.1.1 发包人按本合同第二条规定的内容，在规定的时间内向承包人提供资料文件，并对其完整性、正确性及时限性负责；发包人提供上述资料、文件超过规定期限15天以内，承包人按合同规定交付报告、成果、文件的时间顺延，规定期限超过15天以上时，承包人有权重新确定交付报告、成果、文件的时间。

7.1.2 发包人要求承包人在合同规定时间内提前交付报告、成果、文件时，发包人应按每提前一天向承包人支付_____元计算加班费。

7.1.3 发包人应为承包人现场工作人员提供必要的生产、生活条件；如不能提供时，应一次性付给承包人临时设施费_____元。

7.1.4 开工前，发包人应办理完毕开工许可、工作场地使用、青苗、树木赔偿、坟地迁移、房屋构筑物拆迁、障碍物清除等工作，及解决扰民和影响正常工作进行的有关问题，并承担费用；

发包人应向承包人提供工作现场地下已有埋藏物（如电力、电讯电缆、各种管道、人防设施、洞室等）的资料及其具体位置分布图，若因地下埋藏物不清，致使承包人在现场工作中发生人身伤害或造成经济损失时，由发包人承担民事责任；

在有毒、有害环境中作业时，发包人应按有关规定，提供相应的防护措施，并承担有关的费用；

以书面形式向承包人提供水准点和坐标控制点；

发包人应解决承包人工作现场的平整，道路通行和用水用电，并承担费用。

7.1.5 发包人应对工作现场周围建筑物、构筑物、古树名木和地下管道、线路的保护负责，对承包人提出书面具体保护要求（措施），并承担费用。

7.1.6 发包人应保护承包人的投标书、报告书、文件、设计成果、专利技术、特殊工艺和合理化建议，未经承包人同意，发包人不得复制泄露或向第三人转让或用于本合同外的项目，如发生以上情况，发包人应负法律责任，承包人有权索赔。

7.1.7 本合同中有关条款规定和补充协议中发包人应负的责任。

7.2 承包人责任

7.2.1 承包人按本合同第三条规定的内容、时间、数量向发包人交付报告、成果、文件，并对其质量负责。

7.2.2 承包人对报告、成果、文件出现的遗漏或错误负责修改补充；由于承包人的遗漏、错误造成工程质量事故，承包人除负法律责任和负责采取补救措施外，应减收或免收直接受损失部分的岩土工程费，并根据受损失程度向发包人支付赔偿金，赔偿金额由发包人、承包人商定为实际损失的_____%。

7.2.3 承包人不得向第三人扩散、转让第二条中发包人提供的技术资料、文件。发生上述情况，承包人应负法律责任，发包人有权索赔。

7.2.4 遵守国家及当地有关部门对工作现场的有关管理规定，做好工作现场保卫和环卫工作，并按发包人提出的保护要求（措施），保护好工作现场周围的建、构筑物、古树、名木和地下管线（管道）、文物等。

7.2.5 本合同有关条款规定和补充协议中承包人应负的责任。

第八条 违约责任

8.1 由于发包人提供的资料、文件错误、不准确，造成工期延误或返工时，除工期顺延外，发包人应向承包人支付停工费或返工费，造成质量、安全事故时，由发包人承担法律责任和经济责任。

8.2 在合同履行期间，发包人要求终止或解除合同，承包人未开始工作的，不退还发包人已付的定金；已进行工作的，完成的工作量在50%以内时，发包人应支付承包人工程费的50%的费用；完成的工作量超过50%时，发包人应支付承包人工程费的100%的费用。

8.3 发包人不按时支付工程费（进度款），承包人在约定支付时间10天后，向发包人发出书面催款的通知，发包人收到通知后仍不按要求付款，承包人有权停工，工期顺延，发包人还应承担滞纳金。

8.4 由于承包人原因延误工期或未按规定时间交付报告、成果、文件，每延误一天应承担以工程费千分之一计算的违约金。

8.5 交付的报告、成果、文件达不到合同约定条件的部分，发包人可要求承包人返工，承包人按发包人要求的时间返工，直到符合约定条件，因承包人原因达不到约定条件，由承包人承担返工费，返工后仍不能达到约定条件，承包人承担违约责任，并根据因此造成的损失程度向发包人支付赔偿金，赔偿金额最高不超过返工项目的收费。

第九条 材料设备供应

9.1 发包人、承包人应对各自负责供应的材料设备负责，提供产品合格证明，并经发包人、承包人代表共同验收认可，如与设计和规范要求不符的产品，应重新采购符合要求的产品，并经发包人、承包人代表重新验收认定，各自承担发生的费用。若造成停、窝工的，原因是承包人的，则责任自负；原因是发包人的，则应向承包人支付停、窝工费。

9.2 承包人需使用代用材料时，须经发包人代表批准方可使用，增减的费用由发包人、承包人商定。

第十条 报告、成果、文件检查验收

10.1 由发包人负责组织对承包人交付的报告、成果、文件进行检查验收。

10.2 发包人收到承包人交付的报告、成果、文件后_____天内检查验收完毕，并出具检查验收证明，以示承包人已完成任务，逾期未检查验收的，视为接受承包人的报告、成果、文件。

10.3 隐蔽工程工序质量检查，由承包人自检后，书面通知发包人检查；发包人接通知后，当天组织质检，经检验合格，发包人、承包人签字后方能进行下一道工序；检验不合格，承包人在限定时间内修补后重新检验，直至合格；若发包人接通知后24小时内仍未能到现场检验，承包人可以顺延工程工期，发包人应赔偿停、窝工的损失。

10.4 工程完工，承包人向发包人提交岩土治理工程的原始记录、竣工图及报告、成果、文件，发包人应在_____天内组织验收，如有不符合规定要求及存在质量问题，承包人应采取有效补救措施。

10.5 工程未经验收，发包人提前使用和擅自动用，由此发生的质量、安全问题，由发包人承担责任，并以发包人开始使用日期为完工日期。

10.6 完工工程经验收符合合同要求和质量标准，自验收之日起_____天内，承包人向发包人移交完毕，如发包人不能按时接管，致使已验收工程发生损失，应由发包人承担，如承包人不能按时交付，应按逾期完工处理，发包人不得因此而拒付工程款。

第十一条 本合同未尽事宜，经发包人与承包人协商一致，签订补充协议，补充协议与本合同具有同等效力。

第十二条 其他约定事项：_____

_____

第十三条 争议解决办法

本合同发生争议时，发包人、承包人应及时协商解决，也可由当地建设行政主管部门调解，协商或调解不成时，发包人、承包人同意由_____仲裁委员会仲裁。发包人、承包人未在本合同中约定仲裁机构，事后又未达成书面仲裁协议的，可向人民法院起诉。

第十四条 合同生效与终止

本合同自发包人、承包人签字盖章后生效；按规定到省级建设行政主管部门规定的审查部门备案；发包人、承包人认为必要时，到项目所在地工商行政管理部门申请鉴证。发包人、承包人履行完合同规定的义务后，本合同终止。

本合同一式_____份，发包人_____份、承包人_____份。

发包人名称：   承包人名称：

           （盖章）   （盖章）
法定代表人：（签字）   法定代表人：（签字）
委托代理人：（签字）   委托代理人：（签字）
住　　所：   住　　所：
邮政编码：   邮政编码：
电　　话：   电　　话：
传　　真：   传　　真：
开户银行：   开户银行：
银行账号：   银行账号：
建设行政主管部门备案：   鉴证意见：

           （盖章）   （盖章）
备案号：   经办人：
备案日期：　年　月　日   鉴证日期：　年　月　日

建设工程设计合同（一）
（适用于民用建设工程设计）

工程名称：_____
工程地点：_____
合同编号：_____
（由设计人编填）
设计证书等级：_____
发包人：_____
设计人：_____
签订日期：_____

发包人：_____
设计人：_____
发包人委托设计人承担_____工程设计，经双方协商一致，签订本合同。

第一条 本合同依据下列文件签订：

1.1 《中华人民共和国合同法》《中华人民共和国建筑法》《建设工程勘察设计市场管理规定》。

237

1.2　国家及地方有关建设工程勘察设计管理法规和规章。
1.3　建设工程批准文件。

第二条　本合同设计项目的内容：名称、规模、阶段、投资及设计费等见下表。

序号	分项目名称	建设规模		设计阶段及内容			估算总投资（万元）	费率（％）	估算设计费（元）
		层数	建筑面积(m²)	方案	初步设计	施工图			

第三条　发包人应向设计人提交的有关资料及文件：

序号	资料及文件名称	份数	提交日期	有关事宜

第四条　设计人应向发包人交付的设计资料及文件：

序号	资料及文件名称	份数	提交日期	有关事宜

第五条 本合同设计收费估算为_____元人民币。设计费支付进度详见下表。

付费次序	占总设计费（%）	付费额（元）	付费时间（由交付设计文件所决定）
第一次付费	20%定金		本合同签订后三日内
第二次付费			
第三次付费			
第四次付费			
第五次付费			

说明：1. 提交各阶段设计文件的同时支付各阶段设计费。
　　　2. 在提交最后一部分施工图的同时结清全部设计费，不留尾款。
　　　3. 实际设计费按初步设计概算（施工图设计概算）核定，多退少补。实际设计费与估算设计费出现差额时，双方另行签订补充协议。
　　　4. 本合同履行后，定金抵作设计费。

第六条 双方责任

6.1 发包人责任：

6.1.1 发包人按本合同第三条规定的内容，在规定的时间内向设计人提交资料及文件，并对其完整性、正确性及时限负责，发包人不得要求设计人违反国家有关标准进行设计。

发包人提交上述资料及文件超过规定期限15天以内，设计人按合同第四条规定交付设计文件时间顺延；超过规定期限15天以上时，设计人员有权重新确定提交设计文件的时间。

6.1.2 发包人变更委托设计项目、规模、条件或因提交的资料错误，或所交资料作较大修改，以致造成设计人设计需返工时，双方除需另行协商签订补充协议（或另订合同）、重新明确有关条款外，发包人应按设计人所耗工作量向设计人增付设计费。

在未签合同前发包人已同意，设计人为发包人所做的各项设计工作，应按收费标准，相应支付设计费。

6.1.3 发包人要求设计人比合同规定时间提前交付设计资料及文件时，如果设计人能够做到，发包人应根据设计人提前投入的工作量，向设计人支付赶工费。

6.1.4 发包人应为派赴现场处理有关设计问题的工作人员，提供必要的工作生活及交通等方便条件。

6.1.5 发包人应保护设计人的投标书、设计方案、文件、资料图纸、数据、计算软件和专利技术。未经设计人同意，发包人对设计人交付的设计资料及文件不得擅自修改、复制或向第三人转让或用于本合同外的项目，如发生以上情况，发包人应负法律责任，设计人有权向发包人提出索赔。

6.2 设计人责任：

6.2.1 设计人应按国家技术规范、标准、规程及发包人提出的设计要求，进行工程设计，按合同规定的进度要求提交质量合格的设计资料，并对其负责。

6.2.2 设计人采用的主要技术标准是：_____

6.2.3 设计合理使用年限为_____年。

6.2.4 设计人按本合同第二条和第四条规定的内容、进度及份数向发包人交付资料及文件。

6.2.5 设计人交付设计资料及文件后，按规定参加有关的设计审查，并根据审查结论负责对不超出原定范围的内容做必要调整补充。设计人按合同规定时限交付设计资料及文件，本年内项目开始施工，负责向发包人及施工单位进行设计交底、处理有关设计问题和参加竣工验收。在一年内项目尚未开始施工，设计人仍负责上述工作，但应按所需工作量向发包人适当收取咨询服务费，收费额由双方商定。

6.2.6 设计人应保护发包人的知识产权，不得向第三人泄露、转让发包人提交的产品图纸等技术经济资料。如发生以上情况并给发包人造成经济损失，发包人有权向设计人索赔。

第七条 违约责任

7.1 在合同履行期间，发包人要求终止或解除合同，设计人未开始设计工作的，不退还发包人已付的定金；已开始设计工作的，发包人应根据设计人已进行的实际工作量，不足一半时，按该阶段设计费的一半支付；超过一半时，按该阶段设计费的全部支付。

7.2 发包人应按本合同第五条规定的金额和时间向设计人支付设计费，每逾期支付一天，应承担支付金额千分之二的逾期违约金。逾期超过30天以上时，设计人有权暂停履行下阶段工作，并书面通知发包人。发包人的上级或设计审批部门对设计文件不审批或本合同项目停缓建，发包人均按7.1条规定支付设计费。

7.3 设计人对设计资料及文件出现的遗漏或错误负责修改或补充。由于设计人员错误造成工程质量事故损失，设计人除负责采取补救措施外，应免收直接受损失部分的设计费。损失严重的根据损失的程度和设计人责任大小向发包人支付赔偿金，赔偿金由双方商定为实际损失的_____%。

7.4 由于设计人自身原因，延误了按本合同第四条规定的设计资料及设计文件的交付时间，每延误一天，应减收该项目应收设计费的千分之二。

7.5 合同生效后，设计人要求终止或解除合同，设计人应双倍返还定金。

第八条 其他

8.1 发包人要求设计人派专人留驻施工现场进行配合与解决有关问题时，双方应另行签订补充协议或技术咨询服务合同。

8.2 设计人为本合同项目所采用的国家或地方标准图，由发包人自费向有关出版部门购买。本合同第四条规定设计人交付的设计资料及文件份数超过《工程设计收费标准》规定的份数，设计人另收工本费。

8.3 本工程设计资料及文件中，建筑材料、建筑构配件和设备，应当注明其规格、型号、性能等技术指标，设计人不得指定生产厂、供应商。发包人需要设计人的设计人员配合加工定货时，所需要费用由发包人承担。

8.4 发包人委托设计配合引进项目的设计任务，从询价、对外谈判、国内外技术考察直至建成投产的各个阶段，应吸收承担有关设计任务的设计人参加。出国费用，除制装费外，其他费用由发包人支付。

8.5 发包人委托设计人承担本合同内容之外的工作服务，另行支付费用。

8.6 由于不可抗力因素致使合同无法履行时，双方应及时协商解决。

8.7 本合同发生争议，双方当事人应及时协商解决。也可由当地建设行政主管部门调解，调解不成时，双方当事人同意由_____仲裁委员会仲裁。双方当事人未在合同中约定仲裁机构，事后又未达成仲裁书面协议的，可向人民法院起诉。

8.8 本合同一式_____份，发包人_____份，设计人_____份。

8.9 本合同经双方签章并在发包人向设计人支付订金后生效。

8.10 本合同生效后，按规定到项目所在省级建设行政主管部门规定的审查部门备案。双方认为必要时，到项目所在地工商行政管理部门申请鉴证。双方履行完合同规定的义务后，本合同即行终止。

8.11 本合同未尽事宜，双方可签订补充协议，有关协议及双方认可的来往电报、传真、会议纪要等，均为本合同组成部分，与本合同具有同等法律效力。

8.12 其他约定事项：

发包人名称：　　　　　　　　　　设计人名称：

　　（盖章）　　　　　　　　　　　　（盖章）
法定代表人：（签字）　　　　　　法定代表人：（签字）
委托代理人：（签字）　　　　　　委托代理人：（签字）
住　　所：　　　　　　　　　　　住　　所：
邮政编码：　　　　　　　　　　　邮政编码：
电　　话：　　　　　　　　　　　电　　话：
传　　真：　　　　　　　　　　　传　　真：
开户银行：　　　　　　　　　　　开户银行：
银行账号：　　　　　　　　　　　银行账号：
建设行政主管部门备案：　　　　　鉴证意见：

　　（盖章）　　　　　　　　　　　　（盖章）
备案号：　　　　　　　　　　　　经办人：
备案日期：　　年　月　日　　　　鉴证日期：　　年　月　日

9.4.2 建设工程施工合同示范文本

1991年，建设部和国家工商行政管理总局制定了《建设工程合同示范文本》（GF—91—0201），1999年对其进行了修订。修订后的《建设工程施工合同（示范文本）》（GF—1999—0201）由协议书、通用条款、专用条款三部分组成，基本适用于各类公用建筑、民用住宅、工业厂房、交通设施及线路管道的施工和设备安装。

建设工程施工合同（节选）

（GF—1999—0201）

第一部分　协议书

发包人（全称）：_____
承包人（全称）：_____

依照《中华人民共和国合同法》、《中华人民共和国建筑法》及其他有关法律、行政法规，遵循平等、自愿、公平和诚实信用的原则，双方就本建设工程施工项目协商一致，订立本合同。

一、工程概况

工程名称：_____

工程地点：_____

工程内容：_____

群体工程应附承包人承揽工程项目一览表（附件1）

工程立项批准文号：_____

资金来源：_____

二、工程承包范围

承包范围：_____

三、合同工期：

开工日期：_____

竣工日期：_____

合同工期总日历天数_____天

四、质量标准

工程质量标准：_____

五、合同价款

金额（大写）：_____元（人民币）

¥：_____元

六、组成合同的文件

组成本合同的文件包括：

1. 本合同协议书；
2. 中标通知书；
3. 投标书及其附件；
4. 本合同专用条款；
5. 本合同通用条款；
6. 标准、规范及有关技术文件；
7. 图纸；
8. 工程量清单；
9. 工程报价单或预算书。

双方有关工程的洽商、变更等书面协议或文件视为本合同的组成部分。

七、本协议书中有关词语含义本合同第二部分《通用条款》中分别赋予它们的定义相同。

八、承包人向发包人承诺按照合同约定进行施工、竣工并在质量保修期内承担工程质量保修责任。

九、发包人向承包人承诺按照合同约定的期限和方式支付合同价款及其他应当支付的款项。

十、合同生效

合同订立时间：_____年_____月_____日

合同订立地点：_____

本合同双方约定_____后生效。

发包人：（公章）_____	承包人：（公章）_____
住　　　所：_____	住　　　所：_____
法定代表人：_____	法定代表人：_____
委托代表人：_____	委托代表人：_____
电　　　话：_____	电　　　话：_____
传　　　真：_____	传　　　真：_____
开户银行：_____	开户银行：_____
账　　　号：_____	账　　　号：_____
邮政编码：_____	邮政编码：_____

第二部分　通用条款

一、词语定义及合同文件

1. 词语定义

下列词语除专用条款另有约定外，应具有本条所赋予的定义：

1.1　通用条款：是根据法律、行政法规规定及建设工程施工的需要订立，通用于建设工程施工的条款。

1.2　专用条款：是发包人与承包人根据法律、行政法规规定，结合具体工程实际，经协商达成一致意见的条款，是对通用条款的具体化、补充或修改。

1.3　发包人：指在协议书中约定，具有工程发包主体资格和支付工程价款能力的当事人以及取得该当事人资格的合法继承人。

1.4　承包人：指在协议书中约定，被发包人接受的具有工程施工承包主体资格的当事人以及取得该当事人资格的合法继承人。

1.5　项目经理：指承包人在专用条款中指定的负责施工管理和合同履行的代表。

1.6　设计单位：指发包人委托的负责本工程设计并取得相应工程设计资质等级证书的单位。

1.7　监理单位：指发包人委托的负责本工程监理并取得相应工程监理资质等级证书的单位。

1.8　工程师：指本工程监理单位委派的总监理工程师或发包人指定的履行本合同的代表，其具体身份和职权由发包人、承包人在专用条款中约定。

1.9　工程造价管理部门：指国务院有关部门、县级以上人民政府建设行政主管部门或其委托的工程造价管理机构。

1.10　工程：指发包人、承包人在协议书中约定的承包范围内的工程。

1.11　合同价款：指发包人、承包人在协议书中约定，发包人用以支付承包人按照合同约定完成承包范围内全部工程并承担质量保修责任的款项。

1.12　追加合同价款：指在合同履行中发生需要增加合同价款的情况，经发包人确认后按计算合同价款的方法增加的合同价款。

1.13　费用：指不包含在合同价款之内的应当由发包人或承包人承担的经济支出。

1.14　工期：指发包人、承包人在协议书中约定，按总日历天数（包括法定节假日）计算的承包天数。

1.15　开工日期：指发包人、承包人在协议书中约定，承包人开始施工的绝对或相对的日期。

1.16　竣工日期：指发包人、承包人在协议书中约定，承包人完成承包范围内工程的绝对或相对的日期。

1.17　图纸：指由发包人提供或由承包人提供并经发包人批准，满足承包人施工需要的所有图纸（包括配套说明和有关资料）。

1.18　施工场地：指由发包人提供的用于工程施工的场所以及发包人在图纸中具体指定的供施工使用的任何其他场所。

1.19　书面形式：指合同书、信件和数据电文（包括电报、电传、传真、电子数据交换和电子邮件）等可以有形地表现所载内容的形式。

1.20　违约责任：指合同一方不履行合同义务或履行合同义务不符合约定所应承担的责任。

1.21　索赔：指在合同履行过程中，对于并非自己的过错，而是应由对方承担责任的情况造成的实际损失，向对方提出经济补偿和（或）工期顺延的要求。

1.22　不可抗力：指不能预见、不能避免并不能克服的客观情况。

1.23　小时或天：本合同中规定按小时计算时间的，从事件有效开始时计算（不扣除休息时间）；规定按天计算时间的，开始当天不计入，从次日开始计算。时限的最后一天是休息日或者其他法定节假日的，以节假日次日为时限的最后一天，但竣工日期除外。时限的最后一天的截止时间为当日24时。

2. 合同文件及解释顺序

2.1　合同文件应能相互解释，互为说明。除专用条款另有约定外，组成本合同的文件及优先解释顺序如下：

（1）本合同协议书；

（2）中标通知书；

（3）投标书及其附件；

（4）本合同专用条款；

（5）本合同通用条款；

（6）标准、规范及有关技术文件；

（7）图纸；

（8）工程量清单；

（9）工程报价单或预算书。

合同履行中，发包人、承包人有关工程的洽商、变更等书面协议或文件视为本合同的组成部分。

2.2　当合同文件内容含糊不清或不相一致时，在不影响工程正常进行的情况下，由发包人、承包人协商解决。双方也可以提请负责监理的工程师作出解释。双方协商不成或不同意负责监理的工程师作出解释。双方协商不成或不同意负责监理的工程师的解释时，按本通用条款第37条关于争议的约定处理。

3. 语言文字和适用法律、标准及规范

3.1 语言文字

本合同文件使用汉语语言文字书写、解释和说明。如专用条款约定使用两种以上（含两种）语言文字时，汉语应为解释和说明本合同的标准语言文字。

在少数民族地区，双方可以约定使用少数民族语言文字书写和解释、说明本合同。

3.2 适用法律和法规

本合同文件适用国家的法律和行政法规。需要明示的法律、行政法规，由双方在专用条款中约定。

3.3 适用标准、规范

双方在专用条款内约定适用国家标准、规范的名称；没有国家标准、规范但有行业标准、规范的，约定适用行业标准、规范的名称；没有国家和行业标准、规范的，约定适用工程所在地地方标准、规范的名称。发包人应按专用条款约定的时间向承包人提供一式两份约定的标准、规范。

国内没有相应标准、规范的，由发包人按专用条款约定的时间向承包人提出施工技术要求，承包人按约定的时间和要求提出施工工艺，经发包人认可后执行。发包人要求使用国外标准、规范的，应负责提供中文译本。

本条所发生的购买、翻译标准、规范或制定施工工艺的费用，由发包人承担。

4. 图纸

4.1 发包人应按专用条款约定的日期和套数，向承包人提供图纸。承包人需要增加图纸套数的，发包人应代为复制，复制费用由承包人承担。发包人对工程有保密要求的，应在专用条款中提出保密要求，保密措施费用由发包人承担，承包人在约定保密期限内履行保密义务。

4.2 承包人未经发包人同意，不得将本工程图纸转给第三人。工程质量保修期满后，除承包人存档需要的图纸外，应将全部图纸退还给发包人。

4.3 承包人应在施工现场保留一套完整图纸，供工程师及有关人员进行工程检查时使用。

二、双方一般权利和义务

5. 工程师

5.1 实行工程监理的，发包人应在实施监理前将委托的监理单位名称、监理内容及监理权限以书面形式通知承包人。

5.2 监理单位委派的总监理工程师在本合同中称工程师，其姓名、职务、职权由发包人、承包人在专用条款内写明。工程师按合同约定行使职权，发包人在专用条款内要求工程师在行使某些职权前需要征得发包人批准的，工程师应征得发包人批准。

5.3 发包人派驻施工场地履行合同的代表在本合同中也称工程师，其姓名、职务、职权由发包人在专用条款内写明，但职权不得与监理单位委派的总监理工程师职权相互交叉。双方职权发生交叉或不明确时，由发包人予以明确，并以书面形式通知承包人。

5.4 合同履行中，发生影响发包人、承包人双方权利或义务的事件时，负责监理的工程师应依据合同在其职权范围内客观公正地进行处理。一方对工程师的处理有异议时，按本通用条款第37条关于争议的约定处理。

5.5 除合同内有明确约定或经发包人同意外，负责监理的工程师无权解除本合同约定的承包人的任何权利与义务。

5.6 不实行工程监理的，本合同中工程师专指发包人派驻施工场地履行合同的代表，其具体职权由发包人在专用条款内写明。

6. 工程师的委派和指令

6.1 工程师可委派工程师代表，行使合同约定的自己的职权，并可在认为必要时撤回委派。委派和撤回均应提前7天以书面形式通知承包人，负责监理的工程师还应将委派和撤回通知发包人。委派书和撤回通知作为本合同附件。

工程师代表在工程师授权范围内向承包人发出的任何书面形式的函件，与工程师发出的函件具有同等效力。承包人对工程师代表向其发出的任何书面形式的函件有疑问时，可将此函件提交工程师，工程师应进行确认。工程师代表发出指令有失误时，工程师应进行纠正。

除工程师或工程师代表外，发包人派驻工地的其他人员均无权向承包人发出任何指令。

6.2 工程师的指令、通知由其本人签字后，以书面形式交给项目经理，项目经理在回执上签署姓名和收到时间后生效。确有必要时，工程师可发出口头指令，并在48小时内给予书面确认，承包人对工程师的指令应予执行。工程师不能及时给予书面确认的，承包人应于工程师发出口头指令后7天内提出书面确认要求。工程师在承包人提出确认要求后48小时内不予答复的，视为口头指令已被确认。

承包人认为工程师指令不合理，应在收到指令后24小时内向工程师提出修改指令的书面报告，工程师在收到承包人报告后24小时内作出修改指令或继续执行原指令的决定，并以书面形式通知承包人。紧急情况下，工程师要求承包人立即执行的指令或承包人虽有异议，但工程师决定仍继续执行的指令，承包人应予执行。因指令错误发生的追加合同价款和给承包人造成的损失由发包人承担，延误的工期相应顺延。

本款规定同样适用于由工程师代表发出的指令、通知。

6.3 工程师应按合同约定，及时向承包人提供所需指令、批准并履行约定的其他义务。由于工程师未能按合同约定履行义务造成工期延误，发包人应承担延误造成的追加合同价款，并赔偿承包人有关损失，顺延延误的工期。

6.4 如需更换工程师，发包人应至少提前7天以书面形式通知承包人，后任继续行使合同文件约定的前任的职权，履行前任的义务。

7. 项目经理

7.1 项目经理的姓名、职务在专用条款内写明。

7.2 承包人依据合同发出的通知，以书面形式由项目经理签字后送交工程师，工程师在回执上签署姓名和收到时间后生效。

7.3 项目经理按发包人认可的施工组织设计（施工方案）和工程师依据合同发出的指令组织施工。在情况紧急且无法与工程师联系时，项目经理应当采取保证人员生命和工程、财产安全的紧急措施，并在采取措施后48小时内向工程师提交报告。责任在发包人或第三人，由发包人承担由此发生的追加合同价款，相应顺延工期；责任在承包人，由承包人承担费用，不顺延工期。

7.4 承包人如需要更换项目经理,应至少提前7天以书面形式通知发包人,并征得发包人同意。后任继续行使合同文件约定的前任的职权,履行前任的义务。

7.5 发包人可以与承包人协商,建议更换其认为不称职的项目经理。

8. 发包人工作

8.1 发包人按专用条款约定的内容和时间完成以下工作:

(1) 办理土地征用、拆迁补偿、平整施工场地等工作,使施工场地具备施工条件,在开工后继续负责解决以上事项遗留问题;

(2) 将施工所需水、电、电讯线路从施工场地外部接至专用条款约定地点,保证施工期间的需要;

(3) 开通施工场地与城乡公共道路的通道,以及专用条款约定的施工场地内的主要道路,满足施工运输的需要,保证施工期间的畅通;

(4) 向承包人提供施工场地的工程地质和地下管线资料,对资料的真实准确性负责;

(5) 办理施工许可证及其他施工所需证件、批件和临时用地、停水、停电、中断道路交通、爆破作业等的申请批准手续(证明承包人自身资质的证件除外);

(6) 确定水准点与坐标控制点,以书面形式交给承包人,进行现场交验;

(7) 组织承包人和设计单位进行图纸会审和设计交底;

(8) 协调处理施工场地周围地下管线和邻近建筑物、构筑物(包括文物保护建筑)、古树名木的保护工作、承担有关费用;

(9) 发包人应做的其他工作,双方在专用条款内约定。

8.2 发包人可以将8.1款部分工作委托承包人办理,双方在专用条款内约定,其费用由发包人承担。

8.3 发包人未能履行8.1款各项义务,导致工期延误或给承包人造成损失的,发包人赔偿承包人有关损失,顺延延误的工期。

9. 承包人工作

9.1 承包人按专用条款约定的内容和时间完成以下工作:

(1) 根据发包人委托,在其设计资质等级和业务允许的范围内,完成施工图设计或与工程配套的设计,经工程师确认后使用,发包人承担由此发生的费用;

(2) 向工程师提供年、季、月度工程进度计划及相应进度统计报表;

(3) 根据工程需要,提供和维修非夜间施工使用的照明、围栏设施,并负责安全保卫;

(4) 按专用条款约定的数量和要求,向发包人提供施工场地办公和生活的房屋及设施,发包人承担由此发生的费用;

(5) 遵守政府有关主管部门对施工场地交通、施工噪声以及环境保护和安全生产等的管理规定,按规定办理有关手续,并以书面形式通知发包人,发包人承担由此发生的费用,因承包人责任造成的罚款除外;

(6) 已竣工工程未交付发包人之前,承包人按专用条款约定负责已完工程的保护工作,保护期间发生损坏,承包人自费予以修复;发包人要求承包人采取特殊措施保护的工程部位和相应的追加合同价款,双方在专用条款内约定;

(7) 按专用条款约定做好施工场地地下管线和邻近建筑物、构筑物(包括文物保护建筑)、古树名木的保护工作;

(8) 保证施工场地清洁符合环境卫生管理的有关规定，交工前清理现场达到专用条款约定的要求，承担因自身原因违反有关规定造成的损失和罚款；

(9) 承包人应做的其他工作，双方在专用条款内约定。

9.2 承包人未能履行9.1款各项义务，造成发包人损失的，承包人赔偿发包人有关损失。

三、施工组织设计和工期

10. 进度计划

10.1 承包人应按专用条款约定的日期，将施工组织设计和工程进度计划提交修改意见，逾期不确认也不提出书面意见的，视为同意。

10.2 群体工程中单位工程分期进行施工的，承包人应按照发包人提供图纸及有关资料的时间，按单位工程编制进度计划，其具体内容双方在专用条款中约定。

10.3 承包人必须按工程师确认的进度计划组织施工，接受工程师对进度的检查、监督。工程实际进度与经确认的进度计划不符时，承包人应按工程师的要求提出改进措施，经工程师确认后执行。因承包人的原因导致实际进度与进度计划不符，承包人无权就改进措施提出追加合同价款。

11. 开工及延期开工

11.2 因发包人原因不能按照协议书约定的开工日期开工，工程师应以书面形式通知承包人，推迟开工日期。发包人赔偿承包人因延期开工造成的损失，并相应顺延工期。

12. 暂停施工

工程师认为确有必要暂停施工时，应当以书面形式要求承包人暂停施工，并在提出要求后48小时内提出书面处理意见。承包人应当按工程师要求停止施工，并妥善保护已完工程。承包人实施工程师作出的处理意见后，可以书面形式提出复工要求，工程师作出的处理意见后，可以书面形式提出复工要求，工程师应当在48小时内给予答复。工程师未能在规定时间内提出处理意见，或收到承包人复工要求后48小时内未予答复，承包人可自行复工。因发包人原因造成停工的，由发包人承担所发生的追加合同价款，赔偿承包人由此造成的损失，相应顺延工期；因承包人原因造成停工的，由承包人承担发生的费用，工期不予顺延。

13. 工期延误

13.1 因以下原因造成工期延误，经工程师确认，工期相应顺延：

(1) 发包人未能按专用条款的约定提供图纸及开工条件；

(2) 发包人未能按约定日期支付工程预付款、进度款，致使施工不能正常进行；

(3) 工程师未按合同约定提供所需指令、批准等，致使施工不能正常进行；

(4) 设计变更和工程量增加；

(5) 一周内非承包人原因停水、停电、停气造成停工累计超过8小时；

(6) 不可抗力；

(7) 专用条款中约定或工程师同意工期顺延的其他情况。

13.2 承包人在13.1款情况发生后14天内，就延误的工期以书面形式向工程师提出报告。工程师在收到报告后14天内予以确认，逾期不予确认也不提出修改意见，视为同意顺延工期。

14. 工程竣工

14.1 承包人必须按照协议书约定的竣工日期或工程师同意顺延的工期竣工。

14.2 因承包人原因不能按照协议书约定的竣工日期或工程师同意顺延的工期竣工的，承包人承担违约责任。

14.3 施工中发包人如需提前竣工，双方协商一致后应签订提前竣工协议，作为合同文件组成部分。提前竣工协议应包括承包人为保证工程质量和安全采取的措施、发包人为提前竣工提供的条件以及提前竣工所需的追加合同价款等内容。

四、质量与检验

15. 工程质量

15.1 工程质量应当达到协议书约定的质量标准，质量标准的评定以国家或行业的质量检验评定标准为依据。因承包人原因工程质量达不到约定的质量标准，承包人承担违约责任。

15.2 双方对工程质量有争议，由双方同意的工程质量检测机构鉴定，所需费用及因此造成的损失，由责任方承担。双方均有责任，由双方根据其责任分别承担。

16. 检查和返工

16.1 承包人应认真按照标准、规范和设计图纸要求以及工程师依据合同发出的指令施工，随时接受工程师的检查检验，为检查检验提供便利条件。

16.2 工程质量达不到约定标准的部分，按工程师的要求拆除和重新施工，直到符合约定标准。因承包人原因达不到约定标准，由承包人承担拆除和重新施工的费用，工期不予顺延。

16.3 工程师的检查检验不应影响施工正常进行。如影响施工正常进行，检查检验不合格时，影响正常施工的费用由承包人承担。除此之外影响正常施工的追加合同价款由发包人承担，相应顺延工期。

16.4 因工程师指令失误或其他非承包人原因发生的追加合同价款，由发包人承担。

17. 隐蔽工程和中间验收

17.1 工程具备隐蔽条件或达到专用条款约定的中间验收部位，承包人进行自检，并在隐蔽或中间验收前48小时以书面形式通知工程师验收。通知包括隐蔽和中间验收的内容、验收时间和地点。承包人准备验收记录，验收合格，工程师在验收记录上签字后，承包人可进行隐蔽和继续施工。验收不合格，承包人在工程师限定的时间内修改后重新验收。

17.2 工程师不能按时进行验收，应在验收前24小时以书面形式向承包人提出延期要求，延期不能超过48小时。工程师未能按以上时间提出延期要求，不进行验收，承包人可自行组织验收，工程师应承认验收记录。

17.3 经工程师验收，工程质量符合标准、规范和设计图纸等要求，验收24小时后，工程师不在验收记录上签字，视为工程师已经认可验收记录，承包人可进行隐蔽或继续施工。

18. 重新检验

无论工程师是否进行验收，当其要求对已经隐蔽的工程重新检验时，承包人应按要求进行剥离或开孔，并在检验后重新覆盖或修复。检验合格，发包人承担由此发生的全部追加合同价款，赔偿承包人损失，并相应顺延工期。检验不合格，承包人承担发生的全部费用，工期不予顺延。

19. 工程试车

19.1 双方约定需要试车的，试车内容应与承包人承包的安装范围相一致。

19.2 设备安装工程具备单机无负荷试车条件，承包人组织试车，并在试车前48小时以书面形式通知工程师。通知包括试车内容、时间、地点。承包人准备试车记录，发包人根据承包人要求为试车提供必要条件。试车合格，工程师在试车记录上签字。

19.3 工程师不能按时参加试车，须在开始试车前24小时以书面形式向承包人提出延期要求，不参加试车，应承认试车记录。

19.4 设备安装工程具备无负荷联动试车条件，发包人组织试车，并在试车内容、时间、地点和对承包人的要求，承包人按要求做好准备工作。试车合格，双方在试车记录上签字。

19.5 双方责任

（1）由于设计原因试车达不到验收要求，发包人应要求设计单位修改设计，承包人按修改后的设计重新安装。发包人承担修改设计、拆除及重新安装的全部费用和追加合同价款，工期相应顺延。

（2）由于设备制造原因试车达不到验收要求，由该设备采购一方负责重新购置或修理，承包人负责拆除和重新安装。设备由承包人采购的，由承包人承担修理或重新购置、拆除及重新安装的费用，工期不予顺延；设备由发包人采购的，发包人承担上述各项追加合同价款，工期相应顺延。

（3）由于承包人施工原因试车达不到验收要求，承包人按工程师要求重新安装和试车，并承担重新安装和试车的费用，工期不予顺延。

（4）试车费用除已包括在合同价款之内或专用条款另有约定外，均由发包人承担。

（5）工程师在试车合格后不在试车记录上签字，试车结束24小时后，视为工程师已经认可试车记录，承包人可继续施工或办理竣工手续。

19.6 投料试车应在工程竣工验收后由发包人负责，如发包人要求在工程竣工验收前进行或需要承包人配合时，应征得承包人同意，另行签订补充协议。

五、安全施工

20. 安全施工与检查

20.1 承包人应遵守工程建设安全生产有关管理规定，严格按安全标准组织施工，并随时接受行业安全检查人员依法实施的监督检查，采取必要的安全防护措施，消除事故隐患。由于承包人安全措施不力造成事故的责任和由此发生的费用，由承包人承担。

20.2 发包人应对其在施工场地的工作人员进行安全教育，并对他们的安全负责。发包人不得要求承包人违反安全管理的规定进行施工。因发包人原因导致的安全事故，由发包人承担相应责任及发生的费用。

21. 安全防护

21.1 承包人在动力设备、输电线路、地下管道、密封防震车间、易燃易爆地段以及临街交通要道附近施工时，施工开始前应向工程师提出安全防护措施，经工程师认可后实施，防护措施费用由发包人承担。

21.2 实施爆破作业，在放射、毒害性环境中施工（含储存、运输、使用）及使用毒害性、腐蚀性物品施工时，承包人应在施工前14天以书面通知工程师，并提出相应的安全防护措施，经工程师认可后实施，由发包人承担安全防护措施费用。

22. 事故处理

22.1 发生重大伤亡及其他安全事故，承包人应按有关规定立即上报有关部门并通知工程师，同时按政府有关部门要求处理，由事故责任方承担发生的费用。

22.2 发包人、承包人对事故责任有争议时，应按政府有关部门的认定处理。

六、合同价款与支付

23. 合同价款及调整

23.1 招标工程的合同价款由发包人、承包人依据中标通知书中的中标价格在协议书内约定。非招标工程的合同价款由发包人、承包人依据工程预算书在协议书内约定。

23.2 合同价款在协议书内约定后，任何一方不得擅自改变。下列三种确定合同价款的方式，双方可在专用条款内约定采用其中一种：

（1）固定价格合同。双方在专用条款内约定合同价款包含的风险范围和风险费用的计算方法，在约定的风险范围内合同价款不再调整。风险范围以外的合同价款调整方法，应当在专用条款内约定。

（2）可调价格合同。合同价款可根据双方的约定而调整，双方在专用条款内约定合同价款调整方法。

（3）成本加酬金合同。合同价款包括成本和酬金两部分，双方在专用条款内约定成本构成和酬金的计算方法。

23.3 可调价格合同中合同价款的调整因素包括：

（1）法律、行政法规和国家有关政策变化影响合同价款；

（2）工程造价管理部门公布的价格调整；

（3）一周内非承包人原因停水、停电、停气造成停工累计超过8小时；

（4）双方约定的其他因素。

23.4 承包人应当在23.3款情况发生后14天内，将调整原因、金额以书面形式通知工程师，工程师确认调整金额后作为追加合同价款，与工程款同期支付。工程师收到承包人通知后14天内不予确认也不提出修改意见，视为已经同意该项调整。

24. 工程预付款

实行工程预付款的，双方应当在专用条款内约定发包人向承包人预付工程款的时间和数额，开工后按约定的时间和比例逐次扣回。预付时间应不迟于约定的开工日期前7天。发包人不按约定预付，承包人在约定预付时间7天后向发包人发出要求预付的通知，发包人收到通知后仍不能按要求预付，承包人可在发出通知后7天停止施工，发包人应从约定应付之日起向承包人支付应付款的贷款利息，并承担违约责任。

25. 工程量的确认

25.1 承包人应按专用条款约定的时间，向工程师提交已完工程量的报告。工程师接到报告后7天内按设计图纸核实已完工程量（以下称计量），并在计量前24小时通知承包人，承包人为计量提供便利条件并派人参加。承包人收到通知后不参加计量，计量结果有效，作为工程价款支付的依据。

25.2 工程师收到承包人报告后7天内未进行计量，从第8天起，承包人报告中开列的工程量即视为被确认，作为工程价款支付的依据。工程师不按约定时间通知承包人，致使承包人未能参加计量，计量结果无效。

25.3 对承包人超出设计图纸范围和因承包人原因造成返工的工程量，工程师不予计量。

26. 工程款（进度款）支付

26.1 在确认计量结果后14天内，发包人应向承包人支付工程款（进度款）。按约定时间发包人应扣回的预付款，与工程款（进度款）同期结算。

26.2 本通用条款第23条确定调整的合同价款，第31条工程变更调整的合同价款及其他条款中约定的追加合同价款，应与工程款（进度款）同期调整支付。

26.3 发包人超过约定的支付时间不支付工程款（进度款），承包人可向发包人发出要求付款的通知，发包人收到承包人通知后仍不能按要求付款，可与承包人协商签订延期付款协议，经承包人同意后可延期支付。协议应明确延期支付的时间和从计量结果确认后第15天起应付款的贷款利息。

26.4 发包人不按合同约定支付工程款（进度款），双方又未达成延期付款协议，导致施工无法进行，承包人可停止施工，由发包人承担违约责任。

七、材料设备供应

27. 发包人供应材料设备

27.1 实行发包人供应材料设备的，双方应当约定发包人供应材料设备的一览表，作为本合同附件（附件2）。一览表包括发包人供应材料设备的品种、规格、型号、数量、单价、质量等级、提供时间和地点。

27.2 发包人按一览表约定的内容提供材料设备，并向承包人提供产品合格证明，对其质量负责。发包人在所供材料设备到货前24小时，以书面形式通知承包人，由承包人派人与发包人共同清点。

27.3 发包人供应的材料设备，承包人派人参加清点后由承包人妥善保管，发包人支付相应保管费用。因承包人原因发生丢失损坏，由承包人负责赔偿。

发包人未通知承包人清点，承包人不负责材料设备的保管，丢失损坏由发包人负责。

27.4 发包人供应的材料设备与一览表不符时，发包人承担有关责任。发包人应承担责任的具体内容，双方根据下列情况在专用条款内约定：

（1）材料设备单价与一览表不符，由发包人承担所有价差；

（2）材料设备的品种、规格、型号、质量等级与一览表不符，承包人可拒绝接收保管，由发包人运出施工场地并重新采购；

（3）发包人供应的材料规格、型号与一览表不符，经发包人同意，承包人可代为调剂串换，由发包人承担相应费用；

（4）到货地点与一览表不符，由发包人负责运至一览表指定地点；

（5）供应数量少于一览表约定的数量时，由发包人补齐，多于一览表约定数量时，发包人负责将多出部分运出施工场地；

（6）到货时间早于一览表约定时间，由发包人承担因此发生的保管费用；到货时间迟于一览表约定的供应时间，发包人赔偿由此造成的承包人损失，造成工期延误的，相应顺延工期；

27.5 发包人供应的材料设备使用前，由承包人负责检验或试验，不合格的不得使用，检验或试验费用由发包人承担。

27.6　发包人供应材料设备的结算方法，双方在专用条款内约定。

28. 承包人采购材料设备

28.1　承包人负责采购材料设备的，应按照专用条款约定及设计和有关标准要求采购，并提供产品合格证明，对材料设备质量负责。承包人在材料设备到货前24小时通知工程师清点。

28.2　承包人采购的材料设备与设计标准要求不符时，承包人应按工程师要求的时间运出施工场地，重新采购符合要求的产品，承担由此发生的费用，由此延误的工期不予顺延。

28.3　承包人采购的材料设备在使用前，承包人应按工程师的要求进行检验或试验，不合格的不得使用，检验或试验费用由承包人承担。

28.4　工程师发现承包人采购并使用不符合设计和标准要求的材料设备时，应要求承包人负责修复、拆除或重新采购，由承包人承担发生的费用，由此延误的工期不予顺延。

28.5　承包人需要使用代用材料时，应经工程师认可后才能使用，由此增减的合同价款双方以书面形式议定。

28.6　由承包人采购的材料设备，发包人不得指定生产厂或供应商。

八、工程变更

29. 工程设计变更

29.1　施工中发包人需对原工程设计变更，应提前14天以书面形式向承包人发出变更通知。变更超过原设计标准或批准的建设规模时，发包人应报规划管理部门和其他有关部门重新审查批准，并由原设计单位提供变更的相应图纸和说明。承包人按照工程师发出的变更通知及有关要求，进行下列需要的变更：

（1）更改工程有关部分的标高、基线、位置和尺寸；

（2）增减合同中约定的工程量；

（3）改变有关工程的施工时间和顺序；

（4）其他有关工程变更需要的附加工作。

因变更导致合同价款的增减及造成的承包人损失，由发包人承担，延误的工期相应顺延。

29.2　施工中承包人不得对原工程设计进行变更。因承包人擅自变更设计发生的费用和由此导致发包人的直接损失，由承包人承担，延误的工期不予顺延。

29.3　承包人在施工中提出的合理化建议涉及对设计图纸或施工组织设计的更改及对材料、设备的换用，须经工程师同意。未经同意擅自更改或换用时，承包人承担由此发生的费用，并赔偿发包人的有关损失，延误的工期不予顺延。

工程师同意采用承包人合理化建议，所发生的费用和获得的收益，发包人、承包人另行约定分担或分享。

30. 其他变更

合同履行中发包人要求变更工程质量标准及发生其他实质性变更，由双方协商解决。

31. 确定变更价款

31.1　承包人在工程变更确定后14天内，提出变更工程价款的报告，经工程师确认后调整合同价款。变更合同价款按下列方法进行：

(1) 合同中已有适用于变更工程的价格，按合同已有的价格变更合同价款；
(2) 合同中只有类似于变更工程的价格，可以参照类似价格变更合同价款；
(3) 合同中没有适用或类似于变更工程的价格，由承包人提出适当的变更价格，经工程师确认后执行。

31.2 承包人在双方确定变更后14天内不向工程师提出变更工程价款报告时，视为该项变更不涉及合同价款的变更。

31.3 工程师应在收到变更工程价款报告之日起14天内予以确认，工程师无正当理由不确认时，自变更工程价款报告送达之日起14天后视为变更工程价款报告已被确认。

31.4 工程师不同意承包人提出的变更价款，按本通用条款第37条关于争议的约定处理。

31.5 工程师确认增加的工程变更价款作为追加合同价款，与工程款同期支付。

31.6 因承包人自身原因导致的工程变更，承包人无权要求追加合同价款。

九、竣工验收与结算

32. 竣工验收

32.1 工程具备竣工验收条件，承包人按国家工程竣工验收有关规定，向发包人提供完整竣工资料及竣工验收报告。双方约定由承包人提供竣工图的，应当在专用条款内约定提供的日期和份数。

32.2 发包人收到竣工验收报告后28天内组织有关单位验收，并在验收后14天内给予认可或提出修改意见。承包人按要求修改，并承担由自身原因造成修改的费用。

32.3 发包人收到承包人送交的竣工验收报告后28天内不组织验收，或验收后14天内不提出修改意见，视为竣工验收报告已被认可。

32.4 工程竣工验收通过，承包人送交竣工验收报告的日期为实际竣工日期。工程按发包人要求修改后通过竣工验收的，实际竣工日期为承包人修改后提请发包人验收的日期。

32.5 发包人收到承包人竣工验收报告后28天内不组织验收，从第29天起承担工程保管及一切意外责任。

32.6 中间交工工程的范围和竣工时间，双方在专用条款内约定，其验收程序按本通用条款32.1款至32.4款办理。

32.7 因特殊原因，发包人要求部分单位工程或工程部位甩项竣工的，双方另行签订甩项竣工协议，明确双方责任和工程价款的支付方法。

32.8 工程未经竣工验收或竣工验收未通过的，发包人不得使用。发包人强行使用时，由此发生的质量问题及其他问题，由发包人承担责任。

33. 竣工结算

33.1 工程竣工验收报告经发包人认可后28天内，承包人向发包人递交竣工结算报告及完整的结算资料，双方按照协议书约定的合同价款及专用条款约定的合同价款调整内容，进行工程竣工结算。

33.2 发包人收到承包人递交的竣工结算报告及结算资料后28天内进行核实，给予确认或者提出修改意见。发包人确认竣工结算报告通知经办银行向承包人支付工程竣工结算价款。承包人收到竣工结算价款后14天内将竣工工程交付发包人。

33.3 发包人收到竣工结算报告及结算资料后28天内无正当理由不支付工程竣工结算价

款，从第 29 天起按承包人同期向银行贷款利率支付拖欠工程价款的利息，并承担违约责任。

33.4 发包人收到竣工结算报告及结算资料后 28 天内不支付工程竣工结算价款，承包人可以催告发包人支付结算价款。发包人在收到竣工结算报告及结算资料后 56 天内仍不支付的，承包人可以与发包人协议将该工程折价，也可以由承包人申请人民法院将该工程依法拍卖，承包人就该工程折价或者拍卖的价款优先受偿。

33.5 工程竣工验收报告经发包人认可后 28 天内，承包人未能向发包人递交竣工结算报告及完整的结算资料，造成工程竣工结算不能正常进行或工程竣工结算价款不能及时支付，发包人要求交付工程的，承包人应当交付；发包人不要求交付工程的，承包人承担保管责任。

33.6 发包人、承包人对工程竣工结算价款发生争议时，按本通用条款第 37 条关于争议的约定处理。

34. 质量保修

34.1 承包人应按法律、行政法规或国家关于工程质量保修的有关规定，对交付发包人使用的工程在质量保修期内承担质量保修责任。

34.2 质量保修工作的实施。承包人应在工程竣工验收之前，与发包人签订质量保修书，作为本合同附件（附件 3 略）。

34.3 质量保修书的主要内容包括：

（1）质量保修项目内容及范围；

（2）质量保修期；

（3）质量保修责任；

（4）质量保修金的支付方法。

十、违约、索赔和争议

35. 违约

35.1 发包人违约。当发生下列情况时：

（1）本通用条款第 24 条提到的发包人不按时支付工程预付款；

（2）本通用条款第 26.4 款提到的发包人不按合同约定支付工程款，导致施工无法进行；

（3）本通用条款第 33.3 款提到的发包人无正当理由不支付工程竣工结算价款；

（4）发包人不履行合同义务或不按合同约定履行义务的其他情况。

发包人承担违约责任，赔偿因其违约给承包人造成的经济损失，顺延延误的工期。双方在专用条款内约定发包人赔偿承包人损失的计算方法或者发包人应当支付违约金的数额或计算方法。

35.2 承包人违约。当发生下列情况时：

（1）本通用条款第 14.2 款提到的因承包人原因不能按照协议书约定的竣工日期或工程师同意顺延的工期竣工；

（2）本通用条款第 15.1 款提到的因承包人原因工程质量达不到协议书约定的质量标准；

（3）承包人不履行合同义务或不按合同约定履行义务的其他情况。

承包人承担违约责任，赔偿因其违约给发包人造成的损失。双方在专用条款内约定承包人赔偿发包人损失的计算方法或者承包人应当支付违约金的数额或计算方法。

35.3 一方违约后，另一方要求违约方继续履行合同时，违约方承担上述违约责任后仍应继续履行合同。

36. 索赔

36.1 当一方向另一方提出索赔时,要有正当索赔理由,且有索赔事件发生时的有效证据。

36.2 发包人未能按合同约定履行自己的各项义务或发生错误以及应由发包人承担责任的其他情况,造成工期延误和(或)承包人不能及时得到合同价款及承包人的其他经济损失,承包人可按下列程序以书面形式向发包人索赔:

(1) 索赔事件发生后28天内,向工程师发出索赔意向通知;

(2) 发出索赔意向通知后28天内,向工程师提出延长工期和(或)补偿经济损失的索赔报告及有关资料;

(3) 工程师在收到承包人送交的索赔报告和有关资料后,于28天内给予答复,或要求承包人进一步补充索赔理由和证据;

(4) 工程师在收到承包人送交的索赔报告和有关资料后28天内未予答复或未对承包人作进一步要求,视为该项索赔已经认可;

(5) 当该索赔事件持续进行时,承包人应当阶段性向工程师发出索赔意向,在索赔事件终了后28天内,向工程师送交索赔的有关资料和最终索赔报告。索赔答复程序与(3)、(4) 规定相同。

36.3 承包人未能按合同约定履行自己的各项义务或发生错误,给发包人造成经济损失,发包人可按36.2款确定的时限向承包人提出索赔。

37. 争议

37.1 发包人、承包人在履行合同时发生争议,可以和解或者要求有关主管部门调解。当事人不愿和解、调解或者和解、调解不成的,双方可以在专用条款内约定以下一种方式解决争议:第一种解决方式:双方达成仲裁协议,向约定的仲裁委员会申请仲裁;

第二种解决方式:向有管辖权的人民法院起诉。

37.2 发生争议后,除非出现下列情况的,双方都应继续履行合同,保持施工连续,保护好已完工程:

(1) 单方违约导致合同确已无法履行,双方协议停止施工;

(2) 调解要求停止施工,且为双方接受;

(3) 仲裁机构要求停止施工;

(4) 法院要求停止施工。

十一、其他

38. 工程分包

38.1 承包人按专用条款的约定分包所承包的部分工程,并与分包单位签订分包合同。非经发包人同意,承包人不得将承包工程的任何部分分包。

38.2 承包人不得将其承包的全部工程转包给他人,也不得将其承包的全部工程肢解以后以分包的名义分别转包给他人。

38.3 工程分包不能解除承包人任何责任与义务。承包人应在分包场地派驻相应管理人员,保证本合同的履行。分包单位的任何违约行为或疏忽导致工程损害或给发包人造成其他损失,承包人承担连带责任。

38.4 分包工程价款由承包人与分包单位结算。发包人未经承包人同意不得以任何形式向分包单位支付各种工程款项。

39. 不可抗力

39.1 不可抗力包括因战争、动乱、空中飞行物体坠落或其他非发包人、承包人责任造成的爆炸、火灾，以及专用条款约定的风雨、雪、洪、震等自然灾害。

39.2 不可抗力事件发生后，承包人应立即通知工程师，在力所能及的条件下迅速采取措施，尽力减少损失，发包人应协助承包人采取措施。不可抗力事件结束后48小时内承包人向工程师通报受害情况和损失情况，及预计清理和修复的费用。不可抗事件持续发生，承包人应每隔7天向工程师报告一次受害情况。不可抗力事件结束后14天内，承包人向工程师提交清理和修复费用的正式报告及有关资料。

39.3 因不可抗力事件导致的费用及延误的工期由双方按以下方法分别承担：

（1）工程本身的损害、因工程损害导致第三方人员伤亡和财产损失以及运至施工场地用于施工的材料和待安装的设备的损害，由发包人承担；

（2）发包人、承包人人员伤亡由其所在单位负责，并承担相应费用；

（3）承包人机械设备损坏及停工损失，由承包人承担；

（4）停工期间，承包人应工程师要求留在施工场地的必要的管理人员及保卫人员的费用由发包人承担；

（5）工程所需清理、修复费用，由发包人承担；

（6）延误的工期相应顺延。

39.4 因合同一方迟延履行合同后发生不可抗力的，不能免除迟延履行方的相应责任。

40. 保险

40.1 工程开工前，发包人为建设工程和施工场内的自有人员及第三方人员生命财产办理保险，支付保险费用。

40.2 运至施工场地内用于工程的材料和待安装设备，由发包人办理保险，并支付保险费用。

40.3 发包人可以将有关保险事项委托承包人办理，费用由发包人承担。

40.4 承包人必须为从事危险作业的职工办理意外伤害保险，并为施工场地内自有人员生命财产和施工机械设备办理保险，支付保险费用。

40.5 保险事故发生时，发包人、承包人有责任尽力采取必要的措施，防止或者减少损失。

40.6 具体投保内容和相关责任，发包人、承包人在专用条款中约定。

41. 担保

41.1 发包人、承包人为了全面履行合同，应互相提供以下担保：

（1）发包人向承包人提供履约担保，按合同约定支付工程价款及履行合同约定的其他义务。

（2）承包人向发包人提供履约担保，按合同约定履行自己的各项义务。

41.2 一方违约后，另一方可要求提供担保的第三方承担相应责任。

41.3 提供担保的内容、方式和相关责任，发包人、承包人除在专用条款中约定外，被担保方与担保方还应签订担保合同，作为本合同附件。

42. 专利技术及特殊工艺

42.1 发包人要求使用专利技术或特殊工艺，就负责办理相应的申报手续，承担申报、试验、使用等费用；承包人提出使用专利技术或特殊工艺，应取得工程师认可，承包人负责办理申报手续并承担有关费用。

42.2 擅自使用专利技术侵犯他人专利权的，责任者依法承担相应责任。

43. 文物和地下障碍物

43.1 在施工中发现古墓、古建筑遗址等文物及化石或其他有考古、地质研究等价值的物品时，承包人应立即保护好现场并于4小时内以书面形式通知工程师，工程师应于收到书面通知后24小时内报告当地文物管理部门，发包人、承包人按文物管理部门的要求采取妥善保护措施。发包人承担由此发生的费用，顺延延误的工期。

如发现后隐瞒不报，致使文物遭受破坏，责任者依法承担相应责任。

43.2 施工中出现影响施工的地下障碍物时，承包人应于8小时内以书面形式通知工程师，同时提出处置方案，工程师收到处置方案后24小时内予以认可或提出修正方案。发包人承担由此发生的费用，顺延延误的工期。

所发现的地下障碍物有归属单位时，发包人应报请有关部门协同处置。

44. 合同解除

44.1 发包人、承包人协商一致，可以解除合同。

44.2 发生本通用条款第26.4款情况，停止施工超过56天，发包人仍不支付工程款（进度款），承包人有权解除合同。

44.3 发生本通用条款第38.2款禁止的情况，承包人将其承包的全部工程转包给他人或者肢解以后以分包的名义分别转包给他人，发包人有权解除合同。

44.4 有下列情形之一的，发包人、承包人可以解除合同：

（1）因不可抗力致使合同无法履行；

（2）因一方违约（包括因发包人原因造成工程停建或缓建）致使合同无法履行。

44.5 一方依据第44.2、44.3、44.4款约定要求解除合同的，应以书面形式向对方发出解除合同的通知，并在发出通知前7天告知对方，通知到达对方时合同解除。对解除合同有争议的，按本通用条款第37条关于争议的约定处理。

44.6 合同解除后，承包人应妥善做好已完工程和已购材料、设备的保护和移交工作，按发包人要求将自有机械设备和人员撤出施工场地。发包人应为承包人撤出提供必要条件，支付以上所发生的费用，并按合同约定支付已完工程价款。已经订货的材料、设备由订货方负责退货或解除订货合同，不能退还的货款和因退货、解除订货合同发生的费用，由发包人承担，因未及时退货造成的损失由责任方承担。除此之外，有过错的一方应当赔偿因合同解除给对方造成的损失。

44.7 合同解除后，不影响双方在合同中约定的结算和清理条款的效力。

45. 合同生效与终止

45.1 双方在协议书中约定合同生效方式。

45.2 除本通用条款第34条外，发包人、承包人履行合同全部义务，竣工结算价款支付完毕，承包人向发包人交付竣工工程后，本合同即告终止。

45.3 合同的权利义务终止后，发包人、承包人应当遵循诚实信用原则，履行通知、协助、保密等义务。

46. 合同份数

46.1 本合同正本两份，具有同等效力，由发包人、承包人分别保存一份。
46.2 本合同副本份数，由双方根据需要在专用条款内约定。
47. 补充条款
双方根据有关法律、行政法规规定，结合工程实际经协商一致后，可对本通用条款内容具体化、补充或修改，在专用条款内约定。

第三部分 专用条款

一、词语定义及合同文件
2. 合同文件及解释顺序
合同文件组成及解释顺序：_____
3. 语言文字和适用法律、标准及规范
3.1 本合同除使用汉语外，还使用　　语言文字。
3.2 适用法律和法规
需要明示的法律、行政法规：_____
3.3 适用标准、规范
适用标准、规范的名称：_____
发包人提供标准、规范的时间：_____
国内没有相应标准、规范时的约定：_____
4. 图纸
4.1 发包人向承包人提供图纸日期和套数：_____
发包人对图纸的保密要求：_____
使用国外图纸的要求及费用承担：_____

二、双方一般权利和义务
5. 工程师
5.2 监理单位委派的工程师
姓名：_____职务：_____
发包人委托的职权：_____
需要取得发包人批准才能行使的职权：_____
5.3 发包人派驻的工程师
姓名：_____职务：_____
职权：_____
5.6 不实行监理的，工程师的职权：_____
7. 项目经理
姓名：_____职务：_____
8. 发包人工作
8.1 发包人应按约定的时间和要求完成以下工作：
（1）施工场地具备施工条件的要求及完成的时间：_____
（2）将施工所需的水、电、电讯线路接至施工场地的时间、地点和供应要求：

（3）施工场地与公共道路的通道开通时间和要求：＿＿＿＿＿＿＿＿＿＿
（4）工程地质和地下管线资料的提供时间：＿＿＿＿＿＿＿＿＿＿
（5）由发包人办理的施工所需证件、批件的名称和完成时间：＿＿＿＿＿
（6）水准点与坐标控制点交验要求：＿＿＿＿＿＿＿＿＿＿＿＿＿＿
（7）图纸会审和设计交底时间：＿＿＿＿＿＿＿＿＿＿＿
（8）协调处理施工场地周围地下管线和邻近建筑物、构筑物（含文物保护建筑）、古树名木的保护工作：＿＿＿＿＿＿＿＿＿＿＿＿＿＿
（9）双方约定发包人应做的其他工作：＿＿＿＿＿＿＿＿＿＿
8.2　发包人委托承包人办理的工作：＿＿＿＿＿＿＿＿＿＿

9. 承包人工作

9.1　承包人应按约定时间和要求，完成以下工作：
（1）需由设计资质等级和业务范围允许的承包人完成的设计文件提交时间：＿＿＿＿＿＿＿＿＿＿
（2）应提供计划、报表的名称及完成时间：＿＿＿＿＿＿＿＿＿＿
（3）承担施工安全保卫工作及非夜间施工照明的责任和要求：＿＿＿＿＿
（4）向发包人提供的办公和生活房屋及设施的要求：＿＿＿＿＿＿＿＿＿
（5）需承包人办理的有关施工场地交通、环卫和施工噪声管理等手续：＿＿＿＿
（6）已完工程成品保护的特殊要求及费用承担：＿＿＿＿＿＿＿＿＿＿
（7）施工场地周围地下管线和邻近建筑物、构筑物（含文物保护建筑）、古树名木的保护要求及费用承担：＿＿＿＿＿＿＿＿＿＿＿＿＿
（8）施工场地清洁卫生的要求：＿＿＿＿＿＿＿＿＿＿
（9）双方约定承包人应做的其他工作：＿＿＿＿＿＿＿＿＿＿

三、施工组织设计和工期

10. 进度计划

10.1　承包人提供施工组织设计（施工方案）和进度计划的时间：＿＿＿＿＿＿＿＿工程师确认的时间：＿＿＿＿＿＿＿＿＿＿
10.2　群体工程中有关进度计划的要求：＿＿＿＿＿＿＿＿＿＿

13. 工期延误

13.1　双方约定工期顺延的其他情况：＿＿＿＿＿＿＿＿＿＿

四、质量与验收

17. 隐蔽工程和中间验收

17.1　双方约定中间验收部位：＿＿＿＿＿＿＿＿＿＿

19. 工程试车

19.5　试车费用的承担：＿＿＿＿＿＿＿＿＿＿

五、安全施工

六、合同价款与支付

23. 合同价款及调整

23.2　本合同价款采用＿＿＿＿＿＿＿＿＿＿＿＿＿＿＿＿＿＿＿方式确定。
（1）采用固定价格合同，合同价款中包括的风险范围：＿＿＿＿＿＿＿

风险费用的计算方法：_____

风险范围以外合同价款调整方法：_____

（2）采用可调价格合同，合同价款调整方法：_____

（3）采用成本加酬金合同，有关成本和酬金的约定：_____

23.3 双方约定合同价款的其他调整因素：_____

24. 工程预付款

发包人向承包人预付工程款的时间和金额或占合同价款总额的比例：_____

扣回工程款的时间、比例：_____

25. 工程量确认

25.1 承包人向工程师提交已完工程量报告的时间：_____

26. 工程款（进度款）支付

双方约定的工程款（进度款）支付的方式和时间：_____

七、材料设备供应

27. 发包人供应

27.4 发包人供应的材料设备与一览表不符时，双方约定发包人承担责任如下：

（1）材料设备单价与一览表不符：_____

（2）材料设备的品种、规格、型号、质量等级与一览表不符：_____

（3）承包人可代为调剂串换的材料：_____

（4）到货地点与一览表不符：_____

（5）供应数量与一览表不符：_____

（6）到货时间与一览表不符：_____

27.6 发包人供应材料设备的结算方法：_____

28. 承包人采购材料设备

28.1 承包人采购材料设备的约定：_____

八、工程变更

九、竣工验收与结算

32. 竣工验收

32.1 承包人提供竣工图的约定：_____

32.6 中间交工工程的范围和竣工时间：_____

十、违约、索赔和争议

35. 违约

35.1 本合同中关于发包人违约的具体责任如下：

本合同通用条款第24条约定发包人违约应承担的违约责任：_____

本合同通用条款第26.4款约定发包人违约应承担的违约责任：_____

本合同通用条款第33.3款约定发包人违约应承担的违约责任：_____

双方约定的发包人其他违约责任：_____

35.2 本合同中关于承包人违约的具体责任如下：

本合同通用条款第14.2款约定承包人违约应承担的违约责任：_____

本合同通用条款第15.1款约定承包人违约应承担的违约责任：_____

双方约定的承包人其他违约责任：_____
37. 争议
37.1 双方约定，在履行合同过程中产生争议时：
(1) 请_____调解；
(2) 采取第_____种方式解决，并约定向_____仲裁委员会提请仲裁或向_____人民法院提起诉讼。

十一、其他
38. 工程分包
38.1 本工程发包人同意承包人分包的工程：_____
分包施工单位为：_____
39. 不可抗力
39.1 双方关于不可抗力的约定：
40. 保险
40.6 本工程双方约定投保内容如下：
(1) 发包人投保内容：_____
发包人委托承包人办理的保险事项：_____
(2) 承包人投保内容：_____
41. 担保
41.3 本工程双方约定担保事项如下：_____
(1) 发包人向承包人提供履约担保，担保方式为：担保合同作为本合同附件。
(2) 承包人向发包人提供履约担保，担保方式为：担保合同作为本合同附件。
(3) 双方约定的其他担保事项：_____
46. 合同份数
46.1 双方约定合同副本份数：_____
47. 补充条款

附件1：承包人承揽工程项目一览表（略）
附件2：发包人供应材料设备一览表（略）
附件3：工程质量保修书（略）

9.4.3 建设工程委托监理合同示范文本

建设工程委托监理合同（节选）
（GF—2000—0202）

第一部分　建设工程委托监理合同

委托人_____与监理人_____经双方协商一致签订本合同。
一、委托人委托监理人监理的工程（以下简称"本工程"）概况如下：
工程名称：
工程地点：
工程规模：

总投资：

二、本合同中的有关词语含义与本合同第二部分《标准条件》中赋予它们的定义相同。

三、下列文件均为本合同的组成部分：

1. 监理投标书或中标通知书；

2. 本合同标准条件；

3. 在实施过程中双方共同签署的补充与修正文件。

四、监理人向委托人承诺，按照本合同的规定，承担本合同专用条件中议定范围内的监理业务。

五、委托人向监理人承诺按照本合同注明的期限、方式、币种，向监理人支付报酬。

本合同_____年_____月_____日开始实施，至_____年_____月_____日完成。

本合同一式_____份，具有同等法律效力，双方各执_____份。

委托人（印章）：   监理人（印章）：
住　　所：   住　　所：
法定代表人（签章）：   法定代表人（签章）：
开户银行：   开户银行：
账　　号：   账　　号：
邮　　编：   邮　　编：
电　　话：   电　　话：

本合同签订于：_____年_____月_____日

第二部分　标准条件

词语定义、适用范围和法规

第一条 下列名词和用语，除上下文另有规定外，有如下含义：

(1) "工程"是指委托人委托实施监理的工程。

(2) "委托人"是指承担直接投资责任和委托监理业务的一方以及其合法继承人。

(3) "监理人"是指承担监理业务和监理责任的一方，以及其合法继承人。

(4) "监理机构"是指监理人派驻本工程现场实施监理业务的组织。

(5) "总监理工程师"是指经委托人同意，监理人派到监理机构全面履行本合同的全权负责人。

(6) "承包人"是指除监理人以外，委托人就工程建设有关事宜签订合同的当事人。

(7) "工程监理的正常工作"是指双方在专用条件中约定，委托人委托的监理工作范围和内容。

(8) "工程监理的附加工作"是指：1. 委托人委托监理范围以外，通过双方书面协议另外增加的工作内容；2. 由于委托人或承包人原因，使监理工作受到阻碍或延误，因增工作量或持续时间而增加的工作。

(9) "工程监理的额外工作"是指正常工作和附加工作以外，根据第三十八条规定监理人必须完成的工作，或非监理人自己的原因而暂停或终止监理业务，其善后工作及恢复监理业务的工作。

（10）"日"是指任何一天零时至第二天零时时间段。

（11）"月"是指根据公历从一个月份中任何一天开始到下一个月相应日期的前一天的时间段。

第二条 建设工程委托监理合同适用的法律是指国家的法律、行政法规，以及专用条件中议定的部门规章或工程所在地的地方法规、地方规章。

第三条 本合同文件使用汉语语言文字解释和说明。如专用条件约定使用两种以上（含两种）语言文字，汉语应为解释和说明本合同的标准语言文字。

监理人义务

第四条 监理人按合同约定派出监理工作需要的监理机构及监理人员，向委托人报送委派的总监理工程师及其监理机构主要成员名单、监理规划，完成监理合同专用条件中约定的监理工作范围内的监理业务。在履行合同义务期间，应按合同约定定期向委托人报告监理工作。

第五条 监理人在履行本合同的义务期间，应认真、勤奋地工作，为委托人提供与其水平相适应的咨询意见，公正维护各方面的合法权益。

第六条 监理人使用委托人提供的设施和物品属委托人的财产。在监理工作完成或中止时应将其设施和剩余的物品按合同约定的时间和方式移交给委托人。

第七条 在合同期内或合同终止后，未征得有关方同意，不得泄露与本工程、本合同业务有关的保密资料。

委托人义务

第八条 委托人在监理人开展监理业务之前应向监理人支付预付款。

第九条 委托人应当负责工程建设的所有外部关系的协调，为监理工作提供外部条件。根据需要，如将部分或全部协调工作委托监理人承担，则应在专用条件中明确委托的工作和相应的报酬。

第十条 委托人应当在双方约定的时间内免费向监理人提供与工程有关的为监理工作所需要的工程资料。

第十一条 委托人应当在专用条款约定的时间内就监理人书面提交并要求作出决定的一切事宜作出书面决定。

第十二条 委托人应当授权一名熟悉工程情况、能在规定时间内作出决定的常驻代表（在专用条款中约定）负责与监理人联系。更换常驻代表，要提前通知监理人。

第十三条 委托人应当将授予监理人的监理权利，以及监理人主要成员的职能分工、监理权限及时书面通知已选定的承包合同的承包人，并在与第三人签订的合同中予以明确。

第十四条 委托人应在不影响监理人开展监理工作的时间内提供如下资料：

（1）与本工程合作的原材料、构配件、机械设备等生产厂家名录。

（2）提供与本工程有关协作单位、配合单位的名录。

第十五条 委托人应免费向监理人提供办公用房、通信设施、监理人员工地住房及合同专用条件约定的设施，对监理人自备的设施给予合理的经济补偿（补偿金额＝设施在工程使用时间占折旧年限的比例×设施原值＋管理费）。

第十六条 根据情况需要，如果双方约定，由委托人免费向监理人提供其他人员，应在监理合同专用条件中予以明确。

监理人权利

第十七条 监理人在委托人委托的工程范围，享有以下权利：

（1）选择工程总承包人的建议权。

（2）选择工程分包人的认可权。

（3）对工程建设有关事项包括工程规模、设计标准、规划设计、生产工艺设计和使用功能要求，向委托人的建议权。

（4）对工程设计中的技术问题，按照安全和优化的原则，向设计人提出建议；如果拟提出的建议可能会提高工程造价，或延长工期，应当事先征得委托人的同意。当发现工程设计不符合国家颁布的建设工程质量标准或设计合同约定的质量标准时，监理人应当书面报告委托人并要求设计人更正。

（5）审批工程施工组织设计和技术方案，按照保质量、保工期和降低成本的原则，向承包人提出建议，并向委托人提出书面报告。

（6）主持工程建设有关协作单位的组织协调，重要协调事项应当事先向委托人报告。

（7）征得委托人同意，监理人有权发布开工令、停工令、复工令，但应当事先向委托人报告。如在紧急情况下未能事先报告时，则应在24小时内向委托人作出书面报告。

（8）工程上使用的材料和施工质量的检验权。对于不符合设计要求和合同约定及国家质量标准的材料、构配件、设备，有权通知承包人停止使用；对于不符合规范和质量标准的工序、分部分项工程和不安全施工作业，有权通知承包人停工整改、返工。承包人得到监理机构复工令后才能复工。

（9）工程施工进度的检查、监督权，以及工程实际竣工日期提前或超过工程施工合同规定的竣工期限的签认权。

（10）在工程施工合同约定的工程价格范围内，工程款支付的审核和签认权，以及工程结算的复核确认权与否决权。未经总监理工程师签字确认，委托人不支付工程款。

第十八条 监理人在委托人授权下，可对任何承包人合同规定的义务提出变更。如果由此严重影响了工程费用或质量、或进度，则这种变更须经委托人事先批准，因在紧急情况下未能事先报委托人批准时，监理人所做的变更也应尽快通知委托人。在监理过程中如发现工程承包人人员工作不力，监理机构可要求承包人调换有关人员。

第十九条 在委托的工程范围内，委托人或承包人对对方的任何意见和要求（包括索赔要求），均必须首先向监理机构提出，由监理机构研究处置意见，再同双方协商确定。当委托人和承包人发生争议，监理机构应根据自己的职能，以独立的身份判断，公正地进行调解。当双方的争议由政府建设行政主管部门调解或仲裁机关仲裁时，应当提供作证的事实材料。

委托人权利

第二十条 委托人有选定工程总承包人，以及与其订立合同的权利。

第二十一条 委托人有对工程规模、设计标准、规划设计、生产工艺设计和设计使用功能要求的认定权，以及对工程设计变更的审批权。

第二十二条 监理人调换总监理工程师须事先经委托人同意。

第二十三条 委托人有权要求监理人提交监理工作月报及监理业务范围内的专项报告。

第二十四条 当委托人发现监理人员不按监理合同履行监理职责，或承包人串通给委托人或工程造成损失的，委托人有权要求监理人更换监理人员，直到终止合同并要求监理人承担相应的赔偿责任或连带赔偿责任。

监理人责任

第二十五条 监理人的责任期即委托监理合同有效期。在监理过程中，如果因工程建设进度的推迟或延误而超过书面约定的日期，双方应进一步约定相应延长的合同期。

第二十六条 监理人在责任期内，应当履行约定的义务。如果因监理人过失而造成了委托人的经济损失，应当向委托人赔偿。累计赔偿总额（除本合同第二十四条规定以外）不应超过监理报酬总额（除去税金）。

第二十七条 监理人对承包人违反合同规定的质量要求和完工（交图、交货）时限，不承担责任。因不可抗力导致委托监理合同不能全部或部分履行，监理人不承担责任。但对违反第五条规定引起的与之有关的事宜，向委托人承担赔偿责任。

第二十八条 监理人向委托人提出赔偿要求不能成立时，监理人应当补偿由于该索赔所导致委托人的各种费用支出。

委托人责任

第二十九条 委托人应当履行委托监理合同约定的义务，如有违反则应当承担违约责任，赔偿给监理人造成的经济损失。

监理人处理委托业务时，因非监理人原因的事由受到损失，可以向委托人要求补偿损失。

第三十条 委托人如果向监理人提出补偿的要求不能成立，则应当补偿由该索赔所引起的监理人各种费用支出。

合同生效、变更与终止

第三十一条 由于委托人或承包人的原因使监理工作受到阻碍或延误，以致发生了附加工作或延长了持续时间，则监理人应当将此情况与可能产生的影响及时通知委托人。完成监理业务的时间相应延长，并得到附加工作的报酬。

第三十二条 在委托监理合同签订后，实际情况发生变化，使得监理人不能全部或部分执行监理业务时，监理人应当立即通知委托人。该监理业务的完成时间应予延长。当恢复执行监理业务，应当增加不超过42日的时间用于恢复执行监理业务，并按双方约定的数量支付监理报酬。

第三十三条 监理人向委托人办理完竣工验收或工程移交手续，承包人和委托人已签订工程保修责任书，监理人收到监理报酬尾款，本合同即终止。保修期间的责任，双方在专用条款中约定。

第三十四条 当事人一方要求变更或解除合同时，应当在42日前通知对方，因解除合同使一方遭受损失的，除依法可以免除责任的外，应由责任方负责赔偿。

变更或解除合同的通知或协议必须采取书面形式，协议未达成之前，原合同仍然有效。

第三十五条 监理人在应当获得监理报酬之日起30日内仍未收到支付单据，而委托人又未对监理人提出任何书面解释时，或根据第三十三条及第三十四条已暂停执行监理业务时限超过六个月的，监理人可向委托人发出终止合同的通知，发出通知后14日内仍未得到委托人答复，可进一步发出终止合同的通知，如果第二份通知发出后42日内仍未得到委托人答复，可终止合同或自行暂停或继续暂停执行全部或部分监理业务。委托人承担违约责任。

第三十六条 监理人由于非自己的原因而暂停或终止执行监理业务，其善后工作以及恢复监理业务的工作，应当视为额外工作，有权得到额外的报酬。

第三十七条 当委托人认为监理人无正当理由而又未履行监理义务时，可向监理人发出指明其未履行义务的通知。若委托人发出通知后21日内没有收到答复，可在第一个通知发出后35日内发出终止委托监理合同的通知，合同即行终止。监理人承担违约责任。

第三十八条 合同协议的终止并不影响各方应享有的权利和应当承担的责任。

监理报酬

第三十九条 正常的监理工作、附加工作和额外工作的报酬，按照监理合同专用条件中第四十条的方法计算，并按约定的时间和数额支付。

第四十条 如果委托人在规定的支付期限内未支付监理报酬，自规定之日起，还应向监理人支付滞纳金。滞纳金从规定支付期限最后一日起计算。

第四十一条 支付监理报酬所采取的货币币种、汇率由合同专用条件约定。

第四十二条 如果委托人对监理人提交的支付通知中报酬或部分报酬项目提出异议，应当在收到支付通知书24小时内向监理人发出表示争议的通知，但委托人不得拖延其他无异议报酬项目的支付。

其 他

第四十三条 委托的建设工程监理所必要的监理人员出外考察、材料设备复试，其费用支出经委托人同意的，在预算范围内向委托人实报实销。

第四十四条 在监理业务范围，如需聘用专家咨询或协助，由监理人聘用的，其费用由监理人承担；由委托人聘用的，其费用由委托人承担。

第四十五条 监理人在监理工作过程中提出的合理化建议，使委托人得到了经济效益，委托人应按专用条件中的约定给予经济奖励。

第四十六条 监理人驻地监理机构及其职员不得接受监理工程项目施工承包人的任何报酬或者经济利益。

监理人不得参与可能与合同规定的与委托人的利益相冲突的任何活动。

第四十七条 监理人在监理过程中，不得泄露委托人申明的秘密，监理人亦不得泄露设计人、承包人等提供并申明的秘密。

第四十八条 监理人对于由其编制的所有文件拥有版权，委托人仅有权为本工程使用或复制此类文件。

争议的解决

第四十九条 凡因本合同或与本合同有关的一切争议，双方应当协商解决，如未能达成一致，提交中国国际经济贸易仲裁委员会仲裁，仲裁地点在深圳或双方商定的其他城市，仲裁裁决是终局，对双方均有约束力。

第三部分 专用条件

第二条 本合同适用的法律及监理依据：

第四条 监理范围和监理工作内容：

第九条 外部条件包括：

第十条 委托人应提供的工程资料及提供时间：

第十一条　委托应在_____天内对监理人书面提交并要求作出决定的事宜作出书面答复。

第十二条　委托人的常驻代表为_____。

第十五条　委托人免费向监理机构提供如下设施：

监理人自备的、委托人给予补偿的设施如下：

补偿金额＝

第十六条　在监理期间，委托人免费向监理机构提供_____名工作人员，由总监理工程师安排其工作，凡涉及服务时，此类职员只应从总监理工程师处接受指示。并免费提供_____名服务人员。监理机构应与此类服务的提供者合作，但不对此类人员及其行为负责。

第二十六条　监理人在责任期内如果失职，同意按以下办法承担责任，赔偿损失［累计赔偿额不超过监理报酬总数（扣税）］：

$$赔偿金＝直接经济损失×报酬比率（扣除税金）$$

第三十九条　委托人同意按以下的计算方法、支付时间与金额，支付监理人的报酬：

委托人同意按以下的计算方法、支付时间与金额，支付附加工作报酬：

（报酬＝附加工作日数×合同报酬/监理服务日）

委托人按以下的计算方法、支付时间与金额，支付额外工作报酬：

第四十一条　双方同意用_____支付报酬，按_____汇率计付。

第四十五条　奖励办法：

$$奖励金额＝工程费用节省额×报酬比率$$

9.4.4　FIDIC土木工程施工合同条款

FIDIC（通称菲迪克）是国际咨询工程师联合会（Federation International Des Ingenieurs Conseils）法语名称的缩写。该组织在总结各国土建工程施工承包业务方面经验的基础上，编写了《土木工程施工合同条款》（Conditions of Contract for Works of Civil Engineering Construction）。经多次改编，于1987年3月制定发行了第4版。

FIDIC《土木工程施工合同条款》被许多国家和国际组织所采用，成为土木工程招标承包经营管理的指导性文件。不少国家依据FIDIC《土木工程施工合同条款》，结合本国的特点，制定出本国的《土木工程施工合同条款》，作为法定范本，要求本国的土建工程在招标承包经营中推广使用。

FIDIC《土木工程施工合同条款》包括两大部分。

一、一般条款

又称通用条款，对各种类型的土木工程均适用，它实际上是一个现成的标准合同文本，被许多工程施工的合同文件几乎全部套用。

一般（通用）条款共分25节，分别为：

(1) 定义与解释；

(2) 工程师和工程师代表；

(3) 合同的转让与分包；

(4) 合同文件；

(5) 一般义务；
(6) 劳务；
(7) 材料、工程设备和操作工艺；
(8) 暂时停工；
(9) 开工和工期延误；
(10) 缺陷责任；
(11) 变更、增加与省略；
(12) 索赔程序；
(13) 承包商的设备、临时工程和材料；
(14) 计量；
(15) 暂定金额；
(16) 指定分包商；
(17) 证书与付款；
(18) 补救措施；
(19) 特殊风险；
(20) 解除履约；
(21) 争端的解决；
(22) 通知；
(23) 雇主的违约；
(24) 费用和法规的变更；
(25) 货币与汇率。

二、专用条款

专用条款是对通用条款的补充，是考虑具体工程及其所在地的具体情况而对通用条件作必要的说明或增删的表述，并有示例供参考。此外，还列有必要时需增加的补充条款，包括：贿赂，应保密的细节，限制支出，联营体成员的共同责任及各自责任等。

------- 本章小结 -------

本章首先对我国的《合同法》进行了概述，然后介绍了建设工程合同中的勘察、设计、施工合同以及与建设工程相关的委托合同、承揽合同等的相应概念、订立、履行与违约责任。对于建设工程施工合同的索赔与法律解释也进行了阐述。为了方便读者对本章内容有一个直观的理解，还介绍了一些主要的建设工程合同示范文本。

本章的难点是《合同法》的基本原理，重点是建设工程施工合同。

【案例实训】

案例1：

2001年8月20日，A大厦与建设公司签订了《装修改造合同》。合同约定：总工期132天，工程承包造价为人民币1850万元。该合同同时在补充条款中约定：合同为一次包死合同，包括室内外装修、土建改造、新建区域机电。乙方负责本工程工程款总包，其中室内外装修、设计施工为乙方承包范围。土建加建工程、新建区域机电由甲方另行发包给有资质的单位。甲方于2001年8月20日提供建筑、机电施工图一式八套给予乙方，乙方施工范围内的装修图纸由乙方设计，经甲方批准后使用。合同正式签订后15日内甲方支付工程款总额的60%作为预付款；乙方开始拆除之25日内支付工程款总额的10%作为设备用款；开工后60日支付15%工程款；开工后90日支付14%工程款；两年保修期满3日内支付预扣的1%保修金。同时，合同还对工程质量、材料采购、验收、违约责任等条款进行了约定。

合同签订后，A大厦于2001年9月12日向建设公司支付450万元工程款，于11月22日支付了695万元。2001年10月2日，A大厦与房建公司就拆除工程和网架工程签订合同。合同约定：2001年10月2日开工，拆除工程于10月22日竣工，网架工程于11月20日竣工。2001年10月28日，A大厦与房建公司就新建区域土建加建工程签订合同，约定：2001年10月28日开工，12月5日竣工。

建设公司于2001年8月22日进场开始施工。并与供货商签订了购销合同，为A大厦工程订购了大量材料。至2002年3月6日建设大厦通知撤场时，工程尚未完工。

由于建设公司至2002年3月19日未按时完工，A大厦遂于2202年5月向北京市某区人民法院提起诉讼，诉称：2001年8月20日，我大厦为搞好全国第九次人民代表大会第五次会议的接待工作，与被告签订了《装修改造合同》。签约后，我方陆续给付被告工程款人民币1145万元，而被告擅自转包部分工程项目，未按合同约定完工。由此，使我大厦丧失了对人大代表的接待工作，给我大厦造成了严重的政治影响和经济损失。现起诉要求认定双方合同无效，由被告返还工程款并赔偿损失500万元，本案诉讼费由被告承担。

建设公司辩称：合同无效是由于原告A大厦发包时未进行招投标所致。合同无效的责任在原告，由此造成的损失应由原告承担。原告未能按时办理完毕工程所需的规划手续，提供正式施工图，并由于A大厦提供的施工图纸不全以及图纸错误，导致土建工程一直未完工，且未向建设公司提供适宜的施工场地，造成我公司无法按进度施工。原告还没有按照合同约定支付工程款。以上原因直接造成了工期的延误。我公司虽签订了转包协议，但该协议已经解除并未得到实际履行。因此，造成工程延误的原因不是我公司的转包行为。因此，合同无效以及工期延误的责任完全在原告A大厦。被告请求法院驳回原告的诉讼请求。

在案件审理期间，人民法院委托北京市房屋修缮工程定额管理处对A大厦工程进行了鉴定审核。鉴定结论为：A大厦工程按实测时已经安装完成的状况，其造价为人民币3690126元；待定工程总价为人民币261443元。后再次委托北京市房屋修缮工程定额管理处对工程场外加工部分工程结算情况进行了鉴定审核。鉴定结论为：场外加工材料现存实物价值为人民币182031元。

法院审理认为：原告A大厦与被告建设公司签订的合同违反了法律有关招投标的规定，是无效合同。A大厦作为建设单位应负主要责任，建设公司作为施工单位应给予建设单位以提示，对无效合同的签订亦有不可推卸的责任。本案争议的焦点：一是建设公司收取的工程款与实际工程量的差距，对于高出部分是否应当予以返还；二是工程延误所导致的损失由谁承担。鉴于合同无效不是导致工期延误的原因，故在本案计算由于工期延误造成的实际损失时，应从导致工期延误的直接原因入手。房建公司未按合同约定工期完工，致使建设公司在部分工程项目中不能按计划进行。A大厦作为与房建公司的发包方有不可推卸的责任。由此，A大厦对工期延误应承担次要责任。

建设公司擅自将工程转包他人属违法行为，并且是导致工期延误的主要原因。故建设公司对工期延误应承担主要责任。鉴于双方议定工程款未经过法定招投标程序，而实际上经过鉴定建设公司现已收取的工程款明显已经高于其已完成的工作量，故应将超出部分返还A大厦。对于建设公司订购的材料，已经用于工程的，由原、被告共同承担。建设公司撤场之日未付款，供货商仍未供货到场的建筑材料，本院认为建设公司尚未取得该部分建筑材料的所有权，对于此部分建筑材料应由其自行处理。对于其他付款并已交货的规格材料和通用材料，建设公司作为建筑施工专业单位，有收存并移做他用的可能性，故该部分建筑材料归建设公司所有。A大厦要求被告建设公司赔偿工期延误所造成的经济损失，由于原告A大厦就此未向本院提交证据，本院对此不予支持。依据《中华人民共和国招标投标法》第3条、《中华人民共和国合同法》第52条第5款、第58条、《中华人民共和国建筑法》第16条之规定，于2002年9月26日作出判决：一、原告A大厦与被告建设公司所签订的《装修改造合同》无效。二、本判决生效后七日内，被告建设公司返还原告A大厦工程款人民币500万元。三、驳回原告A大厦其他诉讼请求。

宣判后，被告建设公司不服，向北京市某中级人民法院提出上诉，称：一审判决在认定合同无效的情况下又按照合同有效进行实体处理，是适用法律错误。本案涉及的F-01-004号建筑装修合同是无效合同，合同无效的原因是A大厦未进行招标。因此，A大厦应对合同无效承担全部责任，并承担合同无效造成的全部损失。工期延误的责任应由A大厦自行承担。建设公司订购的材料为A大厦工程所需，该货物应归A大厦所有，A大厦应当接收该材料，支付全部货款，并承担上述货物的一切损失。一审法院就本案工程所涉建筑材料的认定与处理与事实不符，于法无据，应当予以纠正。综上，请求撤销，依法改判。

中级人民法院经审理认为：A大厦与建设公司签订的F-01-004号建筑装修合同，违反有"全部或者部分使用国有资产或者国家融资的项目，必须进行招标"的法律强制性规定，属于无效合同。A大厦作为建设单位应负主要责任，建设公司作为施工单位未尽提示义务，应承担次要责任。在合同成立后，建设公司擅自将该合同主要内容，转包给无施工资质的张建平个人，是违法行为，由此导致工期延误，A大厦丧失接待人大代表资格，建设公司负有责任。该装修合同虽属无效，但建设公司已对工程投入施工，无法返还，双方应依北京市房屋修缮工程定额管理处的鉴定结论结算工程款。建设公司在场外为A大厦工程加工的部分材料，大部分已用于工程并已含入鉴定范围，但对尚未使用部分，应由建设公司自行处理，对该损失部分应由双方分担。建设公司上诉要求A大厦支付设计费，没有事实及法律依据，且未提供相关证据，本院不予支持。原审法院根据本案事实所作判决，认定事实清楚，适用法律正确，处理适当，应予维持。建设公司的上诉请求，理由不能成立，本院不予支持。综上所述，依照《中华人民共和国民事诉讼法》第153条第1款第（一）项的规定，于2002年12月10日作出终审判决：驳回上诉，维持原判。

【法理分析】

本案是一起原被告违反国家法律强制性规定，签订无效合同，且在合同执行过程中产生违约的房地产建筑承包纠纷的案件。如何适用法律有关规定进行合同无效后的法律处理应当是本案的焦点问题。遗憾的是两级法院作出的判决在案件的事实认定以及如何正确适用法律上均出现了较大偏差，使本案的处理结果背离了法律所崇尚的公平、公正的原则。

一、合同无效原则的法律适用范围

我国《合同法》第56条规定："无效的合同或者被撤销的合同自始没有法律约束力。"第57条规定："合同无效、被撤销或者终止的，不影响合同中独立存在的有关解决争议方法的条款的效力。"根据该两条规定，在合同被认定为无效合同后，该合同除"有关解决争议方法"的条款外都应当是无效的，并且应当是平等的，自始对合同双方都无法律约束力。不应出现有的合同条款没有约束力，而有的合同条款有约束力，更不应出现合同条款对一方当事人没有约束力，而对另一方当事人又具有约束力的现象。如此，将使合同双方当事人处于不平等的地位。

本案的原告A大厦和被告建设公司签订的《建筑装修改造合同》因未按照《招标投标法》的规定进行招投标而被两级法院认定为是无效合同后，两级法院均未按照上述《合同法》原则对案件进行处理，而在认定合同无效的情况下，一方面认定A大厦不依据合同条款中关于承包价格的约定支付工程款。另一方面，又依据合同中关于工期的约定判令建设公司承担误工损失。显然，法院作出此判决时适用了不同的法律标准。

二、合同无效后的法律处理

合同无效后又如何处理合同当事人的权利、义务？如何公平、公正地将合同双方当事人从合同的束缚中解脱出来呢？我国《合同法》第58条对此作出了诠释。该条规定："合同无效或者被撤销后，因该合同取得的财产，应当予以返还；不能返还或者没有必要返还的，应当折价补偿。有过错的一方应当赔偿对方因此所受到的损失，双方都有过错的，应当各自承担相应的责任。"本条对于合同无效双方都有过错的情况，规定"应当各自承担相应的责任"。笔者认为，该规定有两层含义：其一，合同当事人对造成合同无效都有过错的，都应当承担由于合同无效所造成的损失；其二，对于损失承担的份额，应当根据各自的责任大小予以分配。对于造成合同无效过错较大的一方，应承担较大的责任，而对于造成合同无效过错较小的一方，就应当承担较小的责任。责任的承担，应当主要体现在对损失的分担上，应体现"责任大小与承担损失相对等的原则"。

本案中，由于合同的标的物为不动产，属于不能返还和没有必要返还的财产，因此，A大厦应当对建设公司折价补偿。在两级法院的判决中，对于折价补偿问题，两级法院均依据审判惯例，以鉴定机关作出的已完工程现值的评估价值作为补偿的依据。此种计算方式表面看是较为公平的，但由于鉴定本身的弊端，造成了实际中的不公平。目前，鉴定机关对于建筑工程的价值评估依据的是国家1996年发布的关于工程概算方面的法规和统一的价格指数作出的。即未考虑市场变化因素，造成的原材料，人工费上涨的因素，亦未考虑不同工程之间的特性差异。因此，鉴定结论得出的工程价值往往比工程的实际价值低很多。其法律后果就使工程的发包方——A大厦以极低的价格获得了其实际价值远远高出评估价值的工程，而承包方——建设公司，在我国目前建筑市场中经常进行垫资施工的一方，只能以远远低于实际支出成本的价格获得补偿。两种结果的此消彼长，无论从实质正义，还是法律正义来看，对于承包方的建设公司都是极为不公平的。

再看责任的分担。本案《建筑装修改造合同》无效是因该合同违反了《招标投标法》有关"全部或者部分使用国有资产或者国家融资的项目，必须进行招标"的法律强制性规定。所以，在确定无效责任时，就应当考虑在招投标中谁处于主导地位，谁就应当承担未进行招投标的主要责任。在建筑工程项目的招投标中，建筑行业的卖方市场因素决定了工程甲方，即发包方总是处于主导地位。是否进行招投标，如何招投标、评标以致最终的定标、开标，无不是按照发包方的意志进行，只有发包方进行招标，才有承包方的投标，两者的地位是不能改变的。承包方的市场地位决定了在此过程中，其不可能在招投标的决策中发挥更多的作用。因此，在发包方——A大厦决定不进行工程招投标的情况下，要求承包方——建设公司按照法律规定进行投标，否则就不应该签订合同，既不现实，也不公平。笔者认为，工程未进行招投标的根本责任方应当是发包方。合同无效应由发包方承担全部责任或者退一步说承担主要责任。

既然确定了发包方的全部责任或者说主要责任，那么就应当由发包方——A大厦承担合同无效造成的全部损失或者全部损失的主要部分。但是，在本案中两级法院在确定合同无效应由A大厦承担主要责任后，即未认定损失的大小，又未确定损失如何分担。从判决效果来看发包方——A大厦以极小的成本获得了工程成果，可以说在案件中毫发无伤。而承包方——建设公司却承担了合同无效的全部损失，可以说是遍体鳞伤。这种结果，显然违背了权利义务对等、责任与后果相一致的法律公平原则，法院如此判决确实值得商榷。

三、为工程订购的材料应如何处理

笔者认为，承包方根据合同约定为工程项目购买的材料，订购的物品其所有权应当归发包方所有。因为在承发包法律关系中，承包人的一切行为都应是为发包人的利益而进行的。购买材料时，因为承包人是以自己的名义与供应商签订购销合同，所以表面看承包人应当是购销合同的权利义务承担者。但是，由于建筑承包法律关系的特殊性，所购商品的最终使用者和受益者是发包人。完全可以认为，承包人的购买行为是一种委托关系，即其在履行承包合同过程中接受发包人的委托进行材料的购买。无论是承包人直接向供应商支付，还是发包人通过承包人支付，所购商品的资金来源应当是发包人，所购货物的风险也应当由发包人承担。因此，购销合同的实际权利义务人应当是发包人。

在本案中，购买材料的合同内容——合同签订的时间和约定的交货时间完全是根据A大厦工程进度所确定的；材料的交货地点在A大厦工地，购买材料的数量完全是依据A大厦施工图纸计算的；材料的品质、颜色、规格等技术标准与建设公司提供、A大厦确认的物料清单中确定的技术标准完全吻合，完全可以确定建设公司对外签约所购买的材料是为A大厦工程所专门定制。因此，可以认为建设公司通过签订购货合同定制的材料完全是按照A大厦工程的设计购买的，是A大厦工程专用的，其所有权应当归于A大厦。

鉴于上述材料是为A大厦专门制作购买的事实的确定，且在交货过程中，正是由于A大厦的过错造成工期延误，致使交货期限到来时工地现场尚未具备接收货物的条件。为了不使货物造成不必要的损坏给A大厦造成损失。目前仍有部分货物放于供货商处。所以，A大厦不但应当接收货物并支付全部货款，而且还应承担由此产生的供货商向建设公司追索的仓储费等迟延收货的违约责任。

在诉讼期间，A大厦将本案涉及的工程另行承包给其他公司继续施工。在施工中，A大厦完全应当继续接收已经订购的材料，并用于工程。但是，A大厦在建设公司提供了大量证据证明材料是为工程订购的，完全可以用于工程的情况下，仍然拒绝使用该材料，使为其订购的材料不能用于工程。A大厦的行为造成了剩余材料的损失。因此，根据《合同法》中关于"未采取措施致使损失扩大的，不得就扩大的损失要求赔偿"的规定，A大厦无权要求建设公司承担材料的全部损失。

案例2：

某房地产开发公司欲建立一个豪华别墅，遂与某建筑工程承包公司于2009年2月签订了建设工程施工合同。关于施工进度，双方在专用条件中约定：2009年4月1日～4月20日，地基完工；2009年4月21日～6月30日，主体工程竣工；2006年7月1日～7月10日，全部工程竣工。2009年4月初工程开工，由于该项目楼盘在房地产市场极为走俏，为了尽早建成该项目，房地产公司派专人检查监督施工进度。检查人员曾多次要求建筑公司缩短工期，均被建筑公司以质量无法保证为由拒绝。为使工程尽早完工，房地产公司所派检查人员遂以承包公司名义要求材料供应商提前送货至目的地，造成材料堆积过多，管理困难，部分材料损坏。承包公司遂起诉房地产开发公司，要求其承担损害赔偿责任。房地产公司以检查作业进度、监督完工为由抗辩。法院判决房地产开发公司抗辩不成立，应该依法承担赔偿责任。

【法理分析】

《合同法》第二百七十七条规定："发包人在不妨碍承包人正常作业的前提下，可以随时对作业进度、质量进行检查"。根据此规定，如果发包人对作业进度和质量进行检查，妨碍了承包人正常作业，那么，承包人有权要求发包人承担由此造成的一切后果和损失；如果发包人的检查工作虽未妨碍承包人正常作业，但却超出了进度和质量两方面的范围限制，则承包人也可拒绝接受检查或要求发包人承担由此造成的损失。

本案中，房地产开发公司派专人检查工程施工进度的行为本身是行使检查权的表现。但是检查人员的检查行为，已经超出了法律规定的对施工进度和质量进行检查的范围，且以承包公司名义促使材料供应商提早供货，在客观上妨碍了承包公司的正常作业，因而构成权力滥用行为，理应承担损害赔偿责任。

【复习思考】

1. 简述我国的合同立法。
2. 合同的内容一般包括哪些条款？
3. 合同订立的一般程序是什么？
4. 什么是建设工程合同？建设工程合同包括哪些？
5. 在勘察设计合同中，勘察设计人有哪些责任？
6. 施工合同的履行中，如果发包人未按约定支付工程款，承包商有哪些对策？
7. 工程监理合同中，监理人有哪些权利？

第 10 章 工程建设标准法律制度

【学习提要】 本章主要从以下几方面阐述了工程建设标准法律制度：
1. 工程建设标准概论；
2. 工程建设标准演变历程；
3. 工程建设标准编制、修订与管理；
4. 我国工程建设标准的不足与完善。

【关键词】 工程建设标准化、工程建设标准、工程建设标准管理

10.1 工程建设标准概论

我国工程建设标准法律制度基于《标准化法》，标准、标准化为工程建设标准建立了基础，同时，工程建设标准和标准化是标准和标准化的一个重要组成部分，诠释和丰富了标准术语，具体标准化法律制度。本节中，我们介绍标准、标准化、工程建设标准和工程建设标准化等概念，在此基础上，对工程建设标准的特点、体系、分类以及意义进行讨论。

10.1.1 基本概念

10.1.1.1 标准与标准化

1. 标准

在社会经济中，人们对物质进行适当计量时都要借助标准来参考，因而存在各种标准，如举止行为、物理测量等。标准已经成为现代社会的重要特征，并以适当的制度形式固定下来。它在我们的生活中已经无所不及，但往往不被我们察觉。不管法律要求与否，产品经常是都必须满足规定的标准。进入 20 世纪后，标准被用于表述销售和产品使用中的质量问题。这主要是为了对社会安全问题进行管理，这些标准或者由政府制定，或者由商业机构制定。

我国国家标准 GB 3935.1—83 标准化术语第一部分对标准作如下定义："标准是对重复性事物和观念所做的统一规定。它以科学、技术和实践经验的综合成果为基础，经有关方面协商一致，由主管机构核准，以特定形式发布，作为共同遵守的准则和依据。"

国家标准 GBT 20000.1—2002《标准化工作指南第 1 部分：标准化和相关活动的通用词汇》对"标准"所下的定义是："为在一定的范围内获得最佳秩序，经协商一致制定并由公认机构批准，共同使用的和重复使用的一种规范性文件。注：标准宜以科学技术和经验的综合成果为基础，以促进最佳的共同效益为目的。"WTO（世界贸易组织）技术性贸易壁垒协议对"标准"所下的定义是："标准是经公认机构批准的、规定非强制执行的、供通用或重复使用的产品或相关工艺和生产方法的规则、指南或待性的文件。"

标准一般由概述、正文和补充说明三个部分组成。概述部分由封面、首页、目录、标准名称和引言组成。正文部分由主题内容及适用范围、术语、符号、代号、技术内容或管理内

容组成。补充说明由附录和条文说明组成。

（1）概述部分

1）封面及首页：国家标准、行业标准的封面格式符合《标准化工作导则：标准出版印刷的规定》。封面上应写明标准代号、编号、标准名称（国家标准还应有英文标准名称），标准的发布和实施日期，标准的发布机关等。有些标准只出合订本，没有封面，但首页上应包括封面的内容。

2）目录：当标准内容较长，结构较复杂时，应编写目录。目录内容包括条文主要划分单元和附录的编号、标题所在的页码。

3）标准名称：标准名称一般由标准化对象的名称和所规定的技术特征两部分组成，既能够简短明确反映标准化主题，又能区别于其他标准。

（2）正文部分

1）主题内容与适用范围

主题内容应简明扼要，主要规定标准的适用范围及应用领域，必要时还应明确写明不适用的范围和领域，一般采用如下的典型用语："本标准适用于……"，"本标准适用于……，也适用于……"，"本标准适用于……，……也可参照执行"，"本标准不适用于……"等。

2）术语、符号、代号

标准中采用的术语、符号、代号，在现行的国家标准、行业标准中尚无规定时，应在该标准中给出定义或说明，这些术语、符号、代号应集中写在标准技术内容的前面。

3）技术内容或管理内容

根据各个标准的结构特点和需要，列出该项目中应遵循的最低要求或取值范围以及应达到的功能特征，如技术要求、测试方法、检验规则等。

（3）补充部分

根据需要，一项标准可有若干个附录。附录有标准的附录和提示的附录两种。标准的附录实质上相当于技术内容的一个组成部分，只是该部分内容过多，以附录形式编写便于阅读和查阅。提示的附录主要内容是某些重要规定的依据和专门技术问题较系统的介绍，标准中有关条文的参考性资料或推荐方法，以及如何正确使用标准的说明等。条文说明是对标准文本中的条文进行深化解释，注明用词程度，是非含义等事项。

2. 标准化

GB 3935.1 对标准化的定义是"在经济、技术、科学及管理等社会实践中，对一再性事物和观念经由过程拟定、颁布和执行标准，到达统一，以得到最佳秩序和社会效益。"国家标准 GB/T 20000.1—2002《标准化工作指南第 1 部分：标准化和相关活动的通用词汇》对"标准化"给出了如下定义："为在一定范围内获得最佳秩序，对现实问题或潜在问题制定共同使用和重复使用的条款的活动。注 1. 上述活动主要包括编制、发布和实施标准的过程。注 2. 标准化的主要作用在于为了其预期目的改进产品、过程或服务的适用性，减少贸易壁垒，并促进技术合作。"

标准化是人类实践活动的产物，它是社会发展到一定阶段必然出现的一个活动过程，是为了避免浪费、提高效率、有秩序地进行生活、工作和业务，由有关方面的人协商，把那些合适的"规定"和目标定为标准（通常称为规格、标准、规定等），并通过各方面共同遵守而取得效果的活动。作为标准化的对象，多与产业有关。因此有各企业单位、生产者、使用者（消费者）团体、技术、学术团体等团体规模的标准化活动，还有国家规模以及国际规模的标准化活动。它是在经济、技术、科学及管理等社会实践中，对重复性事物和概念，通过制定、发布和实施标准，达到统一，以获得最佳秩序和最佳效益的过程。标准化的效果只有当标准在社会实践中实施以后，才能够体现出来。

10.1.1.2 工程建设标准与工程建设标准化

1. 工程建设标准

国家标准 GB 3935.1—83 对工程建设标准的定义是对基本建设中各类工程的勘察、规划、设计、施工、安装、验收等需要协调统一的事项所制定的标准。它是为在我国范围内的工程建设活动获得最佳秩序，经协商一致并由一个公认机构审查批准，以科学技术和实践经验的综合成果为基础，以保证工程建设的安全、质量、环境和公众利益为核心，以促进最佳社会效益、经济效益、环境效益和最佳效率为目的。它作为我国工程建设的一项十分重要的技术基础工作，工程建设标准以科学、技术和实践经验的综合成果为基础，涉及城乡规划、城镇建设、房屋建筑、交通运输、水利、电力、通信、采矿冶炼、石油化工、轻工、林业、农牧渔业等各个行业和领域。不仅具有技术性，更具有生产性和经济性，是落实国家技术经济政策、促进技术进步的重要途径，是保护生态环境、维护人民群众的生命财产安全和人身健康权益的有力工具，对于促进最佳社会效益、经济效益、环境效益和获得最佳资源、能源使用效率有重要作用。

《标准化法》第二条规定：对建设工程的设计、施工方法和安全要求应当规定标准。这就为工程建设标准的制定确立了法律依据。工程建设标准是为项目决策服务和控制项目建设水平的统一标准，是编制、评估工程项目可行性研究报告和编制、审批设计任务书的重要依据，也是有关部门审查工程项目初步设计和监督检查整个建设工程建设标准的尺度。它以建筑科学、技术和实践经验的综合成果为基础，经有关方面专家、学者、工程技术人员，综合评价、科学论证而制定。

2. 工程建设标准化

工程建设标准化是指在工程建设中，广泛地将具有多样性、重复性特征的工程建设、科学技术研究成果和实践经验进行总结，经过科学地整理、统一、筛选、优化，制定出符合国家建设总方针和各项相关技术经济政策，技术先进、经济合理、安全可靠、确保质量的技术标准。并制定贯彻执行各项技术标准的计划、设计审批制度、工程质量评定标准和监督检验制度，以及建立确保工程建设标准化的管理机构和管理办法等，确保工程建设标准的贯彻执行。可以认为，工程建设标准化是一门研究工程建设标准及其从制定到贯彻全过程运动规律的综合性的边缘科学，其目的是为取得工程建设的最佳效果，是为在工程建设领域内获得最佳秩序，对实际的或潜在的问题所制定的共同的和重复使用的规则的活动。

工程建设标准化要求工程建设的勘察、试验、规划、设计、施工、验收、保养、维修等全过程均用标准来指导和控制工作，以保证工程建设能充分利用国家资源、技术先进、经济合理，在安全可靠、确保质量的前提下，不断提高工程建设的速度和质量、降低投资和增加收益。工程建设标准化是加强基本建设全过程的重要基础工作，工程建设各类标准规范是工程建设工业化、现代化的基础。工程建设标准化是在建设领域有效地实行科学管理、强化政府宏观调控的基础和手段，对规范建设市场行为、确保建设工程质量和安全、促进建设工程技术进步、提高建设工程经济效益和社会效益等都具有重要的意义。随着我国社会主义市场经济建设的完善。工程建设标准化工作也得到了迅速发展，标准规范的数量成倍增长，技术水平不断提高。

10.1.2 工程建设标准特征

工程建设标准的本质是工程建设活动中的各参与方为了达到各自利益目的，而对工程建设活动进行谈判协商决定的工程建设活动的规则。由于工程建设活动的固定性、复杂性、重要性、单一性以及整体性等特性，决定了工程建设标准的复杂性、特殊性和重要性。因此，工程建设标准的特点主要有：综合性、技术性、政策性、强制性和地域性。

1. 综合性。工程建设标准的内容所涉及的面广，制定标准考虑的因素多。工程建设标准是"以科学、技术和实践经验的综合成果为基础"制定出来的。即制定标准的基础是"综合成果"，单单是科学技术成果，如果没有经过综合研究、比较、选择、分析其在实践活动中的可行性、合理性或没有经过实践检验，是不能纳入标准之中的，同样，单单是实践检验，如果没有总结其普遍性、规律性或经过科学的论证，也是不能纳入标准的，这一规定反映了标准的严格的科学性。

2. 技术性。工程建设活动是一个复杂的过程，采用的技术多种多样，不同类型的工程采用的技术各不相同，相同类型的工程因建设地点的水文地质等条件的不同而采用的技术又有差别，为了将工程建设标准的技术要求有机联系起来，使技术要求在不同工程项目、不同建设地点、不同的环节相互协调，共同发挥作用，对技术内容、表达方式、执行要求等进行统一，十分必要。各类建设工程的勘察、规划、设计、施工、安装、验收、运营维护及管理等活动和结果需要协调统一的事项所制定技术依据和准则。制定国家标准应当积极采用新技术、新工艺、新设备、新材料，纳入标准的新技术、新工艺、新设备、新材料，应当经有关主管部门或受委托单位鉴定，有完整的技术文件，技术上成熟，且经实践检验行之有效。

3. 政策性。我国建设标准一直是为政府投资项目宏观决策服务的，在计划经济、有计划的商品经济时期，建设标准的服务对象比较单一，主要是政府投资的工业项目和民用项目。在市场经济时期，投资渠道的多元化，社会能够投资的项目不断增多，包括农林水利、能源、石油天然气、交通运输、信息产业、机械制造、原材料等领域的建设项目，目前执行的工程建设标准主要是政府部门制定的强制性标准，随着政府远期与近期目标的改变而改变，政府目标通过政策的制定和执行来实现，所以工程建设标准体现出政策性。

4. 强制性。在市场经济中，工程建设活动是由各方签订合同后实施的行为，各方都具有经济人的特性，交易各方之间签订的建设合同都存在信息不对称；作为基于自身的利润最大化实施的市场活动，所有的建设工程都涉及公众利益，例如：公共设施关系到人民群众生命财产的安全；铁路、公路、水利工程以及工业设施等，关系到国民经济和社会的发展。即使是私人建筑，其位置、施工、使用等，也都直接影响到城乡规划、环境保护以及周围人员的生活和安全等。建设工程的这种社会属性，决定了建设工程包括建设活动都应当是有序的，如不对其进行强制规范将有可能导致安全隐患。因此，工程建设强制性标准是工程建设活动必须遵守和执行的标准。强制性标准主要是对有些涉及安全、卫生方面的进出口商品规定了限制性的检验标准，以保障人体健康和人身、财产的安全。

5. 地域性。我国幅员辽阔，各地的气候、地理、资源等自然条件差异很大，东部与西部、城市与农村、内地与少数民族地区的经济、文化、习俗等社会因素同样差异很大。工程活动是在具体的地点进行建设，工程建设受自然环境影响大，工程建设的特殊性决定了其技术要求必须和这些具体的情况相适应。建设工程本身的固定性使其只能固定在某个特定的地点，建设活动只能围绕这一特定的位置展开。绝大多数建设工程因使用功能不同、所处环境不同、建设的目的不同等而各不相同，由于，对于同一类工程项目，在不同的地点建设，需要结合建设地点的工程水文、地质环境、气象条件等因素选用不同的技术要求，不可能批量生产，都需要单独设计、单独施工、分别验收等，因此，无论是咨询、设计、施工还是使用管理等，其工程建设标准具有地域性的特点。

10.1.3 工程建设标准分类

工程建设标准是一个系统，从不同的角度可以分为不同的分类。我们认为工程建设标准可以从约束力、内容、属性、层次四个角度进行分类。

1. 按照约束力的不同划分

针对标准对工程建设活动约束力的不同，工程建设标准分为强制性标准和推荐性标准。按我国的标准法规定，国家标准和行业标准分为强制性标准和推荐性标准。保障人体健康，人身财产安全的标准和法律、行政性法规规定强制性执行的标准是强制性标准，其他标准是推荐性标准。省、自治区、直辖市标准化行政主管部门规定的工业产品的安全、卫生要求的地方标准在本行政区域内是强制性标准。

强制性标准必须严格执行。对工程建设业来说，下列标准属于强制性标准：

（1）工程建设勘察、规划、设计、施工（包括安装）及验收等通用的综合标准和重要的通用的质量标准；

（2）工程建设通用的有关安全、卫生和环境保护的标准；

（3）工程建设重要的术语、符号、代号、量与单位、建筑模数和制图方法标准；

（4）工程建设重要的通用的试验、检验、和评定等标准；

（5）工程建设重要的通用的信息技术标准；

（6）国家需要控制的其他工程建设通用的标准。

强制性标准以外的标准是推荐性标准。推荐性标准国家鼓励企业自愿采用。

2. 按照内容划分

针对工程建设的基本程序，按照工程建设标准作用的阶段，可以将其划分为：决策标准、实施标准。习惯上，人们通常将基本建设程序划分为两大阶段：

一是决策阶段，即项目建议书和可研报告阶段。工程建设的可行性和可能性，正处在经济、技术和效益等的比较和分析论证之中，为这个阶段服务的标准，称为决策阶段的标准。

二是实施阶段，即从工程项目的勘察、设计、施工、验收、使用、管理、维护、加固到拆除。这个阶段，主要是如何实施工程项目建设，保证工程项目建设的安全和质量，做到技术先进、经济合理、安全适用，为这个阶段服务的标准，称之为实施阶段的标准。

3. 按属性划分

按照工程建设标准的内容，将其划分为不同属性的标准。据此，工程建设标准分为技术标准、经济标准和管理标准、工作标准。

技术标准是指对标准化领域中需要协调统一的技术事项所制定的标准。技术要求一般包括工程的质量特性、采用的技术措施和方法等。如《建筑抗震设计规范》、《建筑设计防火规范》等。

经济标准是指对标准化领域中需要统一协调经济事项所制定的标准。经济标准用以衡量工程的经济性能和造价等，如工程概算定额、预算定额、工程造价指标、《建筑工程工程量清单计价规范》等。

管理标准是指为使管理机构行使其管理职能而制定的具有特定管理职能的标准。如：《建设工程监理规范》、《建设工程质量监督规范》等。

工作标准是指对标准化领域中需要协调统一的工作事项所制定的标准。工作事项主要指在执行相应管理标准和技术标准时与工作岗位的职责、岗位人员基本技能、工作内容、要求与方法、检查与考核等有关的重复性事物和概念。

4. 按照作用层次划分

按照作用层次，工程建设标准可以将其划分为国际标准、地区标准、国家标准、行业标准、地方标准和企业标准。

由国际标准化团体如 ISO、IEC 批准、发布的标准是国际标准；ISO 认可的即列入《国际标准题内关键词索引》的一些国际组织，如国际计量局（BIPM）、食品法典委员会（CAC）、世界卫生组织（WTO）等组织制定、发布的标准也是国际标准。

由世界某一区域标准化团体制定、发布的标准是区域标准。如欧洲标准化委员会（CEN）发布的欧洲标准就是区域标准。

由行业标准化主管机构批准、发布在某行业范围内统一实施的标准是行业标准。如《城市污水处理厂污水污泥排放标准》(CJ/T 3025—1993)。

由地方政府标准化主管机构批准、发布的标准是地方标准。如山西省《公共建筑节能设计标准》(DBJ 04—241—2006)。工程建设地方标准是全国工程建设标准化的一个重要组成部分。国家的许多标准化工作任务都是通过地方标准工作实现的，因此，工程建设标准化工作的好坏，很大程度上取决于地方标准化工作的好坏。

由企业、事业单位（包括经济联合体）自行批准发布的标准是企业标准。

10.1.4 工程建设标准体系

工程建设标准之间存在着客观的内在联系，各标准之间相互依存、相互制约、相互补充和衔接，成为一个科学的有机整体、构成工程建设标准的体系。与工程建设某一专业相关的标准，可以构成该专业的工程建设标准体系。与某一工程建设行业有关的标准可以构成该行业的工程建设标准体系。以实现全国工程建设标准化为目的的所有工程建设标准，可以形成全国工程建设标准体系。建立和完善工程建设标准体系以达到工程建设标准结构化、数量合理、全面覆盖、减少重复和矛盾，做到以最小的资源投入获得最大的标准化效果的目的。

经过 20 多年的努力，我国工程建设标准化工作取得重要成就。截止到 2007 年 6 月 30 日，工程建设国家标准、行业标准和地方标准的总数为 4734 项，其中，国家标准 390 项，行业标准 2600 余项，地方标准 1600 余项形成了完整严密的标准规范体系。[1] 涉及房屋建筑、城乡规划、城镇建设、交通运输、能源水利、航空航天、工业建设等各类工程建设领域，涵

---

[1] 杨瑾锋. 工程建设标准化管理和体系［J］. 工程标准建设, 2007 年第 4 期.

盖了工程建设活动的全方位、全过程和建设工程项目全寿命生命周期，形成了具有中国特色的、满足我国工程建设需要的技术标准体系。我国目前的工程建设标准体系见下表：

现行工程建设标准法律法规，是在《标准化法》和《标准化法实施条例》相继发布后，结合有关工程建设的有关法律和行政法规，如《建筑法》、《消防法》、《建设工程质量管理条例》等，逐步确立的。工程建设标准体系如图10-1、图10-2所示，工程建设标准制定的有关法律法规体系如图10-3所示。

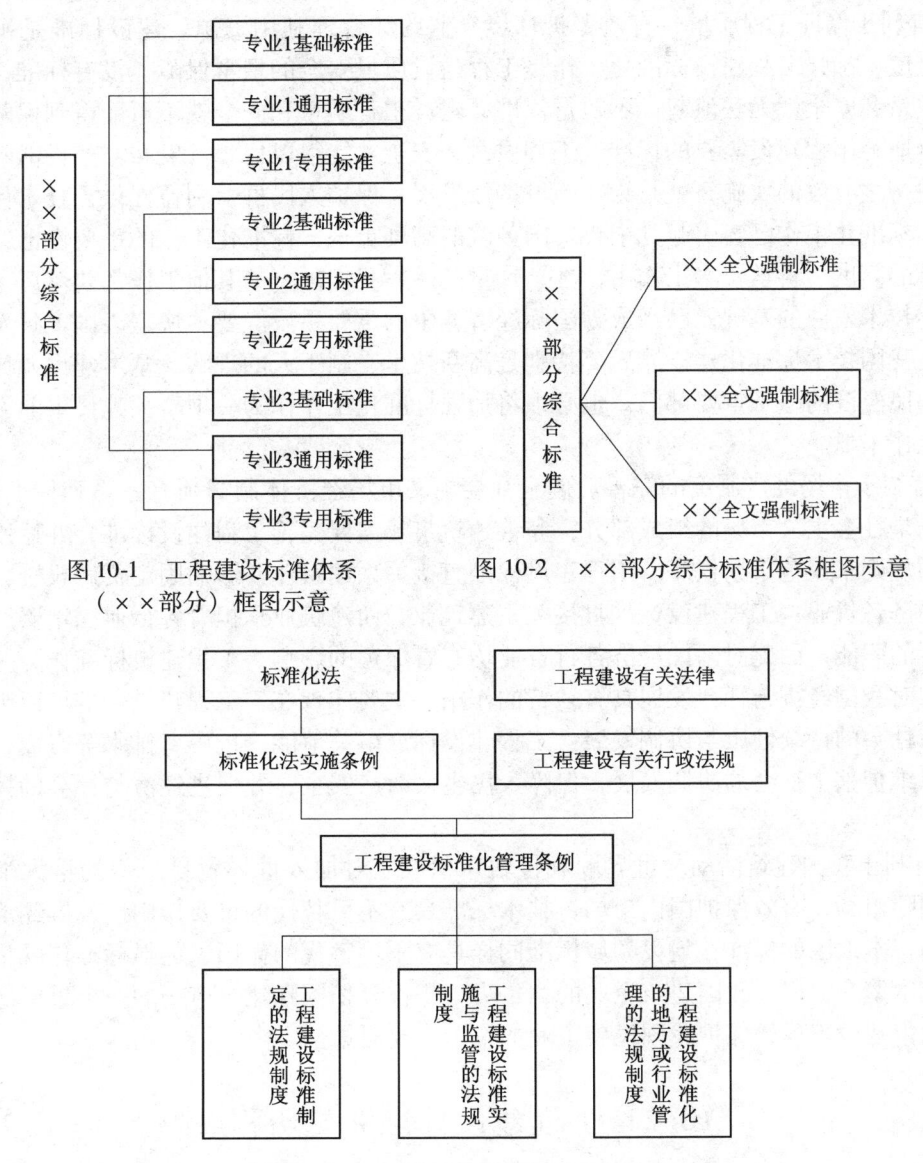

图10-1 工程建设标准体系
（××部分）框图示意

图10-2 ××部分综合标准体系框图示意

图10-3 工程建设标准化法律法规体系

10.1.5 工程建设标准化的意义

现代建筑业是建立在以技术为主体的基础上的社会化大生产，它不仅有复杂的机械设备和配套设施，而且建筑材料及其性能也十分复杂，工程作为产品的制造过程从勘察设计到竣工验收都具有高度的科学性和技术性。标准作为贯穿科研、设计、生产、材料流通和使用各个环节的纽带和桥梁，对经济和社会的影响作用非常明显。工程建设标准是建筑业乃至经济发展的一个重要影响因素，对经济发展与建筑业劳动生产率的提高均具有显著的促进作用。积极推行工程建设标准化，对规范建设市场行为，保证工程质量，加快建设进度，节约材料、能源、合理使用资金，保护人身健康和人民生命财产安全，都具有重要的意义。特别是随着我国的改革开放和加入WTO，工程建设标准化的地位和作用就更加显得重要。

1. 有利于保证工程质量，有效保护环境，节约和合理利用资源。建设标准是衡量工程质量的尺度，加强工程建设标准化工作是工程建设质量安全的根本保障。没有标准，建设工程中的质量和安全就无法谈起；不执行标准，建设工程质量和安全就不可能得到保障；只有建立健全适合工程建设需要的标准，工程质量、安全才能得以保障。发布与建设活动相关的标准，并行之有效的实施，就是为实施可持续发展，保护人民群众利益提供了技术保障。近几年来，标准化工作已经引起党中央、国务院的高度重视，标准化工作的重要性已经提到了前所未有的高度。科学技术工作中标准、计量落后，我们国家的其他工作都要落后。技术标准是科学技术发展的基础，已经成为国际经济竞争的重要手段。要尽快完善国家技术标准体系，改变我国技术标准化建设滞后，特别是高新技术受制于人的现状。基本建设领域的建筑业作为国民经济的一个重要部门，也必须将加强标准化工作作为一项事关建设事业发展大计的重要工作来抓。

2. 有利于市场经济制度的完善。健全社会主义市场经济体制必须有一系列标准作保障。建筑市场是社会主义市场的组成部分，完善建筑市场需要完善工程建设标准，并运用这些标准确定的规则来规范市场秩序。工程建设标准直接关系建筑业并影响固定资产投资，进而影响我国经济各行业：工程建设标准直接关系建筑业，而建筑业承担着各行业固定资产投资具体实施者的职能，因此对国民经济各行各业均有着深远的影响。工程建设标准作为一类特殊的标准，对我国经济与社会发展具有独特的作用，主要体现在：工程建设标准可以维护并促进经济与社会的持续健康与协调发展：工程建设标准事关节能、抗震、排水等方面，其有效实施可以维护整个社会的协调发展，保障人民生命财产安全，并促进经济与社会的持续健康发展。

3. 有利于我国建筑活动与世界顺利接轨。积极应对加入世界贸易组织的重大举措。积极开拓国际市场，有效保护国内市场，技术标准具有不可替代的重要作用。发展经济必须要适合本国、本地区的标准，建设领域标准同样具有不可替代的作用。加强标准化既是消除国际贸易技术壁垒，提高我国建筑企业的竞争力，积极开拓国际建筑市场的一个重要途径，也是规范国内建设市场，保护我国民族工业的一个重要对策。

10.2　工程建设标准演变历程

10.2.1　古代工程建设标准

按照工程建设标准的内涵，我们认为我国工程建设标准化的历史可以追溯到六千多年前的新石器时代。出土于浙江省余姚县河姆渡村的干栏式木结构建筑，规格统一，构造协调，是我国目前发现最早的工程建设标准案例，表明标准化思想已经开始萌芽。三千多年前的西周时期，建筑模数制的实践已经开始。当时在建筑宫室时，采用一种定型的竹席，名"筵"，作为宫室房屋的开间和进深的标准模数。世界闻名的万里长城，可称是工程建设标准化的重大实践。据《考工记》记载，在战国时期，筑墙工程已有相应的标准。同时，也有了城市规划制度，并对王城郊区的农田、水利和道路也作出了统一规定。战国后期，李冰入蜀兴建水利工程"都江堰"，总结了"深淘滩、低作堰"，"遇湾截角、逢正抽心"等标准治水方法，制定了岁修制度，对岁修时采用的马槎、竹笼、桩木、羊圈等设施，作了技术规定。秦始皇统一中国后，实行了统一驰道和车轨距，一车可以通行全国。

北宋李诚主编的《营造法式》，不但统一了名词术语，规定了作业的方法，提供了构配件的标准构造大样，还制定了详细的工料消耗定额，并以政令发布推行，堪称我国古代的一部比较完整的建筑标准化文献。还有《水部式》、《考工记》、《筑城法式》、《河防一览》、《河防通议》、《鲁班营造正式》、《鲁班经》、《下部工程做法则例》等标准化著作的面世，显示了在不同历史时代，我国劳动人民在建筑工程、都城规划、水利工程等工程建设活动中，自觉地运用标准化的思想和方法，促进工程建设活动发展的光辉历史，为我国古代工程建设标准化留下了辉煌的一页。

10.2.2 近代工程建设标准

1840年鸦片战争以后，我国处于半封建半殖民地国家，帝国主义列强大肆侵略，他们在我国兴办矿冶、船舶制造、修建铁路等，并逐步渗透到轻工业和加工业等部门，形成了许多垄断组织。国门被打开以后，清政府、民国政府虽然也兴办了军工、矿冶、纺织、面粉、造纸等工业和修建了铁路，但在工程建设中采用的标准极不统一，南方一般采用英、美标准；北方一般采用日本标准；东北多用日本标准，山东沿海多用德国标准。军事工业一般采用德国标准。例如在铁路建设工程中，自清代到新中国建立以前，在我国共修建了2万多公里，分别采用了俄、日、德、美、比利时等国的技术装备，标准不一致，就谈不上通用、互换和配合等。就铁路的标准轨距而言，仅东北就有好几种，如俄国标准、日本标准。可以说，我国近代工程建设标准化的历史，是外国列强瓜分中国的具体写照。以铁路工程为例，1949年前全国共修建铁路2万多公里，东北轨距为1.524毫米，京奉为1.435毫米，滇越为1.000毫米。在公路建设方面，国民党政府曾制定过一些标准，如《公路工程标准》、《公路桥梁涵洞工程设计暂行准则》等，都是参照英、美资料制定的。这些标准在当时虽起过一定的统一作用，但就工程建设标准的内容看，仍然是十分落后的。

10.2.3 新中国成立后至改革开放前工程建设标准

新中国成立以来，我国工程建设标准化工作是随着经济建设的发展而发展起来的，经历了由分散到集中、由借鉴国外标准到总结我国生产建设实践经验，并在科学试验的基础上自行制定标准的过程。同时，工程建设标准化工作和其他经济建设工作一样，也曾受到"左"的错误思想的影响，发展道路是曲折的。从建国初期一直到改革开放之前，我国在较长的社会主义建设时期实行的是单一的计划经济体制，工程建设标准体制也一直沿用的是单一的强制性标准体制。

新中国成立初期，我国工程建设标准化工作开始起步，处于分散管理的体制，其标准的制定、颁发，主要由各地区和有关部门自行负责。第一个五年计划期间，工程建设标准化工作的管理，开始由分散走向集中，其标准内容主要是借鉴或参照国外标准。工程建设标准化工作则由国家计划委员会设计工作计划局统一主管。1956年，国家建设委员会召开的第一次基本建设工作会议。会议"报告"强调：要大力加强标准设计工作，壮大设计力量；改善设计机构的管理制度和工作制度；迅速制定有关编制设计文件的技术规范、标准、定额、产品目录、建材目录；按照专业化原则调整和建立设计机构等。国家建设委员会组织制定、颁发了25本全国统一的标准规范，其中包括建材标准。另外，铁道、交通、重工、建工等部门也组织本部门制定、颁发了42本标准规范。由于当时我国大多数重点建设项目由前苏联成套引进，基本建设的管理和建设程序也基本上是参照前苏联的经验。这一时期编制颁发的标准规范，其内容基本上是借鉴或参照前苏联相应的标准规范，以满足第一个五年计划期间基本建设的需要。

1958年至改革开放前的工程建设标准化工作，由于"大跃进"和十年动乱的冲击，曾一度停滞。期间，许多国家标准规范的技术档案资料被强行销毁，致使工程建设标准化工作陷于停滞状态，基本建设技术管理有章不循或无章可循，工程质量和安全事故屡屡发生。血的教训促使中央组织力量修订和建立基本建设方面的规章制度，其中包括工程建设的标准规范。这些具体规定，对我国工程建设标准规范的统一、协调工作起到了积极作用。这主要表现在：制定和发布了管理办法和一系列的具体规定；相继下达了三批工程建设国家标准规范的制定、修订计划，发布了相关国家标准规范和部标准规范；在制定和修订工程建设标准规范的工作方法上有所前进，从组织上强调了代表面，成立了由有关单位参加的标准编制组或修订组，并开展了大量的调查统计和科学试验工作，广泛吸取了我国工程建设中的实践经验和科研成果，使标准的质量和水平都有不同程度的提高。

10.2.4 改革开放以来的工程建设标准

改革开放以来，我国经历了计划指导下的商品经济时期和逐步建立与完善的市场经济时期。工程建设活动作为经济建设活动中的重要组成部分，其规模、形式必然要适应整个社会经济建设形势、模式的需要。飞速发展的经济建设和日趋深化的经济体制改革，势必带来大规模的工程建设，及相应的工程建设运行及管理机制的变革。工程建设标准作为工程建设活动的基本技术依据和通用规则，其框架体系、管理体制和运行机制的建立，也必然依附并适应于工程建设体制、机制乃至整个经济体制的改革与发展。

1979年7月，国务院颁布《中华人民共和国标准化管理条例》，明确工程建设标准化工作，由全国基本建设综合主管部门主管。1980年1月和1981年1月，相继颁布了《工程建设标准规范管理办法》、《全国工程建设标准设计管理办法》。另外，国务院有关部门也陆续采取措施，贯彻落实上述《条例》和两项《办法》的有关规定。化工部、铁道部等还先后召开工程建设标准化工作会议，并制定本部门工程建设标准化管理办法或发展纲要，加强对本系统工程建设标准化工作的管理和指导。2000年1月，国务院《建设工程质量管理条例》的出台，将强制性标准作为建设工程活动各方主体必须遵循的基本依据，同时也使现有工程建设标准体制与市场经济体制间的矛盾日益突出和激化。改革工程建设标准的体制，按照国际惯例重新构建适应社会主义市场经济体制的工程建设标准新体制并为宏观经济体制改革服务，已势在必行。

10.3　工程建设标准的编制、修订与管理

工程建设标准是工程建设活动中多方互相沟通的桥梁，涉及安全、经济利益，对社会经济、政治产生影响巨大，所以，作为一种复杂的过程，工程标准的编制、修订与管理必须慎之又慎，我国工程建设标准制定的有关规章制度见图10-4：

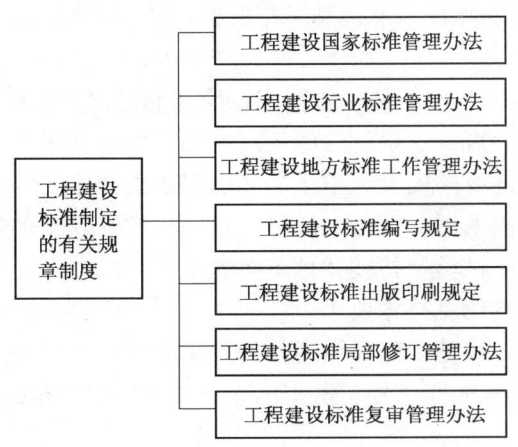

图 10-4　工程建设标准制定的有关规章制度

10.3.1　工程建设标准的编制

10.3.1.1　工程建设标准的编制原则

1. 必须贯彻执行国家的有关法律、法规和方针、政策，密切结合自然条件，合理利用资源，充分考虑使用和维修的要求，做到安全适用、技术先进、经济合理。

2. 对需要进行科学试验或测试验证的项目，应当纳入各级主管部门的科研计划，认真组织实施，写出成果报告。凡经过行政主管部门或受委托单位鉴定，技术上成熟，经济上合理的项目应当纳入标准。

3. 应当积极采用新技术、新工艺、新设备、新材料、纳入标准的新技术、新工艺、新设备、新材料，应当经有关主管部门或受委托单位鉴定，有完整的技术文件，且经实践检验行之有效。

4. 要积极采用国际标准和国外先进标准，凡经过认真分析论证或测试验证，并且符合我国国情的，应当纳入国家标准。

5. 其条文规定应当严谨明确，文句简练，不得模棱两可；其内容深度、术语、符号、计量单位等应当前后一致，不得矛盾。

6. 必须做好与现行相关标准之间的协调工作。对需要与现行工程建设国家标准协调的，应当遵守现行工程建设国家标准的规定；确有充分依据对其内容进行更改的，必须经过国务院工程建设行政主管部门审批，方可另行规定。凡属于产品标准方面的内容，不得在工程建设国家标准中加以规定。

7. 必须充分发扬民主。对国家标准中有关政策性问题，应当认真研究、充分讨论、统

一认识；对有争论的技术性问题，应当在调查研究、试验验证或专题讨论的基础上，经过充分协商，恰如其分地做出结论。

10.3.1.2 工程建设标准的编制范围

工程建设活动的特点决定工程建设标准编写的特殊要求。一般情况下，工程建设活动由规划、勘察、设计、施工与监理、验收、运行、维护、拆除等组成，在不同的阶段和环节，都有与之相对应的技术要求，通过各环节的标准的组合，最终达到控制建筑物全生命周期的质量和安全。为了加强工程建设标准编制工作的管理和理解使用标准，通过统一标准的编写要求和保证编写质量。

对需要在全国范围内统一的下列技术要求，应当制定国家标准：

（一）工程建设勘察、规划、设计、施工（包括安装）及验收等通用的质量要求；

（二）工程建设通用的有关安全、卫生和环境保护的技术要求；

（三）工程建设通用的术语、符号、代号、量与单位、建筑模数和制图方法；

（四）工程建设通用的试验、检验和评定等方法；

（五）工程建设通用的信息技术要求；

（六）国家需要控制的其他工程建设通用的技术要求。

国家标准的编号由国家标准代号、发布标准的顺序号和发布标准的年号组成，并应当符合下列统一格式：

（一）强制性国家标准的编号为：

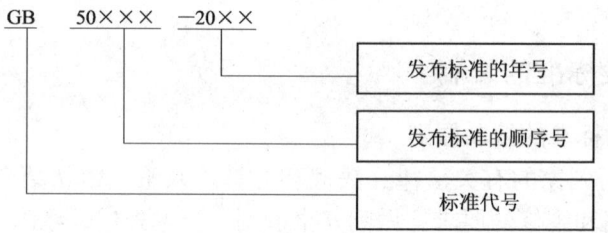

（二）推荐性国家标准编号为：

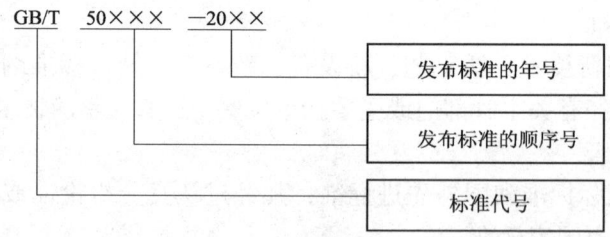

对没有国家标准而需要在全国某个行业范围内统一的下列技术要求，可以制定行业标准：

（一）工程建设勘察、规划、设计、施工（包括安装）及验收等行业专用的质量要求；

（二）工程建设行业专用的有关安全。卫生和环境保护的技术要求；

（三）工程建设行业专用的术语、符号、代号、量与单位和制图方法；

（四）工程建设行业专用的试验、检验和评定等方法；

（五）工程建设行业专用的信息技术要求；

（六）其他工程建设行业专用的技术要求。

行业标准分为强制性标准和推荐性标准。

企业标准与国家标准、行业标准和地方标准相比，在标准化对象、标准的权威性和标准的实施范围等方面有明显的区别、企业标准是对企业范围内需要协调、统一的技术要求、管理要求和工作要求所制定的标准、企业标准是企业组织生产、经营活动的依据。因此，企业应根据自身技术特点和优势进行编制、批准和实施，只在企业内部使用。由于各企业的技术要求和企业文化的不同，编写时对企业标准没有硬性规定。

10.3.1.3 工程建设标准的编制过程

标准编制工作主要包括标准编写和过程管理，编写的对象是技术内容，管理的对象是编制组成员及与标准编制有密切关系的单位的人员。标准的编制工作应依据《工程建设国家标准管理办法》（建设部第24号令）和《工程建设行业标准管理办法》（建设部第25号令）的规定开展。

标准编制主要包括以下四个阶段：

1. 准备阶段：其主要成果是筹建编制组、制定工作大纲、召开编制组成立会议；

准备阶段的工作是与项目计划的前期工作密切联系的，主要由主编单位负责。本阶段工作的主要内容和要求是：筹建编制组。按照参加编制工作人员的条件与各编制单位协商，进行组织落实。参编人员应具备与标准编制相适应的专业技术水平；起草工作大纲。在项目计划前期工作和进一步收集资料的基础上，根据标准的适用范围和主要技术内容进行编制，其内容一般包括：标准的主要章节结构、编制原则、需要调查研究的主要问题、必要的测试验证项目、工作进度计划以及编制组成员的分工等；召开编制组成立暨第一次工作会议，宣布编制组成员、学习有关标准化的文件、讨论确定工作大纲，并形成会议记录。

2. 征求意见阶段：包括收集整理有关的技术资料、开展调查研究或组织实验验证、编制标准的征求意见稿公开征求各方面的意见。

征求意见阶段是标准制定工作的重要环节，标准的主要技术内容，都需要在这个阶段得以落实，并对标准的内容进行合理的编排，为标准编制的后续工作创造良好的基础。征求意见阶段包括以下几个方面工作：

（1）调研工作。编制组根据制定国家标准的工作大纲开展调查研究工作。调查对象应当具有代表性和典型性。调查研究工作结束后，应当及时提出调查研究报告，并将整理好的原始调查和收集到的国内外有关资料由编制组统一归档；

（2）测试验证工作。测试验证工作在编制组统一计划下进行，落实负责单位，制定测试验证工作大纲。确定统一的测试验证方法等。测试验证结果，应当由项目的负责单位组织有关专家进行鉴定。鉴定成果及有关的原始资料由编制组统一归档；

（3）专题论证工作。编制组对国家标准中重大问题或有分歧的问题，应当根据需要召开专题会议。专题会议邀请有代表性和有经验的专家参加，并应当形成会议纪要。会议纪要及会议记录等由编制组统一归档；

（4）编写征求意见稿。编制组在做好上述各项工作的基础上，编写标准征求意见稿及其条文说明、主编单位对标准征求意见稿及其条文说明的内容全面负责；

（5）征求意见。主编部门对主编单位提出的征求意见稿及其条文说明根据本办法制定标准的原则进行审核。审核的主要内容：国家标准的适用范围与技术内容协调一致；技术内容体现国家的技术经济政策；准确反映生产、建设的实践经验；标准的技术数据和参数有可靠的依据，并与相关标准相协调；对有分歧和争论的问题，编制组内取得一致意见；国家标准的编写符合工程建设国家标准编写的统一规定。

3. 送审阶段：包括补充调研或试验验证、编写标准的送审稿、筹备审查工作、组织审查；

召开审查会议进行审查时，审查会议的代表应当具有广泛的代表性，具体包括：相关的政府管理部门的代表、有经验的专家代表、相关标准编制组或管理组的代表。标准送审稿及其条文说明应在会前一个月寄送相关人员。

标准的审查应当成立审查专家委员会（一般不少于9人），并与编制组成员共同对标准送审稿进行审查。根据需要还可成立领导小组，负责对审查中遇到的重大问题，进行组织协调。审查中对其中重要的或有争议的问题，应当进行充分讨论和协商，对有争议且不能取得一致意见的问题，应当提出倾向性意见。开审查会应当形成会议纪要。

对工程建设标准水平的评价应掌握以下三个方面的原则：

确定工程建设标准水平的原则。确定标准技术水平的原则应当全面考虑国家、行业或地方的技术、经济、自然条件，做到技术先进、经济合理、安全适用。具体可以从五个方面考虑：基础理论水平、工艺技术水平、质量控制水平、技术经济水平、技术管理水平。

评价一项工程建设标准技术水平的高低，应当综合考察其对建设工程各个领域所能发挥的作用，从而给出公正合理的结论，包括标准的先进性、科学性、协调性、可操作方面。

一般情况下，评价标准水平的要素包括以下几个方面：标准所依据的基础理论的先进程度；标准所涉及的工艺技术水平；标准所规定的质量等级的先进程度；标准规定的合理程度；标准规定对环境保护、安全、人体健康、公共利益的适应程度；标准内容采用科技成果的数量；与国外统一技术领域先进标准的比较；标准与国家、行业、地方技术经济政策的适应程度；标准预期或已取得的经济效益；标准预期或已经取得的社会收益。

4. 报批阶段：包括编写标准的报批稿、完成标准的有关报批文件、组织审核等。

报批阶段的工作包括：①编制组根据审查会议或函审和小型审定会议的审查意见，修改标准送审稿及其条文说明，形成标准报批稿及其条文说明、标准的报批文件经主编单位审查后报主编部门。报批文件一般包括标准报批稿及其条文说明、报批报告、审查或审定会议纪要、主要问题的专题报告、试设计或施工试用报告等。②主编部门应当对标准报批文件进行全面审查，并会同国务院工程建设行政主管部门共同对标准报批稿进行审核。主编部门将共同确认的标准报批文件一式三份报国务院工程建设行政主管部门审批。

报批报告的内容主要包括：任务来源、编制过程所做的主要工作、强制性条文和设计节能减排的条文等重点内容的审查意见及处理情况说明、与国外相关标准水平的对比分析、标准实施后的效益预测等。

行业标准、地方标准、企业标准在批准发布时尚应依法进行备案，未经备案的行业标准、地方标准不得在工程建设活动中使用。

国家标准由国务院建设行政主管部门批准，由国务院建设行政主管部门和国务院标准化主管部门联合发布。

行业标准由国务院有关行业主管部门批准、发布和编号，涉及两个及以上国务院行政主管部门的行业标准，一般联合批准发布，有一个行业主管部门负责编号。行业标准批准发布后30日内应报国务院建设行政主管部门备案，对于有强制性条文的行业标准，需要在批准发布前，由国务院建设行政主管部门先行批准其强制性条文后，才能正式发布实施，国务院建设行政主管部门在批准其强制性条文的同时予以备案。

地方标准由各省、各自治区、直辖市建设行政主管部门批准、发布和编号。对有强制性条文的工程建设地方标准，应当在批准发布前报国务院建设行政主管部门备案；对没有强制性条文的工程建设地方标准，应当在批准发布后30日内报国务院建设行政主管部备案。

企业标准由企业自行批准发布和编号，部分企业标准为了在企业间取得共同的权威性，一般按隶属关系报上级主管部门或机构备案。

10.3.2 工程建设标准的复审与修订

国家标准实施后，应当根据科学技术的发展和工程建设的需要，由该国家标准的管理部门适时组织有关单位进行复审。复审一般在国家标准实施后五年进行一次。具体工作由国家标准管理单位负责。复审可以采取函审或会议审查，一般由参加过该标准编制或审查的单位或个人参加。

国家标准复审后，标准管理单位应当提出其继续有效或者予以修订、废止的意见，经该国家标准的主管部门确认后报国务院工程建设行政主管部门批准。

工程建设标准的制定是标准从无到有的过程，工程建设标准的修订是标准从低水平向高水平发展的过程。当标准的主要技术内容或绝大部分内容需要修订时，可以组织全面修订；当属于下列情况之一时，可以进行局部修订：①标准的部分规定已制约了科学技术新成果的推广应用；②标准的部分规定经修订后可取得明显的经济效益、社会效益、环境效益；③标准的部分规定有明显缺陷或与相关的标准相抵触；④根据工程建设的需要有可能对现行的标准进行局部修订。

对确认继续有效的国家标准，当再版或汇编时，应在其封面或扉页上的标准编号下方增加"××年×月确认继续有效"。对确认继续有效或予以废止的国家标准，由国务院工程建设行政主管部门在指定的报刊上公布。

对需要全面修订的国家标准，由其管理单位做好前期工作。国家标准修订的准备阶段工作应在管理阶段进行，其他有关的要求应当符合制定国家标准的有关规定。

凡属下列情况之一的国家标准应当进行局部修订：①国家标准的部分规定已制约了科学技术新成果的推广应用；②国家标准的部分规定经修订后可取得明显的经济效益、社会效益、环境效益；③国家标准的部分规定有明显缺陷或与相关的国家标准相抵触；④需要对现行的国家标准做局部补充规定。

国家标准局部修订的计划和编制程序，应当符合工程建设技术标准局部修订的统一规定。标准的局部修订必须贯彻执行有关的国家法律、法规和方针、政策，做到安全适用、技术先进、经济合理。应当由标准的管理单位，根据标准的实施情况，提出标准局部修订的工作报告和修订内容的建议方案，上报工程建设有关主管部门。其中，国家标准的局部修订工作计划由有关主管部门审查，报国务院工程建设行政主管部门下达；行业标准的局部修订工作计划由行业主管部门审查并下达。

标准的局部修订工作程序适当简化，标准管理单位要根据主管部门下达的标准局部修订计划开展工作，必要时可吸收原参编人员和邀请有关专家参加局部修订工作。

标准的局部修订送审稿的审查，可采取召开审查会议的形式；经主管部门同意后，也可采取函审和小型审定会的形式。审查会议（或小型审定会）由主编部门或主编单位主持召开，并应形成会议纪要，作为标准局部修订的报批依据。

局部修订后的国家标准由国务院工程建设行政主管部门批准并公告；局部修订后的行业标准由行业主管部门批准并公告标准局部修订的条文及其条文说明的编写，应当符合工程建设标准的编写规定。

标准局部修订条文的编号，应符合下列规定：修改条文的编号不变；对新增条文，可在节内按顺序依次递增编号；也可按原有条文编号后加注大写正体拉丁字母编号；对新增的节，应在相应章内按顺序依次递增编号；对新增的章，应在标准的正文后按顺序依次递增编号。局部修订中新增或修改条文应当在其条（节）的编号下方加横线标记删除的章、节、条应保留原编号，并应加"此章、节、条删除"字样。

局部修订的条文及其条文说明应当在指定的刊物上发表，且条文说明应紧接在相应条文后编排，并采用框线标记当标准再版时，应按经批准的局部修订的条文和条文说明排版印刷，并应加印局部修订公告和标记。在封面和扉页中标准名称的下方应加印"××××年版"的字样标准再版时的出版印刷应当符合有关规定。

10.3.3　工程建设标准管理

我国工程建设标准管理实行"统一管理，分工负责"的体制。根据现行有关法律法规和国务院"三定方案"，国务院建设行政主管部门统一管理全国工程建设标准化工作。国务院有关行政主管部门，例如：交通部、水利部、铁道部等，分工管理本部门、本行业的工程建设标准化工作。为落实国务院领导的指示精神，强化工业领域工程建设标准的管理，建设部成立了"建设部工业建设领域标准规范协调委员会"，协调委员会由煤炭、电力、冶金、机械、纺织、电子、石油、石化、化工、有色、建材、林业、医药、国防科工委等行业协会（部门）有关工程建设标准化管理机构的委员组成，各地建设行政主管部门负责管理本行政区域内的工程建设标准化工作。

工程建设标准管理的任务包括制定标准、实施标准和对标准的实施进行监督。工程建设国家标准发布后，应当由其管理单位组建国家标准管理组，负责国家标准的日常管理工作：①负责标准的具体技术内容的解释；②对标准中遗留的问题，承担组织调查研究、必要的测试验证和重点科研工作；③承担标准的宣传贯彻工作；④调查了解国家标准的实施情况，收集和研究国内外有关标准、技术信息资料和实践经验，参加相应的国际标准化活动；⑤参与有关工程质量事故的调查和咨询；⑥负责开展标准的研究和学术交流活动；⑦负责国家标准的复审、局部修订和技术档案工作。

省级建设行政主管部门负责本行政区域内工程建设标准化工作的管理，组织贯彻国家有关工程建设标准化的法律、法规和方针、政策并制定本行政区域的具体实施办法；制定本行政区域工程建设地方标准化工作的规划、计划；承担工程建设国家标准、行业标准的制定、修订等任务；组织制定本行政区域的工程建设地方标准；在本行政区域组织实施工程建设标准和对工程建设标准的实施进行监督；负责本行政区域工程建设企业标准的备案。

省、自治区、直辖市建设行政主管部门、有关部门及县级以上建设行政主管部门，应当有计划、有组织地开展对工程建设国家标准、行业标准以及本行政区域工程建设地方标准的实施与监督工作。

各级建设行政主管部门的标准化管理机构，应当根据本行政区域的实际需要，适时开展对工程建设国家标准、行业标准以及本行政区域工程建设地方标准的宣贯和培训，并应符合下列规定：

（一）标准的宣贯和培训活动应当在统一组织下进行。

（二）标准的宣贯和培训可以纳入专业技术人员继续教育计划。

（三）标准的宣贯和培训应当确保质量和水平，负责标准宣讲的人员必须是参加相应标准编制的人员或是经培训合格的师资人员。

（四）标准的宣贯和培训活动，应当严格执行国家的有关规定。

（五）严禁任何单位或个人擅自举办以赢利为目的的各种形式的标准宣贯班、培训班。

对工程建设标准实施情况的监督检查，应当结合本行政区域工程建设管理的实际需要进行，并应符合《实施工程建设强制性标准监督规定》的有关规定。标准实施情况的监督检查结果，应当及时报上级建设行政主管部门。当发现标准中的某些规定需要进行修改时，应当组织专家进行论证，并及时向标准的批准部门提出意见或建议。未经标准的批准部门同意，严禁擅自对标准中的技术内容进行解释。

10.4 工程建设标准的不足与完善

10.4.1 我国工程建设标准存在的不足

我国现有的工程建设标准体制是由1988年施行的《标准化法》和1997年施行的《建筑法》两部法律，以及若干法规和部门规章共同确立的。在中国已经建立起市场经济体制的今天，旧的工程建设标准体制在管理、编制和监督保障等方面显现出越来越多的问题。标准之间都不同程度地存在着不协调、不配套、内容构成不合理、相互重复或矛盾等问题，同时，由于缺乏对标准间关系的科学分析和对工程建设发展趋势的深入研究，工程建设标准的制定、修订工作也存在着预见性不强等问题。

1. 不同层次的标准之间难以有效协调

目前我国对工程建设标准化管理实行的是分级管理模式，而且，我国正朝着"技术法规和自愿采用的技术标准体制"方向进行改革，因此长期以来存在着管理部门多，管理等级多。其中，国家标准、行业标准、地方标准由政府组织制定，在规定的领域或行政区域内实施。但在综合管理环节上比较薄弱，各级政府机构（各部委、省、市、县），除国家标准外，基本上是各自负责制定本地区或本部的标准。因此在需要制定什么标准、与其他标准是否协调、标准制定的透明度方面，包括标准的制定程序、计划，编制情况、实施和修订等方面，缺乏行之有效的法律制度进行规制。工程建设行业标准、地方标准在项目上、内容上与国家标准重复交叉。行业标准以及地方标准与行业标准之间，同样存在项目重复制定、内容交叉矛盾的问题，造成了有限的工程建设标准化工作的人力、物力在低水平上的重复劳动。其焦点在于各级标准管理机构之间缺乏有效的协调机制。国家标准与行业标准、行业标准与行业标准之间界定不够清晰，且各行业、专业自成体系，条块分割，难以做到相互交融。

2. 强制性标准过于繁杂，不利于监督检查

据建设部统计，截至2007年，我国的各类工程建设强制性标准多达2900多项，需要强

制执行的条文超过了15万条，但其中不属于《标准化法》规定的强制性执行的技术内容的条款占到了条款总量的80%。我国采用标准强制而非条文强制的规定方法，导致强制性标准数量过多、内容繁杂，以及由此导致的一系列问题。《标准化法》第七条规定："保障人体健康，人身、财产安全的标准和法律、行政法规规定强制执行的标准是强性标准，其他标准是推荐性标准。"只要一个标准中的一条或者几条条文需要强制执行，那么整个标准就会成为强制性标准，导致其他许多本来不需要强制执行的技术细节要求被强制执行，而真正对健康、安全、环境和公共利益影响巨大的，应当要求强制执行的技术要求却得不到突出。这样多的条文给监督和管理带来诸多不便，这些标准尽管是强制性的，但其中也掺杂了许多选择性的和推荐性的技术要求。加上强制性标准数量多、内容杂，在实际执行时往往冲击了真正应该强制的重要内容。

虽然《强制性条文》的发布大大方便了对强制性标准的监督检查，但目前强制性条文的数量仍然太多，真正与健康、安全、质量、环境和公共利益有关、应该得到强制执行的条文得不到突出，给工程建设标准的监督工作造成了困难。同时，在标准实施上综合监管不够，还缺少对标准的综合评价方法和综合鉴定意见。

3. 推荐性标准难以得到严格执行

标准是根据以往的经验和当前的科学技术水平制定的，标准本身并不是绝对符合客观事实的，也不可能适用于所有的情况。严格执行标准并不一定能确保工程的安全。对于执行强制性标准后出现的质量问题应当由谁来承担责任，至今没有明确的法律规定。由于受计划经济惯性思维的影响，许多工程技术人员和企业管理者都认为，只要严格执行国家强制的标准，自己就理所当然地免除了推荐性标准执行的责任。

《标准化法》第十四条规定"推荐性标准由企业自愿采用"。也就是说，在技术上，推荐性标准与强制性标准一样是成熟可靠的，可以作为某个范围内的技术准则，不强制执行只不过是为了鼓励企业更多地采用新技术，发挥工程技术人员的创造性和主观能动性。但是，目前，我国的强制性标准制定繁杂并且约束力较强，工程技术人员必须将大量的精力投入到对强制性标准的掌握中去，无暇顾及新的技术和产品。计划体制下的建设标准制度使人们形成思维惯性，认为推荐性标准在技术上可有可无，在约束力上没有强制，执行不执行没有区别。这种理解严重背离了《标准化法》规定推荐性标准的初衷，使其无法发挥应有的作用。

4. 标准的编制、更新和审查机构存在不足

《标准化法》第十二条规定："制定标准应当发挥行业协会、科学研究机构和学术团体的作用。"但在实际的标准编制过程中，行业协会、科学研究机构和学术团体等非政府组织发挥的作用非常有限。被政府邀请参与编制标准的大多是科研机构的专家和大学教授。他们的眼光大多集中于标准的科技含量和理论水平，却较少顾及标准给企业造成的影响。本应成为标准编制主力的企业和行业协会，却没有机会参与到标准的编制中来。在国外，政府一般不直接组织技术标准的编制，标准大多由企业或者行业协会组织编制。企业编制的标准一旦被政府的技术法规引用而产生强制力，或者被业界接受成为行业标准，该企业就可以获得巨大的利益。一方面，企业标准被政府或者业界接受，意味着企业的产品在技术和质量上都达到了较高水平，容易在激烈的市场竞争中获得消费者的认同；另一方面，企业标准中一般都含有对本企业有利的技术要求，一旦其成为国家或者行业标准，那么企业在技术上就领先了其他竞争者一步。在科学技术飞速发展的今天，为保持标准在技术上的先进性，必须缩短标

准的更新周期。由于存在利益的驱使，国外企业对编制标准有着相当高的热情，因此各种技术标准能够以很快的速度更新，与科技的发展保持同步。反观国内，由于政府垄断了强制性标准的编制权，企业即使有参与的愿望，也是有心无力。而政府受到经费的限制，在旧标准的更新审查和新标准的编写发布方面不免显得捉襟见肘。国际标准和世界主要发达国家标准的标龄一般为3~5年，而我国现行的国家标准的平均标龄为10.2年，虽然现行法律法规明文规定标准至少每5年就必须审查修订一次，但由于我国标准数量过多，标准的审查和修订工作又只能由政府完成，受经费和人力等多种因素的影响，5年修订一次的规定形同虚设。政府部门只能针对现实中比较紧迫的问题优先选择部分标准进行修订，工作缺乏计划性和可持续性。

5. 与国际技术法规要求不符

为防止技术法规和技术标准成为国际贸易中的技术壁垒，WTO的《贸易技术壁垒协议》（以下简写为WTO/TBT）对成员的技术法规、技术标准和合格评定程序的制定、采用和实施应遵守的行为准则，以及通报、评议、咨询和审议制度做出了规定。规定的重点是技术法规制定过程中的透明度原则和通报、咨询义务。WTO/TBT要求，成员在制定、采用和实施可能对其他成员与自身之间的贸易产生重大影响的技术法规时，要向其他成员解释其技术法规的合理性。当此类技术法规中的技术要求与相应的国际标准不一致，或者没有国际标准时，应当向其他成员通报并接受咨询。成员还必须列出技术法规中可能影响到的符合现行国际标准的产品清单。我国的强制性标准由于具备WTO/TBT定义的"技术法规"的强制性特点，所以已经被WTO认可为中国的技术法规。这些所谓的"技术法规"数量众多，内容庞杂，要满足WTO规定的透明度原则，并履行技术法规的通报和咨询义务是非常困难的。

10.4.2 工程建设标准的完善措施

目前，我国经济在发展，科学技术在进步，建设领域在不断拓展，新技术、新材料、新工艺、新设备在大量涌现，迫切需要工程建设标准不断地得到补充和完善。彻底改变工程建设标准发展中的问题，继续推动工程建设标准的健康发展，使建立科学的工程建设标准体系显得十分重要。

1. 建立工程建设标准体系的标准框架。系统分析工程建设标准发展的历史、现状以及存在的主要问题，确立工程建设标准体系框架的制定目的和原则，确定工程建设标准体系框架的结构和表述方式，合理划分工程建设标准的专业类别和层次，结合不同专业具体分析其国内外的技术发展现状和趋势，具体分析其标准的现状和存在的问题，建立该专业的标准体系表，具体列出应当包含的标准项目名称，并逐项对标准的适用范围、主要内容等进行说明。目的是为完善工程建设标准体系提供目标和前提，并指导工程建设标准的制定、修订工作。同时，加强工程建设标准的研究工作，构建系统而科学的标准设立与调整体系，适时调整标准。建立评判标准适宜性与标准实施有效性的系统衡量准则体系，确保标准设立和实施的科学合理性和规范性；构建标准调整和淘汰的准则，科学地调整标准体系。此外，还应对工程建设国家与行业标准，以及地方标准予以区别对待研究，以提高各类工程建设标准的准确性和可操作性。

2. 推进工程建设标准体系保障措施落实。任务是分析工程建设标准化管理工作的现状，研究实现工程建设标准化体系在法律法规、管理体制、运行机制等方面存在的问题，针对问题提出具体的解决办法或应当采取的措施，并根据需要与可能，采取行动，具体落实。目的是为完善工程建设标准体系提供保证，并促进工程建设标准体系的完善。

3. 加强工程建设标准的制定工作。任务是按照工程建设标准体系框架设定的标准项目，以确保建设工程质量和安全，保护生态环境和资源，促进新技术、新材料、新工艺、新设备推广应用为出发点，加快新标准的编制速度，抓紧解决标准缺项较多的信息技术应用、工程管理、建筑物构筑物的使用和维护等领域对标准的需求。目的是增加标准的覆盖范围，基本实现建设领域的有标可控。

4. 加强标准的复审和修订工作。对工程建设标准体系框架中"标龄"超过法定5年期限的标准项目，适时组织复审，公布废止标准或确认继续有效标准的目录，保证那些急需修订的标准及时开展工作，着力抓好标准的局部修订，及时调整标准的内容，加快现行工程建设标准的更新速度。目的是提高标准的质量和技术水平，促进建设领域的技术进步，通过标准保护国内建设市场，增强我国建设领域的国际竞争力。

5. 借鉴发达国家的经验和教训，提高工程建设标准对经济和建筑业发展技术水平的促进作用。我国工程建设标准促进了经济发展和生产效率的提高，鉴于我国还是发展中国家，工程建设标准尚需进一步发展和完善，因此国外发达国家相关标准设置、实施和调整的经验和教训对我国具有很强的借鉴作用，宜学习国际经验，提高标准制定与实施的效率，尤其是提高工程建筑相关产品的技术水平和科技含量，进而带动相关产业的发展，提高其国际竞争力。

6. 因地制宜制定相应政策，提高工程建设标准的实施效率。宜根据不同地区的经济发展水平设置科学合理的工程建设地方标准；地方标准应因地制宜地发展，确保数量适中；地方标准的制定和调整原则也宜因地制宜和与时俱进，并不断强化落实，提高地方标准对各省市经济发展促进作用的边际效益。

---- 本章小结 ----

工程建设标准是指对基本建设中各类工程的勘察、规划、设计、施工、安装、验收等需要协调统一的事项所制定的标准。按照标准的约束性分为强制性标准和推荐性标准；按标准的内容分为设计标准、施工及验收标准和建设定额；按标准的基本属性分为技术标准、管理标准和工作标准。

本章的重点是工程建设标准的种类，工程建设标准的实施。

本章的难点是工程建设标准的实施。

【案例实训】

基本案情：1999年1月4日18时50分，重庆市綦江县著名的人行天桥"彩虹桥"因工程质量原因整体垮塌。这次重大责任事故共造成40人死亡（其中18名武警战士、22名群众），14人受伤，直接经济损失631万元。本案被告因不具备施工员资格而参与该桥关键部位施工，被公诉机关以工程重大安全事故罪起诉至法院。由于该案损失后果特别严重，涉案人员特别复杂，社会影响特别恶劣，使得这一案件在全国范围内影响极大。重庆市第一中级人民法院对该案分两次开庭审理，审理时间达六天之久，最后分别当庭对十几名被告进行了审判，一审判决从死刑到三年不等的刑罚，从而对所涉嫌的各罪予以了相应处罚。中央电视台对本案庭审全程直播，在社会上引起了极大的轰动，并均在中外媒体上以最显著位置被传播。

公诉机关指控称：被告人阎珂，违反国家规定，不具备施工员资格而参与虹桥关键部位的施工，在施工过程中，不按图纸设计要求对PVC管和锚头内灌注混凝土，致使钢绞线、锚具头锈蚀严重，从而降低了锚具对钢绞线的夹持能力，使一些钢绞线部分或全部滑出，导致吊杆钢绞线锚固失效，直接危及桥梁的安全使用。公诉机关认为：被告人阎珂在虹桥施工过程中违反国家规定，降低工程质量标准，造成重大安全事故，后果特别严重，其行为已经触犯《中华人民共和国刑法》第137条之规定，犯有工程重大安全事故罪。

辩护意见：

针对公诉机关的指控，辩护律师为被告提供了罪轻辩护：

一、被告在虹桥施工过程中的具体地位及作用。

被告人是在1995年10月由费上利招请到建桥工地的，此时，该桥桥梁的主体工程已经基本完成。被告人在整理了一段时间的图纸和资料后，被调整负责实施吊杆和锚头的水泥灌浆工作。其间，被告人因遇到无法灌注的问题而向费上利请示应该采用泵压进行压浆灌注，但费上利仍要求使用人工方式进行灌浆。在无任何设计图纸的情况下，被告按费上利的要求对28根吊杆进行了人工灌浆。综上可以看到这样一个基本事实，即被告是在虹桥修建的尾期才进入现场的，其所做的一切只包括资料、图纸的整理和对吊杆、锚头防护的水泥灌浆工作。

二、被告在虹桥垮塌事故中应该承担什么责任。

首先，起诉书指控说：被告人阎珂"违反国家规定，不具备施工员资格而参与虹桥关键部位的施工"与事实有出入。辩护人认为指控应明确具体的虹桥关键部位，除主拱桥钢管、吊杆、锚具锁定外，浇灌混凝土不是施工的关键部位而只应是相应的辅助工作。另外，被告人是学工民建出身，并依法取得了土建专业的工程师技术职称。根据被告在该桥担任施工员的工作范围来看，都属于工民建中最基本的结构，其工序和施工规范几乎一致。在这一范围内施工，虽然不具备桥梁施工上岗证，但被告的行为与安装后果相比，在应承担的责任大小上应该有所区别。

其次，起诉书指控说：被告人阎珂"在施工过程中，不按图纸设计要求对PVC管和锚头内灌注混凝土"与事实有出入。被告在整个施工过程中，既没有看到过原设计图纸也没有看到过设计变更后的图纸，所有施工均按照费上利口头交代进行，这与不按图纸施工有性质上的区别。另外，吊杆是由钢绞线和PVC管组合而成的，两种材质不同的材料在接缝处如何让其结合，应是设计责任而不是施工责任。在无人提供解决方案的情况下自然会发生施工的不规范，而施工不规范的结果是被告人无法预料和防止的，因为每一个步骤都是在无施工监理的情况下进行的。所以，不按图纸施工和没有图纸施工及无监理施工其所应负的责任大小是显而易见的。

最后，起诉书指控说："致使钢绞线、锚具头锈蚀严重，从而降低了锚具对钢绞线的夹持能力，使一些钢绞线部分或全部滑出"与事实有出入。根据我们的调查，生产锚具的厂家是重庆市金属软管厂（前身为万盛金属软管厂）。该厂截至1997年6月在工商机关登记的主营范围还只是"生产、制造、销售荧光灯整流器系列和镀锌金属管系列，而无任何生产、制造、销售YCM15-3锚具的登记，更没有对此锚具进行质量鉴定。将其用在一座设计不规范、施工不符合要求的"豆腐桥"上自然会产生锈蚀。而且，钢绞线也来路不明。这些不符合规格的建材本身就是锈蚀的导因。因此,锈蚀是综合性原因造成的。此外,锚具的安装是在无监理人员的情况下由未经过专业技能培训的民工安装的,锚具的锚固必然达不到规范要求,这自然也会导致钢绞线在吊杆锁锚错误基础上的不均匀受力。这种责任是不应该由被告人来承担的。

综上,辩护人认为,被告在此案中应承担违反国家规定,不具备施工员资格而参与虹桥施工的责任;但就施工过程中,起诉书所指控的其他或与之有关的则只能承担相应的责任。

判决结果

重庆市第一中级人民法院认为:被告人阎珂违反国家有关建设法规,不具备施工员资格而参与虹桥工程关键部分的施工,在负责对吊杆和锚头内灌注砂浆时,不按技术规范即泵压方法灌注砂浆,致使PVC管内钢绞线灌浆不密实,对锚头未灌压砂浆,使钢绞线、锚具头锈蚀严重,从而降低了锚具对钢绞线的夹持能力,导致吊杆钢绞线锚固失效,直接危及虹桥安全使用,降低了虹桥工程的质量标准,在虹桥垮塌的重大安全事故中负有吊杆,锚头灌浆质量的重要直接责任。其行为触犯了《中华人民共和国刑法》第137条之规定,已经构成工程重大安全事故罪,且属后果特别严重,依法应判处有期徒刑六年,并处罚金人民币3万元。

虽然法官没有采纳辩护人提出吊杆锚具时效,与其施工作业无关,以及对PVC管没有使用泵压灌浆方法是设计缺陷等辩护意见,但认为被告尚能悔罪,可酌情从轻处罚。

【法理分析】

辩护律师对于公诉机关指控被告的罪名定性无异议,但是在量刑方面有不同意见。首先,被告人已于1994年取得了工程师资格,具有中级职称,不完全属于"无施工资质人员";其次,被告人于1995年11月中旬才进入虹桥施工现场,所做的工作为资料、图纸的整理和对吊杆、锚头防护的水泥灌浆工作,并不属于"参与虹桥关键部位的施工";再次,被告人在施工时已经发现虹桥吊杆外套的PVC塑料管无法压浆,当时就对设计不合理的问题向工地负责人费上利请示过,费上利作出了处理意见后,被告系按其意见继续施工;最后,锚具的灌浆并不是危及桥梁安全的直接原因,直接原因是锚具的安装方法错误及锚具、钢绞线的质量有问题。

应该看到,本案为一个多因一果的重大安全事故,不能孤立的从某一角度或某一侧面来确定被告的责任,必须根据整个案件全部相关的事实和该桥整体垮塌的根本原因,来对其进行责任的认定。因此,在代理本案后,辩护律师先后六次会见了被告人,并在重庆大足县、綦江县、万盛区和泸县分别进行了调查取证,同时走访了重庆设计院和重庆建筑大学相关专业人员,先后对被告身份、进场时间、施工中的工作范围以及相关技术性问题和锚具的出产厂家进行详细的调查。在调查中律师发现,公诉机关遗漏了对虹桥建材(水泥、锚具和钢绞线等)的供应商是否构成生产、销售不符合安全标准的产品罪的指控,尤其是对吊杆的关键组成部位锚具的生产厂家应承担的相应责任没有进行追究。庭审中,我们将此问题提了出来。尽管法庭最后没有采纳,但建材问题作为一种有可能构成虹桥垮塌的因素,作为一个有可能能够为被告减轻责任的辩护意见,辩护律师认为应该在庭审过程中提出。

同时,辩护律师应注意对被告依法引导。既要做好为作其罪轻辩护的充分准备,又要让其明晓应负责任,认罪伏法。初期会见时,辩护人发现被告根据一般的常理理解和其对法律的认识,并不认为自己的行为构成犯罪。这样的认识态度不仅不利于律师开展辩护工作,更不利于被告争取法庭从轻处罚的机会。后经辩护人与被告多次交流，对其反复引导，才使其逐步认识到自己的行为与虹桥垮塌之间的联系，由此才出现了庭审中被告真挚、诚恳的认罪态度，这对其获得法庭酌情从轻处罚起到了重要的作用。一审判决过后，律师再次会见被告，被告表示要求上诉，希望能够重新审判。律师根据该案的实际情况和判决之后的社会效果，建议被告在收到一审判决书后再慎重考虑。此后，被告没有再提出上诉请求。

作为该案的辩护律师，代理这样重大的案件，从小的方面来说，是在为某一个刑事案件辩护；从大的范畴来看，是在为推动国家法治进程发挥律师独特的作用。律师本身作为法律工作者，是社会法治因素的一个构成，从一个个体事件而言律师固然是当事人的利益代表者，但是从整个社会法治而言，律师的每一个行为都将是社会法治进程的影响因素。律师在法律的三岔路口，既不能甘于亦步亦趋，又一定要尊重现行体制和社会背景。尤其是在代理此类后果极其严重、影响极其深刻、民愤极其难平的刑事案件时，我们一方面要恪守律师职责，尽力维护被告的辩护权，不能让犯罪嫌疑人的"嫌疑"二字廉价化，另一方面又要注意维护司法公正，实现社会和谐。如是，律师的辩护才能经得住历史的检验。

【复习思考】

1. 课堂实训

某工程为三层砖混结构，现浇钢筋混凝土楼盖，纵墙承重、灰土基础（图10-5）。施工后于同年10月浇灌二层楼盖混凝土。全部主体结构于第二年1月完工。在4月间进行装修工程时，发现各层大梁均有斜裂缝。

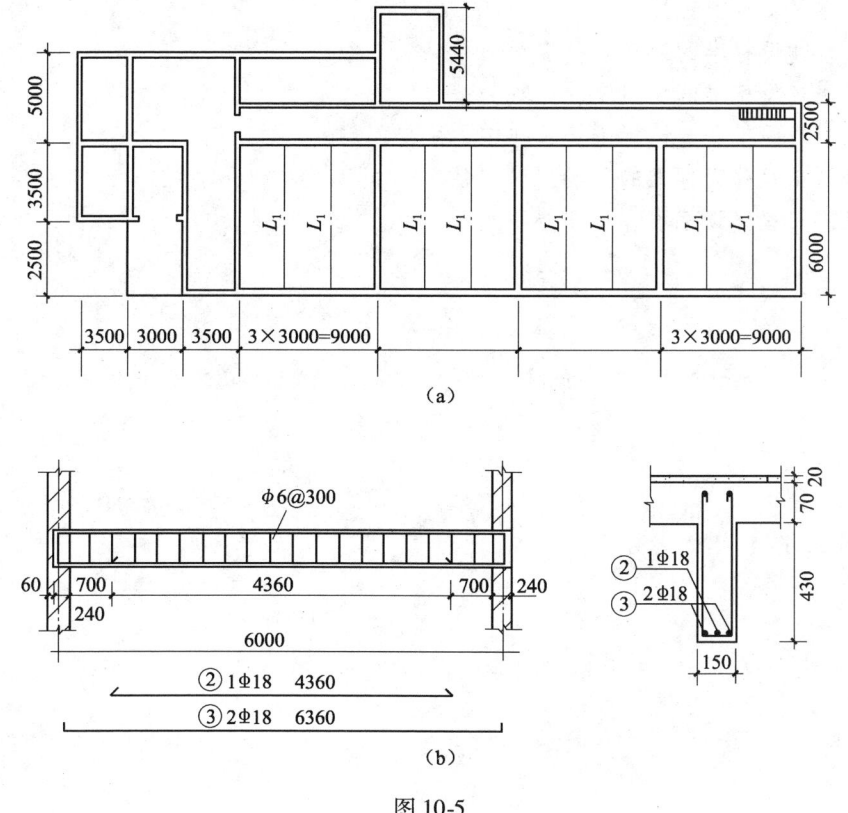

图10-5

其现象：裂缝多为斜向，倾角50°~60°，且多发生在300mm的钢箍间距内。近梁中部为竖向裂缝，斜裂缝两端密集，中部稀少（值得注意的是在纵筋截断处都有斜裂缝）；其沿梁高度方向的位置较多地在中和轴以下，个别贯通梁高。裂缝宽度在梁端附近约0.5~1.2mm，近跨中约0.1~0.5mm；裂缝深度一般小于1/3，个别的两端穿通；裂缝数量每根梁少则4根，多则22根，一般为10~15根。

施工原因：浇灌二层梁板时，未采用专门养护措施，浇灌后2小时就在板面铺脚手板、堆放砖块进行砌墙。11月初浇灌三层现浇板时，室内温度为0~1℃，未采取保温措施。根据试验资料，混凝土在21天后的强度只达28天理论强度值的42.5%，一个月后才达到52%。因此混凝土早期受冻是这起质量事故的重要原因。另外，混凝土的水泥用量偏低（只有210kg/m³，略少于225kg/m³的最低值）也是因素之一。

设计原因：其一是箍筋间距过大。《混凝土结构设计规范》规定，"当梁高为500mm且$V>0.07f_c bh_0$时，梁中箍筋的最大间距为200mm。"而本工程箍筋间距却为300mm，这就是斜裂缝多发生在箍筋之间的原因。其二是纵筋在梁跨中间截断。《混凝土结构设计规范》规定，"纵向受拉钢筋不宜在受拉区截断"。而本工程梁中部分纵向受拉钢筋在跨中截断，截断处都出现斜裂缝，这说明受拉钢筋对梁截面的抗剪能力起到一定作用，也说明规范的规定是最适合的。

比较施工和设计原因，显然可见，施工中混凝土早期受冻是产生本工程质量事故的主要原因。

2. 思考题
(1) 什么是工程建设标准？
(2) 工程建设标准的特点是什么？
(3) 工程建设标准的作用是什么？
(4) 分析我国工程建设标准化工作中的主要问题。
(5) 编制工程建设标准的一般程序是什么？
(6) 我国工程建设标准存在哪些不足？

第 11 章 城市房地产管理法律制度

【学习提要】 本章主要阐述下列内容:
1. 房地产和房地产法的概念、房地产法规体系概述。
2. 房地产开发管理法律制度,包括房地产开发企业、房地产开发用地、城市房屋拆迁以及房地产开发建设管理制度。
3. 房地产交易管理法律制度,包括房地产转让、房屋租赁、房地产抵押以及房地产中介服务等内容。
4. 房屋权属管理制度,包括建筑物区分所有权和房屋登记制度。
5. 物业管理法律制度,包括业主自治管理、前期物业管理以及物业管理服务等内容。
6. 房地产违法的法律责任。

【关键词】 房地产开发用地 房地产开发建设 房地产交易 建筑物区分所有权 物业管理

11.1 房地产管理法律制度概述

11.1.1 房地产的概念

房地产是房产和地产的统称,它包括房屋财产和土地财产。我国房地产管理法律中没有给房地产直接下定义,但是从目前的规定来看,房地产作为一个复杂的概念,至少具有以下几层含义:

(1) 房地产是地产与房产的有机结合,房依地建,地为房载,房地不可分离;

(2) 房地产是实体财产与财产权的有机结合,既包括有形的实体(土地、房屋),又包括寓于房地产实体中的各种经济关系及由此而形成的各种权利;

(3) 房地产作为一个统一体,地产居于主导和核心地位,土地能够独立地成为不动产,而房产处在相对次要和依附的地位,不存在独立意义的房产。

与房地产密切相关的一个概念是不动产。房地产的概念流行于中国大陆,定义多且混乱,而不动产则是一个规范的法律词汇。广义的不动产不仅包括房地产,也包括不能移动或移动后会损失经济价值的财产。[①]

11.1.2 房地产法的概念

房地产法是调整房地产法律关系的行为规范,它有广义和狭义之分。广义的房地产法是指调整国家、集体、公民、法人及其他社会组织在房地产开发、经营、管理和服务活动中形成的以房地产为核心的社会关系的法律、法规、规章和政策的总称。狭义的房地产法是指

---

① 参见丰雷、林增杰等:《房地产经济学(第三版)》,11 页,中国建筑工业出版社,2008。

1994年7月5日八届全国人大常委会第八次会议审议通过的、从1995年1月1日施行的《中华人民共和国城市房地产管理法》(2007年8月30日第十届全国人民代表大会常务委员会第二十九次会议通过《关于修改〈中华人民共和国城市房地产管理法〉的决定》，修正后重新发布)，该法对房地产用地、房地产开发、房地产交易及房地产权属登记等几个方面进行了原则性的规定，是我国房地产管理的根本大法。

11.1.3 房地产法规体系

房地产法规体系，即广义的房地产法，来源于各种不同的规范性文件。

1. 宪法的有关内容

《中华人民共和国宪法》第十条规定：

"城市的土地属于国家所有。

农村和城市郊区的土地，除由法律规定属于国家所有的以外，属于集体所有；宅基地和自留地、自留山，也属于集体所有。

国家为了公共利益的需要，可以依照法律规定对土地实行征收或者征用并给予补偿。

任何组织或者个人不得侵占、买卖或者以其他形式非法转让土地。土地的使用权可以依照法律的规定转让。

一切使用土地的组织和个人必须合理地利用土地。"

2. 法律

根据指定主体的不同又分为基本法律和普通法律。基本法律，如《民法通则》、《物权法》等，奠定了房地产的民法基础；普通法律，如《土地管理法》、《城市房地产管理法》、《城乡规划法》等，构成了房地产管理法律规范的基本框架。

3. 行政法规

房地产管理行政法规是对房地产管理法律的细化和补充，在房地产法规体系中具有重要地位。如《城镇国有土地使用权出让和转让暂行条例》、《城市房地产开发经营管理条例》、《城市房屋拆迁管理条例》、《物业管理条例》等。

4. 部门规章

国务院各部委和直属机构（如住房和城乡建设部、国土资源部）颁布的房地产规范性文件，是对房地产管理法律、法规的进一步细化、完善和补充，也是房地产法规体系的重要组成部分。如《房地产开发企业资质管理规定》、《招标拍卖挂牌出让国有土地使用权规定》、《物业服务企业资质管理办法》、《住宅专项维修资金管理办法》等。

5. 地方性法规

由各省级人大及其常委会、省会城市和较大的市人大及其常委会颁布的房地产规范性文件。如《天津市房地产交易管理条例》、《上海市房地产登记条例》。

6. 地方政府规章

由省级人民政府、省会城市和较大的市人民政府制定的适用于各自行政区域的房地产规范性文件。如《北京市城市房地产转让管理办法》、《北京市房地产抵押管理办法》。

11.1.4 房地产管理法律制度

本章所称的房地产管理法律制度可概括为以下四个方面：

1. 房地产开发管理法律制度

房地产开发管理指从房地产开发企业取得土地到竣工验收阶段的管理。房地产开发管理法律制度主要包括房地产开发企业设立及资质管理、房地产开发用地管理、城市房屋拆迁管理、房地产开发建设管理等法律制度。

2. 房地产交易管理法律制度

房地产交易管理是对房地产流通环节进行的管理。房地产交易管理法律制度主要包括房地产价格管理、房地产转让管理、房屋租赁管理、房地产抵押管理以及房地产中介服务管理等法律制度。

3. 房屋权属管理法律制度

房屋权属管理主要是为了保护权利人的合法权益、维护房地产交易安全而进行的行政管理。房屋权属管理法律制度主要包括建筑物区分所有权制度、房屋登记发证制度。

4. 物业管理法律制度

物业管理是对已建成并投入使用的物业所进行的管理。物业管理法律制度主要包括业主自治管理、前期物业管理、物业管理服务、物业的使用与维护等法律制度。

11.2 房地产开发管理法律制度

11.2.1 房地产开发的概念与原则

11.2.1.1 房地产开发的概念

《城市房地产管理法》第二条,"本法所称房地产开发,是指在依法取得的国有土地上进行基础设施、房屋建设的行为。"这里的房地产开发具有特定的含义。

具体来讲,房地产开发是指具有开发资质的房地产开发企业依据相关法律法规或政策,根据城市发展和建设的总体规划,充分考虑经济效益、社会发展的要求,对获取的土地进行投资、建设、管理的行为。[1]

11.2.1.2 房地产开发的原则

《城市房地产管理法》第二十五条规定:"房地产开发必须严格执行城市规划,按照经济效益、社会效益、环境效益相统一的原则,实行全面规划、合理布局、综合开发、配套建设。"

1. 房地产开发必须严格执行城市规划

《城乡规划法》第三条规定:"城市和镇应当依照本法制定城市规划和镇规划。城市、镇规划区内的建设活动应当符合规划要求。"房地产开发是城镇开发建设的重要组成部分,必须严格执行城镇规划。

2. 房地产开发应当贯彻经济效益、社会效益和环境效益相统一的原则

房地产开发是一项经济活动,首先要讲求经济效益,但不能仅局限于考虑经济效益,更不能以牺牲社会效益和环境效益为代价来换取经济效益。从总体上来讲,房地产开发的经济效益、社会效益和环境效益是相辅相成的。经济效益提高了,有助于社会效益和环境效益的

---

[1] 参见谭术魁、李悦等:《房地产开发与经营》,1页,复旦大学出版社,2008。

实现；社会效益和环境效益的提高，又保障了房地产开发经济效益的顺利实现。

3. 房地产开发应当坚持全面规划、合理布局、综合开发、配套建设的方针

全面规划、合理布局、综合开发、配套建设是实施房地产综合开发的工作方针，也是我国房地产开发的有效经验，推动了我国房地产业的发展。

房地产综合开发可以避免分散建设的种种弊端，有利于实现城市总体规划；综合开发也有利于城市各项建设事业的协调发展，把基础设施、配套工程和主体工程同步建设，工程竣工以后配套交用，便于生产、生活；综合开发还有利于缩短建设周期，降低工程造价，提高房地产开发的经济效益和社会效益。

11.2.2 房地产开发企业

11.2.2.1 房地产开发企业的概念

《城市房地产管理法》第三十条，"房地产开发企业是以营利为目的，从事房地产开发和经营的企业。"

房地产开发企业具有以下两个特点：

1. 以营利为目的

所谓"以营利为目的"是指房地产开发企业在开发和经营活动中以获取最大限度的经济利益为目的。

2. 以房地产开发和经营为营业范围

《房地产开发经营管理条例》第二条规定，房地产开发经营，是指房地产开发企业在城市规划区内国有土地上进行基础设施建设、房屋建设，并转让房地产开发项目或者销售、出租商品房的行为。

11.2.2.2 房地产开发企业设立的条件

《城市房地产管理法》第三十条规定，设立房地产开发企业，应当具备下列条件：

1. 有自己的名称和组织机构

房地产开发企业必须有自己的名称。企业名称是企业间相互区别的重要标志。企业只有使用自己特定的名称去从事开发经营，才能以自己的名义享受权利和承担义务。

房地产开发企业必须具备一定的组织机构。企业组织机构是对内管理企业事务、对外代表企业从事民事活动的机构总称，是企业经营活动正常运行的重要保证。

2. 有固定的经营场所

首先，房地产开发企业要有自己的经营场所，该场所可以是自有的，也可以是租赁的；其次，这种场所应当是固定的，即在相当长的一段时间内固定在一个地方。这样要求有利于国家对企业的监督和管理，同时也便于债务的履行。

3. 有符合国务院规定的注册资本和专业技术人员

《房地产开发经营管理条例》第五条规定，"设立房地产开发企业，除应当符合有关法律、行政法规规定的企业设立条件外，还应当具备下列条件：

（一）有100万元以上的注册资本；

（二）有4名以上持有资格证书的房地产专业、建筑工程专业的专职技术人员，2名以上持有资格证书的专职会计人员。省、自治区、直辖市人民政府可以根据本地方的实际情况，对设立房地产开发企业的注册资本和专业技术人员的条件作出高于前款的规定。"

4. 法律、行政法规规定的其他条件。

11.2.2.3 房地产开发企业设立的程序

1. 申请登记

设立房地产开发企业，应当向县级以上人民政府工商行政管理部门申请登记。

2. 审核批准

工商行政管理部门根据房地产开发企业设立的条件，对登记申请进行审查。符合设立条件的，自收到申请之日起30日内予以登记，发给营业执照；不符合条件的不予登记。

3. 登记备案

房地产开发企业自领取营业执照之日起30日内，应当持有关文件到登记机关所在地的房地产开发主管部门备案。

11.2.2.4 房地产开发企业资质管理

根据《房地产开发企业资质管理规定》，房地产开发主管部门对备案的房地产开发企业核定资质等级，房地产开发企业按照核定的资质等级，承担相应的房地产开发项目。未取得房地产开发资质等级证书的企业，不得从事房地产开发经营业务。

1. 房地产开发企业资质等级条件

房地产开发企业按照企业条件分为一、二、三、四四个资质等级，各资质等级企业的条件如下：

（1）一级资质条件。注册资本不低于5000万元；从事房地产开发经营5年以上；近3年房屋建筑面积累计竣工30万平方米以上，或者累计完成与此相当的房地产开发投资额；连续5年建筑工程质量合格率达100%；上一年房屋建筑施工面积15万平方米以上，或者完成与此相当的房地产开发投资额；有职称的建筑、结构、财务、房地产及有关经济类的专业管理人员不少于40人，其中具有中级以上职称的管理人员不少于20人，持有资格证书的专职会计人员不少于4人；工程技术、财务、统计等业务负责人具有相应专业中级以上职称；具有完善的质量保证体系，商品住宅销售中实行了《住宅质量保证书》和《住宅使用说明书》制度；未发生过重大工程质量事故。

（2）二级资质条件。注册资本不低于2000万元；从事房地产开发经营3年以上；近3年房屋建筑面积累计竣工15万平方米以上，或者累计完成与此相当的房地产开发投资额；连续3年建筑工程质量合格率达100%；上一年房屋建筑施工面积10万平方米以上，或者完成与此相当的房地产开发投资额；有职称的建筑、结构、财务、房地产及有关经济类的专业管理人员不少于20人，其中具有中级以上职称的管理人员不少于10人，持有资格证书的专职会计人员不少于3人；工程技术、财务、统计等业务负责人具有相应专业中级以上职称；具有完善的质量保证体系，商品住宅销售中实行了《住宅质量保证书》和《住宅使用说明书》制度；未发生过重大工程质量事故。

（3）三级资质条件。注册资本不低于800万元；从事房地产开发经营2年以上；房屋建筑面积累计竣工5万平方米以上，或者累计完成与此相当的房地产开发投资额；连续2年建筑工程质量合格率达100%；有职称的建筑、结构、财务、房地产及有关经济类的专业管理人员不少于10人，其中具有中级以上职称的管理人员不少于5人，持有资格证书的专职会计人员不少于2人；工程技术、财务等业务负责人具有相应专业中级以上职称，统计等其他业务负责人具有相应专业初级以上职称；具有完善的质量保证体系，商品住宅销售中实行了《住宅质量保证书》和《住宅使用说明书》制度；未发生过重大工程质量事故。

（4）四级资质条件。注册资本不低于100万元；从事房地产开发经营1年以上；已竣工的建筑工程质量合格率达100%；有职称的建筑、结构、财务、房地产及有关经济类的专业管理人员不少于5人，持有资格证书的专职会计人员不少于2人；工程技术负责人具有相应专业中级以上职称，财务负责人具有相应专业初级以上职称，配有专业统计人员；商品住宅销售中实行了《住宅质量保证书》和《住宅使用说明书》制度；未发生过重大工程质量事故。

2. **房地产开发企业暂定资质**

新设立的房地产开发企业在房地产开发主管部门备案后，申请《暂定资质证书》。《暂定资质证书》的有效期为1年。房地产开发企业应当在《暂定资质证书》有效期满前1个月内向房地产开发主管部门申请核定资质等级。房地产开发主管部门应当根据其开发经营业绩核定相应的资质等级。

房地产开发主管部门可以视企业经营情况延长《暂定资质证书》有效期，但延长期限不得超过2年。如自领取《暂定资质证书》之日起1年内无开发项目的，《暂定资质证书》有效期不得延长。

3. **房地产开发企业资质等级核定申请**

房地产开发企业应当申请核定企业资质等级。申请核定资质等级的房地产开发企业，应当提交下列证明文件：

（1）企业资质等级申报表；
（2）房地产开发企业资质证书（正、副本）；
（3）企业资产负债表和验资报告；
（4）企业法定代表人和经济、技术、财务负责人的职称证件；
（5）已开发经营项目的有关证明材料；
（6）房地产开发项目手册及《住宅质量保证书》、《住宅使用说明书》执行情况报告；
（7）其他有关文件、证明。

4. **房地产开发企业资质等级审批**

房地产开发企业资质等级实行分级审批。

一级资质由省、自治区、直辖市人民政府建设行政主管部门初审，报国务院建设行政主管部门审批。

二级资质及二级资质以下企业的审批办法由省、自治区、直辖市人民政府建设行政主管部门制定。

经资质审查合格的企业，由资质审批部门发给相应等级的资质证书。

资质证书由国务院建设行政主管部门统一制作。资质证书分为正本和副本，资质审批部门可以根据需要核发资质证书副本若干份。

5. **不同资质等级企业的业务范围**

一级资质的房地产开发企业承担房地产项目的建设规模不受限制，可以在全国范围承揽房地产开发项目。

二级资质及二级资质以下的房地产开发企业可以承担建筑面积25万平方米以下的开发

建设项目，承担业务的具体范围由省、自治区、直辖市人民政府建设行政主管部门确定。

各资质等级企业应当在规定的业务范围内从事房地产开发经营业务，不得越级承担任务。

6. 房地产开发企业资质年检制度

房地产开发企业的资质实行年检制度。对于不符合原定资质条件或者有不良经营行为的企业，由原资质审批部门予以降级或者注销资质证书。

房地产开发企业无正当理由不参加资质年检的，视为年检不合格，由原资质审批部门注销资质证书。

房地产开发主管部门将房地产开发企业资质年检结果向社会公布。

11.2.3 房地产开发用地

在我国现行城市土地使用制度"双轨制"的基本格局下，房地产开发用地也有两种供应方式：土地使用权出让和划拨。在房地产开发领域，除经济适用住房和廉租住房由行政划拨方式供地外，土地使用权出让是房地产开发企业有偿取得房地产开发用地的主要方式。

11.2.3.1 土地使用权出让

1. 土地使用权出让的概念

《城市房地产管理法》第八条："土地使用权出让，是指国家将国有土地使用权（以下简称土地使用权）在一定年限内出让给土地使用者，由土地使用者向国家支付土地使用权出让金的行为。"

城市规划区内的集体所有的土地，必须依法征收转为国有土地后，方可进行出让。

土地使用权出让，必须符合土地利用总体规划、城市规划和年度建设用地计划。

2. 土地使用权出让的方式

《城市房地产管理法》第十三条规定，"土地使用权出让，可以采取拍卖、招标或者双方协议的方式。商业、旅游、娱乐和豪华住宅用地，有条件的，必须采取拍卖、招标方式；没有条件的，可以采取双方协议的方式。采用双方协议方式出让土地使用权的出让金不得低于按国家规定所确定的最低价。"

根据《协议出让国有土地使用权规定》，协议出让最低价不得低于新增建设用地的土地有偿使用费、征地（拆迁）补偿费用以及按照国家规定应当缴纳的有关税费之和；有基准地价的地区，协议出让最低价不得低于出让地块所在级别基准地价的70%。

为了规范国有土地使用权出让行为，建立公开、公平、公正的土地使用权制度，2002年5月国土资源部发布了《招标拍卖挂牌出让国有土地使用权规定》（2007年9月修订），提出工业、商业、旅游、娱乐和商品住宅等经营性用地以及同一宗地有两个以上意向用地者的，应当以招标、拍卖或者挂牌方式出让。

（1）协议出让

协议出让土地使用权就是出让人与受让人双方就土地使用权所涉及的有关事项，如出让土地的面积、用途、年限、出让金等反复协商达成一致并签订土地使用权出让协议的行为。其特点是由于存在受让人的单一性，因此不能体现市场公开、竞争的原则，在实践中受行政干预比较大，存在一定的弊端。

(2) 招标出让

招标出让国有建设用地使用权,是指市、县人民政府国土资源行政主管部门(以下简称出让人)发布招标公告,邀请特定或者不特定的自然人、法人和其他组织参加国有建设用地使用权投标,根据投标结果确定国有建设用地使用权人的行为。其特点是引入了市场竞争机制,但在确定受让人时,既要考虑投标报价,又要考虑投标人的业绩、土地开发规划设计方案等,最后在综合评比的基础上择优而定。

(3) 拍卖出让

拍卖出让土地使用权,是指出让人发布拍卖公告,由竞买人在指定时间、地点进行公开竞价,根据出价结果和"价高者得"原则确定土地使用者的行为。其特点是,竞争具有公开性,价格是确定受让人的唯一条件。

(4) 挂牌出让

挂牌出让土地使用权,是指出让人发布挂牌公告,按公告规定的期限将拟出让宗地的交易条件在指定的土地交易场所挂牌公布,接受竞买人的报价申请并更新挂牌价格,根据挂牌期限截止时的结果确定土地使用者的行为。

如果在挂牌期限截止时仍有两个或者两个以上的竞买人要求报价的,出让人应当对挂牌宗地进行现场竞价,由出价最高者取得土地使用权。

挂牌出让综合体现了招标、拍卖和协议方式的优点,并同样具有公开、公平、公正特点。尤其适用于当前我国土地市场现状,具有招标、拍卖不具备的优势:一是挂牌时间长,且允许多次报价,有利于投资者理性决策和竞争;二是操作简便,便于开展;三是有利于土地有形市场的形成和运作。挂牌出让是招标拍卖方式出让土地使用权的重要补充。

国有建设用地使用权招标拍卖挂牌出让方式比较　　　　　　　　　　表 11-1

出让方式 内容	招 标 出 让	拍 卖 出 让	挂 牌 出 让
适用范围	通常适用于一些大规模或关键性的发展计划和投资用地	适用于竞争性较强的商业、娱乐等经营性项目用地	适用范围较广,一般经营性用地或同一宗地有两个以上意向用地者的,均可采用
主要特点	确定中标人除投标报价外,还要综合考虑投标人的业绩、土地开发规划设计方案等,通过综合评比择优而定	确定竞买人以价高者得为原则;公开、透明,市场化程度高	确定竞买人虽以价高者得为原则,但挂牌出让时间较长,更加有利于投资者的理性报价

3. 土地使用权出让的最高年限

土地使用权出让的最高年限,是指一次出让签约的最高年限。土地使用权出让的实际年限,只能在国家规定的最高年限内,由出让方和受让方在签订出让合同时约定。

《城镇国有土地使用权出让和转让暂行条例》第十二条规定,根据土地的不同用途,土地使用权出让的最高年限分别为:

(1) 居住用地 70 年;

(2) 工业用地 50 年;

(3) 教育、科技、文化、卫生、体育用地 50 年;

(4) 商业、旅游、娱乐用地 40 年；

(5) 综合或者其他用地 50 年。

4. 土地使用权出让合同

土地使用权出让，出让人与受让人应当签订书面出让合同。土地使用权出让合同是当事人之间关于设立、变更出让和受让双方有关土地使用权权利义务关系的协议。

土地使用权出让合同的主要条款包括：

(1) 合同主体；

(2) 标的；

(3) 价款及支付方式；

(4) 期限；

(5) 开发建设与利用要求；

(6) 土地使用权转让、出租、抵押的条件；

(7) 期限届满的处置；

(8) 违约责任；

(9) 争议的解决等。

《国有建设用地使用权出让合同》示范文本见本章附1。

土地使用者应当按照出让合同的规定开发、利用、经营土地。如果需要改变出让合同规定的土地用途，应征得出让方的同意并经土地管理部门和城市规划部门批准，重新签订出让合同。

5. 土地出让金

(1) 土地出让金的含义与缴纳

土地使用权出让是有偿的。土地使用者取得一定年期的土地使用权须向土地所有者支付土地使用权出让金，简称土地出让金。土地出让金的本质，是土地所有者凭借土地所有权取得的土地的经济利益，即地租。但在实践中，土地出让金的构成，除一定年期内的地租外，还包括土地出让前国家对土地的开发成本以及有关征地拆迁的补偿安置费用等。

《城市房地产管理法》第十六条规定："土地使用者必须按照出让合同约定，支付土地使用权出让金；未按合同约定支付土地使用权出让金的，土地管理部门有权解除合同，并可以请求违约赔偿。"

土地使用者按照出让合同的约定支付土地出让金的，市、县人民政府与土地管理部门必须按照出让合同的约定，提供出让的土地；未按合同约定提供出让的土地的，土地使用者有权解除合同，要求返还土地出让金，并可以请求违约赔偿。

当出让合同约定的土地用途发生变更时，土地出让金也要进行相应的调整。

(2) 土地出让金的使用

土地出让金全部上缴财政，纳入地方预算，实行"收支两条线"管理，用于城市基础设施建设和土地开发。

6. 土地使用权的终止和续期

(1) 土地使用权终止

土地使用权终止是指土地使用者不再享有该幅土地使用权，其实质就是土地使用权出让合同法律关系的消灭。土地使用权的终止主要有以下四种情形：

1) 土地使用权出让年限届满。《城市房地产管理法》第二十二条规定，土地使用权出让合同约定的使用年限届满，土地使用者未申请续期或者虽申请续期但未获批准的，土地使用权由国家无偿收回。

2) 国家提前收回。《城市房地产管理法》第二十条，"国家对土地使用者依法取得的土地使用权，在出让合同约定的使用年限届满前不收回；在特殊情况下，根据社会公共利益的需要，可以依照法律程序提前收回，并根据土地使用者使用土地的实际年限和开发土地的实际情况给予相应补偿。"

3) 土地灭失。《城市房地产管理法》第二十一条，"土地使用权因土地灭失而终止。"所谓土地灭失，是指土地因地震、火山等不可抗力的作用，利用状态发生了根本变化，土地已无法被人们加以开发、利用和经营。

4) 因逾期未开发而被国家强制收回。《城市房地产管理法》第二十六条规定，以出让方式取得土地使用权进行房地产开发，须按照土地使用权出让合同约定的土地用途、动工开发期限开发土地。如果满两年未动工开发的，除因不可抗力或者政府有关部门的行为或者动工开发必须的前期工作造成动工开发迟延外，国家将强制收回。

（2）土地使用权续期

土地使用权出让合同约定的使用年限届满，土地使用者如果需要继续使用该土地的，可以申请续期。

《城市房地产管理法》第二十二条规定，土地使用权续期，应当最迟于土地使用权年限届满前一年提出申请。除根据社会公共利益需要收回土地外，续期申请应当予以批准。经批准准予续期的，应当重新签订土地使用权出让合同，支付土地使用权出让金。

《物权法》第一百四十九条规定，"住宅建设用地使用权期间届满的，自动续期。非住宅建设用地使用权期间届满后的续期，依照法律规定办理。该土地上的房屋及其他不动产的归属，有约定的，按照约定；没有约定或约定不明确的，依照法律、行政法规的规定办理。"

11.2.3.2 土地使用权划拨

土地使用权划拨是指县级以上人民政府依法批准，在土地使用者缴纳补偿、安置等费用后将该幅土地交付其使用，或者将土地使用权无偿交付给土地使用者使用的行为。以划拨方式取得土地使用权的，除法律、行政法规另有规定外，没有使用期限的限制。

《城市房地产管理法》第二十四条："下列建设用地的土地使用权，确属必需的，可以由县级以上人民政府依法批准划拨：

（一）国家机关用地和军事用地；

（二）城市基础设施用地和公益事业用地；

（三）国家重点扶持的能源、交通、水利等项目用地；

（四）法律、行政法规规定的其他用地。"

2001年国土资源部根据《土地管理法》和《城市房地产管理法》的规定，制定发布了《划拨用地目录》。只有符合该目录的建设用地项目，由建设单位提出申请，经有批准权的人民政府批准，方可以划拨方式提供土地使用权。

目前，在房地产开发中，只有经济适用住房和廉租住房可以通过行政划拨方式供地。《经济适用住房管理办法》(2007)第七条："经济适用住房建设用地以划拨方式供应。"《廉租住房保障办法》(2007) 第十三条："廉租住房建设用地，应当在土地供应计划中优先安排，并在申报年度用地指标时单独列出，采取划拨方式，保证供应。"

11.2.4 城市房屋拆迁

为了加强对城市拆迁的管理，维护拆迁当事人的合法权益，保障建设项目的顺利进行，2001年6月国务院颁布了《城市房屋拆迁管理条例》[①]，自2001年11月1日起施行。在城市规划区内国有土地上实施房屋拆迁，并需要对被拆迁人补偿、安置的，适用本条例。

在城市规划区内国有土地上实施房屋拆迁，拆迁人应当对被拆迁人给予补偿、安置；被拆迁人应当在搬迁期限内完成搬迁。所谓拆迁人是指取得房屋拆迁许可证的单位；被拆迁人是指被拆迁房屋的所有人。

城市房屋拆迁必须符合城市规划，有利于城市旧区改造和生态环境改善，保护文物古迹。

国务院建设行政主管部门对全国城市房屋拆迁工作实施监督管理。县级以上地方人民政府负责管理房屋拆迁工作的部门（以下简称房屋拆迁管理部门）对本行政区域内的城市房屋拆迁工作实施监督管理。县级以上人民政府土地行政主管部门依照有关法律、行政法规的规定，负责与城市房屋拆迁有关的土地管理工作。

11.2.4.1 拆迁管理

1. 房屋拆迁许可证制度

拆迁房屋的单位取得房屋拆迁许可证后，方可实施拆迁。

《城市房屋拆迁管理条例》第七条规定："申请领取房屋拆迁许可证，应当向房屋所在地的市、县人民政府房屋拆迁管理部门提交下列资料：

（1）建设项目批准文件；

（2）建设用地规划许可证；

（3）国有土地使用权批准文件；

（4）拆迁计划和拆迁方案；

（5）办理存款业务的金融机构出具的拆迁补偿安置资金证明。"

房屋拆迁管理部门在发放拆迁许可证的同时，应当将许可证中载明的拆迁人、拆迁范围、拆迁期限等事项，以公告的形式予以公布，并做好宣传、解释工作。

房屋拆迁许可证是城市房屋拆迁行为的合法凭证。实施房屋拆迁不得超越房屋拆迁许可证确定的拆迁范围和拆迁期限。如要延长拆迁期限，需要向拆迁管理部门提出延期拆迁申请。

2. 拆迁方式

（1）自行拆迁

拆迁人自己进行拆迁并对被拆迁人进行补偿和安置。拆迁人自己拥有拆迁机构的，一般

[①] 根据国务院法制办公室公布的《国有土地上房屋征收与补偿条例（征求意见稿）》(http://politics.people.com.cn/GB/1026/10874048.html)，自本条例施行之日起，《城市房屋拆迁管理条例》将同时废止。征求意见稿共五章四十一条，分别对适用范围、征收程序、征收补偿、关于非因公共利益的需要实施的拆迁等问题予以了明确规定。

采用自行拆迁方式。

（2）委托拆迁

拆迁人将房屋拆迁、补偿和安置工作委托给具有拆迁资格的单位进行。拆迁人应当向被委托的拆迁单位出具委托书，并订立拆迁委托合同。被委托拆迁的单位不得转让拆迁业务。房屋拆迁管理部门，不得作为拆迁人，不得接受拆迁委托。

3. 拆迁补偿安置协议

拆迁人与被拆迁人应当订立拆迁补偿安置协议。拆迁补偿安置协议应具备以下主要条款：

（1）补偿方式；

（2）补偿金额；

（3）安置用房面积和安置地点；

（4）搬迁期限；

（5）搬迁过渡方式和过渡期限等。

拆迁租赁房屋，拆迁人应当与被拆迁人、房屋承租人订立拆迁补偿安置协议。

拆迁由房屋拆迁管理部门代管的房屋，拆迁补偿安置协议必须经公证机关公证，并办理证据保全。

4. 拆迁纠纷

（1）订立拆迁补偿安置协议后拒绝搬迁

拆迁补偿安置协议订立后，被拆迁人或者房屋承租人在搬迁期限内拒绝搬迁的，拆迁人可以依法向仲裁委员会申请仲裁，也可以依法向人民法院起诉。诉讼期间，拆迁人可以依法申请人民法院先予执行。

（2）达不成拆迁安置补偿协议

拆迁人与被拆迁人或者拆迁人、被拆迁人与房屋承租人达不成拆迁补偿安置协议的，经当事人申请，由房屋拆迁管理部门裁决。房屋拆迁管理部门是被拆迁人的，由同级人民政府裁决。裁决应当自收到申请之日起 30 日内作出。

当事人对裁决不服的，可以自裁决书送达之日起 3 个月内向人民法院起诉。拆迁人依照规定已对被拆迁人给予货币补偿或者提供拆迁安置用房、周转用房的，诉讼期间不停止拆迁的执行。

被拆迁人或者房屋承租人在裁决规定的搬迁期限内未搬迁的，由房屋所在地的市、县人民政府责成有关部门强制拆迁，或者由房屋拆迁管理部门依法申请人民法院强制拆迁。实施强制拆迁前，拆迁人应当就被拆除房屋的有关事项，向公证机关办理证据保全。

11.2.4.2 拆迁补偿

1. 拆迁补偿的对象和范围

（1）拆迁补偿的对象

拆迁补偿的对象是被拆迁人，即被拆迁房屋的所有人。

（2）拆迁补偿的范围

拆迁补偿的范围是被拆除的房屋及其附属物。

拆除未超过批准期限的临时建筑，给予适当补偿。但拆除超过批准期限的临时建筑和违章建筑，不予补偿。

2. 拆迁补偿的方式

（1）货币补偿

货币补偿是指拆迁人以支付货币的方式，赔偿被拆迁人因拆除房屋所造成的经济损失。货币补偿的金额，根据被拆迁房屋的区位、用途、建筑面积等因素，以房地产市场评估价格确定。

（2）产权调换

产权调换是指拆迁人用异地或者原地再建设的房屋与被拆迁人的房屋进行交换，被拆迁人原来的房屋被拆迁后仍保留相应房屋的产权。实行房屋产权调换的，拆迁人与被拆迁人依照货币补偿方式中补偿金额的计算方法，结清被拆迁房屋的补偿金额与所调换房屋价格的差价。

除下列两种情况外，被拆迁人可以选择拆迁补偿方式：

1）拆迁非公益事业房屋的附属物，不作产权调换，由拆迁人给予货币补偿；

2）拆迁租赁房屋，被拆迁人与房屋承租人对解除租赁关系达不成协议的，拆迁人应当对被拆迁人实行房屋产权调换。

11.2.4.3 拆迁安置

拆迁人应当提供符合国家质量安全标准的房屋作为周转房，用于拆迁安置；同时，向被拆迁人或者房屋承租人支付搬迁补助费。如果在过渡期限内，被拆迁人或者房屋承租人自行安排住处的，拆迁人还应当支付临时安置补助费。

拆迁人不得擅自延长过渡期限，周转房的使用人也应当按时腾退周转房。因拆迁人的责任延长过渡期限的，对自行安排住处的被拆迁人或者房屋承租人，应当自逾期之月起增加临时安置补助费；对周转房的使用人，应当自逾期之月起付给临时安置补助费。

搬迁补助费和临时安置补助费的标准，由省、自治区、直辖市人民政府规定。

11.2.4.4 特殊房屋的拆迁

1. 产权不明确的房屋

拆迁产权不明确的房屋，拆迁人应当提出补偿安置方案，报房屋拆迁管理部门审核同意后实施拆迁。拆迁前，拆迁人应当就被拆迁房屋的有关事项向公证机关办理证据保全。

2. 租赁房屋

拆迁租赁房屋，被拆迁人与房屋承租人解除租赁关系的，或者被拆迁人对房屋承租人进行安置的，拆迁人对被拆迁人给予补偿。被拆迁人与房屋承租人对解除租赁关系达不成协议的，拆迁人应当对被拆迁人实行房屋产权调换。产权调换的房屋由原房屋承租人承租，被拆迁人应当与原房屋承租人重新订立房屋租赁合同。

3. 设有抵押权的房屋

拆迁设有抵押权的房屋，依照国家有关担保的法律执行。

4. 非住宅房屋

因拆迁非住宅房屋造成停产、停业的，拆迁人应当给予适当补偿。

11.2.5 房地产开发建设

11.2.5.1 房地产开发项目资本金制度

《房地产开发经营管理条例》第十三条规定，"房地产开发项目应当建立资本金制度，资本金占项目总投资的比例不得低于20%。"资本金达不到规定标准的房地产开发企业，不得开工新项目。

11.2.5.2 房地产开发期限与土地闲置

《房地产开发经营管理条例》第二十六条规定："以出让方式取得土地使用权进行房地产开发的，必须按照土地使用权出让合同约定的土地用途、动工开发期限开发土地。超过出让合同约定的动工开发日期满一年未动工开发的，可以征收相当于土地使用权出让金百分之二十以下的土地闲置费；满二年未动工开发的，可以无偿收回土地使用权；但是，因不可抗力或者政府、政府有关部门的行为或者动工开发必需的前期工作造成动工开发迟延的除外。"

根据国土资源部《闲置土地处置办法》，已动工开发建设但开发建设的面积占应动工开发建设总面积不足三分之一或者已投资额占总投资额不足25%且未经批准中止开发建设连续满1年的，也可以认定为闲置土地。市、县人民政府土地行政主管部门对其认定的闲置土地，应当通知土地使用者，拟订该宗闲置土地处置方案，处置方案可以选择下列方式：

（1）延长开发建设时间，但最长不得超过1年；

（2）改变土地用途，办理有关手续后继续开发建设；

（3）安排临时使用，待原项目开发建设条件具备后，重新批准开发，土地增值的，由政府收取增值地价；

（4）政府为土地使用者置换其他等价闲置土地或者现有建设用地进行开发建设；

（5）政府采取招标、拍卖等方式确定新的土地使用者，对原建设项目继续开发建设，并对原土地使用者给予补偿；

（6）土地使用者与政府签订土地使用权交还协议等文书，将土地使用权交还给政府。原土地使用者需要使用土地时，政府应当依照土地使用权交还协议等文书的约定供应与其交还土地等价的土地。

11.2.5.3 房地产开发项目设计、施工与竣工

1. 房地产开发项目设计、施工

房地产开发项目的设计、施工，必须符合国家的有关标准和规范。

房地产开发企业开发建设的房地产项目，应当符合有关法律、法规的规定，建筑工程质量和安全标准，建筑工程勘察、设计、施工的技术规范以及合同的约定。

房地产开发企业应当对其开发建设的房地产开发项目的质量承担责任；勘察、设计、施工、监理等单位应当依照有关法律、法规的规定或者合同的约定，承担相应的责任。

2. 房地产开发项目竣工验收

房地产开发项目竣工，经验收合格后，方可交付使用；未经验收或者验收不合格的，不得交付使用。房地产开发项目竣工后，房地产开发企业应当向项目所在地的县级以上地方人民政府房地产开发主管部门提出竣工验收申请。房地产开发主管部门应当自收到竣工验收申请之日起30日内，对涉及公共安全的内容，组织工程质量监督、规划、消防、人防等有关部门或者单位进行验收。

根据《城市房地产开发经营管理条例》第十八条规定，住宅小区等群体房地产开发项目竣工，还应当依照下列要求进行综合验收：

（1）城市规划设计条件的落实情况；

（2）城市规划要求配套的基础设施和公共设施的建设情况；
（3）单项工程的工程质量验收情况；
（4）拆迁安置方案的落实情况；
（5）物业管理的落实情况。
住宅小区等群体房地产开发项目实行分期开发的，可以分期验收。

11.3　房地产交易管理法律制度

11.3.1　房地产交易一般规定

11.3.1.1　房地产交易的形式

根据《城市房地产管理法》第二条，房地产交易包括房地产转让、房地产抵押和房屋租赁。

1. 房地产转让

房地产转让是指房地产权利人通过买卖、赠与或者其他合法方式将房地产转移给他人的行为。根据《城市房地产转让管理规定》，其他合法方式，主要包括下列行为：

（1）以房地产作价入股、与他人成立企业法人，房地产权属发生变更的；
（2）一方提供土地使用权，另一方或者多方提供资金，合资、合作开发经营房地产，而使房地产权属发生变更的；
（3）因企业被收购、兼并或合并，房地产权属随之转移的；
（4）以房地产抵债的；
（5）法律、法规规定的其他情形。

2. 房地产抵押

房地产抵押是指抵押人以其合法的房地产以不转移占有的方式向抵押权人提供债务履行担保的行为。债务人不履行债务时，抵押权人有权以抵押的房地产拍卖所得的价款优先受偿。

3. 房屋租赁

房屋租赁是指房屋所有权人作为出租人将其房屋出租给承租人使用，由承租人向出租人支付租金的行为。

11.3.1.2　房地产交易的原则

房地产转让、抵押时，房屋的所有权和该房屋占用范围内的土地使用权同时转让、抵押。

因为土地和房屋客观上的不可分性，使房屋离开土地，其经济价值就会受到影响。尤其是房地产抵押时，这样规定对于保护债权人的利益具有重要的意义。

11.3.1.3　房地产交易价格管理制度

1. 房地产价格定期公布制度

《城市房地产管理法》第三十三条，"基准地价、标定地价和各类房屋的重置价格应当定期确定并公布。"

基准地价是指按照不同的土地级别、区域分别评估和测算的商业、工业、住宅等各类用地的使用权的平均价格。标定地价是指以基准地价为依据，根据市场行情、地块大小、形状、容积率、微观区位和土地使用年限等条件评定的具体某一地块在某一时间的价格。基准地价和标定地价是国家对土地市场进行管理的依据。

房屋重置价格，是指按照当地的建筑技术、工艺水平、建筑材料价格、人工和运输费用等条件，重新建造同类结构、式样、质量标准的房屋价格。房屋的重置价格以前主要用于城市房屋拆迁补偿额的计算。

2. 房地产价格评估制度

《城市房地产管理法》第三十四条，"国家实行房地产价格评估制度。"所谓房地产价格评估，就是估价人员根据估价目的，遵循估价原则，按照估价程序，选用适宜的估价方法，并在综合分析影响房地产价格因素的基础上，对房地产在估价时点的客观合理价格或价值进行估算和判定的活动。

房地产价格评估，应当遵循公正、公平、公开的原则，按照国家规定的技术标准和评估程序，以基准地价、标定地价和各类房屋的重置价格为基础，参照当地的市场价格进行评估。

实行房地产价格评估制度具有重要的意义：

（1）有利于规范房地产市场秩序；
（2）可以为土地使用权出让和房地产的转让提供基础价格；
（3）可以为房地产抵押业务和房地产税收提供依据；
（4）可以为房屋拆迁补偿、解决房地产纠纷、企业兼并、企业破产清算等提供依据。

3. 房地产价格申报制度

《城市房地产管理法》第三十五条，"国家实行房地产成交价格申报制度。"所谓房地产成交价格申报是指房地产权利人转让房地产时，将成交价格报告给房屋所在地的房地产管理部门。

实行房地产成交价格申报制度有利于国家加强税收管理，保障国家的税收收入；也有利于国家了解和掌握房地产市场的行情，实施必要的宏观调控。

11.3.2 房地产转让

11.3.2.1 房地产转让的条件

1. 以出让方式取得土地使用权的。转让房地产时，应当符合下列条件：

（1）按照出让合同约定已经支付全部土地使用权出让金，并取得土地使用权证书；

（2）按照出让合同约定进行投资开发，属于房屋建设工程的，应完成开发投资总额的百分之二十五以上；属于成片开发土地的，依照规划对土地进行开发建设，完成供排水、供电、供热、道路交通、通信等市政基础设施、公用设施的建设，达到场地平整，形成工业用地或者其他建设用地条件。转让房地产时房屋已经建成的，还应当持有房屋所有权证书。

2. 以划拨方式取得土地使用权的。转让房地产时，按照国务院的规定，报有批准权的人民政府审批。有批准权的人民政府准予转让的，应当由受让方办理土地使用权出让手续，并依照国家有关规定缴纳土地使用权出让金。

但属于下列情形之一的，经有批准权的人民政府批准，可以不办理土地使用权出让手续，但应当将转让房地产所获收益中的土地收益上缴国家或者作其他处理。

（1）经城市规划行政主管部门批准，转让的土地用于建设《城市房地产管理法》第二十四条规定的项目的（即国家机关用地和军事用地；城市基础设施用地和公益事业用地；国家重点扶持的能源、交通、水利设施等项目用地。）；
（2）私有住宅转让后仍用于居住的；
（3）按照国务院住房制度改革有关规定出售公有住宅的；
（4）同一宗土地上部分房屋转让而土地使用权不可分割转让的；
（5）转让的房地产暂时难以确定土地使用权出让用途、年限和其他条件的；
（6）根据城市规划土地使用权不宜出让的；
（7）县级以上人民政府规定暂时无法或不需要采取土地使用权出让方式的其他情形。

11.3.2.2　不允许转让的房地产的情形

下列房地产不得转让：
（1）以出让方式取得土地使用权但不符合上面所述的条件的；
（2）司法机关和行政机关依法裁定，决定查封或者以其他形式限制房地产权利的；
（3）依法收回土地使用权的；
（4）共有房地产，未经其他共有人书面同意的；
（5）权属有争议的；
（6）未依法登记领取权属证书的；
（7）法律、行政法规规定禁止转让的其他情形。

11.3.2.3　房地产转让的程序

根据《城市房地产转让管理规定》，房地产转让应当按照下列程序办理：
（1）房地产转让当事人签订书面转让合同；
（2）房地产转让当事人在房地产转让合同签订后90日内持房地产权属证书、当事人的合法证明、转让合同等有关文件向房地产所在地的房地产管理部门提出申请，并申报成交价格；
（3）房地产管理部门对提供的有关文件进行审查，并在7日内做出是否受理申请的书面答复；
（4）房地产管理部门核实申报的成交价格，并根据需要对转让的房地产进行现场查勘和评估；
（5）房地产转让当事人按照规定缴纳有关税费；
（6）办理房屋权属登记手续，核发房地产权属证书。

11.3.2.4　房地产转让合同

房地产转让，应当签订书面转让合同，合同中应当载明下列主要内容：
（1）双方当事人的姓名或者名称、住所；
（2）房地产权属证书名称和编号；
（3）房地产坐落位置、面积、四至界限；
（4）土地宗地号、土地使用权取得的方式及年限；
（5）房地产的用途或使用性质；
（6）成交价格及支付方式；
（7）房地产交付使用的时间；

（8）违约责任；
（9）双方约定的其他事项。

以出让方式取得土地使用权的，转让房地产后，受让人改变原土地使用权出让合同约定的土地用途的，必须取得原出让方和市、县人民政府城市规划行政主管部门的同意，签订土地使用权出让合同变更协议或重新签订土地使用权出让合同，相应调整土地使用权出让金。

11.3.2.5　商品房销售

商品房销售是房地产转让的最一般形式，按照房地产商品交付期限的不同，又分为商品房现售和商品房预售两种。

1. 商品房销售的一般原则

（1）房地产开发企业不得在未解除商品房买卖合同前，将作为合同标的物的商品房再行销售给他人；

（2）不得采取售后包租或者变相售后包租的方式销售未竣工商品房；

（3）不得采取返本销售或者变相返本销售的方式销售商品房；

（4）不得分割拆零销售商品住宅。

2. 商品房销售的条件

（1）商品房现售的条件

根据《商品房销售管理办法》的规定，商品房现售，应当符合以下条件：

1）现售商品房的房地产开发企业应当具有企业法人营业执照和房地产开发企业资质证书；

2）取得土地使用权证书或者使用土地的批准文件；

3）持有建设工程规划许可证和施工许可证；

4）已通过竣工验收；

5）拆迁安置已经落实；

6）供水、供电、供热、燃气、通信等配套基础设施具备交付使用条件，其他配套基础设施和公共设施具备交付使用条件或者已确定施工进度和交付日期；

7）物业管理方案已经落实。

房地产开发企业应当在商品房现售前将房地产开发项目手册及符合商品房现售条件的有关证明文件报送房地产开发主管部门备案。

（2）商品房预售的条件

根据《城市商品房预售管理办法》，商品房预售应当符合下列条件：

1）已交付全部土地使用权出让金，取得土地使用权证书；

2）持有建设工程规划许可证和施工许可证；

3）按提供预售的商品房计算，投入开发建设的资金达到工程建设总投资的25%以上，并已经确定施工进度和竣工交付日期。

4）商品房预售实行许可证制度。开发经营企业进行商品房预售，应当向城市、县房地产管理部门办理预售登记，取得《商品房预售许可证》。

房地产开发企业申请办理《商品房预售许可证》，应当提交下列证件及资料：

第一，前面条件一至三的证明材料；

第二，房地产开发企业的营业执照和资质等级证书；

第三，工程施工合同；

第四，商品房预售方案。预售方案应当说明商品房的位置、装修标准、竣工交付日期、预售总面积、交付使用后的物业管理等内容，并应当附商品房预售总平面图、分层平面图。

房地产管理部门在接到开发经营企业申请后，应当详细查验各项证件和资料，并到现场进行查勘。经审查合格的，应在接到申请后的 10 日内核发《商品房预售许可证》。

未取得《商品房预售许可证》的，不得进行商品房预售。

3. 商品房买卖合同

商品房销售时，房地产开发企业和买受人应当订立书面商品房买卖合同。

商品房买卖合同应当明确以下主要内容：

（1）当事人名称或者姓名和住所；
（2）商品房基本状况；
（3）商品房的销售方式；
（4）商品房价款的确定方式及总价款、付款方式、付款时间；
（5）交付使用条件及日期；
（6）装饰、设备标准承诺；
（7）供水、供电、供热、燃气、通信、道路、绿化等配套基础设施和公共设施的交付承诺和有关权益、责任；
（8）公共配套建筑的产权归属；
（9）面积差异的处理方式；
（10）办理产权登记有关事宜；
（11）解决争议的方法；违约责任；
（12）双方约定的其他事项。

《商品房买卖合同示范文本》见本章附 2。

4. 商品房销售广告和宣传资料

房地产开发企业、房地产中介服务机构发布商品房销售宣传广告，应当执行《广告法》、《房地产广告发布暂行规定》等有关规定，广告内容必须真实、合法、科学、准确。

房地产开发企业、房地产中介服务机构发布的商品房销售广告和宣传资料所明示的事项，当事人应当在商品房买卖合同中约定。如果双方没有在合同中约定，根据《最高人民法院关于审理商品房买卖合同纠纷案件适用法律若干问题的解释》第三条规定，"商品房的销售广告和宣传资料为要约邀请，但是出卖人就商品房开发规划范围内的房屋及相关设施所作的说明和允诺具体确定，并对商品房买卖合同的订立以及房屋价格的确定有重大影响的，应当视为要约。该说明和允诺即使未载入商品房买卖合同，亦应当视为合同内容，当事人违反的，应当承担违约责任。"

5. 商品房销售面积误差的处理方式

商品房销售可以按套（单元）计价，也可以按套内建筑面积或者建筑面积计价。

按套内建筑面积或者建筑面积计价的，当事人应当在合同中载明合同约定面积与产权登记面积发生误差的处理方式。

合同未作约定的，按以下原则处理：

第一，面积误差比绝对值在 3% 以内（含 3%）的，据实结算房价款；

第二，面积误差比绝对值超出 3% 时，买受人有权退房。买受人退房的，房地产开发企业应当在买受人提出退房之日起 30 日内将买受人已付房价款退还给买受人,同时支付已付房价款利息。买受人不退房的,产权登记面积大于合同约定面积时,面积误差比在 3% 以内(含 3%)部分的房价款由买受人补足;超出 3% 部分的房价款由房地产开发企业承担,产权归买受人。产权登记面积小于合同约定面积时,面积误差比绝对值在 3% 以内(含 3%)部分的房价款由房地产开发企业返还买受人;绝对值超出 3% 部分的房价款由房地产开发企业双倍返还买受人。

$$面积误差比 = \frac{产权登记面积 - 合同约定面积}{合同约定面积} \times 100\%$$

按建筑面积计价的,当事人应当在合同中约定套内建筑面积和分摊的共有建筑面积,并约定建筑面积不变而套内建筑面积发生误差以及建筑面积与套内建筑面积均发生误差时的处理方式。

6. 销售代理

房地产开发企业可以自行销售商品房,也可以委托房地产中介服务机构销售商品房。

房地产开发企业委托中介服务机构销售商品房的,受托机构应当是依法设立并取得工商营业执照的房地产中介服务机构。

房地产开发企业应当与受托房地产中介服务机构订立书面委托合同,委托合同应当载明委托期限、委托权限以及委托人和被委托人的权利、义务。

受托房地产中介服务机构在代理销售商品房时不得收取佣金以外的其他费用。

7. 交付时间

房地产开发企业应当按照合同约定,将符合交付使用条件的商品房按期交付给买受人。未能按期交付的,房地产开发企业应当承担违约责任。根据《合同法》第九十四条的规定,出卖人(房地产开发企业)迟延交付房屋,经催告后在三个月的合理期限内仍未履行,买受人可以请求解除合同的,但当事人另有约定的除外。

因不可抗力或者当事人在合同中约定的其他原因,需延期交付的,房地产开发企业应当及时告知买受人。

8. 保修责任

房地产开发企业应当对所售商品房承担质量保修责任。当事人应当在合同中就保修范围、保修期限、保修责任等内容做出约定。保修期从交付之日起计算。

商品住宅的保修期限不得低于建设工程承包单位向建设单位出具的质量保修书约定保修期的存续期[①];存续期少于《商品住宅实行质量保证书和住宅使用说明书制度的规定》(以下简称《规定》)中确定的最低保修期限的,保修期不得低于《规定》中确定的最低保修期限。非住宅商品房的保修期限不得低于建设工程承包单位向建设单位出具的质量保修书约定保修期的存续期。

在保修期限内发生的属于保修范围的质量问题,房地产开发企业应当履行保修义务,并对造成的损失承担赔偿责任。因不可抗力或者使用不当造成的损坏,房地产开发企业不承担责任。

---

① 所谓存续期是指依据《建设工程质量管理条例》的规定,建设工程承包单位向建设单位出具的质量保修书约定的保修期减去商品房竣工至交付之间的时间。

11.3.3 房地产抵押

11.3.3.1 房地产抵押权的设定

《城市房地产管理法》第四十八条规定:"依法取得的房屋所有权连同该房屋占用范围内的土地使用权,可以设定抵押权;以出让方式取得的土地使用权,可以设定抵押权。"

但根据《城市房地产抵押管理办法》第八条的规定,下列房地产不得设定抵押:

1. 权属有争议的房地产;
2. 用于教育、医疗、市政等公共福利事业的房地产;
3. 列入文物保护的建筑物和有重要纪念意义的其他建筑物;
4. 已依法公告列入拆迁范围的房地产;
5. 被依法查封、扣押、监管或者以其他形式限制的房地产;
6. 依法不得抵押的其他房地产。

设定房地产抵押时,抵押房地产的价值除法律、法规特别规定外,可以由抵押当事人协商议定,也可以由房地产评估机构评估确定。

抵押人所担保的债权不得超出其抵押物的价值。房地产抵押后,该抵押房地产的价值大于所担保债权的余额部分,可以再次抵押,但不得超出余额部分。

11.3.3.2 房地产抵押合同

房地产抵押,抵押当事人应当签订书面抵押合同。

根据《城市房地产抵押管理办法》第二十六条,在抵押合同中,应当载明下列主要内容:

1. 抵押人、抵押权人的名称或者个人姓名、住所;
2. 主债权的种类、数额;
3. 抵押房地产的处所、名称、状况、建筑面积、用地面积以及四至等;
4. 抵押房地产的价值;
5. 抵押房地产的占用管理人、占用管理方式、占用管理责任以及意外损毁、灭失的责任;
6. 债务人履行债务的期限;
7. 抵押权灭失的条件;
8. 违约责任;
9. 争议解决方式;
10. 抵押合同订立的时间与地点;
11. 双方约定的其他事项。

11.3.3.3 房地产抵押登记

房地产抵押登记包括设立登记、变更登记、转移登记和注销登记。

详细内容见 11.4 节房地产权属管理制度中的抵押权登记部分。

11.3.3.4 抵押房地产的占用与管理

房地产抵押时,并不转移占有方式,所以已作抵押的房地产,仍由抵押人占用与管理。但抵押人在抵押房地产占用与管理期间应当维护抵押房地产的安全与完好,且抵押权人有权按照抵押合同的规定监督、检查抵押房地产的管理情况。

《城市房地产抵押管理办法》第三十七条规定，经抵押权人同意，抵押房地产可以转让或者出租。抵押房地产转让或者出租所得价款，应当向抵押权人提前清偿所担保的债权。超过债权数额的部分，归抵押人所有，不足部分由债务人清偿。

11.3.3.5 房地产抵押权的实现

1. 抵押房地产的处分

《城市房地产抵押管理办法》第四十条：有下列情况之一的，抵押权人有权要求处分抵押的房地产：

（1）债务履行期满，抵押权人未受清偿的，债务人又未能与抵押权人达成延期履行协议的；

（2）抵押人死亡，或者被宣告死亡而无人代为履行到期债务的；或者抵押人的合法继承人、受遗赠人拒绝履行到期债务的；

（3）抵押人被依法宣告解散或者破产的；

（4）抵押人违反本办法的有关规定，擅自处分抵押房地产的；

（5）抵押合同约定的其他情况。

抵押当事人可以通过协商确定处分抵押房地产的方式；如果协商不成，抵押权人可以向人民法院提起诉讼，请求法院拍卖、变卖抵押房地产。

房地产抵押合同签订后，土地上新增的房屋不属于抵押财产。处分抵押房地产时，可以依法将土地上新增的房屋与抵押财产一同处分，但对处分新增房屋所得，抵押权人无权优先受偿。

以划拨方式取得的土地使用权连同地上建筑物设定的房地产抵押进行处分时，应当从处分所得的价款中缴纳相当于应当缴纳的土地使用权出让金的款额后，抵押权人方可优先受偿。

2. 处分抵押房地产的受偿顺序

《城市房地产抵押管理办法》第四十七条：处分抵押房地产所得金额，依下列顺序分配：

（1）支付处分抵押房地产的费用；

（2）扣除抵押房地产应缴纳的税款；

（3）偿还抵押权人债权本息及支付违约金；

（4）赔偿由债务人违反合同而对抵押权人造成的损害；

（5）剩余金额交还抵押人。

同一房地产设定两个以上抵押权时，以抵押登记的先后顺序受偿。

11.3.4 房屋租赁

11.3.4.1 房屋租赁的条件

依据《城市房屋租赁管理办法》，公民、法人或其他组织对享有所有权的房屋和国家授权管理和经营的房屋可以依法出租。

但有下列情形之一的房屋不得出租：

1. 依法取得房屋所有权证的；
2. 司法机关和行政机关依法裁定、决定查封或者以其他形式限制房地权利的；

3. 共有房屋未取得共有人同意的；
4. 权属有争议的；
5. 属于违法建筑的；
6. 不符合安全标准的；
7. 已抵押，未经抵押权人同意的；
8. 不符合公安、环保、卫生等主管部门有关规定的；
9. 有关法律、法规规定禁止出租的其他情形。

11.3.4.2 房屋租赁合同

1. 租赁合同的内容

房屋租赁，出租人和承租人应当签订书面租赁合同。租赁合同应当具备以下条款：

（1）当事人姓名或者名称及住所；
（2）房屋的坐落、面积、装修及设施状况；
（3）租赁用途；
（4）租赁期限；
（5）租金及交付方式；
（6）房屋修缮责任；
（7）转租的约定；
（8）变更和解除合同的条件；
（9）违约责任；
（10）当事人约定的其他条款。

2. 租赁合同的变更和解除

有下列情形之一的，房屋租赁当事人可以变更或者解除租赁合同：

（1）符合法律规定或者合同约定可以变更或解除合同条款的；
（2）因不可抗力致使租赁合同不能继续履行的；
（3）当事人协商一致的。

3. 租赁合同的终止和续期

房屋租赁期限届满，租赁合同终止。承租人需要继续租用的，应当在租赁期限届满前3个月提出，并经出租人同意，重新签订租赁合同。

11.3.4.3 房屋租赁登记

房屋租赁实行登记备案制度。签订、变更、终止租赁合同的，当事人应当向房屋所在地市、县人民政府房地产管理部门登记备案。房屋租赁当事人应当在租赁合同签订后30日内，持规定的文件到市、县人民政府房地产管理部门办理登记备案手续。房屋租赁申请经市、县人民政府房地产管理部门审查合格后，颁发《房屋租赁证》。

《房屋租赁证》是租赁行为合法有效的凭证。租用房屋从事生产、经营活动的，房屋租赁证作为经营场所合法的凭证。租用房屋用于居住的，房屋租赁凭证可作为公安部门办理户口登记的凭证之一。

11.3.4.4 房屋租赁双方的权利与义务

房屋租赁当事人按照租赁合同的约定，享有权利并承担相应的义务。

出租人应当依照租赁合同约定的期限将房屋交付承租人，不能按期交付的，应当支付违约金，给承租人造成损失的，应当承担赔偿责任；承租人必须按期缴纳租金，违约的，应当支付违约金。

出租住宅用房的自然损坏或合同约定由出租人修缮的，由出租人负责修复。不及时修复，致使房屋发生破坏性事故，造成承租人财产损失或者人身伤害的，应当承担赔偿责任；租用房屋从事生产、经营活动的，修缮责任由双方当事人在租赁合同中约定。承租人应当爱护并合理使用所承租的房屋及附属设施，不得擅自拆改、增添。确需变动的，必须征得出租人的同意，并签订书面合同。因承租人过错造成房屋损坏的，由承租人负责修复或者赔偿。

11.3.4.5 出租房屋的提前收回

出租人在租赁期限内，确需提前收回房屋时，应当事先征得承租人同意，给承租人造成损失的，应当予以赔偿。

但承租人有下列行为之一的，出租人有权终止合同，收回房屋，因此而造成损失的，由承租人赔偿：

（1）承租的房屋擅自转租的；
（2）承租的房屋擅自转让、转借他人或擅自调换使用的；
（3）将承租的房屋擅自拆改结构或改变用途的；
（4）拖欠租金累计六个月以上的；
（5）公用住宅用房无正当理由闲置六个月以上的；
（6）租用承租房屋进行违法活动的；
（7）故意损坏承租房屋的；
（8）法律、法规规定其他可以收回的。

11.3.4.6 转租

房屋转租，是指房屋承租人将承租的房屋再出租的行为。承租人在租赁期限内，征得出租人同意，可以将承租房屋的部分或全部转租给他人。出租人可以从转租中获得收益。

房屋转租，应当订立转租合同。转租合同必须经原出租人书面同意，并办理登记备案手续。转租合同的终止日期不得超过原租赁合同规定的终止日期，但出租人与转租双方协商约定的除外。

转租合同生效后，转租人享有并承担转租合同规定的出租人的权利和义务，并且应当履行原租赁合同规定的承租人的义务，但出租人与转租双方另有约定的除外。

转租期间，原租赁合同变更、解除或者终止，转租合同也随之相应的变更、解除或者终止。

11.3.5 房地产中介服务

11.3.5.1 房地产中介服务的概念

所谓房地产中介服务，是房地产咨询、房地产价格评估、房地产经纪等活动的总称。

1. 房地产咨询

房地产咨询，是指为房地产活动当事人提供法律法规、政策、信息、技术等方面服务的经营活动。

2. 房地产价格评估

房地产价格评估，是指对房地产进行测算，评定其经济价值和价格的经营活动。

3. 房地产经纪

房地产经纪，是指为委托人提供房地产信息和居间代理业务的经营活动。

11.3.5.2　房地产中介服务人员资格管理

1. 房地产咨询人员

从事房地产咨询业务的人员，必须是具有房地产及相关专业中等以上学历，有与房地产咨询业务相关的初级以上专业技术职称并取得考试合格证书的专业技术人员。

2. 房地产价格评估人员

国家实行房地产价格评估人员资格认证制度。

房地产价格评估人员分为房地产估价师和房地产估价员。

房地估价师必须是经国家统一考试、执业资格认证，取得《房地产估价师执业资格证书》，并经注册登记取得《房地产估价师注册证》的人员。未取得《房地产估价师注册证》的人员，不得以房地产估价师的名义从事房地产估价业务。

房地产估价员必须是经过考试并取得《房地产估价员岗位合格证》的人员。未取得《房地产估价员岗位合格证》的人员，不得从事房地产估价业务。

3. 房地产经纪人

房地产经纪人必须是经过考试、注册并取得《房地产经纪人资格证》的人员。未取得《房地产经纪人资格证》的人员，不得从事房地产经纪业务。

11.3.5.3　房地产中介服务机构的设立

从事房地产中介业务，应当设立相应的具有独立法人资格的房地产中介服务机构。房地产中介服务机构包括房地产咨询机构、房地产价格评估机构、房地产经纪机构等。

《城市房地产管理法》第五十八条规定，设立房地产中介服务机构应具备下列条件：

（1）有自己的名称、组织机构；

（2）有固定的服务场所；

（3）有规定数量的财产和经费；

（4）有足够数量的专业人员；

（5）法律、行政法规规定的其他条件。

根据《房地产中介服务管理规定》的规定，从事房地产咨询业务的，具有房地产及相关专业中等以上学历、初级以上专业技术职称的人员须占总人数的50%以上；从事房地产评估业务的，须有规定数量的房地产估价师；从事房地产经纪业务的，须有规定数量的房地产经纪人。

设立房地产中介服务机构，应当向当地的工商行政管理部门申请设立登记。房地产中介服务机构在领取营业执照后的一个月内，应当到登记机关所在地的县级以上人民政府房地产管理部门备案。跨省、自治区、直辖市从事房地产估价业务的机构，还应到该业务发生地省、自治区人民政府建设行政主管部门或者直辖市人民政府房地产行政主管部门备案。

11.3.5.4　房地产中介服务合同

房地产中介服务人员承办业务，由其所在中介机构统一受理并与委托人签订书面中介服务合同。房地产中介服务合同应当包括下列主要内容：

（1）当事人姓名或者名称、住所；

（2）中介服务项目的名称、内容、要求和标准；

(3) 合同履行期限；
(4) 收费金额和支付方式、时间；
(5) 违约责任和纠纷解决方式；
(6) 当事人约定的其他内容。

11.3.5.5 房地产中介服务费用

为规范房地产中介服务收费行为，维护房地产中介服务当事人的合法权益，建立房地产中介服务收费正常的市场秩序，1995年7月原国家计委、建设部联合下发了《关于房地产中介服务收费的通知》。通知规定：房地产中介服务收费实行明码标价制度。中介服务机构应当在其经营场所或交缴费用的地点醒目位置公布其收费项目、服务内容、计费方法、收费标准等事项，在接受当事人委托时应当主动向当事人介绍有关中介服务的价格及服务内容等情况。

11.3.5.6 房地产中介服务行为管理

房地产中介服务人员在房地产中介活动中不得有下列行为：
(1) 索取、收受委托合同以外的酬金或其他财物，或者利用工作之便，牟取其他不正当的利益；
(2) 允许他人以自己的名义从事房地产中介业务；
(3) 同时在两个或两个以上中介服务机构执行业务；
(4) 与一方当事人串通损害另一方当事人利益；
(5) 法律、法规禁止的其他行为。

因房地产中介服务人员过失，给当事人造成经济损失的，由所在中介服务机构承担赔偿责任。所在中介服务机构可以对有关人员追偿。

房地产中介服务人员与委托人有利害关系的，应当回避且委托人有权要求其回避。

11.4 房屋权属管理制度

11.4.1 建筑物区分所有权

现代社会随着人口的增加和工商业的发展，建筑物不断向高空多层扩展，尤其是城市更是如此，一栋建筑的不同部分或不同房间分别由不同的所有人所有是城市住宅的普遍情况，而同一栋建筑的不同部分在结构上又是彼此相连或具有共同的设备和附属建筑的，这种异产毗连房屋的特殊性，形成了一种在城市中具有普遍适用意义的不动产所有权——建筑物区分所有权。[①]

作为一种特殊的所有权形态，建筑物区分所有权是一种复合权利，包括专有部分所有权、共有部分共有权和业主的成员权。《中华人民共和国物权法》（以下简称《物权法》）第七十条："业主对建筑物内的住宅、经营性用房等专有部分享有所有权，对专有部分以外的共有部分享有共有和共同管理的权利。"

---

① 刘凯湘主编：《民法学》，332页，中国法制出版社，2004年。转引自李绍章：业主的建筑物区分所有权，东方法眼，http：//www.dffy.com/faxuejieti/ms/200909/20090917193258.htm。

建筑物的区分所有权虽然是复合性权利，但该权利以业主对专有部分的所有权为基础，而其他两项权利则从属于该专有所有权。

11.4.1.1 专有所有权

《物权法》第七十一条："业主对其建筑物专有部分享有占有、使用、收益和处分的权利。业主行使权利不得危及建筑物的安全，不得损害其他业主的合法权益。"

根据《最高人民法院关于审理建筑物区分所有权纠纷案件具体应用法律若干问题的解释》（法释〔2009〕7号）第二条，在建筑区划内符合下列条件的房屋，以及车位、摊位等特定空间，应当认定为专有部分：

一是具有构造上的独立性，能够明确区分；

二是具有利用上的独立性，可以排他使用；

三是能够登记成为特定业主所有权的客体。

另外，规划上专属于特定房屋，且建设单位销售时已经根据规划列入该特定房屋买卖合同中的露台等，也应当认定为专有部分的组成部分。

11.4.1.2 共有所有权

建筑物区分所有权是指所有人依据法律、合同以及全体所有人之间的规约，对建筑物的基本构造部分、建筑物的共用部分、土地使用权及设施等共同享有的财产权利。《物权法》第七十二条："业主对建筑物专有部分以外的共有部分，享有权利，承担义务；不得以放弃权利不履行义务。"

建筑区划内共有部分的范围：

（1）建筑区划内的道路、绿地及其他公共场所、公用设施和物业服务用房。《物权法》第七十三条："建筑区划内的道路，属于业主共有，但属于城镇公共道路的除外。建筑区划内的绿地，属于业主共有，但属于城镇公共绿地或者明示属于个人的除外。建筑区划内的其他公共场所、公用设施和物业服务用房，属于业主共有。"

（2）车位、车库。《物权法》第七十四条第二、三款："建筑区划内，规划用于停放汽车的车位、车库的归属，由当事人通过出售、附赠或者出租等方式约定。占用业主共有的道路或者其他场地用于停放汽车的车位，属于业主共有。"

（3）其他共有部分。《最高人民法院关于审理建筑物区分所有权纠纷案件具体应用法律若干问题的解释》第三条："除法律、行政法规规定的共有部分外，建筑区划内的以下部分，也应当认定为物权法第六章所称的共有部分：（一）建筑物的基础、承重结构、外墙、屋顶等基本结构部分，通道、楼梯、大堂等公共通行部分，消防、公共照明等附属设施、设备、避难层、设备层或者设备间等结构部分；（二）其他不属于业主专有部分，也不属于市政公用部分或者其他权利人所有的场所及设施等。建筑区划内的土地，依法由业主共同享有建设用地使用权，但属于业主专有的整栋建筑物的规划占地或者城镇公共道路、绿地占地除外。"

11.4.1.3 成员权

建筑物区分所有人的成员权，是指当整栋建筑物（或整个建筑区划内）的全体所有人成立管理组织以便有效管理相关事务时，建筑物区分所有人作为建筑物管理组织中的一员而享有的权利，包括制定和修改业主大会议事规则和管理规约的权利、选聘和解聘物业服务企业或者其他管理人的权利、对重要管理事项的表决权等。

11.4.2 房屋登记制度

11.4.2.1 房屋登记的概念

根据《房屋登记办法》,房屋登记是房屋登记机构依法将房屋权利和其他应当记载的事项在房屋登记簿上予以记载的行为。这里的房屋登记机构,是指直辖市、市、县人民政府建设(房地产)主管部门或者其设置的负责房屋登记工作的机构。

在我国,虽然房屋、土地分属不同部门管理,但在办理房屋登记时,应当遵循房屋所有权和房屋占用范围内的土地使用权权利主体一致的原则。

11.4.2.2 国有土地范围内房屋登记的类型

1. 所有权登记

(1) 房屋所有权初始登记

《房屋登记办法》第三十条规定:因合法建造房屋申请房屋所有权初始登记的,应当提交下列材料:

1) 登记申请书;
2) 申请人身份证明;
3) 建设用地使用权证明;
4) 建设工程符合规划的证明;
5) 房屋已竣工的证明;
6) 房屋测绘报告;
7) 其他必要材料。

房地产开发企业申请房屋所有权初始登记时,也应当对建筑区划内依法属于全体业主共有的公共场所、公用设施和物业服务用房等房屋一并申请登记,并由房屋登记机构在房屋登记簿上予以记载,但不另颁发房屋权属证书。

(2) 房屋所有权转移登记

《房屋登记办法》第三十二条规定:发生下列情形之一的,当事人应当在有关法律文件生效或者事实发生后申请房屋所有权转移登记:

1) 买卖;
2) 互换;
3) 赠与;
4) 继承、受遗赠;
5) 房屋分割、合并,导致所有权发生转移的;
6) 以房屋出资入股;
7) 法人或者其他组织分立、合并,导致房屋所有权发生转移的;
8) 法律、法规规定的其他情形。

(3) 房屋所有权变更登记

《房屋登记办法》第三十六条规定:发生下列情形之一的,权利人应当在有关法律文件生效或者事实发生后申请房屋所有权变更登记:

1) 房屋所有权人的姓名或者名称变更的;
2) 房屋坐落的街道、门牌号或者房屋名称变更的;

3）房屋面积增加或者减少的；
4）同一所有权人分割、合并房屋的；
5）法律、法规规定的其他情形。
（4）房屋所有权注销登记
《房屋登记办法》第三十八条规定：经依法登记的房屋发生下列情形之一的，房屋登记簿记载的所有权人应当自事实发生后申请房屋所有权注销登记：
1）房屋灭失的；
2）放弃所有权的；
3）法律、法规规定的其他情形。
2. 抵押权登记
以房屋设定抵押的，当事人应当申请抵押权登记。
（1）抵押权设立登记
以房屋设定抵押的，应当申请抵押权设立登记。《房屋登记办法》第四十四条规定：对符合规定条件的抵押权设立登记，房屋登记机构应当将下列事项记载于房屋登记簿：
1）抵押当事人、债务人的姓名或者名称；
2）被担保债权的数额；
3）登记时间。
以房屋设定最高额抵押的，当事人应当申请最高额抵押权设立登记。
以在建工程设定抵押的，当事人应当申请在建工程抵押权设立登记。在建工程竣工并经房屋所有权初始登记后，当事人应当申请将在建工程抵押权登记转为房屋抵押权登记。
（2）抵押权变更登记
《房屋登记办法》第四十五条规定："本办法第四十四条所列事项发生变化或者发生法律、法规规定变更抵押权的其他情形的，当事人应当申请抵押权变更登记。"
（3）抵押权转移登记
经依法登记的房屋抵押权因主债权转让而转让时，抵押当事人应申请抵押权转移登记。
（4）抵押权注销登记
根据《房屋登记办法》第四十八条的规定，经依法登记的房屋抵押权发生下列情形之一的，权利人应当申请抵押权注销登记：
1）主债权消灭；
2）抵押权已经实现；
3）抵押权人放弃抵押权；
4）法律、法规规定抵押权消灭的其他情形。
3. 地役权登记
在房屋上设立地役权的，当事人可以申请地役权设立登记。对符合规定条件的地役权设立登记，房屋登记机构应当将有关事项记载于需役地和供役地房屋登记簿，并可将地役权合同附于供役地和需役地房屋登记簿。
已经登记的地役权变更、转让或者消灭的，当事人应当分别申请变更登记、转移登记、或注销登记。

4. 预告登记

预告登记是为了保全将来发生的不动产物权而进行的一种登记。《物权法》第二十条规定:"当事人签订买卖房屋或者其他不动产物权的协议,为保障将来实现物权,按照约定可以向登记机构申请预告登记。预告登记后,未经预告登记的权利人同意,处分该不动产的,不发生物权效力。"

根据《房屋登记办法》第六十七条,有下列情形之一的,当事人可以申请预告登记:

(1) 预购商品房;
(2) 以预购商品房设定抵押;
(3) 房屋所有权转让、抵押;
(4) 法律、法规规定的其他情形。

预告登记后,债权消灭或者自能够进行相应的房屋登记之日起三个月内,当事人申请房屋登记的,房屋登记机构应当按照预告登记事项办理相应的登记;三个月内未申请登记的,预告登记失效。

5. 其他登记

(1) 更正登记

《物权法》第十九条规定:"权利人、利害关系人认为不动产登记簿记载的事项错误的,可以申请更正登记。不动产登记簿记载的权利人书面同意更正或者有证据证明登记确有错误的,登记机构应当予以更正。"

《房屋登记办法》第七十五条规定,房屋登记机构发现房屋登记簿的记载错误,应当书面通知有关权利人在规定期限内办理更正登记。

(2) 异议登记

利害关系人认为房屋登记簿记载的事项错误,而权利人不同意更正的,利害关系人可以申请异议登记。

《房屋登记办法》第七十八条规定:"异议登记期间,房屋登记簿记载的权利人处分房屋申请登记的,房屋登记机构应当暂缓办理。权利人处分房屋申请登记,房屋登记机构受理登记申请但尚未将申请登记事项记载于房屋登记簿之前,第三人申请异议登记的,房屋登记机构应当中止办理原登记申请,并书面通知申请人。"

根据《物权法》第十九条及《房屋登记办法》第七十九条,"异议登记申请人在异议登记之日起十五日内不起诉,异议登记失效;异议登记期间,申请人起诉,人民法院不予受理或者驳回其诉讼请求的,异议登记申请人或者房屋登记簿记载的权利人可以申请注销异议登记。"

11.4.2.3 房屋登记的程序

1. 申请

房屋登记机构应当依照法律、法规和本办法规定,确定申请房屋登记需要提交的材料,并将申请登记材料目录公示。申请房屋登记,申请人应当向房屋所在地的房屋登记机构提出申请,并提交申请登记材料。

2. 受理

申请人提交的申请登记材料齐全且符合法定形式的,房屋登记机构应当予以受理,并出具书面凭证;申请人提交的申请登记材料不齐全或者不符合法定形式的,房屋登记机构不予受理,但要告知申请人需要补正的内容。

3. 审核

房屋登记机构应当查验申请登记材料，并就有关事项询问申请人；房屋登记机构认为申请登记房屋的有关情况需要进一步证明的，可以要求申请人补充材料。

根据《房屋登记办法》第十九条，办理下列房屋登记，房屋登记机构还应当进行实地查看：

（1）房屋所有权初始登记；
（2）在建工程抵押权登记；
（3）因房屋灭失导致的房屋所有权注销登记；
（4）法律、法规规定的应当实地查看的其他房屋登记。

4. 记载于登记簿

经审核，登记申请符合条件的，房屋登记机构予以登记，并将申请登记事项记载于房屋登记簿；登记申请不符合条件的，房屋登记机构应当不予登记，并书面告知申请人不予登记的原因。

5. 发证

房屋登记机构根据房屋登记簿的记载，缮写并向权利人发放房屋权属证书。房屋权属证书是权利人享有房屋权利的证明，包括《房屋所有权证》、《房屋他项权证》等。

预告登记、在建工程抵押权登记以及法律、法规规定的其他事项在房屋登记簿上予以记载后，由房屋登记机构发放登记证明。

11.4.2.4 房屋权属证书

房屋权属证书包括《房屋所有权证》、《房屋共有权证》、《房屋他项权证》。

共有的房屋，由权利人推举的持证人收执房屋所有权证书，其余共有人各执房屋共有权证书1份。房屋共有权证书与房屋所有权证书具有同等的法律效力。

房屋他项权证书由他项权利人收执。他项权利人依法凭证行使他项权利，受国家法律保护。

《房屋所有权证》、《房屋共有权证》、《房屋他项权证》的式样由国务院建设行政主管部门统一制定。证书由国务院建设行政主管部门统一监制，市、县房地产行政主管部门颁发。

11.5 物业管理法律制度

11.5.1 物业与物业管理

11.5.1.1 物业

"物业"一词，在我国内地出现和使用的历史不长。一般认为，它来自我国香港地区地方习惯用语，意为个人或团体所拥有的单元性房地产产业，相对应的英文是 real estate 或 real property。香港的李宗锷为"物业（Property）"所做的解释是："所谓物业，是单元性地产，一住宅单位是一物业，一工厂楼宇是一物业，一农庄也是一物业。故一物业可大可小，大物业可分割为小物业。"①

---

① 李宗锷：《香港房地产法》，9页，商务印书馆（香港），1988。

我国《物业管理条例》并未对物业作明确界定，只在第二条对物业管理基本内涵的规定中，对物业的范围作了界定，即已经建成并投入使用的房屋及配套的设备设施和相关场地。

尽管物业常作为房地产的同义词，但在使用上两者仍有差别。通常，房地产一词多涉及宏观领域，而物业则是一个相对微观的概念，多指具体的房地产。

11.5.1.2 物业管理

1. 物业管理的概念

物业管理（Property Management）的概念有广义和狭义之分。广义的物业管理，是指在物业的寿命周期内，对各类物业实施全过程管理，并为业主和物业使用人提供多种形式的服务；狭义的物业管理，则是指物业管理机构接受业主委托，按照物业管理合同对已建成并投入使用的物业进行维护、修缮、整治等，并向业主和物业使用人提供服务。

《物业管理条例》第二条："本条例所称物业管理，是指业主通过选聘物业服务企业，由业主和物业服务企业按照物业服务合同约定，对房屋及配套的设施设备和相关场地进行维修、养护、管理，维护物业管理区域内的环境卫生和相关秩序的活动。"

物业管理是一种与房地产综合开发的现代化生产方式相配套的综合性管理。实行物业管理有利于发挥物业的最大使用功能，使其保值增值，并为业主和物业使用人创造整洁、安全、舒适、和谐的生活和工作环境。

按照社会产业部门划分的标准，物业管理是一种服务性行业，属于第三产业；在我国国民经济行业分类中，物业管理是房地产业的重要组成部分。①

2. 物业管理的基本内容

物业管理的基本内容按服务的性质和提供的方式可分为常规性的公共服务、针对性的专业服务和委托性的特约服务三类。

（1）常规性的公共服务。物业服务企业提供的最基本的管理与服务，目的是确保物业完好与正常使用，保证业主和物业使用人正常的工作、生活秩序和环境。以住宅小区管理为例，公共服务的内容有：①房屋共用部位的维护与管理；②房屋共用设施设备及其运行的维护和管理；③环境卫生、绿化管理服务；④小区内交通、消防和公共秩序等协助管理事项的服务；⑤物业装饰、装修管理服务；⑥物业档案资料管理；⑦代收代缴服务收费等。

（2）针对性的专项服务。物业服务企业为满足部分业主需要而提供的专项服务，业主可自行选择。专项服务内容一般包括日常生活、商业服务、文教卫生、社会福利以及各类中介服务等几个方面。

（3）委托性的特约服务。物业服务企业为满足业主、物业使用人的个别需求，受其委托而提供的服务，是专项服务的补充和完善。

11.5.2 业主自治管理

11.5.2.1 业主

1. 业主的概念

《物业管理条例》第六条："房屋的所有权人为业主。"住房和城乡建设部制定发布的

---

① 参见国家统计局：国民经济行业分类，http：//www.stats.gov.cn/tjbz/index.htm。

《业主大会和业主委员会指导规则》第十三条:"依法登记取得或者根据物权法第二章第三节①规定取得建筑物专有部分所有权的人,应当认定为业主。基于房屋买卖等民事法律行为,已经合法占有建筑物专有部分,但尚未依法办理所有权登记的人,可以认定为业主。"

业主既是业主个体自治法律关系的基本主体,又是业主团体自治法律关系的构成主体。

与业主相关的一个概念是物业使用人,即物业的承租人或实际使用物业的其他人。业主对物业享有占有、使用、收益和处分的全部权利;而物业使用人对物业只享有占有、使用和部分收益权,一般没有处分的权利。在物业管理中,一般只涉及业主与物业服务企业之间的权利义务,而不涉及物业使用人。

2. 业主的类型

根据不同的标准,可以将业主划分成不同的类型。

(1)按业主是自然人还是法人,可以分为自然人业主和非自然人业主。所谓自然人业主,就是指拥有物业所有权的是自然人;所谓非自然人业主,就是指拥有物业所有权的是自然人以外的主体,包括法人和非法人组织。

(2)按业主是单独拥有物业还是与他人共同拥有物业,可以分为独立产权的业主和共有产权的业主。

(3)按物业的所有权主体性质不同,可以将业主划分为公房业主和私房业主两类。公房指国有房屋和集体所有的房屋,所以公房业主就是国家和集体及其授权经营管理公房的部门或单位;私房业主是指享有物业所有权的"私人",包括自然人、非国家机关性质的法人和其他组织。

3. 业主的权利与义务

(1)业主的权利

根据《物业管理条例》,在物业管理活动中,业主享有的权利主要包括:

1)按照物业服务合同的约定,接受物业服务企业提供的服务;

2)提议召开业主大会会议,并就物业管理的有关事项提出建议;

3)提出制定和修改管理规约、业主大会议事规则的建议;

4)参加业主大会会议,行使投票权;

5)选举业主委员会成员,并享有被选举权;

6)监督业主委员会的工作;

7)监督物业服务企业履行物业服务合同;

8)对物业共用部位、共用设施设备和相关场地使用情况享有知情权和监督权;

9)监督物业共用部位、共用设施设备专项维修资金的管理和使用;

10)法律、法规规定的其他权利。

(2)业主的义务

根据《物业管理条例》,在物业管理活动中,业主应当承担的义务主要有:

---

① 《物权法》第二章 物权的设立、变更、转让和消灭,第三节 其他规定

第二十八条 因人民法院、仲裁委员会的法律文书或者人民政府的征收决定等,导致物权设立、变更、转让或者消灭的,自法律文书或者人民政府的征收决定等生效时发生效力。

第二十九条 因继承或者受遗赠取得物权的,自继承或者受遗赠开始时发生效力。

第三十条 因合法建造、拆除房屋等事实行为设立或者消灭物权的,自事实行为成就时发生效力。

1）遵守管理规约、业主大会议事规则；
2）遵守物业管理区域内物业共用部位和共用设施设备的使用、公共秩序和环境卫生的维护等方面的规章制度；
3）执行业主大会的决定和业主大会授权业主委员会作出的决定；
4）按照国家有关规定交纳专项维修资金；
5）按时缴纳物业服务费用；
6）法律、法规规定的其他义务。

11.5.2.2　业主大会

业主大会由物业管理区域内全体业主组成，代表和维护全体业主在物业管理活动中的合法权益。

1. 业主大会的成立

（1）物业管理区域

业主大会根据物业管理区域的划分成立，一个物业管理区域成立一个业主大会。只有一个业主的，或者业主人数较少且经全体业主同意，不成立业主大会的，由业主共同履行业主大会、业主委员会职责。

物业管理区域的划分应当考虑物业的共用设施设备、建筑物规模、社区建设等因素，具体办法由省、自治区、直辖市制定。例如《天津市物业管理区域划分管理办法》（津政办发［2008］168号）规定：新建物业项目，包括分期建设或者由两个以上单位开发建设的物业项目，其配套的设施设备是共用的，应当划分为一个物业管理区域，但单个新建住宅小区物业管理区域总体规模原则上建筑面积不超过30万平方米；原有建筑规模较小的相邻物业项目，遵循规模经营、方便管理的原则，可以将几个物业项目整合为一个物业管理区域。

（2）首次业主大会会议筹备组

根据住房和城乡建设部制定发布的《业主大会和业主委员会指导规则》（建房［2009］274号），在一个物业管理区域内，已交付的专有部分面积超过建筑物总面积50%时，建设单位应及时报送筹备首次业主大会会议所需的文件资料；符合成立业主大会条件的，由区、县房地产行政主管部门或者街道办事处、乡镇人民政府负责组织、指导成立首次业主大会会议筹备组（以下简称筹备组）。

筹备组由业主代表、建设单位代表、街道办事处、乡镇人民政府代表和居民委员会代表组成。筹备组成员人数应为单数，其中业主代表人数不低于筹备组总人数的一半，筹备组组长由街道办事处、乡镇人民政府代表担任。筹备组中业主代表的产生，由街道办事处、乡镇人民政府或者居民委员会组织业主推荐。

筹备组的主要工作：
1）确认并公示业主身份、业主人数以及所拥有的专有部分面积；
2）确定首次业主大会会议召开的时间、地点、形式和内容；
3）草拟管理规约、业主大会议事规则；
4）依法确定首次业主大会会议表决规则；
5）制定业主委员会委员候选人产生办法，确定业主委员会委员候选人名单；
6）制定业主委员会选举办法；

7）完成召开首次业主大会会议的其他准备工作。

筹备组完成筹备工作后，组织召开首次业主大会会议。

(3) 业主大会的成立

业主大会自首次业主大会会议表决通过管理规约、业主大会议事规则，并选举产生业主委员会之日起成立。

划分为一个物业管理区域的分期开发的建设项目，先期开发部分符合条件的，可以成立业主大会，选举产生业主委员会。首次业主大会会议应当根据分期开发的物业面积和进度等因素，在业主大会议事规则中明确增补业主委员会委员的办法。

2. 业主大会的职责

《物业管理条例》第十一条：下列事项由业主共同决定：

(1) 制定和修改业主大会议事规则；

(2) 制定和修改管理规约；

(3) 选举业主委员会或者更换业主委员会成员；

(4) 选聘和解聘物业服务企业；

(5) 筹集和使用专项维修资金；

(6) 改建、重建建筑物及其附属设施；

(7) 有关共有和共同管理权利的其他重大事项。

3. 业主大会会议

(1) 业主大会会议的类型

1）定期会议。业主大会定期会议应当按照业主大会议事规则的规定召开。

2）临时会议。根据《业主大会和业主委员会指导规则》，有下列情况之一的，业主委员会应当及时组织召开业主大会临时会议：

① 经专有部分占建筑物总面积20%以上且占总人数20%以上业主提议的；

② 发生重大事故或者紧急事件需要及时处理的；

③ 业主大会议事规则或者管理规约规定的其他情况。

召开业主大会会议，应当于会议召开15日以前通知全体业主。住宅小区的业主大会会议，应当同时告知相关的居民委员会。

(2) 业主大会会议的形式

业主大会会议可以采用集体讨论的形式，也可以采用书面征求意见的形式；但是，应当有物业管理区域内专有部分占建筑物总面积过半数的业主且占总人数过半数的业主参加。

采用书面征求意见形式的，应当将征求意见书送交每一位业主；无法送达的，应当在物业管理区域内公告。凡需投票表决的，表决意见应由业主本人签名。

业主因故不能参加业主大会会议的，可以书面委托代理人参加业主大会会议。

(3) 业主投票权数

根据住房和城乡建设部制定发布的《业主大会和业主委员会指导规则》，业主的投票权数由专有部分面积和业主人数确定，业主大会可以通过下列方法确定业主投票权数。

1）专有部分面积和建筑物总面积的认定。专有部分面积按照不动产登记簿记载的面积计算；尚未进行登记的，暂按测绘机构的实测面积计算；尚未进行实测的，暂按房屋买卖合同记载的面积计算；车位、摊位等特定空间是否计入用于确定业主投票权数的专有部分面积，业主大会应当在业主大会议事规则中约定。建筑物总面积为前面各项统计总和。

2）业主人数和总人数的认定。业主人数，按照专有部分的数量计算。一个专有部分按一人计算；一个专有部分有两个以上所有权人的，应当推选一人行使表决权，但共有人所代表的业主人数为一人；建设单位尚未出售和虽已出售但尚未交付的部分，以及同一买受人拥有一个以上专有部分的，按一人计算。业主总人数为前面各项统计总和。业主为无民事行为能力人或者限制民事行为能力人的，由其法定监护人行使投票权。未参与表决的业主，其投票权数是否可以计入已表决的多数票，由管理规约或者业主大会议事规则规定。

4. 业主大会会议的表决

业主大会会议决定筹集和使用专项维修资金以及改造、重建建筑物及其附属设施的，应当经专有部分占建筑物总面积三分之二以上的业主且占总人数三分之二以上的业主同意；决定其他共有和共同管理权利事项的，应当经专有部分占建筑物总面积过半数且占总人数过半数的业主同意。

业主大会的决定对业主具有约束力，应当以书面形式在物业管理区域内及时公告。

如果业主大会的决定侵害了业主的合法权益，受侵害的业主可以请求人民法院予以撤销。

11.5.2.3 业主委员会

1. 业主委员会的产生

业主委员会由业主大会会议选举产生，是业主大会的执行机构，由5至11人单数组成。

（1）业主委员会委员

根据《业主大会和业主委员会指导规则》，业主委员会委员应当是物业管理区域内的业主，并符合下列条件：

1）具有完全民事行为能力；
2）遵守国家有关法律、法规；
3）遵守业主大会议事规则、管理规约，模范履行业主义务；
4）热心公益事业，责任心强，公正廉洁；
5）具有一定的组织能力；
6）具备必要的工作时间。

业主委员会委员实行任期制，每届任期不超过5年，可连选连任，业主委员会委员具有同等表决权。业主委员会主任、副主任在业主委员会成员中推选产生。

（2）业主委员会备案

业主委员会应当自选举产生之日起30日内，向物业所在地的区、县房地产行政主管部门和街道办事处、乡镇人民政府办理备案手续。

2. 业主委员会的职责

业主委员会执行业主大会的决定事项，履行下列职责：

1）执行业主大会的决定和决议；
2）召集业主大会会议，报告物业管理实施情况；
3）与业主大会选聘的物业服务企业签订物业服务合同；
4）及时了解业主、物业使用人的意见和建议，监督和协助物业服务企业履行物业服务合同；

5）监督管理规约的实施；
6）督促业主缴纳物业服务费及其他相关费用；
7）组织和监督专项维修资金的筹集和使用；
8）调解业主之间因物业使用、维护和管理产生的纠纷；
9）业主大会赋予的其他职责。

3. 业主委员会会议

根据《业主大会和业主委员会指导规则》，业主委员会应当按照业主大会议事规则的规定及业主大会的决定召开会议。经三分之一以上业主委员会委员的提议，应当在7日内召开业主委员会会议。业主委员会会议应有过半数的委员出席，作出的决定必须经全体委员半数以上同意。业主委员会会议作出的决定，应当有参会委员的签字确认，并在物业管理区域内公告。与业主大会不同，业主委员会委员不能委托代理人参加会议。

11.5.2.4 管理规约与业主大会议事规则

1. 管理规约

管理规约，以前又称为业主公约，是指业主共同订立或者承诺的，对全体业主具有约束力的有关使用、维护物业及其管理等方面权利义务的行为守则，是业主团体的自治规范。

管理规约的内容包括：

1）物业的使用、维护、管理；
2）专项维修资金的筹集、管理和使用；
3）物业共用部分的经营与收益分配；
4）业主共同利益的维护；
5）业主共同管理权的行使；
6）业主应尽的义务；
7）违反管理规约应当承担的责任。

2. 业主大会议事规则

业主大会议事规则是业主大会与业主委员会活动的基本准则，就业主大会的议事方式、表决程序、业主委员会的组成和成员任期等事项作出约定。

业主大会议事规则的内容包括：

1）业主大会名称及相应的物业管理区域；
2）业主委员会的职责；
3）业主委员会议事规则；
4）业主大会会议召开的形式、时间和议事方式；
5）业主投票权数的确定方法；
6）业主代表的产生方式；
7）业主大会会议的表决程序；
8）业主委员会委员的资格、人数和任期等；
9）业主委员会换届程序、补选办法等；
10）业主大会、业主委员会工作经费的筹集、使用和管理；
11）业主大会、业主委员会印章的使用和管理。

11.5.3 前期物业管理与物业管理服务

11.5.3.1 物业服务企业

1. 物业服务企业的概念

物业服务企业，是指依法设立、具有独立法人资格，从事物业管理服务活动的企业。最为常见的法人形态的物业服务企业是物业管理公司。设立物业管理公司应当遵守《公司法》有关设立有限责任公司或股份有限公司的规定。

一个物业管理区域由一个物业服务企业实施物业管理。

2. 物业服务企业资质管理

为了加强对物业管理活动的监督管理，规范物业管理市场秩序，提高物业管理服务水平，国家对从事物业管理活动的企业实行资质管理制度。

根据《物业服务企业资质管理办法》，物业服务企业资质等级分为一、二、三级，各资质等级物业服务企业的条件如表11-2所示。

物业服务企业资质等级条件　　　　　　　　表11-2

资质条件	一级资质	二级资质	三级资质
1. 注册资本	人民币500万元以上	人民币300万元以上	人民币50万元以上
2. 专业人员数量	物业管理专业人员以及工程、管理、经济等相关专业类的专职管理和技术人员不少于30人。其中，具有中级以上职称的人员不少于20人，工程、财务等业务负责人具有相应专业中级以上职称	物业管理专业人员以及工程、管理、经济等相关专业类的专职管理和技术人员不少于20人。其中，具有中级以上职称的人员不少于10人，工程、财务等业务负责人具有相应专业中级以上职称	物业管理专业人员以及工程、管理、经济等相关专业类的专职管理和技术人员不少于10人。其中，具有中级以上职称的人员不少于5人，工程、财务等业务负责人具有相应专业中级以上职称
3. 职业资格	物业管理专业人员按照国家有关规定取得职业资格证书	物业管理专业人员按照国家有关规定取得职业资格证书	物业管理专业人员按照国家有关规定取得职业资格证书
4. 管理项目的规模	管理两种类型以上物业，并且管理各类物业的房屋建筑面积分别占下列相应计算基数的百分比之和不低于100%： （1）多层住宅200万平方米； （2）高层住宅100万平方米； （3）独立式住宅（别墅）15万平方米； （4）办公楼、工业厂房及其他物业50万平方米	管理两种类型以上物业，并且管理各类物业的房屋建筑面积分别占下列相应计算基数的百分比之和不低于100%： （1）多层住宅100万平方米； （2）高层住宅50万平方米； （3）独立式住宅（别墅）8万平方米； （4）办公楼、工业厂房及其他物业20万平方米	有委托的物业管理项目
5. 管理制度建设和经营业绩	建立并严格执行服务质量、服务收费等企业管理制度和标准，建立企业信用档案系统，有优良的经营管理业绩	建立并严格执行服务质量、服务收费等企业管理制度和标准，建立企业信用档案系统，有良好的经营管理业绩	建立并严格执行服务质量、服务收费等企业管理制度和标准，建立企业信用档案系统

一级资质物业服务企业可以承接各种物业管理项目；二级资质物业服务企业可以承接30万平方米以下的住宅项目和8万平方米以下的非住宅项目的物业管理业务；三级资质物业服务企业可以承接20万平方米以下住宅项目和5万平方米以下的非住宅项目的物业管理业务。

3. 物业服务企业的主要职责

（1）物业服务企业应当按照物业服务合同的约定，提供相应的服务。物业服务企业未能履行物业服务合同的约定，导致业主人身、财产安全受到损害的，应当依法承担相应的法律责任。

（2）物业服务企业承接物业时，应当与业主委员会办理物业验收手续，要求业主委员会移交相关资料。

（3）物业服务合同终止时，物业服务企业应当将物业管理用房和相关资料交还给业主委员会；业主大会选聘了新的物业服务企业的，物业服务企业之间应当做好交接工作。

（4）物业服务企业可以将物业管理区域内的专项服务业务委托给专业性服务企业，但不得将该区域内的全部物业管理一并委托给他人。

（5）对物业管理区域内违反有关治安、环保、物业装饰装修和使用等方面法律、法规规定的行为，物业服务企业应当制止，并及时向有关行政管理部门报告。

（6）物业服务企业应当协助做好物业管理区域内的安全防范工作。发生安全事故时，物业服务企业在采取应急措施的同时，应当及时向有关行政管理部门报告，协助做好救助工作。

（7）物业服务企业雇请保安人员的，应当遵守国家有关规定。保安人员在维护物业管理区域内的公共秩序时，应当履行职责，不得侵害公民的合法权益。

11.5.3.2 物业服务合同

业主委员会应当与业主大会选聘的物业服务企业订立书面的物业服务合同。物业服务合同应当对物业管理事项、服务质量、服务费用、双方的权利义务、专项维修资金的管理与使用、物业管理用房、合同期限、违约责任等内容进行约定。

11.5.3.3 物业服务费用

广义的物业服务费用包括物业服务收费、特约服务报酬和代收费用。

1. 物业服务收费

即狭义的物业服务费用，是业主（或业主使用人）应当向物业服务企业缴纳的服务费用。

物业服务收费应当遵循合理、公开以及费用与服务水平相适应的原则，区别不同物业的性质和特点，由业主和物业服务企业按照国务院价格主管部门会同国务院建设行政主管部门制定的物业服务收费办法，在物业服务合同中约定。

业主应当根据物业服务合同的约定缴纳物业服务费用；业主与物业使用人约定由物业使用人缴纳物业服务费用的，从其约定，业主负连带缴纳责任。已竣工但尚未出售或者尚未交给物业买受人的物业，物业服务费用由建设单位缴纳。

2. 特约服务报酬

物业服务企业可以根据业主的委托提供物业服务合同约定以外的服务项目，服务报酬由双方约定。

3. 代收费用

物业服务企业接受供水、供电、供气、供热、通信、有线电视等单位的委托代收费用，但不得向业主收取手续费等额外费用。

11.5.3.4 住宅专项维修资金

住宅专项维修资金，是指专项用于住宅共用部位、共用设施设备保修期满后的维修和更新、改造的资金。

住宅物业、住宅小区内的非住宅物业或者与单幢住宅楼结构相连的非住宅物业的业主，应当按照国家有关规定缴纳专项维修资金。专项维修资金属于业主所有，专项用于物业保修期满后物业共用部位、共用设施设备的维修和更新、改造，不得挪作他用。

住房和城乡建设部和财政部联合制定发布的《住宅专项维修资金管理办法》，对专项维修资金的交存、使用和监督管理进行了规定。

11.5.3.5 前期物业管理

所谓的前期物业管理，是指业主、业主大会选聘物业服务企业之前所实施的物业管理。

按照《物业管理条例》规定，选聘物业服务企业是业主大会的权利，但是一方面业主大会的召开，特别是首次业主大会需要一定的条件；另一方面，物业管理不可能等到业主大会选聘出物业服务企业之后才开始实施。因此，《物业管理条例》规定，在业主、业主大会选聘物业服务企业之前，可由建设单位选聘物业服务企业，做好前期的物业管理工作。

1. 临时管理规约

建设单位在销售物业之前，应当制定临时管理规约，对有关物业的使用、维护、管理和业主的共同利益、应当履行的义务、违反临时管理规约应当承担的责任等事项依法作出约定。建设单位制定的临时管理规约，不得侵害物业买受人的合法权益。这里的"临时"，主要指时间效力，就其内容所包含的事项而言，与正式的管理规约并无本质差异。

建设单位在物业销售前应将临时管理规约向物业买受人明示，并予以说明；物业买受人在与建设单位签订物业买卖合同时，应当对遵守临时管理规约予以书面承诺。

2. 前期物业服务企业的选聘

国家提倡建设单位按照房地产开发与物业管理相分离的原则，通过招标投标的方式选聘具有相应资质的物业服务企业。

住宅物业的建设单位，应当通过招标投标的方式选聘具有相应资质的物业服务企业；投标人少于3个或者住宅规模较小的，经物业所在地的区、县人民政府房地产行政主管部门批准，可以采用协议方式选聘具有相应资质的物业服务企业。

3. 前期物业服务合同

在前期物业管理阶段，建设单位选聘物业服务企业的，应当签订书面的前期物业服务合同。建设单位与物业买受人签订的买卖合同应当包含前期物业服务合同约定的内容。

（1）物业基本情况；
（2）服务的内容与质量；
（3）服务费用；
（4）物业的经营与管理；
（5）物业的承接验收；
（6）物业的使用与维护；
（7）专项维修资金；
（8）违约责任；
（9）其他事项。

具体内容请参见本章附3《前期物业服务合同（示范文本）》，建设单位与物业管理企业签约时可参考使用。

前期物业服务合同可以约定期限；但是，期限未满、业主委员会与物业服务企业签订的物业服务合同生效的，前期物业服务合同终止。

4. 物业承接验收

建设单位按照规定在物业管理区域内配置必要的物业管理。在办理物业承接验收手续时，建设单位应当向物业服务企业移交物业管理所必需的有关资料，物业服务企业对物业共用部位、共用设施设备进行查验。

11.6　房地产违法行为的法律责任

这里所说的房地产违法行为是指行为主体违反国家有关房地产管理的法律制度的行为，主要包括违反《城市房地产管理法》、《城市房地产开发经营管理条例》及《物业管理条例》等法律、法规的行为。

房地产违法行为的法律责任是行为主体违反房地产管理法律、法规所应承担的法律后果，包括行政责任、民事责任和刑事责任。

11.6.1　行政责任

追究行政责任有行政处分和行政处罚两种形式。

11.6.1.1　行政处分

行政处分是国家机关、企事业单位按行政隶属关系，给予行政违法人员的一种制裁，亦称为纪律处分。

根据现行的房地产管理法律法规，应予有关责任人员行政处分的房地产违法行为主要包括：

1. 擅自批准出让或者擅自出让土地使用权用于房地产开发

《城市房地产管理法》第六十四条："违反本法第十一条、第十二条的规定，擅自批准出让或者擅自出让土地使用权用于房地产开发的，由上级机关或者所在单位给予有关责任人员行政处分。"

2. 向房地产开发企业非法收费

《城市房地产管理法》第七十条："没有法律、法规的依据，向房地产开发企业收费的，上级机关应当责令退回所收取的钱款；情节严重的，由上级机关或者所在单位给予直接责任人员行政处分。"

3. 工作人员玩忽职守、滥用职权、索贿、受贿

《城市房地产管理法》第七十一条："房产管理部门、土地管理部门工作人员玩忽职守、滥用职权，构成犯罪的，依法追究刑事责任；不构成犯罪的，给予行政处分。房产管理部门、土地管理部门工作人员利用职务上的便利，索取他人财物，或者非法收受他人财物为他人谋取利益，构成犯罪的，依照惩治贪污罪贿赂罪的补充规定追究刑事责任；不构成犯罪的，给予行政处分。"

《城市房地产开发经营管理条例》第四十条："国家机关工作人员在房地产开发经营监督管理工作中玩忽职守、徇私舞弊、滥用职权，构成犯罪的，依法追究刑事责任；尚不构成犯罪的，依法给予行政处分。"

《物业管理条例》第六十九条规定，国务院建设行政主管部门、县级以上地方人民政府房地产行政主管部门或者其他有关行政管理部门的工作人员利用职务上的便利，收受他人财物或其他好处，不依法履行监督管理职责，或者发现违法行为不予查处，尚不构成犯罪的，依法给予行政处分。

根据《中华人民共和国行政监察法》的规定，行政处分的种类分为警告、记过、记大过、降级、撤职以及开除六种。

11.6.1.2 行政处罚

行政处罚是国家行政机关对违反行政管理秩序的公民、法人或者其他组织依法实施的一种制裁行为。行政处罚是追究行政责任的主要方式。

根据《中华人民共和国行政处罚法》的规定，行政处罚的种类包括警告、罚款、没收违法所得和非法财物、责令停产停业、暂扣或者吊销许可证、暂扣或者吊销执照、行政拘留以及法律法规规定的其他行政处罚。

根据现行的房地产管理法律法规，应当给予行政处罚的房地产违法行为主要包括：

1. 擅自从事房地产开发、经营与管理业务

《城市房地产管理法》第六十五条："违反本法第三十条的规定，未取得营业执照擅自从事房地产开发业务的，由县级以上人民政府工商行政管理部门责令停止房地产开发业务活动，没收违法所得，可以并处罚款。"

《城市房地产管理法》第六十九条："违反本法第五十八条的规定，未取得营业执照擅自从事房地产中介服务业务的，由县级以上人民政府工商行政管理部门责令停止房地产中介服务业务活动，没收违法所得，可以并处罚款。"

《城市房地产开发经营管理条例》第三十四条："违反本条例规定，未取得营业执照，擅自从事房地产开发经营的，由县级以上人民政府工商行政管理部门责令停止房地产开发经营活动，没收违法所得，可以并处违法所得5倍以下的罚款。"

2. 未取得企业资质证书或者超越资质等级从事房地产开发经营与管理

《城市房地产开发经营管理条例》第三十五条："违反本条例规定，未取得资质等级证书或者超越资质等级从事房地产开发经营的，由县级以上人民政府房地产开发主管部门责令限期改正，处5万元以上10万元以下的罚款；逾期不改正的，由工商行政管理部门吊销营业执照。"

《物业管理条例》第六十条规定，未取得资质证书从事物业管理的，由县级以上地方人民政府房地产行政主管部门没收违法所得，并处5万元以上20万元以下的罚款。《物业服务企业资质管理办法》第十九条规定，物业服务企业超越资质等级承接物业管理业务的，由县级以上地方人民政府房地产主管部门予以警告，责令限期改正，并处1万元以上3万元以下的罚款。

3. 非法预售商品房

《城市房地产管理法》第六十八条："违反本法第四十五条第一款的规定预售商品房的，由县级以上人民政府房产管理部门责令停止预售活动，没收违法所得，可以并处罚款。"

《城市房地产开发经营管理条例》第三十九条："违反本条例规定，擅自预售商品房的，由县级以上人民政府房地产开发主管部门责令停止违法行为，没收违法所得，可以并处已收取的预付款1%以下的罚款。"

4. 非法转让房地产

《城市房地产管理法》第六十六条："违反本法第三十九条第一款的规定转让土地使用权的，由县级以上人民政府土地管理部门没收违法所得，可以并处罚款。"

《城市房地产管理法》第六十七条："违反本法第四十条第一款的规定转让房地产的，由县级以上人民政府土地管理部门责令缴纳土地使用权出让金，没收违法所得，可以并处罚款。"

《城市房地产开发经营管理条例》第三十八条："违反本条例规定，擅自转让房地产开发项目的，由县级以上人民政府负责土地管理工作的部门责令停止违法行为，没收违法所得，可以并处违法所得5倍以下的罚款。"

《商品房销售管理办法》第三十九条："在未解除商品房买卖合同前，将作为合同标的物的商品房再行销售给他人的，处以警告，责令限期改正，并处2万元以上3万元以下罚款。"

《商品房销售管理办法》第四十二条："房地产开发企业在销售商品房中有下列行为之一的，处以警告，责令限期改正，并可处以1万元以上3万元以下罚款。

（一）未按照规定的现售条件现售商品房的；

（二）未按照规定在商品房现售前将房地产开发项目手册及符合商品房现售条件的有关证明文件报送房地产开发主管部门备案的；

（三）返本销售或者变相返本销售商品房的；

（四）采取售后包租或者变相售后包租方式销售未竣工商品房的；

（五）分割拆零销售商品住宅的；

（六）不符合商品房销售条件，向买受人收取预订款性质费用的；

（七）未按照规定向买受人明示《商品房销售管理办法》、《商品房买卖合同示范文本》、《城市商品房预售管理办法》的；

（八）委托没有资格的机构代理销售商品房的。"

《商品房销售管理办法》第四十三条："房地产中介服务机构代理销售不符合销售条件的商品房的，处以警告，责令停止销售，并可处以2万元以上3万元以下罚款。"

5. 将未经验收或验收不合格的房屋交付使用

《城市房地产开发经营管理条例》第三十六条："违反本条例规定，将未经验收的房屋交付使用的，由县级以上人民政府房地产开发主管部门责令限期补办验收手续；逾期不补办验收手续的，由县级以上人民政府房地产开发主管部门组织有关部门和单位进行验收，并处10万元以上30万元以下的罚款。经验收不合格的，依照本条例第三十七条的规定处理。"

《城市房地产开发经营管理条例》第三十七条："违反本条例规定，将验收不合格的房屋交付使用的，由县级以上人民政府房地产开发主管部门责令限期返修，并处交付使用的房屋总造价2%以下的罚款；情节严重的，由工商行政管理部门吊销营业执照。"

《商品房销售管理办法》第四十条："房地产开发企业将未组织竣工验收、验收不合格或者对不合格按合格验收的商品房擅自交付使用的，按照《建设工程质量管理条例》的规定处罚。"

《建设工程质量管理条例》第五十八条："违反本条例规定，建设单位有下列行为之一的，责令改正，处工程合同价款百分之二以上百分之四以下的罚款；造成损失的，依法承担赔偿责任：

（一）未组织竣工验收，擅自交付使用的；

（二）验收不合格，擅自交付使用的；

（三）对不合格的建设工程按照合格工程验收的。"

6. 房地产开发企业未按规定报送房屋权属登记所需资料

《城市房地产开发经营管理条例》第三十三条："房地产开发企业应当协助商品房购买人办理土地使用权变更和房屋所有权登记手续，并提供必要的证明文件。"

《商品房销售管理办法》第三十四条："房地产开发企业应当在商品房交付使用前按项目委托具有房产测绘资格的单位实施测绘，测绘成果报房地产行政主管部门审核后用于房屋权属登记。房地产开发企业应当在商品房交付使用之日起60日内，将需要由其提供的办理房屋权属登记的资料报送房屋所在地房地产行政主管部门。"第四十一条："房地产开发企业未按规定将测绘成果或者需要由其提供的办理房屋权属登记的资料报送房地产行政主管部门的，处以警告，责令限期改正，并可处以2万元以上3万元以下罚款。"

7. 物业服务企业擅自改变物业管理用房的用途

《物业管理条例》第六十五条规定，未经业主大会同意，物业服务企业擅自改变物业管理用房的用途的，由县级以上地方人民政府房地产行政主管部门责令限期改正，给予警告，并处1万元以上10万元以下的罚款；有收益的，所得收益用于物业管理区域内物业共用部位、共用设施设备的维修、养护，剩余部分按照业主大会的决定使用。

8. 物业服务企业挪用专项维修资金

《物业管理条例》第六十三条："违反本条例的规定，挪用专项维修资金的，由县级以上地方人民政府房地产行政主管部门追回挪用的专项维修资金，给予警告，没收违法所得，可以并处挪用数额2倍以下的罚款；物业服务企业挪用专项维修资金，情节严重的，并由颁发资质证书的部门吊销资质证书。"

11.6.2 民事责任

民事责任是指违法行为主体依法应当承担的民事法律后果，如侵权责任、违约责任。在房地产违法中，承担民事责任的方式主要有：违约金、维修、更换或退回、赔偿损失等。

《城市房地产开发经营管理条例》第三十七条规定，将验收不合格的房屋交付使用，给购买人造成损失的，应当依法承担赔偿责任。

《物业管理条例》第六十条规定，未取得资质证书从事物业管理，给业主造成损失的，依法承担赔偿责任。

11.6.3 刑事责任

刑事责任是指主体行为构成犯罪，依照刑法规定应当承担的刑事法律后果。

1. 一房多售构成犯罪的

《商品房销售管理办法》第三十九条："在未解除商品房买卖合同前，将作为合同标的物的商品房再行销售给他人的，……构成犯罪的，依法追究刑事责任。"

2. 将验收不合格的房屋交付使用构成犯罪的

《城市房地产开发经营管理条例》第三十七条："违反本条例规定，将验收不合格的房屋交付使用的,……造成重大伤亡事故或者其他严重后果,构成犯罪的,依法追究刑事责任。"

3. 物业服务企业挪用专项维修资金构成犯罪的

《物业管理条例》第六十三条规定,物业服务企业挪用专项维修资金,构成犯罪的,依法追究直接负责的主管人员和其他直接责任人员的刑事责任。

4. 业主以业主大会或者业主委员会的名义,从事违反法律、法规的活动,构成犯罪的

《物业管理条例》第六十八条:"业主以业主大会或者业主委员会的名义,从事违反法律、法规的活动,构成犯罪的,依法追究刑事责任;尚不构成犯罪的,依法给予治安管理处罚。"

5. 行政机构工作人员受贿、渎职,构成犯罪的

《城市房地产管理法》第七十一条规定,房产管理部门、土地管理部门工作人员玩忽职守、滥用职权、利用职务上的便利索取他人财物或者非法收受他人财物为他人谋取利益,构成犯罪的,依法追究刑事责任。

《物业管理条例》第六十九条:"违反本条例的规定,国务院建设行政主管部门、县级以上地方人民政府房地产行政主管部门或者其他有关行政管理部门的工作人员利用职务上的便利,收受他人财物或者其他好处,不依法履行监督管理职责,或者发现违法行为不予查处,构成犯罪的,依法追究刑事责任;尚不构成犯罪的,依法给予行政处分。"

---------- 本章小结 ----------

本章首先分析了房地产法规体系的构成,然后以《城市房地产管理法》为主线,根据房地产开发经营与管理的一般流程,主要从房地产开发用地、房地产开发建设、房地产交易、房屋权属登记、物业管理以及房地产违法责任等几个方面对房地产管理法律制度进行了阐述。

本章的重点是房地产开发与经营管理法律制度。

本章的难点是城市房屋拆迁与建筑物区分所有权制度。

学习本章的主要目的,是使学生熟悉我国房地产开发、经营与管理的基本法律制度。

【案例实训】

案例一:以出让方式取得的土地使用权被无偿收回[①]

1995年9月1日,被告定安县政府根据原告某芦荟公司的申请做出批复,同意将200亩土地安排给芦荟公司作为芦荟综合开发项目用地,同时约定,芦荟公司应于1997年11月8日以前完成项目建设。同年9月8日,原定安县土地管理局将上述200亩土地使用权分为四块出让给芦荟公司,并颁发了第360号《国有土地使用证》(以下简称360号土地证)。1997年6月,芦荟公司因资金不足停工。2005年1月4日,县政府发布公告,拟无偿收回芦荟公司的360号土地证项下的土地使用权。对此,第三人中国农业银行海南省分行营业部以芦荟公司已将该地抵押给省农业发展银行并办理了抵押登记,芦荟公司取得贷款后已对该地投入建设为由,于同年1月24日书面向定安县国土环境资源局提出异议,又于同年2月

---
① 案例资料来源:《中华人民共和国城市房地产管理法》案例注释版,中国法制出版社,2009。

28日向定安县国土环境资源局递交一份对县政府拟无偿收回芦荟公司土地使用权的盘活方案。县政府和县国土环境资源局对该盘活方案不予采纳。县政府根据《城市房地产管理法》第二十六条规定，于同年6月30日做出53号决定，决定无偿收回芦荟公司360号土地证项下的土地使用权并注销其土地证。中国农业银行海南省分行营业部不服，向省人民政府申请行政复议，省人民政府维持了县政府做出的53号决定。同年12月14日，芦荟公司已县政府作为被告向法院提起行政诉讼。

【法理分析】
一审法院认为：根据《闲置土地处置办法》第三条规定，市、县人民政府土地行政主管部门对其认定的闲置土地，应当通知土地使用者，拟定该宗闲置土地处置方案，闲置土地上依法设立抵押权的，还应通知抵押权人参与处置方案的拟定工作；处置方案经原批准用地的人民政府批准后，由市、县人民政府土地行政主管部门组织实施。县政府做出的53号决定，没有通知土地使用者即芦荟公司，且明知道该地设有抵押权的情况下，未通知抵押权人参与该闲置土地的处置工作，属违反法定程序。依法应予以撤销。被告县政府不服，上诉。

二审法院经审理认为：一、2005年1月4日县政府发布公告，第三人中国农业银行海南省分行营业部于同年1月20日和2月24日分别向上诉人县政府提出处置该宗土地的异议材料和盘活方案，上诉人县政府经讨论认为该地属于闲置土地，不予采纳该意见。虽然上诉人未直接将无偿收回土地使用权告知通知书送达给第三人中国农业银行海南省分行营业部，但是中国农业银行海南省分行营业部实际参与了处置，只是在实体权益上得不到上诉人的支持而已，事实上已经行使了《闲置土地处置办法》第三条所规定的土地抵押权人能够行使的各种权利。二、《城市房地产管理法》第二条第三款规定，本法所称房地产开发，是指在依据本法取得国有土地使用权的土地上进行基础设施、房屋建设的行为。根据上述规定，并不排除工业用地。因此，撤销一审判决，维持53号决定。

【法条链接】
1. 《城市房地产管理法》第二条、第二十六条。
2. 《城市房地产开发经营管理条例》第十五条；《城镇国有土地使用权出让和转让暂行条例》第五条、第十七条、第十九条。
3. 《闲置土地处置办法》第三条、第四条、第五条。

案例二：权属划分明界定，买房子不等于买小区①

某小区开发商在未征得小区业主同意的情形下，将位于该小区内的一幢宣传为小区会所的独立房屋出售给了A公司进行餐饮经营。小区业主得知后感到十分气愤，认为既然开发商将该幢房屋宣传为小区会所，那么这幢房屋就应当属于小区的公共配套设施而归业主共同所有，开发商无权擅自将其对外出售。于是业主们分别找到开发商及A公司进行交涉，要求将该幢房屋的所有权及使用权交还业主。然而，开发商却表示，尽管该幢房屋曾经确实打算用作小区会所，但其建筑面积并未计入业主公摊，在宣传时销售人员也从未承诺过该幢房

---

① 案例资料来源：法律学徒工的博客，http://blog.sina.com.cn/s/blog_52f013d90100dnn4.html。

屋将归属业主共同所有，因此，开发商当然有权对该幢房屋进行出售。同时，A 公司也表示，A 公司作为该幢房屋的买受人，在购买房屋后已经依法进行了产权登记，已经成为该幢房屋的合法所有权人，业主无权向其主张该幢房屋的所有权。

业主们能否通过诉讼的方式取得对该幢房屋的共有权利？

【法理分析】

随着我国房地产市场的发展以及业主权利意识的提高，业主与开发商关于配套设施用房的权利归属问题所产生的纠纷与争议在近几年一直呈现上升态势，并已逐渐形成一类新型的房地产纠纷。

2007 年 10 月 1 日起施行的《物权法》明确规定了建筑物区分所有权，将建筑物内的专有部分与共有部分作了区分，并明确了建筑区划内的业主共有权利范围。但根据《物权法》之规定，尚不足以有效解决配套设施用房权属纠纷。《物权法》第七十三条"建筑区划内的其他公共场所、公用设施和物业服务用房，属于业主共有"的原则性规定则在一定程度上加剧了业主与开发商之间对于建筑区划内特定配套用途的独立房屋究竟应当划定为建筑物专有部分还是共有部分的争议，尤其是那些曾被开发商广告宣传为小区会所、幼儿园、学校等作为基础配套用途的房屋。

对此，《最高人民法院关于审理建筑物区分所有权纠纷案件具体应用法律若干问题的解释》予以了明确界定，建筑区划内的房屋（包括整幢建筑物）以及车位、摊位等特定空间，只要符合"具有构造上的独立性，能够明确区分；具有利用上的独立性，可以排他使用；能够登记成为特定业主所有权的客体"三项条件，就应当认定为专有部分。

也就是说，除规划确定的物业管理用房外，通常情况下的会所、幼儿园、学校、地下车库位或其他具有特定用途的房屋，只要符合物权登记要求能够登记房屋产权的，均将视为专用部分而不属于业主共有。

因此，就这一案例来说，业主与开发商所争议的会所建筑完全符合新司法解释对专用部分的三项界定条件，并已实际经登记由 A 公司（特定业主）享有其所有权。在此基础上，业主如果要求获得该会所建筑的所有权将难以得到法院的支持。

但如果业主们有明确的证据可以证明，开发商在项目销售时，就该幢房屋的特定用途对业主进行过具体、确定的说明和允诺，并且该说明和允诺对业主购房合同的订立及商品房价格的确定有重大影响的，则业主可以通过诉讼的方式追究开发商擅自变更该幢房屋特定用途的违约责任。

【法条链接】

1. 《物权法》第七十条、第七十三条。
2. 《最高人民法院关于审理建筑物区分所有权纠纷案件具体应用法律若干问题的解释》第二条、第三条。

【复习思考】

1. 简述房地产的含义。
2. 设立房地产开发企业的条件有哪些？

3. 简述我国房地产开发用地制度。
4. 房地产开发应该遵循哪些原则?
5. 房地产交易的方式有哪些?
6. 何谓建筑物区分所有权?
7. 国有土地范围内房屋登记的类型有哪些?
8. 何谓前期物业管理?如何选聘前期物业服务企业?
9. 房地产违法行为的法律责任有哪些类型?

附1：《国有建设用地使用权出让合同》(GF—2008—2601) 示范文本

国有建设用地使用权出让合同（节选）

第一章 总 则

第一条 根据《中华人民共和国物权法》、《中华人民共和国合同法》、《中华人民共和国土地管理法》、《中华人民共和国城市房地产管理法》等法律、有关行政法规及土地供应政策规定，双方本着平等、自愿、有偿、诚实信用的原则，订立本合同。

第二条 出让土地的所有权属中华人民共和国，出让人根据法律的授权出让国有建设用地使用权，地下资源、埋藏物不属于国有建设用地使用权出让范围。

第三条 受让人对依法取得的国有建设用地，在出让期限内享有占有、使用、收益和依法处置的权利，有权利用该土地依法建造建筑物、构筑物及其附属设施。

第二章 出让土地的交付与出让价款的缴纳

第四条 本合同项下出让宗地编号为_____，宗地总面积大写_____平方米（小写_____平方米），其中出让宗地面积为大写_____平方米（小写_____平方米）。

本合同项下的出让宗地坐落于_____。

本合同项下出让宗地的平面界址为_____；出让宗地的平面界址图见附件1。

本合同项下出让宗地的竖向界限以_____为上界限，以_____为下界限，高差为_____米。出让宗地竖向界限见附件2。

出让宗地空间范围是以上述界址点所构成的垂直面和上、下界限高程平面封闭形成的空间范围。

第五条 本合同项下出让宗地的用途为_____。

第六条 出让人同意在_____年_____月_____日前将出让宗地交付给受让人，出让人同意在交付土地时该宗地应达到本条第_____项规定的土地条件：

（一）场地平整达到_____；

周围基础设施达到_____；

（二）现状土地条件_____。

第七条 本合同项下的国有建设用地使用权出让年期为_____年，按本合同第六条约定的交付土地之日起算；原划拨（承租）国有建设用地使用权补办出让手续的，出让年期自合同签订之日起算。

第八条 本合同项下宗地的国有建设用地使用权出让价款为人民币大写_____元（小写_____元），每平方米人民币大写_____元（小写_____元）。

第九条 本合同项下宗地的定金为人民币大写_____元（小写_____元），定金抵作土地出让价款。

347

第十条 受让人同意按照本条第一款第_____项的规定向出让人支付国有建设用地使用权出让价款：

（一）本合同签订之日起_____日内，一次性付清国有建设用地使用权出让价款；

（二）按以下时间和金额分_____期向出让人支付国有建设用地使用权出让价款。

　　第一期　人民币大写_____元（小写_____元），付款时间：_____年_____月_____日之前。

　　第二期　人民币大写_____元（小写_____元），付款时间：_____年_____月_____日之前。

　　第__期　人民币大写_____元（小写_____元），付款时间：_____年_____月_____日之前。

　　第__期　人民币大写_____元（小写_____元），付款时间：_____年_____月_____日之前。

分期支付国有建设用地使用权出让价款的，受让人在支付第二期及以后各期国有建设用地使用权出让价款时，同意按照支付第一期土地出让价款之日中国人民银行公布的贷款利率，向出让人支付利息。

第十一条 受让人应在按本合同约定付清本宗地全部出让价款后，持本合同和出让价款缴纳凭证等相关证明材料，申请出让国有建设用地使用权登记。

第三章　土地开发建设与利用

第十二条 受让人同意本合同项下宗地开发投资强度按本条第_____项规定执行：

（一）本合同项下宗地用于工业项目建设，受让人同意本合同项下宗地的项目固定资产总投资不低于经批准或登记备案的金额人民币大写_____万元（小写_____万元），投资强度不低于每平方米人民币大写_____元（小写_____元）。本合同项下宗地建设项目的固定资产总投资包括建筑物、构筑物及其附属设施、设备投资和出让价款等。

（二）本合同项下宗地用于非工业项目建设，受让人承诺本合同项下宗地的开发投资总额不低于人民币大写_____万元（小写_____万元）。

第十三条 受让人在本合同项下宗地范围内新建建筑物、构筑物及其附属设施的，应符合市（县）政府规划管理部门确定的出让宗地规划条件（见附件3）。其中：

主体建筑物性质_____；

附属建筑物性质_____；

建筑总面积_____平方米；

建筑容积率不高于_____不低于_____；

建筑限高_____；

建筑密度不高于_____不低于_____；

绿地率不高于_____不低于_____；

其他土地利用要求_____。

第十四条 受让人同意本合同项下宗地建设配套按本条第_____项规定执行：

（一）本合同项下宗地用于工业项目建设，根据规划部门确定的规划设计条件，本合同受让宗地范围内用于企业内部行政办公及生活服务设施的占地面积不超过受让宗地面积的

_____%，即不超过_____平方米，建筑面积不超过_____平方米。受让人同意不在受让宗地范围内建造成套住宅、专家楼、宾馆、招待所和培训中心等非生产性设施；

　　（二）本合同项下宗地用于住宅项目建设，根据规划建设管理部门确定的规划建设条件，本合同受让宗地范围内住宅建设总套数不少于_____套。其中，套型建筑面积90平方米以下住房套数不少于_____套，住宅建设套型要求为_____。本合同项下宗地范围内套型建筑面积90平方米以下住房面积占宗地开发建设总面积的比例不低于_____%。本合同项下宗地范围内配套建设的经济适用住房、廉租住房等政府保障性住房，受让人同意建成后按本项下第_____种方式履行：

　　1. 移交给政府；
　　2. 由政府回购；
　　3. 按政府经济适用住房建设和销售管理的有关规定执行；
　　4. _____；
　　5. _____。

　　第十五条　受让人同意在本合同项下宗地范围内同步修建下列工程配套项目，并在建成后无偿移交给政府：

　　（一）_____；
　　（二）_____；
　　（三）_____。

　　第十六条　受让人同意本合同项下宗地建设项目在_____年_____月_____日之前开工，在_____年_____月_____日之前竣工。

　　受让人不能按期开工，应提前30日向出让人提出延建申请，经出让人同意延建的，其项目竣工时间相应顺延，但延建期限不得超过一年。

　　第十七条　受让人在本合同项下宗地内进行建设时，有关用水、用气、污水及其他设施与宗地外主管线、用电变电站接口和引入工程，应按有关规定办理。

　　受让人同意政府为公用事业需要而敷设的各种管道与管线进出、通过、穿越受让宗地，但由此影响受让宗地使用功能的，政府或公用事业营建主体应当给予合理补偿。

　　第十八条　受让人应当按照本合同约定的土地用途、容积率利用土地，不得擅自改变。在出让期限内，需要改变本合同约定的土地用途的，双方同意按照本条第_____项规定办理：

　　（一）由出让人有偿收回建设用地使用权；
　　（二）依法办理改变土地用途批准手续，签订国有建设用地使用权出让合同变更协议或者重新签订国有建设用地使用权出让合同，由受让人按照批准改变时新土地用途下建设用地使用权评估市场价格与原土地用途下建设用地使用权评估市场价格的差额补缴国有建设用地使用权出让价款，办理土地变更登记。

　　第十九条　本合同项下宗地在使用期限内，政府保留对本合同项下宗地的规划调整权，原规划如有修改，该宗地已有的建筑物不受影响，但在使用期限内该宗地建筑物、构筑物及其附属设施改建、翻建、重建，或者期限届满申请续期时，必须按届时有效的规划执行。

　　第二十条　对受让人依法使用的国有建设用地使用权，在本合同约定的使用年限届满前，出让人不得收回；在特殊情况下，根据社会公共利益需要提前收回国有建设用地使用权的，出让人应当依照法定程序报批，并根据收回时地上建筑物、构筑物及其附属设施的价值和剩余年期国有建设用地使用权的评估市场价格及经评估认定的直接损失给予土地使用者补偿。

第四章　国有建设用地使用权转让、出租、抵押

第二十一条　受让人按照本合同约定支付全部国有建设用地使用权出让价款，领取国有土地使用证后，有权将本合同项下的全部或部分国有建设用地使用权转让、出租、抵押。首次转让的，应当符合本条第_____项规定的条件：

（一）按照本合同约定进行投资开发，完成开发投资总额的百分之二十五以上；

（二）按照本合同约定进行投资开发，已形成工业用地或其他建设用地条件。

第二十二条　国有建设用地使用权的转让、出租及抵押合同，不得违背国家法律、法规规定和本合同约定。

第二十三条　国有建设用地使用权全部或部分转让后，本合同和土地登记文件中载明的权利、义务随之转移，国有建设用地使用权的使用年限为本合同约定的使用年限减去已经使用年限后的剩余年限。

本合同项下的全部或部分国有建设用地使用权出租后，本合同和土地登记文件中载明的权利、义务仍由受让人承担。

第二十四条　国有建设用地使用权转让、抵押的，转让、抵押双方应持本合同和相应的转让、抵押合同及国有土地使用证，到国土资源管理部门申请办理土地变更登记。

第五章　期限届满

第二十五条　本合同约定的使用年限届满，土地使用者需要继续使用本合同项下宗地的，应当至迟于届满前一年向出让人提交续期申请书，除根据社会公共利益需要收回本合同项下宗地的，出让人应当予以批准。

住宅建设用地使用权期限届满的，自动续期。

出让人同意续期的，土地使用者应当依法办理出让、租赁等有偿用地手续，重新签订出让、租赁等土地有偿使用合同，支付土地出让价款、租金等土地有偿使用费。

第二十六条　土地出让期限届满，土地使用者申请续期，因社会公共利益需要未获批准的，土地使用者应当交回国有土地使用证，并依照规定办理国有建设用地使用权注销登记，国有建设用地使用权由出让人无偿收回。出让人和土地使用者同意本合同项下宗地上的建筑物、构筑物及其附属设施，按本条第_____项约定履行：

（一）由出让人收回地上建筑物、构筑物及其附属设施，并根据收回时地上建筑物、构筑物及其附属设施的残余价值，给予土地使用者相应补偿；

（二）由出让人无偿收回地上建筑物、构筑物及其附属设施。

第二十七条　土地出让期限届满，土地使用者没有申请续期的，土地使用者应当交回国有土地使用证，并依照规定办理国有建设用地使用权注销登记，国有建设用地使用权由出让人无偿收回。本合同项下宗地上的建筑物、构筑物及其附属设施，由出让人无偿收回，土地使用者应当保持地上建筑物、构筑物及其附属设施的正常使用功能，不得人为破坏。地上建筑物、构筑物及其附属设施失去正常使用功能的，出让人可要求土地使用者移动或拆除地上建筑物、构筑物及其附属设施，恢复场地平整。

第六章 不可抗力

第二十八条 合同双方当事人任何一方由于不可抗力原因造成的本合同部分或全部不能履行，可以免除责任，但应在条件允许下采取一切必要的补救措施以减少因不可抗力造成的损失。当事人迟延履行期间发生的不可抗力，不具有免责效力。

第二十九条 遇有不可抗力的一方，应在7日内将不可抗力情况以信函、电报、传真等书面形式通知另一方，并在不可抗力发生后15日内，向另一方提交本合同部分或全部不能履行或需要延期履行的报告及证明。

第七章 违约责任

第三十条 受让人应当按照本合同约定，按时支付国有建设用地使用权出让价款。受让人不能按时支付国有建设用地使用权出让价款的，自滞纳之日起，每日按迟延支付款项的_____‰向出让人缴纳违约金，延期付款超过60日，经出让人催交后仍不能支付国有建设用地使用权出让价款的，出让人有权解除合同，受让人无权要求返还定金，出让人并可请求受让人赔偿损失。

第三十一条 受让人因自身原因终止该项目投资建设，向出让人提出终止履行本合同并请求退还土地的，出让人报经原批准土地出让方案的人民政府批准后，分别按以下约定，退还除本合同约定的定金以外的全部或部分国有建设用地使用权出让价款（不计利息），收回国有建设用地使用权，该宗地范围内已建的建筑物、构筑物及其附属设施可不予补偿，出让人还可要求受让人清除已建建筑物、构筑物及其附属设施，恢复场地平整；但出让人愿意继续利用该宗地范围内已建的建筑物、构筑物及其附属设施的，应给予受让人一定补偿：

（一）受让人在本合同约定的开工建设日期届满一年前不少于60日向出让人提出申请的，出让人在扣除定金后退还受让人已支付的国有建设用地使用权出让价款；

（二）受让人在本合同约定的开工建设日期超过一年但未满二年，并在届满二年前不少于60日向出让人提出申请的，出让人应在扣除本合同约定的定金，并按照规定征收土地闲置费后，将剩余的已付国有建设用地使用权出让价款退还受让人。

第三十二条 受让人造成土地闲置，闲置满一年不满两年的，应依法缴纳土地闲置费；土地闲置满两年且未开工建设的，出让人有权无偿收回国有建设用地使用权。

第三十三条 受让人未能按照本合同约定日期或同意延建所另行约定日期开工建设的，每延期一日，应向出让人支付相当于国有建设用地使用权出让价款总额_____‰的违约金，出让人有权要求受让人继续履约。

受让人未能按照本合同约定日期或同意延建所另行约定日期竣工的，每延期一日，应向出让人支付相当于国有建设用地使用权出让价款总额_____‰的违约金。

第三十四条 项目固定资产总投资、投资强度和开发投资总额未达到本合同约定标准的，出让人可以按照实际差额部分占约定投资总额和投资强度指标的比例，要求受让人支付相当于同比例国有建设用地使用权出让价款的违约金，并可要求受让人继续履约。

第三十五条 本合同项下宗地建筑容积率、建筑密度等任何一项指标低于本合同约定的最低标准的，出让人可以按照实际差额部分占约定最低标准的比例，要求受让人支付相当于同比例国有建设用地使用权出让价款的违约金，并有权要求受让人继续履行本合同；建筑容积率、建筑密度等任何一项指标高于本合同约定最高标准的,出让人有权收回高于约定的最高标准的面积部分,有权按照实际差额部分占约定标准的比例,要求受让人支付相当于同比例国有建设用地使用权出让价款的违约金。

第三十六条 工业建设项目的绿地率、企业内部行政办公及生活服务设施用地所占比例、企业内部行政办公及生活服务设施建筑面积等任何一项指标超过本合同约定标准的,受让人应当向出让人支付相当于宗地出让价款＿＿＿＿‰的违约金,并自行拆除相应的绿化和建筑设施。

第三十七条 受让人按本合同约定支付国有建设用地使用权出让价款的,出让人必须按照本合同约定按时交付出让土地。由于出让人未按时提供出让土地而致使受让人本合同项下宗地占有延期的,每延期一日,出让人应当按受让人已经支付的国有建设用地使用权出让价款的＿＿＿＿‰向受让人给付违约金,土地使用年期自实际交付土地之日起算。出让人延期交付土地超过 60 日,经受让人催交后仍不能交付土地的,受让人有权解除合同,出让人应当双倍返还定金,并退还已经支付国有建设用地使用权出让价款的其余部分,受让人并可请求出让人赔偿损失。

第三十八条 出让人未能按期交付土地或交付的土地未能达到本合同约定的土地条件或单方改变土地使用条件的,受让人有权要求出让人按照规定的条件履行义务,并且赔偿延误履行而给受让人造成的直接损失。土地使用年期自达到约定的土地条件之日起算。

第八章 适用法律及争议解决

第三十九条 本合同订立、效力、解释、履行及争议的解决,适用中华人民共和国法律。

第四十条 因履行本合同发生争议,由争议双方协商解决,协商不成的,按本条第＿＿＿＿项约定的方式解决:

（一）提交＿＿＿＿仲裁委员会仲裁;

（二）依法向人民法院起诉。

第九章 附则（略）

附件（略）

附2：《商品房买卖合同示范文本》(GF—2000—0171)

商品房买卖合同（节选）

　　根据《中华人民共和国合同法》、《中华人民共和国城市房地产管理法》及其他有关法律、法规之规定，买受人和出卖人在平等、自愿、协商一致的基础上就买卖商品房达成如下协议：

　　第一条　项目建设依据。
　　出卖人以_____方式取得位于_____、编号为_____的地块的土地使用权。【土地使用权出让合同号】【土地使用权划拨批准文件号】【划拨土地使用权转让批准文件号】为_____。
　　该地块土地面积为_____，规划用途为_____，土地使用年限自_____年____月____日至____年____月____日。
　　出卖人经批准，在上述地块上建设商品房，【现定名】【暂定名】_____。建设工程规划许可证号为_____，施工许可证号为_____。

　　第二条　商品房销售依据。
　　买受人购买的商品房为【现房】【预售商品房】。预售商品房批准机关为_____，商品房预售许可证号为_____。

　　第三条　买受人所购商品房的基本情况。
　　买受人购买的商品房（以下简称该商品房，其房屋平面图见本合同附件一，房号以附件一上表示为准）为本合同第一条规定的项目中的：第_____【幢】【座】_____【单元】【层】_____号房。
　　该商品房的用途为_____，属_____结构，层高为_____，建筑层数地上_____层，地下_____层。
　　该商品房阳台是【封闭式】【非封闭式】。
　　该商品房【合同约定】【产权登记】建筑面积共_____平方米，其中，套内建筑面积_____平方米，公共部位与公用房屋分摊建筑面积_____平方米（有关公共部位与公用房屋分摊建筑面积构成说明见附件二）。

　　第四条　计价方式与价款。
　　出卖人与买受人约定按下述第_____种方式计算该商品房价款：
　　1. 按建筑面积计算，该商品房单价为（_____币）每平方米_____元，总金额（_____币）_____千_____百_____拾_____万_____千_____百_____拾_____元整。
　　2. 按套内建筑面积计算，该商品房单价为（_____币）每平方米_____元，总金额（_____币）_____千_____百_____拾_____万_____千_____百_____拾_____元整。
　　3. 按套（单元）计算，该商品房总价款为（_____币）_____千_____百

_____拾_____万_____千_____百_____拾_____元整。

4. _____。

第五条 面积确认及面积差异处理。

根据当事人选择的计价方式，本条规定以【建筑面积】【套内建筑面积】（本条款中均简称面积）为依据进行面积确认及面积差异处理。

当事人选择按套计价的，不适用本条约定。

合同约定面积与产权登记面积有差异的，以产权登记面积为准。

商品房交付后，产权登记面积与合同约定面积发生差异，双方同意按第_____种方式进行处理：

1. 双方自行约定
（1）_____
（2）_____
（3）_____
（4）_____

2. 双方同意按以下原则处理：
（1）面积误差比绝对值在 3% 以内（含 3%）的，据实结算房价款；
（2）面积误差比绝对值超出 3% 时，买受人有权退房。

买受人退房的，出卖人在买受人提出退房之日起 30 天内将买受人已付款退还给买受人，并按_____利率付给利息。

买受人不退房的，产权登记面积大于合同约定面积时，面积误差比在 3% 以内（含 3%）部分的房价款由买受人补足；超出 3% 部分的房价款由出卖人承担，产权归买受人。产权登记面积小于合同约定面积时，面积误差比绝对值在 3% 以内（含 3%）部分的房价款由出卖人返还买受人；绝对值超出 3% 部分的房价款由出卖人双倍返还买受人。

因设计变更造成面积差异，双方不解除合同的，应当签署补充协议。

第六条 付款方式及期限。

买受人按下列第_____种方式按期付款：

1. 一次性付款_____
2. 分期付款_____
3. 其他方式_____

第七条 买受人逾期付款的违约责任。

买受人如未按本合同规定的时间付款，按下列第_____种方式处理：

1. 按逾期时间，分别处理（不作累加）
（1）逾期在_____日之内，自本合同规定的应付款期限之第二天起至实际全额支付应付款之日止，买受人按日向出卖人支付逾期应付款万分之_____的违约金，合同继续履行；
（2）逾期超过_____日后，出卖人有权解除合同。出卖人解除合同的，买受人按累计应付款的_____%向出卖人支付违约金。买受人愿意继续履行合同的，经出卖人同意，合同继续履行，自本合同规定的应付款期限之第二天起至实际全额支付应付款之日止，买受人按日向出卖人支付逾期应付款万分之_____（该比率应不小于第（1）项中的比率）的违约金。

本条中的逾期应付款指依照本合同第六条规定的到期应付款与该期实际已付款的差额；采取分期付款的，按相应的分期应付款与该期的实际已付款的差额确定。

2.＿＿＿＿＿＿＿＿＿＿＿＿＿＿＿＿＿＿＿＿＿＿＿＿＿＿

第八条 交付期限。

出卖人应当在＿＿＿＿＿年＿＿＿＿＿月＿＿＿＿＿日前，依照国家和地方人民政府的有关规定，将具备下列第＿＿＿＿＿种条件，并符合本合同约定的商品房交付买受人使用：

1. 该商品房经验收合格。
2. 该商品房经综合验收合格。
3. 该商品房经分期综合验收合格。
4. 该商品房取得商品住宅交付使用批准文件。
5. ＿＿＿＿＿＿＿＿＿＿＿＿＿＿＿＿＿＿＿＿＿。

但如遇下列特殊原因，除双方协商同意解除合同或变更合同外，出卖人可据实予以延期：

1. 遭遇不可抗力，且出卖人在发生之日起＿＿＿＿＿日内告知买受人的；
2. ＿＿＿＿＿＿＿＿＿＿＿＿＿＿＿＿＿＿＿＿＿
3. ＿＿＿＿＿＿＿＿＿＿＿＿＿＿＿＿＿＿＿＿＿

第九条 出卖人逾期交房的违约责任。

除本合同第八条规定的特殊情况外，出卖人如未按本合同规定的期限将该商品房交付买受人使用，按下列第＿＿＿＿＿种方式处理：

1. 按逾期时间，分别处理（不作累加）

（1）逾期不超过＿＿＿＿＿日，自本合同第八条规定的最后交付期限的第二天起至实际交付之日止，出卖人按日向买受人支付已交付房价款万分之＿＿＿＿＿的违约金，合同继续履行；

（2）逾期超过＿＿＿＿＿日后，买受人有权解除合同。买受人解除合同的，出卖人应当自买受人解除合同通知到达之日起＿＿＿＿＿天内退还全部已付款，并按买受人累计已付款的＿＿＿＿＿％向买受人支付违约金。买受人要求继续履行合同的，合同继续履行，自本合同第八条规定的最后交付期限的第二天起至实际交付之日止，出卖人按日向买受人支付已交付房价款万分之＿＿＿＿＿（该比率应不小于第（1）项中的比率）的违约金。

2.＿＿＿＿＿＿＿＿＿＿＿＿＿＿＿＿＿＿＿＿＿

第十条 规划、设计变更的约定。

经规划部门批准的规划变更、设计单位同意的设计变更导致下列影响到买受人所购商品房质量或使用功能的，出卖人应当在有关部门批准同意之日起10日内，书面通知买受人：

（1）该商品房结构形式、户型、空间尺寸、朝向；
（2）＿＿＿＿＿＿＿＿＿＿＿＿＿＿＿＿＿＿＿＿＿
（3）＿＿＿＿＿＿＿＿＿＿＿＿＿＿＿＿＿＿＿＿＿
（4）＿＿＿＿＿＿＿＿＿＿＿＿＿＿＿＿＿＿＿＿＿
（5）＿＿＿＿＿＿＿＿＿＿＿＿＿＿＿＿＿＿＿＿＿
（6）＿＿＿＿＿＿＿＿＿＿＿＿＿＿＿＿＿＿＿＿＿
（7）＿＿＿＿＿＿＿＿＿＿＿＿＿＿＿＿＿＿＿＿＿

买受人有权在通知到达之日起15日内做出是否退房的书面答复。买受人在通知到达之日起 15 日内未作书面答复的，视同接受变更。出卖人未在规定时限内通知买受人的，买受人有权退房。

买受人退房的，出卖人须在买受人提出退房要求之日起_____天内将买受人已付款退还给买受人，并按_____利率付给利息。买受人不退房的，应当与出卖人另行签订补充协议。

_____

第十一条 交接。

商品房达到交付使用条件后，出卖人应当书面通知买受人办理交付手续。双方进行验收交接时，出卖人应当出示本合同第八条规定的证明文件，并签署房屋交接单。所购商品房为住宅的，出卖人还需提供《住宅质量保证书》和《住宅使用说明书》。出卖人不出示证明文件或出示证明文件不齐全，买受人有权拒绝交接，由此产生的延期交房责任由出卖人承担。

由于买受人原因，未能按期交付的，双方同意按以下方式处理：

第十二条 出卖人保证销售的商品房没有产权纠纷和债权债务纠纷。因出卖人原因，造成该商品房不能办理产权登记或发生债权债务纠纷的，由出卖人承担全部责任。

第十三条 出卖人关于装饰、设备标准承诺的违约责任。

出卖人交付使用的商品房的装饰、设备标准应符合双方约定（附件三）的标准。达不到约定标准的，买受人有权要求出卖人按照下述第_____种方式处理：

1. 出卖人赔偿双倍的装饰、设备差价。
2. _____
3. _____

第十四条 出卖人关于基础设施、公共配套建筑正常运行的承诺。

出卖人承诺与该商品房正常使用直接关联的下列基础设施、公共配套建筑按以下日期达到使用条件：

1. _____
2. _____
3. _____
4. _____
5. _____

如果在规定日期内未达到使用条件，双方同意按以下方式处理：

1. _____
2. _____
3. _____

第十五条 关于产权登记的约定

出卖人应当在商品房交付使用后_____日内，将办理权属登记需由出卖人提供的资料报产权登记机关备案。如因出卖人的责任，买受人不能在规定期限内取得房地产权属证书的，双方同意按下列第_____项处理：

1. 买受人退房，出卖人在买受人提出退房要求之日起_____日内将买受人已付房价款退还给买受人，并按已付房价款的_____％赔偿买受人损失。

2. 买受人不退房，出卖人按已付房价款的_____％向买受人支付违约金。

3. _____

第十六条 保修责任。

买受人购买的商品房为商品住宅的，《住宅质量保证书》作为本合同的附件。出卖人自商品住宅交付使用之日起，按照《住宅质量保证书》承诺的内容承担相应的保修责任。

买受人购买的商品房为非商品住宅的，双方应当以合同附件的形式详细约定保修范围、保修期限和保修责任等内容。

在商品房保修范围和保修期限内发生质量问题，出卖人应当履行保修义务。因不可抗力或者非出卖人原因造成的损坏，出卖人不承担责任，但可协助维修，维修费用由购买人承担。_____。

第十七条 双方可以就下列事项约定：

1. 该商品房所在楼宇的屋面使用权_____

2. 该商品房所在楼宇的外墙面_____

3. 该商品房所在楼宇的命名权_____

4. 该商品房所在小区的命名权_____

5. _____

6. _____

第十八条 买受人的房屋仅作_____使用，买受人使用期间不得擅自改变该商品房的建筑主体结构、承重结构和用途。除本合同及其附件另有规定者外，买受人在使用期间有权与其他权利人共同享用与该商品房有关联的公共部位和设施，并按占地和公共部位与公用房屋分摊面积承担义务。

出卖人不得擅自改变与该商品房有关联的公共部位和设施的使用性质。_____。

第十九条 本合同在履行过程中发生的争议，由双方当事人协商解决；协商不成的，按下述第_____种方式解决：

1. 提交_____仲裁委员会仲裁。

2. 依法向人民法院起诉。

第二十条 本合同未尽事项，可由双方约定后签订补充协议（附件四）。

第二十一条 合同附件与本合同具有同等法律效力。本合同及其附件内，空格部分填写的文字与印刷文字具有同等效力。

第二十二条 本合同连同附件共_____页，一式_____份，具有同等法律效力，合同持有情况如下：

出卖人_____份，买受人_____份，_____份，_____份。

第二十三条 本合同自双方签订之日起生效。

第二十四条 商品房预售的，自本合同生效之日起30天内，由出卖人向_____申请登记备案。

附件（略）

附3：《前期物业服务合同（示范文本）》（建住房［2004］155号）

前期物业服务合同（节选）

根据《物业管理条例》和相关法律、法规、政策，甲乙双方在自愿、平等、协商一致的基础上，就甲方选聘乙方对_____（物业名称）提供前期物业管理服务事宜，订立本合同。

第一章 物业基本情况

第一条 物业基本情况：
物业名称_____；
物业类型_____；
坐落位置_____；
建筑面积_____。
物业管理区域四至：
东至_____；
南至_____；
西至_____；
北至_____。
（规划平面图见附件一，物业构成明细见附件二）。

第二章 服务内容与质量

第二条 在物业管理区域内，乙方提供的前期物业管理服务包括以下内容：
1. 物业共用部位的维修、养护和管理（物业共用部位明细见附件三）；
2. 物业共用设施设备的运行、维修、养护和管理（物业共用设施设备明细见附件四）；
3. 物业共用部位和相关场地的清洁卫生，垃圾的收集、清运及雨、污水管道的疏通；
4. 公共绿化的养护和管理；
5. 车辆停放管理；
6. 公共秩序维护、安全防范等事项的协助管理；
7. 装饰装修管理服务；
8. 物业档案资料管理。

第三条 在物业管理区域内，乙方提供的其他服务包括以下事项：
1. _____；
2. _____；
3. _____。

第四条 乙方提供的前期物业管理服务应达到约定的质量标准（前期物业管理服务质量标准见附件五）。

第五条 单个业主可委托乙方对其物业的专有部分提供维修养护等服务，服务内容和费用由双方另行商定。

第三章　服务费用

第六条 本物业管理区域物业服务收费选择以下第_____种方式：

1. 包干制

物业服务费用由业主按其拥有物业的建筑面积缴纳，具体标准如下：

多层住宅：_____元/月·平方米；

高层住宅：_____元/月·平方米；

别墅：_____元/月·平方米；

办公楼：_____元/月·平方米；

商业物业：_____元/月·平方米；

_____物业：_____元/月·平方米。

物业服务费用主要用于以下开支：

（1）管理服务人员的工资、社会保险和按规定提取的福利费等；

（2）物业共用部位、共用设施设备的日常运行、维护费用；

（3）物业管理区域清洁卫生费用；

（4）物业管理区域绿化养护费用；

（5）物业管理区域秩序维护费用；

（6）办公费用；

（7）物业管理企业固定资产折旧；

（8）物业共用部位、共用设施设备及公众责任保险费用；

（9）法定税费；

（10）物业管理企业的利润；

（11）_____。

乙方按照上述标准收取物业服务费用，并按本合同约定的服务内容和质量标准提供服务，盈余或亏损由乙方享有或承担。

2. 酬金制

物业服务资金由业主按其拥有物业的建筑面积预先交纳，具体标准如下：

多层住宅：_____元/月·平方米；

高层住宅：_____元/月·平方米；

别墅：_____元/月·平方米；

办公楼：_____元/月·平方米；

商业物业：_____元/月·平方米；

_____物业：_____元/月·平方米。

预收的物业服务资金由物业服务支出和乙方的酬金构成。

物业服务支出为所缴纳的业主所有，由乙方代管，主要用于以下开支：

（1）管理服务人员的工资、社会保险和按规定提取的福利费等；

（2）物业共用部位、共用设施设备的日常运行、维护费用；

(3) 物业管理区域清洁卫生费用；

(4) 物业管理区域绿化养护费用；

(5) 物业管理区域秩序维护费用；

(6) 办公费用；

(7) 物业管理企业固定资产折旧；

(8) 物业共用部位、共用设施设备及公众责任保险费用；

(9) _____。

乙方采取以下第_____种方式提取酬金：

(1) 乙方按_____（每月/每季/每年）_____元的标准从预收的物业服务资金中提取。

(2) 乙方_____（每月/每季/每年）按应收的物业服务资金_____%的比例提取。

物业服务支出应全部用于本合同约定的支出。物业服务支出年度结算后结余部分，转入下一年度继续使用；物业服务支出年度结算后不足部分，由全体业主承担。

第七条 业主应于_____之日起缴纳物业服务费用（物业服务资金）。

纳入物业管理范围的已竣工但尚未出售，或者因甲方原因未能按时交给物业买受人的物业，其物业服务费用（物业服务资金）由甲方全额缴纳。

业主与物业使用人约定由物业使用人缴纳物业服务费用（物业服务资金）的，从其约定，业主负连带缴纳责任。业主与物业使用人之间的交费约定，业主应及时书面告知乙方。

物业服务费用（物业服务资金）按_____（年/季/月）缴纳，业主或物业使用人应在（每次缴费的具体时间）履行缴纳义务。

第八条 物业服务费用实行酬金制方式计费的，乙方应向全体业主公布物业管理年度计划和物业服务资金年度预决算，并每年_____次向全体业主公布物业服务资金的收支情况。

对物业服务资金收支情况有争议的，甲乙双方同意采取以下方式解决：

1. _____；
2. _____。

第四章 物业的经营与管理

第九条 停车场收费分别采取以下方式：

1. 停车场属于全体业主共有的，车位使用人应按露天车位_____元/个·月、车库车位_____元/个·月的标准向乙方缴纳停车费。

乙方从停车费中按露天车位_____元/个·月、车库车位_____元/个·月的标准提取停车管理服务费。

2. 停车场属于甲方所有、委托乙方管理的，业主和物业使用人有优先使用权，车位使用人应按露天车位_____元/个·月、车库车位_____元/个·月的标准向乙方缴纳停车费。

乙方从停车费中按露天车位_____元/个·月、车库车位_____元/个·月的标准提取停车管理服务费。

3. 停车场车位所有权或使用权由业主购置的，车位使用人应按露天车位_____元/个·月、车库车位_____元/个·月的标准向乙方缴纳停车管理服务费。

第十条 乙方应与停车场车位使用人签订书面的停车管理服务协议，明确双方在车位使用及停车管理服务等方面的权利义务。

第十一条 本物业管理区域内的会所属_____（全体业主/甲方）所有。

会所委托乙方经营管理的，乙方按下列标准向使用会所的业主或物业使用人收取费用：

1. _____；
2. _____。

第十二条 本物业管理区域内属于全体业主所有的停车场、会所及其他物业共用部位、公用设备设施统一委托乙方经营，经营收入按下列约定分配：

1. _____；
2. _____。

第五章 物业的承接验收

第十三条 乙方承接物业时，甲方应配合乙方对以下物业共用部位、共用设施设备进行查验：

1. _____；
2. _____；
3. _____。

第十四条 甲乙双方确认查验过的物业共用部位、共用设施设备存在以下问题：

1. _____；
2. _____；
3. _____。

甲方应承担解决以上问题的责任，解决办法如下：

1. _____；
2. _____；
3. _____。

第十五条 对于本合同签订后承接的物业共用部位、共用设施设备，甲乙双方应按照前条规定进行查验并签订确认书，作为界定各自在开发建设和物业管理方面承担责任的依据。

第十六条 乙方承接物业时，甲方应向乙方移交下列资料：

1. 竣工总平面图，单体建筑、结构、设备竣工图，配套设施、地下管网工程竣工图等竣工验收资料；
2. 设施设备的安装、使用和维护保养等技术资料；
3. 物业质量保修文件和物业使用说明文件；
4. _____。

第十七条 甲方保证交付使用的物业符合国家规定的验收标准，按照国家规定的保修期限和保修范围承担物业的保修责任。

第六章 物业的使用与维护

第十八条 业主大会成立前，乙方应配合甲方制定本物业管理区域内物业共用部位和共用设施设备的使用、公共秩序和环境卫生的维护等方面的规章制度。

乙方根据规章制度提供管理服务时，甲方、业主和物业使用人应给予必要配合。

第十九条 乙方可采取规劝、_____、_____等必要措施，制止业主、物业使用人违反本临时公约和物业管理区域内物业管理规章制度的行为。

第二十条 乙方应及时向全体业主通告本物业管理区域内有关物业管理的重大事项，及时处理业主和物业使用人的投诉，接受甲方、业主和物业使用人的监督。

第二十一条 因维修物业或者公共利益，甲方确需临时占用、挖掘本物业管理区域内道路、场地的，应征得相关业主和乙方的同意；乙方确需临时占用、挖掘本物业管理区域内道路、场地的，应征得相关业主和甲方的同意。

临时占用、挖掘本物业管理区域内道路、场地的，应在约定期限内恢复原状。

第二十二条 乙方与装饰装修房屋的业主或物业使用人应签订书面的装饰装修管理服务协议，就允许施工的时间、废弃物的清运与处置、装修管理服务费用等事项进行约定，并事先告知业主或物业使用人装饰装修中的禁止行为和注意事项。

第二十三条 甲方应于_____（具体时间）按有关规定向乙方提供能够直接投入使用的物业管理用房。

物业管理用房建筑面积_____平方米，其中：办公用房_____平方米，位于_____；住宿用房_____平方米，位于_____；_____用房_____平方米，位于_____。

第二十四条 物业管理用房属全体业主所有，乙方在本合同期限内无偿使用，但不得改变其用途。

第七章 专项维修资金

第二十五条 专项维修资金的缴存_____。

第二十六条 专项维修资金的管理_____。

第二十七条 专项维修资金的使用_____。

第二十八条 专项维修资金的续筹_____。

第八章 违约责任

第二十九条 甲方违反本合同第十三条、第十四条、第十五条的约定，致使乙方的管理服务无法达到本合同第二条、第三条、第四条约定的服务内容和质量标准的，由甲方赔偿由此给业主和物业使用人造成的损失。

第三十条 除前条规定情况外，乙方的管理服务达不到本合同第二条、第三条、第四条约定的服务内容和质量标准，应按_____的标准向甲方、业主支付违约金。

第三十一条 甲方、业主或物业使用人违反本合同第六条、第七条的约定，未能按时足额缴纳物业服务费用（物业服务资金）的，应按_____的标准向乙方支付违约金。

第三十二条 乙方违反本合同第六条、第七条的约定，擅自提高物业服务费用标准的，业主和物业使用人就超额部分有权拒绝缴纳；乙方已经收取的，业主和物业使用人有权要求乙方双倍返还。

第三十三条 甲方违反本合同第十七条的约定，拒绝或拖延履行保修义务的，业主、物业使用人可以自行或委托乙方修复，修复费用及造成的其他损失由甲方承担。

第三十四条 以下情况乙方不承担责任：

1. 因不可抗力导致物业管理服务中断的；
2. 乙方已履行本合同约定义务，但因物业本身固有瑕疵造成损失的；
3. 因维修养护物业共用部位、共用设施设备需要且事先已告知业主和物业使用人，暂时停水、停电、停止共用设施设备使用等造成损失的；
4. 因非乙方责任出现供水、供电、供气、供热、通信、有线电视及其他共用设施设备运行障碍造成损失的；
5. _____。

第九章　其他事项

第三十五条 本合同期限自_____年_____月_____日起至_____年_____月_____日止；但在本合同期限内，业主委员会代表全体业主与物业管理企业签订的物业服务合同生效时，本合同自动终止。

第三十六条 本合同期满前_____月，业主大会尚未成立的，甲、乙双方应就延长本合同期限达成协议；双方未能达成协议的，甲方应在本合同期满前选聘新的物业管理企业。

第三十七条 本合同终止时，乙方应将物业管理用房、物业管理相关资料等属于全体业主所有的财物及时完整地移交给业主委员会；业主委员会尚未成立的，移交给甲方或_____代管。

第三十八条 甲方与物业买受人签订的物业买卖合同，应当包含本合同约定的内容；物业买受人签订物业买卖合同，即为对接受本合同内容的承诺。

第三十九条 业主可与物业使用人就本合同的权利义务进行约定，但物业使用人违反本合同约定的，业主应承担连带责任。

第四十条 本合同的附件为本合同不可分割的组成部分，与本合同具有同等法律效力。

第四十一条 本合同未尽事宜，双方可另行以书面形式签订补充协议，补充协议与本合同存在冲突的，以本合同为准。

第四十二条 本合同在履行中发生争议，由双方协商解决，协商不成，双方可选择以下第_____种方式处理：

1. 向_____仲裁委员会申请仲裁；
2. 向人民法院提起诉讼。

第四十三条 本合同一式_____份，甲、乙双方各执_____份。

附件（略）

参考文献

[1] 刘亚臣，朱昊．新编建设法规［M］．北京：机械工业出版社，2009．

[2] 吴高盛．城乡规划法释义［M］．北京：中国法制出版社，2007．

[3] 毕宝德．土地经济学（第四版）［M］．北京：中国人民大学出版社，2001．

[4] 周京奎．城市土地经济学［M］．北京：北京大学出版社，2007．

[5] 《中华人民共和国土地管理法》案例注释版［M］．北京：中国法制出版社，2009

[6] 李峻．建筑法规概论（第二版）［M］．北京：中国建筑工业出版社，2008．

[7] 金国辉．建设法规概论与案例（修订本）［M］．北京：清华大学出版社，北京交通大学出版社，2008．

[8] 刘文锋．建设法规概论（第三版）［M］．北京：高等教育出版社，2008．

[9] 何新华，胡文发．建设与房地产法规［M］．上海：同济大学出版社，2009．

[10] 崔东红，肖萌．建设工程招投标与合同管理实务［M］．北京：北京大学出版社，2009．

[11] 曹振良等．房地产经济学通论［M］．北京：北京大学出版社，2003．

[12] 丰雷，林增杰等．房地产经济学（第三版）［M］．北京：中国建筑工业出版社，2008．

[13] 谭术魁．房地产开发与经营［M］．上海：复旦大学出版社，2008．

[14] 瞿富强．房地产开发与经营［M］．北京：化学工业出版社教材出版中心，2006．

[15] 李宗锷．香港房地产法［M］．香港：商务印书馆，1988．

[16] 郭军．房地产开发法律适用与疑难释解［M］．北京：中国法制出版社，2008．

[17] 胡向真，肖铭等．建设法规［M］．北京：北京大学出版社．2009．

[18] 建设部政策法规司编．建设法律法规（2000年版）［M］．北京：中国建筑工业出版社，2000．

[19] 房绍坤．房地产法学（第三版）［M］．北京：北京大学出版社．2009．

[20] 法学词典编撰委员会编．法学词典（增订版）［M］．上海：上海词典出版社，1984．

[21] 田金信编．建设项目管理［M］．北京：中国高教出版社，2002．

[22] 建设部人教司，政策法规司编．建设法规教程［M］．北京：中国建筑工业出版社，2002．

[23] 徐占发．建设法规与案例分析［M］．北京：中国机械工业教育协会．2007．

[24] 董春南，崔怀祖等．建设法规概论［M］．合肥：合肥工业出版社．2009．

[25] 吕萍等编．房地产开发与经营［M］．北京：中国人民大学出版社，2002．

[26] 中国招投标法律起草小组编著．招投标法操作实务［M］．北京：中国法律出版社，2000．

[27] 陈利根，郑润梅等主编．土地法学［M］．北京：中国农业出版社，2008．

[28] 毕宝德等编. 土地经济学［M］. 北京：中国人民大学出版社，2001.
[29] 郑润梅. 土地法理论与实践［M］. 北京：中国农业科技出版社，2006.
[30] 中华人民共和国国务院令［2007］第504号《国务院关于修改〈物业管理条例〉的决定》，2007.8.26.
[31] 中国房地产估价师学会编. 房地产基本制度与政策［M］. 北京：中国物价出版社，2001.
[32] 王世涛，张晓彤编著. 房地产法律制度［M］. 大连：东北财经大学出版社，2000.
[33] 邹益华编著. 海外物业管理［M］. 南京：东南大学出版社，2001.
[34] 周珂主编. 物业规范管理教程［M］. 北京：中国计量出版社.2001.
[35] 黄安永编著. 现代房地产物业管理（第二版）［M］. 南京：东南大学出版社，2000.